刑 事 侦 查 实 用 百 科 丛 书

XINGSHI ZHENCHA SHIYONG BAIKE CONGSHU

刑事侦查与土壤

XINGSHI ZHENCHA YU TURANG

总 主 编　杨玉章

本册主编　刘世亮　化党领

群 众 出 版 社

河南科学技术出版社

图书在版编目(CIP)数据

刑事侦查与土壤/刘世亮,化党领主编.—郑州:河南科学技术出版社,2019.6
(刑事侦查实用百科丛书/杨玉章总主编)
ISBN 978-7-5349-8224-8

Ⅰ.①刑…　Ⅱ.①刘…　②化…　Ⅲ.①土壤-刑事侦查-分析　Ⅳ.①D918②S151.9

中国版本图书馆CIP数据核字(2016)第146285号

出版发行:群众出版社　地址:北京市丰台区方庄芳星园三区15号楼
邮编:100078　电话:(010) 83903254
河南科学技术出版社　地址:郑州市郑东新区祥盛街27号
邮编:450016　电话:(0371) 65737028
策划编辑:李肖胜　曲　先
责任编辑:李振方
责任校对:丁秀荣
封面设计:张　伟
版式设计:栾亚平
责任印制:张艳芳
印　　刷:河南日报报业集团有限公司彩印厂
经　　销:政法系统内部发行
开　　本:889mm×1194mm　1/16　印张:16.75　字数:450千字
版　　次:2019年6月第1版　2019年6月第1次印刷
定　　价:148.00元

“刑事侦查实用百科丛书”编委会

《刑事侦查与土壤》编写人员

主　　编　刘世亮　化党领

副 主 编　刘　芳　姜桂英　阮心玲

编　　者　赵　颖　李　慧　李培培

　　　　　姜　瑛　田春丽　高玉龙

总序言

目前，全国政法系统正在深入学习贯彻习近平新时代中国特色社会主义思想，扎实推进新时代平安中国建设、法治中国建设、政法队伍建设，为决胜全面建成小康社会、夺取新时代中国特色社会主义伟大胜利创造安全稳定的社会环境、公正规范的法治环境、优质高效的服务环境。新时代需要新担当、新作为，培养一支“信念过硬、政治过硬、责任过硬、能力过硬和作风过硬”的政法队伍，造就一支“对党忠诚、服务人民、执法公正、纪律严明”的公安队伍成为当务之急。

近些年来，以审判为中心的诉讼制度改革不断深入，错案终身追究制度及与之相关的配套制度逐步确立，特别是《中华人民共和国刑事诉讼法》（2012年修正）确立的一系列诉讼原则和证据制度，进一步强化了对犯罪嫌疑人人权的保障，扩大了律师在侦查阶段的诉讼职能，规范和约束了侦查权的行使，提高了审判证明的标准，尤其是明确规定了证据确实、充分必须符合的具体条件。这一切都体现出我国法治的进步，同时也对侦查办案质量提出了新的、更高的要求，侦查过程中侦查人员必须坚持以证据为中心，全面取证，规范取证，以确实、充分和具有排他性的证据体系有效支持诉讼的顺利推进。

在实际案件侦破工作中，随着信息技术的不断发展及其在侦查工作中的全面运用，一些侦查员过分依赖视频侦查、技术侦查、网安侦查这三种新的侦查手段，此所谓新“三板斧”。这种现象导致侦查员对现场物证的全面发现提取和对犯罪行为人主观行为动机的系统分析趋于弱化，对微量物证的提取和检验的重视程度弱化，对运用多学科、多专业专门知识综合分析、研究、鉴定现场物证的意识弱化，一些行之有效的传统侦查方式方法被日益边缘化。

毋庸置疑，在信息化社会、大数据时代，信息技术日益成为侦查的主导技术，电子证据成为侦查的重要证据类型，但犯罪证据多样化的现实情况以及侦查取证需要各个门类科学技术支撑的总体状况并未发生根本性的改变。侦查取证的过程中，面对各种各样的证据，侦查员必须具备各方面的专业知识或者有查询这些知识的能力，而这些知识内容庞杂，可参考的书籍和资料也相当分散。在一些案件的侦查过程中，侦查员经常会因为对一些微量物证的利用价值分析不到位或检验鉴定不到位而丧失很多破案机会。为了有效打击犯罪、保护人民生命及财产安全，为一线刑侦人员办案提供充分的智力支持，2012年，我国知名刑侦专家、河南省公安厅副巡视员杨玉章先生发起并组织了这套“刑事侦查实用百科丛书”（以下简称“丛书”）的编撰工作。

“丛书”共26卷，首批出版的12卷基本涵盖了刑事侦查工作日常涉及的专业领域，包括《刑事侦查与行为证据》《刑事侦查与痕迹》《刑事侦查与有毒物品》《刑事侦查与植物》《刑事侦查与动物》《刑事侦查与昆虫》《刑事侦查与地理》《刑事侦查与土壤》《刑事侦查与水文》《刑事侦查与塑料制品》《刑事侦查与岩石矿物》《刑事侦查与纺织品》。为了高质量地完成该丛书的编撰工作，本书成立了编委会，杨玉章同志任丛书总主编，各卷设立了主编。自 2012 年编撰伊始至成书，编委会多次召开不同形式的论证会和研讨会，对编撰工作进行了有效的组织领导和质量审核。"丛书"在编撰过程中得到了中国科学院、北京自然博物馆、河南省公安厅、郑州市公安局、河南大学、郑州大学等 20 多家合作单位近 300 名专家和学者的鼎力支持，"丛书"是相关专业领域专家学者集体智慧的结晶，更是我国当代刑事侦查交叉学科研究水平的集中展示。

在"丛书"编撰过程中，各卷作者始终围绕三条主线进行编撰：一是注重侦查导向，即各卷所述知识始终围绕服务刑侦破案这一核心，注重对认定案件性质、划定案件范围、刻画犯罪行为人脸谱等工作提供专业知识支撑；二是注重与人关联，即各卷所写知识内容必须与人相关，经常出现、运用在五行八作、三教九流的正常人类生产活动之中；三是注重时空维度，即各卷内容注重揭示、阐明相关事实、现象与特定时间节点、空间分布（经纬度）之间本质的、必然的、普遍的、稳定的固有联系。这三条主线贯穿各卷始终。"丛书"涉及 20 余门学科，共计 600 余万字、2000 余张图片，图文并茂，理论联系实战，是对与刑事侦查工作关联紧密的多种学科资源的系统整合，学科门类齐全，知识架构完整。"丛书"的编撰是一项具有鲜明侦查专业特色的重大跨学科工程，在一定程度上填补了国内侦查应用研究的空白，具有独特的学术价值和实用价值。"丛书"既可作为广大刑事侦查人员的业务工具书，也可作为公安院校广大师生的教学参考用书。

"丛书"在编写过程中引用了很多经典的实战案例，作为相关学科和专业知识在实战中应用的范例，力图使读者在使用该丛书时能获得鲜明、生动、直观的阅读体验。

该"丛书"内容浩繁，编写队伍庞大，因编者水平有限，其中知识、文字、图片的疏漏和不足之处在所难免，期望读者不吝指正，待再版时予以完善。

郝宏奎

2018 年 8 月

前言

本书内容以土壤的地学基础为主，特别是组成土壤的矿物的特征与分布。对土壤矿物的鉴定可以圈定土壤的存在区域，学完这些可为后面的土壤微形态学打下基础。本书还介绍了土壤比较稳定的基础理化性质，比如土壤质地、土壤持水特性、土壤力学性质和土壤的化学性质，了解这些内容可以为刑侦工作鉴定土壤提供相应的侦查手段。为丰富内容，本书还介绍了土壤分类方法和主要养分元素的含量等内容。

在侦查工作中，土壤物证属于微量物证的一种，是基于洛卡德物质转移原理（又称为洛卡德物物质交换原理，由法国著名侦查学家艾德蒙·洛卡德提出）极易出现的一种转移性证据类型，通常能够在犯罪嫌疑人、被害人、犯罪现场及其他涉案场所之间建立起一种间接的关联。土壤物证一般量小体微，多能在犯罪现场及有关的人身、物品上发现其踪迹，尤其是涉及室外现场的案件、有汽车等交通工具的案件，土壤物证出现的概率极高，对于案件侦破的作用不容小觑。对土壤物证的发现、提取、鉴定及利用等均离不开对土壤最基础理论知识的研究。

侦查工作中对于土壤物证的利用方式主要有三种：一是将案件相关的检材（嫌疑样品）同另一份样品（对比样品）进行对比分析，判断二者是否具有相似性，是否可能具备共同的来源，结合其他证据，做出可疑人、物、场所间是否有关联的结论。二是针对那些从与犯罪嫌疑人、被害人或案发现场相关的地方所提取的土壤样品进行分析检测，判断被检测物来源。如在凶杀案件中，若凶手杀人后将被害人转移至另一场所，那么在第一现场黏附在尸体上的土壤成分就可能随尸体被转移至移尸场所，由二者的土壤成分差异可判断发现尸体的场所并非第一现场，侦查人员不仅可以据此判断此案涉及多个现场，并且可以通过检测土壤成分判断土壤来源，找到第一现场，以获取更多与案件有关的线索和信息。三是对侦查工作的智力支持，通过土壤物证的检验鉴定，判断案件中其他证据的真实性，如对犯罪嫌疑人口供真实性的判断。

土壤物证属微量物证的一种，一般都量小体微，侦查中如果不细致勘验就很难发现；但同样地，土壤物证也很难被犯罪嫌疑人发现，土壤物证多以附着物的形式附着于犯罪嫌疑人或被害人的身上及其随身衣服、鞋子、作案工具、交通工具等物品上。此外，在犯罪分子走过的地面及现场的物品、指甲、鼻孔、耳朵等部位，也能发现土壤，即使对包裹尸体的包裹物（如衣服、被褥、床单、塑料袋、报纸等）进行清洗，依然能在上面找到微量的土壤。

土壤是由岩石风化而成的，而岩石又是由数种矿物组成的。土壤中含有多种矿物质，许多大小不同的土粒都是矿物质颗粒，它们占土壤固体部分总重量的90%以上，犹如土壤的“骨架”，所以矿物是组成土壤最基础也是最主要的成分，不同的矿物种类分布在不同的地理位置和区域，体现出不同的物理化学性质，形成不同类型和性质的土壤，并且呈现出不同的空间分布。通过对不同矿物类型进行研究和区分，可以判断由其形成的土壤类型及分布，为侦查中确定涉案场所、划定并缩小侦查范围提供线索和依据。

土壤类型的多样性，决定了对土壤的区分难度很大。如果在土壤中能找到较为稀有、罕见的矿物，则会大大增加其作为证据的价值。此外，矿物本身也可以独立作为判断的依据而不是仅仅作为土壤的组成部分，依照其理化特征及分布能够将特定的人或物与特定的场所联系起来。

编者

2018 年 6 月

目 录

上　卷

本卷主编　刘世亮

第一章　地学基础

导言：土壤是由矿物和岩石先经风化作用，后经生物作用而形成的产物。我们通常将矿物、岩石的风化产物称为成土母质，成土母质是形成土壤的基础，对土壤性质有着重要的作用。在刑侦学中，土壤作为常见的物证可以界定第一犯罪现场，但这需要从土壤所含矿物或岩石类型进行判断，因此，了解土壤不同矿物或岩石的特性可以缩小侦察范围，从而快速破案。

矿物的种类及性质

矿物是指地壳及上地幔中的各种物质在地质作用下形成的、在一定条件下相对稳定的自然产物。它们中的绝大多数是结晶的化合物或单质，具有比较稳定的化学成分和晶体结构，从而表现出一定的几何形状和物理性质，并以各种形态（固态、液态、气态）存在于自然界中。

每种矿物都有一定的物理性质，各种矿物由于成分和构造不同，物理性质也有很大差异，因此，矿物的物理性质是鉴别矿物的重要依据。其中，很有鉴定意义的性质有：颜色、条痕、光泽、解理、断口、硬度、透明度、弹性和相对密度等。

颜色

矿物的颜色主要是矿物对可见光中不同波长的光波选择吸收的结果，所呈现的颜色为反射光波或透射光波的混合色。根据矿物呈色的原因，可将其分为自色、他色和假色三种。

自色——矿物本身所含的化学成分中，所含色素表现出来的颜色，如石英呈白色。

他色——矿物因为含有外来带色素的杂质而产生的颜色，如无色透明的石英（水晶）因锰的混入被染成紫色。

假色——矿物表面、解理面及裂缝因氧化而产生光的干涉效应所呈现出的颜色。

条痕

将矿物在未上釉的素烧瓷板上进行刻划，其留下的粉末痕迹就是条痕。条痕可以消除假色，减弱他色，保存自色，所以条痕比矿物本身呈现的颜色更为稳定，因而更具有鉴定意义。如黄铁矿是淡黄色的，条痕却是黑色的；黄铜矿是铜黄色的，而条痕却是绿黑色的。鉴定条痕，只限于硬度比瓷板小的矿物，因硬度比瓷板大的矿物刻划后所得粉末是瓷板的粉末。

光泽

光泽表明了矿物表面反射可见光波的能力。矿物的光泽可分为金属光泽、半金属光泽和非金属光泽等。

金属光泽——如黄铁矿。

半金属光泽——如赤铁矿。

非金属光泽——如石英晶面。

油脂光泽——如石英断口面。

丝绢光泽——如石棉。

珍珠光泽——如白云母。

土状光泽——如高岭石。

解理和断口

矿物受外力作用后，沿着一定结晶方向裂开成光滑平面的性能称为解理，而裂开后的光滑平面称为解理面。若矿物受外力作用后，沿任意方向裂开，同时破裂面成凹凸不平的表面，这种破裂面就称为断口。根据矿物受力时解理裂开的难易和解理片的厚薄、大小及平整光滑的程度不同，解理面可分为：极完全解理、完全解理、中等解理和不完全解理、极不完全解理。断口可按形状分为贝壳状、锯齿状（纤维石膏）、参差状（黄铁矿）、土状（高岭石）及平坦状（蛇纹石）断口等。

硬度

矿物抵抗外力摩擦或刻划的能力称为硬度。一般采用摩斯硬度（本书简称为硬度）计来确定矿物的相对硬度。摩斯硬度计是以十种硬度不同的矿物做标准（表1-1），用相互比较的方法来确定某种矿物的相对硬度。

表1-1　硬度表

硬度	1	2	3	4	5	6	7	8	9	10
矿物	滑石	石膏	方解石	萤石	磷灰石	正长石	石英	黄玉	刚玉	金刚石

常见的矿物

石英（SiO_2）

石英呈不透明或半透明的晶粒状或致密块状，硬度为7，无解理，贝壳状断口，显脂肪光泽，相对密度2.67g/cm^3，一般呈乳白色或无色透明。硬度和光泽是其重要的鉴定特征。

透明结晶的石英，称为水晶，是六方柱状的晶体，晶面上呈玻璃光泽，并有平行的线纹，含杂质时可显其他颜色。

石英因含多种杂质，颜色各异，有以下几种：

紫水晶：紫色透明或半透明，加热可脱色。

蔷薇石英：浅玫瑰色，致密半透明（图1-1）。

烟水晶：颜色呈褐色。成色原因是在辐射作用下，Si被Al代替而引起。颜色进一步加深就成为墨晶。

黄水晶：黄金色或柠檬黄色。

图1-1　蔷薇石英

石英是构成土壤颗粒非常重要的矿物之一，对土壤的物理性质有很大的影响。其对化学风化的抵抗性很强，但易受物理作用崩解。

石英的化学式为SiO_2。自然界中的石英石主要成分为石英，也常含有少量杂质成分，如Al_2O_3、CaO、MgO等，它有多种类型。日用陶瓷原料中所含的有脉石英、石英砂、石英岩、砂岩、硅石、蛋白石、硅藻土等，水稻外壳灰中也富含SiO_2。石英跟普通砂子、水晶是“同出娘胎”的一种物质。当SiO_2结晶完美时就是水晶；SiO_2胶化脱水后就是玛瑙；SiO_2含水的胶体凝固后就成为蛋白石；SiO_2晶粒小于几微米时，就组成玉髓、燧石、次生石英岩。

石英是非可塑性原料，其与黏土在高温中生成的莫来石晶体，可赋予瓷器较高的机械强度和化学稳定性，并能增加坯体的半透明性，是配制白釉的良好原料。

石英是地球表面分布最广的矿物之一，它的用途相当广泛。远在石器时代，人们就用它制作石斧、石箭等简单的生产工具，以猎取食物和打击敌人。现代电子设备中把压电石英片用作标准频率。

石英熔融后制成的玻璃，可用于制作光学仪器、眼镜、玻璃管和其他产品。还可以做精密仪器的轴承、研磨材料、玻璃陶瓷等工业原料。

石英晶体内含有的细小气泡或液体充填其裂隙时，会通过干涉光产生彩虹，能制成精美的首饰。

石英按品质可分为普通石英砂、精制石英砂、高纯石英砂、熔融石英砂。

1. 普通石英砂

SiO_2 含量：90%~99%，FeO 含量：0.06%~0.02%，耐火度：1750~1800℃，外观：部分为大颗粒，表面有黄皮包囊。粒度范围：5~220 目。主要用途：冶金、水过滤、化工、喷砂等。

2. 精制石英砂

SiO_2 含量：99%~99.5%，Fe_2O_3 含量：0.02%~0.015%，精选优质矿石经复杂加工而成。粒度范围：5~480 目，外观白色或结晶状。主要用途：高级玻璃、玻璃制品、耐火材料、熔炼石类、精密铸造、砂轮磨材等。

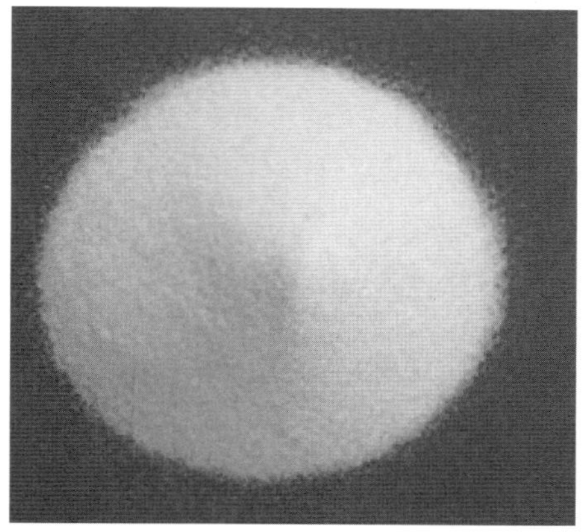
图 1-2　高纯石英砂

3. 高纯石英砂

SiO_2 含量：99.5%~99.9%，FeO 含量：0.005%，是采用 1~3 级天然水晶石和优质天然石类，经过精心挑选、精细加工而成。粒度范围 1~0.5mm，0.5~0.1mm，0.1~0.01mm，0.01~0.005mm 不等（图 1-2）。

4. 熔融石英砂

SiO_2 含量：99.9%~99.99%；Fe_2O_3 含量：10~25mg/kg；Li_2O 含量：1~2mg/kg；Al_2O_3含量：20~30mg/kg；K_2O 含量：20~25mg/kg；Na_2O 含量：10~20mg/kg。物理性能：外观为无色透明块状，颗粒或白色粉末。相对密度：2.21g/cm^3；硬度：7；pH 值：6.0。

正长石

正长石（图 1-3）又称钾长石，是含钾的铝硅酸盐类矿物，晶体呈短柱状，常具半明半暗的卡斯甲双晶或穿插双晶。常见的颜色为肉红色，其次为褐黄色、浅黄色和白色等，具玻璃光泽，硬度为 6，相对密度 2.57g/cm^3，参差状断口，一组完全解理，一组中等解理，解理面互成 90°交角。

图 1-3　正长石

正长石广泛地分布在浅色的岩浆岩中，如花岗岩、正长岩、斑岩等，多以晶粒状存在，或呈较方形的结晶断面，多呈肉红色，伴生矿物主要有石英、云母和角闪石。

正长石对风化的抵抗能力较弱，容易崩解成碎块和碎粒，也易于进行化学分解。正长石含钾量较高，是土壤中钾素的重要来源，平均含钾量在 12%左右。

斜长石

斜长石（图 1-4）是钙长石和钠长石的统称，晶体呈板状及板柱状，常具明暗相间的聚片双晶，中等完全解理，玻璃光泽，硬度 6~6.5，颜色呈白、灰白或淡蓝色。

图 1-4　斜长石

斜长石主要分布在中偏酸性及基性的岩浆岩中，如闪长岩、辉长岩及玢岩等。在岩石中，斜长石多呈晶粒状，玢岩中可见长条形的结晶断面，亦可见到聚片双晶，多呈白色或灰白色，伴生矿物主要是角闪石和辉石。斜长石解理较发达，容易受物理作用崩解，有利于化学分解的进行。

1. 基本性质

斜长石是类质同象系列的长石矿物的总称，总共分为6个矿物种：钠长石、奥长石、中长石、拉长石、培长石和钙长石。学界将前两者统称为酸性斜长石，中长石为中性斜长石，而将后三者统称为基性斜长石。

晶体属三斜晶系的架状结构硅酸盐矿物，晶形主要呈板状或板条状；颜色多呈灰白色，有时微带浅棕、浅蓝及浅红色；硬度为6~6.52；相对密度2.61~2.76g/cm^3；玻璃光泽；两组解理。在晶面或解理面上可见细而平行的双晶纹。白至灰白色，有些呈浅蓝或浅绿色，玻璃光泽，半透明。两组解理（一组完全、一组中等）相交成86°24′角，故得其名斜长石。

斜长石广泛地分布于岩浆岩、变质岩和沉积碎屑岩之中，是陶瓷业和玻璃业的主要原材料，色泽美丽、优良者可作为宝玉石材料，如日光石。

斜长石是长石的一种，是一种在地球上很常见且很重要的硅酸盐矿物。斜长石并没有特定的化学成分，而是由钠长石和钙长石按不同比例形成的固溶体系列。“斜长石”这个名称来源于希腊语中的“倾斜的切面”，指其二向完全解理的两个不同夹角。斜长石是两种矿物的固溶体这一现象首先是由德国矿物学家Hessel于1826年发现的。在斜长石中，钠原子和钙原子可以在晶格中相互替代，按此两种原子的比例可将斜长石划分成从钠长石到钙长石的不同子类。在地质样品中，斜长石常因其易形成孪晶，以及表面由于解理形成类似唱片表面刻痕的性质而被识别出来。

2. 性状

在单偏光镜下，薄片无色透明，正低突起，两组斜交完全解理，最高干涉色一级黄，平行消光，延性符号可正可负。

白云母

白云母（图1-5）具片状，极完全解理，富有弹性，硬度为2~3，颜色为无色或浅色，有时带绿色，珍珠光泽或玻璃光泽，相对密度为2.8~3.1g/cm^3，呈透明至半透明状。广泛分布在花岗岩、片麻岩及片岩中。在岩石中，白云母多呈轮廓较圆滑的片状，具明亮的珍珠光泽，硬度小，伴生矿物主要为石英。

图1-5 白云母

白云母容易沿着表面呈薄片状崩解，但化学分解非常困难。在高温、多雨的热带地区，白云母也往往呈细薄片状混杂在土壤中，有改善其物理性状的作用，同时在化学分解过程中，也可不断地释放出钾来，是土壤中钾的重要来源之一。

白云母化学式为 $KAl_2[Si_3AlO_{10}](OH,F)_2$，理想的组分是八面体，含 Al^{3+}，也可少量地被 Fe^{3+}、Mg^{2+}、Fe^{2+}、Mn^{2+}等置换。白云母具有高度完全的解理、颜色淡白。薄片富弹性。

白云母也叫普通云母、钾云母或云母，是云母类矿物中的一种。白云母是良好的电绝缘体和热绝缘体，能够大量出产，因此具有重要的经济价值。一般它产于变质岩中，也产于花岗岩等岩石中。白云母并非只显白色，它也可以呈较淡的褐、绿、红色或无色，具有玻璃光泽或丝绢光泽。形状为大板块状、六方晶体或细粒的集合体。

1. 形成过程

白云母是分布很广的造岩矿物之一，在三大岩类中均有产出。泥质岩石在低级区域变质过程中可以形成绢云母，变质程度稍高时成为白云母。在酸性岩浆结晶晚期以及由高温至中低温的蚀变作用过程中，均有大量白云母生成。白云母可风化破碎成极细的鳞片，既可以成为沉积物中的碎屑，也可以成为泥质岩的矿物成分之一。

白云母属斜方柱晶类，通常呈板状或片状，外形成假六方形或菱形。柱面有明显的横条纹。双晶常见，多生成接触双晶或穿插三连晶。

白云母片岩主要出现于酸性岩浆岩中，还常出现于云英岩、变质片岩和片麻岩中。产于花岗岩中的白云母，常形成工业价值较大的晶体；伟晶岩中白云母的形成是多阶段的。在变质岩中，白云母分布很广，它是黏土质岩石在较高温度和钾的参与下形成的。

2. 理化特性

白云母的特性是电绝缘性好、耐高温、有光泽、物理化学性能稳定，具有良好的隔热性、弹性和韧性。其被加工成云母粉还有较好的滑动性和较强的附着力。由于云母和云母粉本身的性能，主要用于以下产品中：日用化工原料、云母陶瓷原料、油漆填料、塑料、橡胶添料、建筑材料、焊条药皮的保护层、钻井泥浆添加剂。

（1）化学性质

白云母的化学成分含量见下表。

表 1-2　白云母化学成分含量

化学成分	SiO_2	Al_2O_3	K_2O	Na_2O	MgO	Fe_2O_3	S 和 P	H_2O
含量（%）	44~50	20~33	9~11	0.95~1.8	1.32~2	2~6	0.02~0.05	0.13

（2）物理性质

硬度：2~4。

相对密度：2.76~3.10g/cm^3。

解理：极完全。

颜色：浅黄、浅绿、浅红或红褐色。

透明度：透明至半透明。

光泽：玻璃光泽，解理面上有珍珠光泽。

其他：薄片具显著的弹性。绝缘性和隔热性也很强。有发育良好的底面解理，所以常可以将云母一片片地撕下来。

3. 主要用途

在工业上用的最多的是白云母，其次为金云母。其广泛应用于建材行业、消防行业等。超细云母粉做塑料、涂料、油漆、橡胶等功能性填料，可提高其机械强度，增强韧性、附着性、抗老化及耐腐蚀性等。其除具有极高的电绝缘性、抗酸碱腐蚀性、弹性、韧性和滑动性、耐热隔音、热膨胀系数小等性能外，还具有片体二表面光滑、径厚比大、形态规则、附着力强等特点。

工业上主要利用它的绝缘性和耐热性，以及抗酸、抗碱性、抗压和剥分性，用作电气设备和电工器材的绝缘材料；还可用于制造蒸汽锅炉、冶炼炉的炉窗和机械上的零件。云母碎片和云母粉可以加工成云母纸，也可代替云母片制造各种成本低廉、厚度均匀的绝缘材料。

黑云母

黑云母片状，极完全解理，其薄片富弹性，硬度2.5~3，相对密度2.8~3.2g/cm^3，黑色、深褐色和深棕色，玻璃光泽或珍珠光泽，不透明或半透明。主要分布在花岗岩、正长岩、结晶片岩、片麻岩等岩石中。黑云母易分解，在次生岩石中很少存在。

黑云母易沿表面呈薄片状崩解，其化学分解很容易进行，特别是富含Fe^{2+}的黑云母分解得更迅速，在风化过程中形成的黏土矿物往往是伊利石或混层矿物。

1. 概述

黑云母是云母类矿物中的一种，为硅酸盐矿物，主要产生于变质岩中，在花岗岩等其他岩石中也存在。黑云母的颜色从黑到褐，也有红色或绿色，具有玻璃光泽。形状为板状、柱状。黑云母也被广泛应用在真石漆等装饰涂料中。单晶体主要为短柱状或板状，横切面为六边形，集合体为鳞片状。棕褐色或黑色，颜色随铁含量的增高而变深。它的光学性质和力学性质与白云母相似，相对密度为2.7~3.3g/cm^3。

2. 化学成分

主要含硅、镁、钾、铝等。

化学成分和含量：

二氧化硅（SiO_2）：45.02%，氧化镁（MgO）：16.88%，氧化铝（Al_2O_3）：10.46%，氧化钾（K_2O）：10.18%，硫：2.43%，磷：1.93%，氧化钠（Na_2O）：0.46%。

3. 化学组成

化学式大致为K（Mg，Fe^{2+}）$_3$（Al，Fe^{3+}）Si_3O_{10}（OH，F）$_2$，类质同象代替广泛，所以不同岩石中产出的黑云母化学成分差别很大。一般在酸性和碱性岩浆岩中的黑云母，FeO高，MgO低；基性岩和超基性岩中的黑云母，MgO高，FeO低；在碱性伟晶岩中的黑云母，MgO低，而Fe_2O_3相对要高一些。

4. 形态特征

黑云母（图1-6）的晶体形态与金云母相似。颜色为黑色、深褐色，有时具浅红、浅绿或其他色调。含钛高的呈浅红褐色，富含高价铁则呈绿色。透明至不透明。玻璃光泽，黑色则呈半金属光泽。硬度2~3，相对密度3.02~3.12g/cm^3。黑云母受热水溶液的作用可以蚀变为绿泥石、白云母和绢云母等其他矿物。黑云母因为含铁高，绝缘性能差，价值远不如白云母。黑云母细片常用作建筑材料填充物。粒径较大的黑云母，极易根据其片状形态、颜色以及弹性等特点加以鉴别。在深成岩和浅成岩中，特别是酸性或偏碱性的岩石中，大都含有黑云母。

图1-6 黑云母

5. 理化指标

硬度：2~3。

相对密度：3.02~3.12g/cm^3。

解理：解理完全。

断口：断口不平坦。

颜色：因含铁量高，故颜色较深，呈红棕色、深褐色乃至黑色。

条痕：白色略带浅绿色。

透明度：透明至半透明。

光泽：玻璃光泽，解理面显珍珠光泽。

发光性：无。

其他：电绝缘性极高。强酸可以使黑云母腐蚀，并脱色。

消光类型：平行消光。

延性：正。

光型：负。

轴性：二轴晶。

6. 分布及产地

中国云母矿产分布不均匀，绝大部分集中在新疆、四川和内蒙古。全国已发现产地 184 处，其中新疆 88 处，占全国储量的 67%；四川 27 处，占全国储量的 11.4%；内蒙古 15 处，占全国储量的 8.6%；其余 54 处，占全国储量的 13%，分布于河北、山西、辽宁、吉林、黑龙江、山东、河南、云南、西藏、青海及陕西等地。河北的云母矿位于太行山中部灵寿县境内，灵寿县境内地层为太古双质岩层，岩层中蕴藏着丰富的云母矿物，经地质部门勘探，该地碎云母储量达 170 万吨，矿石品位高，质量好，是全国最大的碎云母产地，同时因为开发比较早，该地已成为全国最大的云母加工基地和最大的云母出口地。

角闪石

角闪石矿物晶体常呈长柱状、针状、纤维状，晶形断面呈六边形（似菱形），平行二组完全解理，褐色或绿黑色，玻璃光泽，硬度 5.5~6，相对密度 3.4g/cm^3，条痕白色或淡绿色，参差状断口。主要分布在中性、基性和超基性的岩浆岩中。角闪石的伴生矿物主要是正长石、斜长石和辉石。角闪石在岩石中多以纤维状和针状的形式存在，长柱状的结晶很少见。

1. 概况

角闪石（图 1-7）属闪石族中的一员，是镁、铁、钙、钠、铝等的硅酸盐或铝硅酸盐矿物。与辉石族形态、组成相近，而以含 OH^- 为区别。角闪石中含有两种独立的矿物：铁角闪石和镁角闪石，若不用化学试验，就无法将两者区别开来。

图 1-7　角闪石

2. 名称来源

角闪石这个名称来自源于德语，是矿工的术语。这种矿物呈黑色，能发光，属于含金属矿物。

3. 分类

按晶系可分为斜方角闪石、单斜角闪石亚族和三斜角闪石亚族。单斜角闪石多见，斜方角闪石亚族主要有直闪石和铝直闪石；三斜角闪石亚族主要有散斜闪石和褐斜闪石等。

常见的角闪石有透闪石、阳起石、普通角闪石、钠闪石、蓝闪石等，是含 OH^- 的镁、铁、钙、钠、铝的链状结构硅酸盐，类质同象普遍。晶体呈长柱状，集合体呈粒状、纤维状、放射状等。一般为深色，从绿色、棕色、褐色到黑色。玻璃光泽。硬度 5~6。两组发育中等的解理面交角为 124°和 56°。相对密度 3.0~3.5g/cm^3。直闪石、钠闪石、透闪石、阳起石有时呈具丝绢光泽的纤维状集合体，统称为角闪石石棉，是工业上的绝缘、绝热材料。隐晶致密块状的透闪石、阳起石为软玉，是工艺美术品材料。角闪石是分布很广的造岩矿物。

4. 成因产状

普通角闪石是分布很广的造岩矿物之一。在火成岩中，尤其在中性岩中最为常见，是重要的暗色矿物。在区域变质作用中，普通角闪石也有大量产出。

5. 矿物特性

普通角闪石为角闪石群矿物中最常见的矿物，属单斜晶系的双链状结构，长柱状，近乎不透明的晶体，其横断面为菱形的六边形，集合体常呈粒状、针状或纤维状。角闪石在变质岩及火成岩中极普遍存在，多由富含铁镁矿物的岩石变质而成，常有硅、铁、镁等物质加入。

颜色为深绿至黑色，其化学成分不固定，常随其母岩类别而改变，角闪岩常具片理及线构造，依其构造可分为：

粗粒种：等粒、片理不明显，外观颇似辉长岩。

中粒种：等粒、片理显著。

细粒种：等粒、片理甚发达。

斑状种：含斜长石变斑晶。

2. 主要产地

角闪石作为重要的造岩矿物，不论是在火成岩还是在变质岩内都可发现其身影。以火成岩来说，不论酸性还是中性的火山岩及深成岩，其最主要的成分都是铁镁矿物。

至于变质岩的部分，它是某些中度变质岩，即角闪岩、角闪石片岩内的特征矿物，可被用来作为仅次于粒变岩相的中等变质岩相，其所代表的变质环境在 500~600℃，压力则为十几千帕以内的温压条件。综合以上所述，其形成方式有二：由辉石经后期岩浆分化的结晶作用形成和变质作用形成。

片麻中有时含角闪片岩，角闪岩中又常见煌斑岩、伟晶花岗岩、石英脉等。

辉石

辉石（图 1-8）的晶体常呈短柱状，绿黑色，条痕浅色或绿色，玻璃光泽，硬度 5~6，相对密度 3.4g/cm^3，平行二组中等解理。主要分布在基性、超基性的岩浆岩中，多以晶粒状存在；在一般的岩石中难以鉴别，只能根据其颗粒形状、颜色、硬度及伴生矿物等鉴定。

角闪石和辉石在化学成分上是相似的，辉石比角闪石含的 Ca^{2+} 多，而角闪石含有较多的 Fe^{2+}。角闪石的稳定性比辉石稍大。它们都属于容易风化的矿物。角闪石在风化过程中，可形成绿泥石、绿廉石或方解石等次生矿物；辉石在风化过程中，可变成绿泥石、绿廉石和方解石等。辉绿岩、玄武岩等在风化中呈绿色，就是由于风化过程中产生了绿泥石。

图 1-8　辉石

1. 概况

辉石是一种常见的造岩硅酸盐矿物，广泛存在于火成岩和变质岩中，由硅氧分子链组成主要构架，晶体结构为单斜晶系或正交晶系，主要成分为 XY（Si，Al）$_2$O$_6$，其中，X 代表钙、钠、镁和 2 价铁，也有一些锌、锰和锂等种类的离子，Y 代表较小的离子，如氯、铝、铁、钒、钪等离子。

主要特点：辉石族矿物属于链状结构硅酸盐，是最主要的造岩矿物之一。

2. 分类

辉石可以结晶成正交晶系或单斜晶系，可以进一步分为两个亚族：正辉石亚族（顽火辉石、古铜辉石、紫苏辉石、正铁辉石）和斜辉石亚族（透辉石、钙铁辉石、普通辉石、霓石、霓辉石、硬玉、锂辉石）。这里以正亚族为例进行介绍。

正辉石亚族是由顽火辉石 $Mg_2[Si_2O_6]$ 和正铁辉石 $Fe_2[Si_2O_6]$ 两个组分构成的完全类质同象系列，其中间成分为古铜辉石和紫苏辉石。$Fe_2[Si_2O_6]$ 分子含量10%以下者为顽火辉石，10%~30%为古铜辉石，30%~50%为紫苏辉石，50%以上为正铁辉石。

3. 成因产状

顽火辉石和紫苏辉石是正辉石亚族中极常见的矿物。它们既可以是岩浆结晶作用的产物，也可以是变质作用的产物。

4. 物理性质

硬度：5~6。

相对密度：随含Fe量的增高而增大，顽火辉石在3.15g/cm^{3}左右，紫苏辉石为3.3~3.6g/cm^3，古铜辉石介于前两者之间，正铁辉石则可达3.9g/cm^3。

解理：解理完全，有平行柱状的两组解理，交角为87°。

颜色：颜色随Fe含量增高而加深。顽火辉石为无色或带浅绿的灰色，也有褐绿色或褐黄色；紫苏辉石呈绿黑色或褐黑色；古铜辉石则呈古铜色。

光泽：玻璃光泽。

5. 光学特征

除霓石外，一般呈短柱状，横断面为八边形。单偏光镜下除少数碱性辉石和紫苏辉石外一般无色，无多色性。正高突起，糙面显著。斜方辉石为平行消光，少见斜消光；单斜辉石平行 *b* 轴切面平行消光，其他切面斜消光，消光角30°~54°，大于角闪石。

6. 矿物用途

硬玉俗名翡翠，可做玉器。锂辉石是提炼锂的矿物原料之一。色彩鲜艳且透明的锂辉石，如紫锂辉石和翠绿锂辉石，也可做宝石。

橄榄石

1. 概况

橄榄石（图1-9）一般为具玻璃光泽的粒状晶体，硬度6.5~7.1，相对密度3.3~3.6g/cm^3，颜色多为橄榄绿，有时为淡褐、淡灰红及淡灰绿等，条痕白色或淡黄色，贝壳状断口，中等完全解理。主要分布在含硅酸较少的岩浆岩中，如辉长岩、辉绿岩、玄武岩等，其伴生矿物为辉石和斜长石。橄榄石富含 Fe^{2+}，同时多有细小的裂缝，易风化变成无色或淡绿色的蛇纹石等。

图1-9　橄榄石

橄榄石主要成分的化学通式为 R_2SiO_4，晶体属正交（斜方）晶系的一族岛状结构硅酸盐矿物的总称。常呈橄榄绿色，故名橄榄石。化学式中R主要为二价镁、铁、锰阳离子。由于它们之间的类质同象代替，故可以形成 Mg_2SiO_4-Fe_2SiO_4（镁橄榄石-铁橄榄石）、Fe_2SiO_4-Mn_2SiO_4（铁橄榄石-锰橄榄石）、Mn_2SiO_4-Mg_2SiO_4（锰橄榄石-镁橄榄石）等系列，以镁橄榄石-铁橄榄石系列的成员为常见。

此系列中，偏于富镁的中间成员（Mg，Fe）$_2$［SiO_4］，一般被称为橄榄石，在自然界中最常见。晶体呈短柱状，常为粒状集合体。富镁的色浅，常带黄色色调，富铁的则色深，玻璃光泽，断口油脂光泽。硬度6~7，相对密度随铁含量的增加而增大，为3.3~4.4g/cm^3。橄榄石是组成上地幔的主要矿物，也是陨石和月岩的主要矿物成分。它作为主要造岩矿物常见于基性和超基性火成岩中。镁橄榄石还产于镁夕卡岩中。橄榄石受热液作用蚀变成蛇纹石。透明而色泽鲜艳、无瑕疵的橄榄石晶体可作为宝石。古埃及人在公元前就用橄榄石做饰品。德国科隆大教堂中镶嵌有优质的橄榄石宝石。

2. 光学性质

宝石级橄榄石呈淡绿黄、黄绿（橄榄绿）、绿褐色、褐色，颜色和多色性随铁的含量而变化。色浅者不显多色性，绿色为主者呈绿-弱绿-黄绿三色性，而褐色为主者为褐-浅褐-深褐三色性。玻璃光泽，透明。星光效应或猫眼效应罕见。

二轴晶正光性，含过量铁变为负光性。折射率一般在1.654~1.690。双折射率0.035~0.038，刻面石从台面可看到棱面双影及包裹体双影。色散中等。紫外光下，橄榄石无荧光反应。查尔斯滤色镜下为绿色。特征吸收谱为蓝区433nm、474nm、497nm处三条吸收窄带。

3. 力学性质

硬度6.5~7，韧性从中等到好不同。宝石级橄榄石的密度为3.34g/cm^3。热敏性高，被不均匀或快速加热时易破裂。迅速与HCl、HF或浓热H_2SO_4反应；不能用任何酸、碱液清洗。

显微特征：宝石级橄榄石基本是岩浆成因的，其典型包裹体有大小不一的熔岩玻璃小珠泡以及呈圆形、扁圆形、荷叶形的残留（岩浆）气液膜，围绕着铬铁矿微晶或负晶形成“睡莲叶”状或海百合状包裹体（铬铁矿微晶或负晶，周围分布有星状束脉状爆裂裂隙）。单独的矿物客晶，除铬铁矿外，还有红色的铬尖晶石、红褐色黑云母、铬透辉石、石墨等。

4. 化学组成

橄榄石主要是由Mg_2SiO_4和Fe_2SiO_4两个组分形成完全类质同象混晶体。在富铁的成分中有时有少量的Ca^{2+}及Mn^{2+}置换其中的Fe^{2+}，而富镁的成分则可有少量的Cr^{3+}及Ni^{2+}置换其中的Mg^{2+}，此外还可含有微量的Fe^{3+}、Zn^{2+}等。

蛇纹石

蛇纹石（图1-10）是具有数种颜色条纹的绿色矿物，磨光后极似蛇皮，常呈致密块状、纤维状、片状和柱状，硬度2.5~4，相对密度2.5~2.8g/cm^3，呈脂肪状、丝绢状及土状光泽，有黑绿、绿、褐黄及白色等颜色，条痕白色，微透明至不透明，贝壳状断口，有滑感。由橄榄石变质而成，多见于大理岩、白云岩等岩石中。蛇纹石所含养分的多少，主要根据蛇纹石的纯度而定，由纯蛇纹石形成的土壤养分比较单一。

图1-10 蛇纹石

1. 蛇纹石的基本性质

化学式：Mg_6［Si_4O_{10}］$(OH)_8$

成分含量：MgO 43.6%，SiO_2 43.6%，H_2O 13.1%。

晶系：单斜。

结晶状态：晶质集合体，常呈细粒叶片状或纤维状。

常见颜色：绿黄色、白色、棕色、黑色。

光泽：蜡状光泽至玻璃光泽。

解理：无。

硬度：2.5~4。

密度：2.57（+0.23，-0.13）g/cm^3。

光性特征：非均质集合体。

多色性：无。

折射率：1.560 ~1.570（+0.004，-0.070）。

双折射率：不可测。

紫外荧光：长波，无至弱绿，短波：无。

吸收光谱：不具明显特征。

放大检查：黑色矿物包体，白色条纹，叶片状、纤维状交织结构。

特殊光学效应：猫眼效应（极少）。

常见伴生矿物：方解石、滑石、磁铁矿等。

2. 化学成分

蛇纹石玉是以蛇纹石类矿物为主要组分的矿物集合体。蛇纹石类矿物主要有纤蛇纹石、鳞蛇纹石和叶蛇纹石等。它们都是含 OH^- 的镁质层状硅酸盐矿物，化学成分通式为 $A_6[Si_4O_{10}](OH)_8$，A 主要为 Mg^{2+}，Fe^{2+}、Ni^+ 可代替 Mg^{2+}。

3. 形态

一般呈显微叶片状、显微鳞片状、致密块状集合体，有时呈具胶凝体特征的肉冻状块体。颜色多样，一般呈绿色，也可呈白、黄、蓝绿、褐和暗黑等色；半透明至不透明；常具油脂光泽或蜡状光泽。

4. 用途、形成与分布

主要用作烧制钙镁磷肥、炼钢熔剂、耐火材料、建筑用板材、雕刻工艺、提取氧化镁和多孔氧化硅，还用于医疗方面的净化高氟水、制造氟宁片等。

蛇纹石的生成与中温热液有关。连云港市的许沟、李埝林场、邵家、高山子、恰恰、汤庄、芝麻坊、西曹林、中曲阳及赣榆区的岗尚、夏口、黑林等地都有，而且储量丰富，质地优良，仅许沟蛇纹石矿，探明储量为1.7亿多吨，预测远景储量可达3亿多吨，其中80%为冶炼熔剂矿石。岗尚的蛇纹石矿床，预测储量为1亿多吨。

绿泥石

1. 简介

绿泥石（图1-11）的种类多，化学成分变化大，是含镁、铁和铝的硅酸盐类矿物。绿泥石为片状、板状晶体，一般以鳞片状存在，暗绿至绿黑色，玻璃光泽，解理面显珍珠光泽，硬度2~2.5，相对密度2.6~2.85g/cm^3，片状极完全解理。绿泥石是结晶片岩的成分，属次生矿物，在长时间内可逐渐分解，其硅酸可形成次生石英或蛋白石，铁可形成氢氧化铁、褐铁矿、赤铁矿等。

绿泥石类矿物易受物理风化破碎成细粒，形成的土壤性质似蛇纹石形成的土壤，所含养分较缺乏。

在火成岩中，绿泥石多是辉石、角闪石、黑云母等蚀变的产物。富铁绿泥石主要产于沉积铁矿中。由海相沉积而成的鲕绿泥石，达到工业利用指标的，可做铁矿石开采。绿泥石有十种之多，含有铬离子的绿泥石称为铬绿泥石，颜色发紫，可用作工艺品和装饰物。绿泥石与云母极相似，但前者具有特征性的绿色，有挠性而无弹性。

绿泥石原岩主要产于大渡河上游的大山深处，是由绿色玄武岩形成的河卵石，它的硬度为2~

图 1-11　绿泥石

2.5，嫩绿色至深绿色，呈粒状、板状、块状。

绿泥石的质地细润且光滑，颜色呈油绿色，极富雅气，可分为型石、画面石（墨画石）、葡萄石、梅花石、绿釉石（类彩陶石）等几种。造型石较易形成罗汉、人物、头像、各种动物等，总体圆润秀美，有浅绿、黄绿、深绿等色，型纹结合，似天雕神塑，石表又有天然包浆，独具长江石之特色，形状各具风姿。葡萄石石面颗粒分布如葡萄，石型多呈瓜果状，石体上布满了白色、黄色、浅绿的凸起图纹，似葡萄熟了，供人玩赏品味。还有一种少见的梅花石，由小颗粒圆状纹路凸起形成，间或有条状枝杆，酷似绿萼梅花，华贵典雅，美不胜收。绿泥墨画石石面的纹理或图案颇有中国传统水墨画的韵味，墨画石格调高雅，黑色线条极似素描钢笔画。

2. 化学成分

绿泥石的化学式可表示为 $Y_3[Z_4O_{10}](OH)_2 \cdot Y_3(OH)_6$，晶体属单斜、三斜或正交（斜方）晶系。化学式中 Y 主要代表 Mg^{2+}、Fe^{2+}、Al^{3+}和 Fe^{3+}，在某些矿物（如镍绿泥石、锰绿泥石、锂硼绿泥石等）中还可以是 Cr、Ni、Mn、V、Cu、Li 的离子；Z 主要是 Si、Al 的离子，偶尔可以是 Fe^{3+}或 B^{3+}。但通常所称的绿泥石，往往只指其中主要为 Mg 和 Fe 的矿物种，即斜绿泥石、鲕绿泥石等。还可根据 $Fe^{2+}:R^{2+}$（二价阳离子）比值和 Si 原子数的不同再分出诸如叶绿泥石、鳞绿泥石等亚种。绿泥石的晶体结构由带负电荷的 2∶1 型结构单元层 $Y_3[Z_4O_{10}](OH)_2$ 与带正电荷的八面体片 $Y_3(OH)_6$ 交替组成。绿泥石多型发育，多型的种类与其成分的变化和形成条件有关。晶体呈假六方片状或板状，薄片具挠性，集合体呈鳞片状、土状。颜色随含铁量的多少呈深浅不同的绿色。玻璃光泽至无光泽，解理面可呈珍珠光泽。相对密度 2.6~3.3g/cm^3，硬度 2~3。绿泥石主要是中、低温热液作用、浅变质作用和沉积作用的产物。在火成岩中，绿泥石多是辉石、角闪石、黑云母等蚀变的产物。富铁绿泥石主要产于沉积铁矿中。由海相沉积而成的鲕绿泥石，达到工业利用指标的，可做铁矿石开采。

晶系和空间群：有两种多型，为三斜晶系和单斜晶系。

形态：晶体为假六方晶体片状，通常以鳞片状或玫瑰花形集合体产出。

颜色：深灰色或从浅绿色至绿黑色。

条痕：同上。

透明度：半透明。

光泽：玻璃光泽，解理面上可见珍珠光泽。

硬度：6.5。

解理和断口：解理完全，参差状断口。

相对密度：3.6g/cm^3。

其他性质：薄片可弯曲，但易折断，无弹性。

鉴定特征：以较高的硬度和脆性区别于绿泥石，与云母的区别是薄片无弹性。

成因和产状：形成于区域变质形成的岩石，如片岩和千枚岩，还形成于伟晶岩，伴生矿物有白云母、绿泥石、石榴子石、十字石和蓝晶石。

3. 特征

绿泥石与云母极相似，但前者呈绿色，有挠性而无弹性。绿泥石是一些变质岩的造岩矿物。火成岩中的镁铁矿物如黑云母、角闪石、辉石等在低温热水作用下易形成绿泥石。

4. 常见品种

绿泥石为含 OH^-的镁、铁、铝的铝硅酸盐矿物。凡绿泥石集合体中的色泽艳丽、质地致密细腻坚韧、块度较大者，均可用作玉雕材料，此即绿泥石玉。现知其品种有绿冻石、仁布玉、果日阿玉、崂山海底玉等。

5. 矿床研究

绿泥石是热液型多金属矿床中广泛分布的矿物，在大井矿床见于近矿的电气石—绢云母—石英交代岩、石英—绿泥石—水绢云母交代岩和碳酸盐岩矿物交代岩中，绿泥石成分复杂，通过对大井矿床绿泥石成分测定，并与国内外同类型矿床中的绿泥石成分进行对比，发现绿泥石的含铁度［Fe/（Fe+Mg+Mn+Ca）］可用来标志矿床的不同金属组合。大井矿床为 Ag、Cu、Sn、Pb、Zn 组合，绿泥石为含铁度高的种属。俄罗斯克瓦依萨矿床和锡拜矿床是以锌为主的铅锌组合，其绿泥石为含铁度相对低的种属。大井矿床绿泥石成分的含铁度与产出高度具正相关特征，它与绿泥石成分中铁、镁活度和溶液酸碱度在不同矿床和在同一矿床垂直剖面上的变化有关。此外，大井矿床绿泥石的晶胞参数 b_0 值与其产出高度亦显示正相关特性，产于浅部绿泥石的 b_0 值大，产于深部绿泥石的 b_0 值小，这是高压条件下利于紧密堆积结构的结果。

高岭石

高岭石（图 1-12）常呈致密细粒状、土状集合体，呈白色或带浅红、浅绿等色，硬度 1，相对密度 2.58~2.6g/cm^3，具粗糙感，加水有可塑性。

1. 简介

高岭石英文名称为 kaolinite，又称观音土、白鳝泥、膨土岩、斑脱石、甘土、皂土、陶土、白泥。主要是长石和其他硅酸盐矿物天然蚀变的产物，是一种含水的铝硅酸盐。它还包括地开石、珍珠石和埃洛石及成分类似但非晶质的水铝英石。它们属于黏土矿物类，它们总是以极微小的微晶或隐晶状态存在，并以致密块状或土状集合体产生。高岭石为致密或疏松的块状，一般为白色，如果含有杂质便呈米黄色。高岭石经风化或沉积等作用变成高岭土，高岭土则是制作陶瓷的原料。除此以外，高岭土还可作为化工填料、耐火材料、建筑材料等，用途十分广泛。中国江西的景德镇有一个高岭村，这里盛产高岭土，高岭土因此得名。明末，在景德镇高岭村开采此矿，后经德国地质学家李希霍芬按高岭土之音译成“Kaolin”介绍到世界矿物学界。

高岭石属于黏土矿物，其化学式为 $Al_4[Si_4O_{10}] \cdot (OH)_8$，晶体属三斜晶系的层状结构硅酸盐矿物。多呈隐晶质、分散粉末状、疏松块状集合体。呈白或浅灰、浅绿、浅黄、浅红等颜色，条痕白色，土状光泽。硬度2~2.5，相对密度2.6~2.63g/cm^3。吸水性强，和水具有可塑性，黏舌，干土块粗糙。

图1-12 高岭石

高岭石是组成高岭土的主要矿物，常见于岩浆岩和变质岩的风化壳中。中国高岭石的著名产地有江西景德镇、江苏苏州、河北唐山、湖南醴陵等。世界其他著名产地有英国的康沃尔和德文，法国的伊里埃、美国的佐治亚等。高岭石是陶瓷的主要原料，在其他工业中也有广泛使用。

高岭土是一种含铝的硅酸盐矿物，富含硅、锌、镁、铝等多种矿物质，分子简式为：$Al_4[Si_4O_{10}]-(OH)_8$，除Al_2O_3外，还含SiO_2。主要呈白色软泥状，颗粒细腻，状似面粉。其化学成分相当稳定，被誉为“万能石”，为制造瓷器和陶器的主要原料。

高岭石主要在地表之下，其质地和成分的不同可以直接影响到陶和瓷在窑中的变化，所以优质的高岭土可以制作出出色的器物。

2. 组成

高岭土由长石等矿物风化而成。此外，在低温热液蚀变时，亦可形成高岭石（一般为低温和酸性条件下）。化学成分：Al_2O_3 39.5%，SiO_2 46.5%，H_2O 14.0%。八面体中的Al、Fe代替Si的数量通常很低。碱和碱土金属元素多是机械混入物。由于晶格边缘化学键不平衡，可引起少量阳离子交换。

3. 结构形态

该物质结构（图1-13）属TO型，即结构单元层由硅氧四面体片与“氢氧铝石”八面体片连接形成的结构层沿c轴堆垛而成。层间没有阳离子或水分子存在，强氢键加强了结构层之间的连接。

由于“氢氧铝石”片的变形以及大小与硅氧四面体片的大小不完全相同，因此，四面体片中的四面体必须经过轻度的相对转动和翘曲才能与变形的“氢氧铝石”片相适应。高岭石中结构层的堆积方式是相邻的结构层沿a轴相互错开1/3a，并存在不同角度的旋转。所以，高岭石存在着多型。最常见的多型是1Tc，其次有迪开石和珍珠石，而1M多型少见。通常所说的高岭石是指1Tc高岭石。

高岭石结构层在堆叠过程中，如果在层间域内充填一层水分子，则形成埃洛石$Al_4[Si_4O_{10}]\cdot(OH)_8\cdot 4H_2O$。在埃洛石的晶体结构中，由于层间水分子的存在，破坏了原来较强的氢键连接系统，硅氧四面体片与“氢氧铝石”片之间的差异通过卷曲才能克服，从而使埃洛石呈四面体片居外、八面体片居内的结构单元层的卷曲结构形态出现。因此，埃洛石的结构可视为被水分子层隔开的高岭石结构。多呈隐晶质致密块状或土状集合体。电镜下呈自形六方板状、半自形或它形片状晶体。鳞片大小一般为0.2~5μm，厚度0.05~2μm。有序度高的$2M_1$高岭石鳞片可达0.1~0.5mm，有序度最高的$2M_2$高岭石鳞片可达5mm。集合体通常为片状、鳞片状、放射状等。

4. 理化性能

纯者呈白色，如含杂质可变成其他颜色。集合体光泽暗淡或呈蜡状。具极完全解理，硬度2.0~3.5，相对密度2.60~2.63g/cm^3。致密块体具粗糙感，干燥时具吸水性，湿态具可塑性，但加水不膨胀。

偏光镜下呈无色。细鳞片状。二轴晶。

高岭石分布很广，主要是由富铝硅酸盐在酸性条件下，经风化作用或低温热液交代变化的产物。在低温热液作用下，当含 CO_2 的酸性水溶液作用于不含碱的铝硅酸盐和硅酸盐时，可引起高岭石化作用，形成的高岭石常依长石、云母、黄玉等成假象。

5. 鉴定特征

致密土状块体易捏碎成粉末，黏舌，加水具可塑性，在密闭的试管内加热后失去水分。灼烧后与硝酸钴作用呈蓝色反应（Al）。高岭石及其多型可用 X 射线衍射和热分析加以区分。埃洛石与高岭石的不同点是在 100~200℃范围存在着明显的吸热效应，相当于脱去层间水。

6. 主要应用

高岭石具有白度和亮度高、质软、吸水性强、易于分散悬浮于水中、良好的可塑性和较高的黏结性、抗酸碱性、优良的电绝缘性、较强的离子吸附性、弱的阳离子交换性以及良好的烧结性和较高的耐火度等性能。我国有极其丰富的高岭石矿物，仅广东就有 6 个大型高岭土矿床。纳米高岭石可用于涂料、造纸、环保、纺织、高档化妆品、高温耐火材料的制造。目前我国使用的涂料大多是传统的有机化学溶剂型涂料，有毒性，危害人体健康，且耐洗刷性差。利用纳米技术研制的纳米高岭石涂料颗粒细、白度高、分散性好、化学稳定性好、耐洗刷性可提高 1000 倍，无毒无害，具有自洁性、抗沾污性、抗老化性、透气性，流变性、涂刷性、弹性（可防止裂纹产生），质感细腻并且有较强的杀菌防霉能力。另外，还可以制成不同用途的特种纳米涂料，如抗紫外线涂料、隐身涂料等。

高岭石黏土（图 1-13）又称“高岭土”，俗称“瓷土”。由含量 90%以上的高岭石组成。高岭土是一种重要的非金属矿产，与云母、石英、碳酸钙并称为四大非金属矿。主要由小于 2μm 的微小片状、管状、叠片状等高岭石簇矿物（高岭石、地开石、珍珠石、埃洛石等）组成，其主要矿物成分是高岭石和多水高岭石，除高岭石簇矿物外，还有蒙脱石、伊利石、叶腊石、石英和长石等其他矿物伴生。

图 1-13　高岭石黏土

工业应用：高岭石黏土除用作陶瓷原料、造纸原料、橡胶和塑料的填料、耐火材料原料等以外，还可用于合成沸石分子筛以及日用化工产品的填料等。

一般高岭土原矿中含有少量蒙脱石、伊利石、水铝英石、石英、云母、黄铁矿、方解石、有机质等杂质。经过手选或精制加工后高岭土可达到高岭石的理论组成。其理论组成是：SiO_2 46.54%、Al_2O_3 39.5%、H_2O 13.96%。纯净高岭土外观呈白色或浅灰色。含杂质时呈黄、灰、青、玫瑰等色。原矿呈致密块状或疏松土状，质软，有滑腻感，硬度小于指甲。相对密度 2.4~2.6g/cm³。干燥后黏舌，有吸润性。耐火度高，燃点可达 1770~1790℃。中、低可塑性，具良好的绝缘性和化学稳定性。煅烧白度高，达 60%~90%不等。高岭土按成因可分为原生与次生高岭土两种。中国著名产地是江西景德镇、江苏苏州及湖南南界牌、山西大同等地。

方解石

方解石（图 1-14）是菱面体的白色或乳白色晶体，有时呈块状、钟乳状，无色透明者称冰洲石。方解石具玻璃光泽，硬度 3，相对密度 2.6~2.8，三组菱面完全解理，遇盐酸发生急剧反应，条痕白色。方解石在自然界分布广，是大理岩和石灰岩的主要造岩矿物，且常为砂岩、砾岩的胶结物，在基性喷出岩的气孔中亦可出现。方解石在岩石中主要呈隐晶质状态（如石灰岩），在重结晶作用比较好的岩石中可呈晶粒状（如大理岩）。

图 1-14　方解石

1. 简介

之所以称其为方解石，是因为其易沿解理破碎成方形小块，李时珍在《本草纲目》中说方解石“其似硬石膏成块，击之块块方解，墙壁光明者，名方解石也”。

方解石的色彩因其中含有的杂质不同而变化，如含铁锰时为浅黄、浅红、褐黑等色，但一般为白色或无色。无色透明的方解石也叫冰洲石，这样的方解石有一个奇妙的特点，就是透过它可以看到物体呈双重影像，因此，冰洲石是重要的光学材料。方解石是石灰岩和大理岩的主要矿物，在生产和生活中有很多用途。我们知道，石灰岩可以形成溶洞，洞中的钟乳石、石笋汉白玉等其实就是由方解石构成的。

方解石中常含 Mn、Fe、Zn、Mg、Pb、Sr、Ba、Co 等类质同象替代物；当它们达到一定的量时，可形成锰方解石、铁方解石、锌方解石、镁方解石等变种。此外，晶体中还常见水镁石、白云石、铁的氢氧化物及氧化物、硫化物、石英等机械混入物。

2. 晶体结构

方解石的晶体结构可由 NaCl 结构导出。设想使 NaCl 的晶体结构沿一个三次轴方向压扁，把碳酸根离子和 Ca 离子分别置于变形 NaCl 结构的 Cl^- 和 Na^+ 的位置上，并使平面三角状的碳酸根离子均垂直于三次轴排列，即成为方解石的晶体结构（图 1-15）。

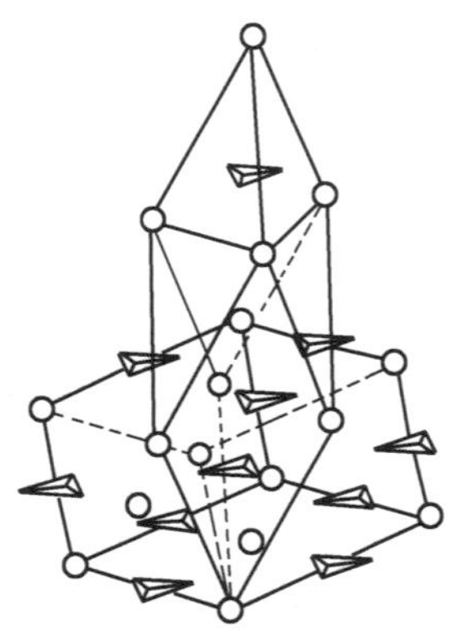

图 1-15　方解石的晶体结构

方解石是地壳中最重要的造岩矿石之一。属变岩，碳酸盐矿物。化学成分：$CaCO_3$，三方晶系，三组完全解理，断口；玻璃光泽。完全透明至半透明，普通为白色或无色，因含有其他金属致色元素呈现出淡红，淡黄，淡茶，玫红，紫色等多种颜色，条痕白色，硬度 2.704~3.0，相对密度 2.6~2.8g/cm^3，遇稀盐酸剧烈起泡，非常纯净完全透明的晶体俗称为冰洲石，具有强烈双折射功能和最大的偏振光功能，是人工不能制造也不能替代的自然晶体。

白云石

白云石（图 1-16）的晶体常为弯曲的马鞍状、粒状或致密块状，灰白有时微带黄褐等色，玻璃光泽，硬度 3.5~4，三组菱面完全解理，遇稀盐酸（HCl）反应微弱，其粉末加盐酸后反应剧烈。

1. 简介

白云石是碳酸盐矿物，分别有铁白云石和锰白云石。它的晶体结构像方解石，常呈菱面体，遇冷稀盐酸时会慢慢出泡。有的白云石在阴极射线照射下发橘红色光。白云石是组成白云岩和白云质灰岩的主要矿物成分。白云石可用于建材、陶瓷、玻璃、耐火材料、化工、农业、环保、节能等领域。主要用作碱性耐火材料和高炉炼铁的熔剂、生产钙镁磷肥和制取硫酸镁、生产玻璃和陶瓷的配料。

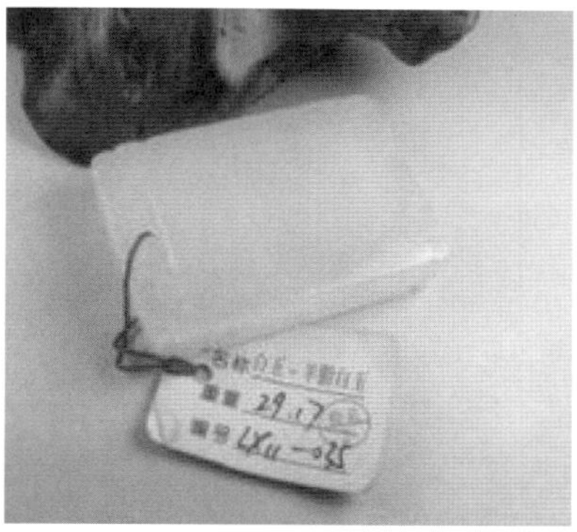

图 1-16　白云石

2. 矿物特性

白云石为三方晶系，化学成分为 $CaMg(CO_3)_2$，主要是由碳酸钙与碳酸镁所组成的矿物（$CaCO_3$ 与 $MgCO_3$ 的组成比例大致为 1∶1），具有完整的解理。颜色多为白色、灰色、肉色、无色、绿色、棕色、黑色、暗粉红色等，透明到半透明，具有玻璃光泽，硬度 3.5~4，相对密度 2.85~2.9g/cm^3。

磷灰石

磷灰石的晶体为六方柱形，通常呈粒状、致密块状、土状、结核状，颜色有灰白、淡绿、黄褐等色，玻璃光泽，参差状断口，硬度 5，相对密度 3.18~3.21g/cm^3，不完全解理，以钼酸铵置于矿物上，加一滴硝酸即生成黄色沉淀。磷灰石在岩浆岩、变质岩中均以次要矿物存在，是土壤中磷的重要来源。

磷灰石对风化作用的抵抗能力强，难溶于水，若受酸性溶液或腐殖酸的作用，磷灰石的溶解度会增加。

1. 简介

磷灰石（图 1-17）以副矿物见于各种火成岩中，在碱性岩中可以形成有工业价值的矿床。规模巨大的磷灰石矿床主要为浅海沉积形成，以胶磷矿为主，湖北宜昌、云南昆阳、贵州开阳磷矿就是这种成因。磷灰石是人与动物硬体（牙、骨、结石）部分的主要无机物，也是一种重要的生物材料。

磷灰石是一类含钙的磷酸盐矿物总称，其化学成分为 $Ca_5(PO_4)_3(F, Cl, OH)$，其中含 CaO 为 55.38%，含 P_2O_3 为 42.06%，含 F 为 1.25%，含 Cl 为 2.33%，含 H_2O 为 0.56%。

图 1-17　磷灰石

晶体属六方晶系的磷酸盐矿物的总称。最常见的矿物种是氟磷灰石 $Ca_5PO_4 \cdot 3F$，另外还有氯磷灰石 $Ca_5PO_4 \cdot 3Cl$、羟磷灰石 $Ca_5PO_4 \cdot 3(OH)$、氧硅磷灰石 $Ca_5(Si, P, S)O_4 \cdot 3(O, OH, F)$、锶磷灰石 $Sr_5PO_4 \cdot 3F$ 等。磷灰石晶体一般呈带锥面的六方柱；集合体呈粒状、致密块状、结核状；呈胶体形态的变种称为胶磷灰石，其矿石称为胶磷矿。

磷灰石加热后常可出现磷光。将钼酸铵粉末置于磷灰石上，加硝酸，可生成黄色磷钼酸铵，用以快速试磷。磷灰石作为副矿物见于各种火成岩中，在碱性岩中可形成有工业价值的矿床，如俄罗斯科拉半岛的希比内磷灰石-霞石矿。由生物化学作用形成的海岛鸟粪层磷矿，主要成分为羟磷灰石。磷灰石是制造磷肥和提取磷及其化合物的最主要矿物原料；含稀土元素时可综合利用；透明而色泽丽润的磷灰石晶体可做低档宝石。

2. 晶体化学

化学组成（%）：CaO 54.58，P_2O_5 41.36，F 1.23，Cl 2.27，H_2O 0.56，还可有少量 TR 和微量 Sr 作不完全类质同象替代 Ca，少量 Cl、OH 代替 F。稀土含量一般不超过 5%。

3. 结构与形态

晶体结构的基本特点为：Ca-O 多面体呈三方柱状，以棱及角顶相连呈不规则的链沿 c 轴延伸，链间以［PO_4］连接，形成//c 轴的孔道，附加阴离子 Cl^-、F^-、OH^-充填于此孔道中也排列成链，坐标高度可变，并有缺席的无序-有序。F-Ca 配位八面体角顶的 Ca，也与其邻近的 4 个［PO_4］中的 6 个角顶上的 O^{2-}相连。

4. 物理性质

磷灰石无杂质者呈无色透明状，但常呈浅绿、黄绿、褐红、浅紫色。沉积成因的磷灰石因含有机质而被染成深灰至黑色。玻璃光泽，断口油脂光泽。解理极不完全。性脆。断口不平坦。硬度 5。相对密度 3.18~3.21g/cm^3。

磁铁矿

磁铁矿（图 1-18）的晶体呈八面体形，通常呈密粒状和块状集合体，矿物颜色为铁黑色，条痕黑色，半金属光泽，硬度 5.5~6，相对密度 4.9~5.2，无解理，具磁性。

图 1-18 磁铁矿

1. 简介

磁铁矿的化学成分为 Fe_3O_4，晶体属等轴晶系的氧化物矿物，晶体常呈八面体和菱形十二面体、集合体呈粒状或块状。完好单晶形呈八面体或菱形十二面体，呈菱形十二面体时，菱形面上常有平行于该晶面长对角线方向的条纹。集合体为致密块状或粒状。颜色为铁黑色，条痕呈黑色，金属光泽或半金属光泽，不透明，无解理，硬度 5.5~6，相对密度 4.8~5.3g/cm^3。因为它具有强磁性，中国古书中称其为磁石，表征它具有磁性；此外，它还有偩铁石、磁石、玄石等称呼。磁铁矿含铁量为 72.4%，是重要的铁矿石。如矿石中含有害元素很少，就可直接用于平炉炼钢。不少磁铁矿中还伴有钛、钒、铬等元素，冶炼过程中可以综合利用。磁铁矿还是传统的中药材之一，中医认为其有镇静安神的功效。

磁铁矿分布广，有多种成因。生于变质矿床和内生矿床中，岩浆成因的矿床以瑞典基鲁纳为典型；与火山作用有关的矿浆直接形成的以智利拉克铁矿为典型；接触变质形成的铁矿以中国大冶铁矿为典型；含铁沉积岩层经区域变质作用形成的铁矿，品位低，规模大，俄罗斯、北美洲、巴西、澳大利亚和中国（辽宁鞍山）等地都有大量产出。

2. 化学组成

化学成分：FeO_3 占 1.03%，Fe_2O_3 占 68.96%。其中 Fe_3 的类质同象代替有 Al_3、Ti_4、Cr_3、V_3

等；替代 Fe_2 的有 Mg_2、Mn_2、Zn_2、Ni_2、Co_2、Cu_2、Ge_2 等。当 Ti_4 代替 Fe_3 时，伴随有 Fe_2~Fe_3、Mg_2~Fe_2 和 V_3~Fe_3；Ti 亦可以钛铁矿或钛铁晶石的细小包裹体呈定向连生形式存在，系由固溶体出溶而成。在超过600℃时，形成磁铁矿。当 Ti_4 代替 Fe_3，TiO_2 含量在25%时称含钛磁铁矿。含钒、钛较多时，则称钒钛磁铁矿。含铬多者称铬磁铁矿。钛磁铁矿与钒钛磁铁矿在高温时形成固溶体，温度下降时发生出溶，在光片中可看到钛铁矿在磁铁矿晶粒中生成的显微定向连生，常沿磁铁矿的八面体裂开分布，叫钛铁磁铁矿。磁铁矿中的 Fe_2 可被 Mg_2 代替，构成磁铁矿-镁铁矿完全类质同象系列。

3. 主要分类

各种含铁矿物按其矿物组成，主要可分为四大类：磁铁矿、赤铁矿、褐铁矿和菱铁矿。由于它们的化学成分、结晶构造以及生成的地质条件不同，因此各种铁矿石具有不同的外部形态和物理特性。

（1）磁铁矿。主要含铁矿物，其化学式为 Fe_3O_4，其中 FeO 占 31%，Fe_2O_3 占 69%，理论含铁量为 72.4%。这种矿石有时含有 TiO_2 及 V_2O_5 组合复合矿石，分别称为钛磁铁矿或矾钛磁铁矿。在自然界，纯磁铁矿矿石很少见，常常由于地表氧化作用使部分磁铁矿氧化转变为半假象赤铁矿和假象赤铁矿。

（2）赤铁矿。赤铁矿为无水氧化铁矿石，其化学式为 Fe_2O_3，理论含铁量为 70%。这种矿石在自然界中经常形成巨大的矿床，从埋藏和开采量来说，它都是工业生产的主要矿石。

赤铁矿含铁量一般为 50%~60%，含有害杂质硫和磷比较少，还原性较磁铁矿好，因此，赤铁矿是一种比较优良的炼铁原料。赤铁矿有原生的，也有再生的，再生的磁铁矿经过氧化以后失去磁性，但仍保持着磁铁矿的结晶形状。有时赤铁矿中也含有一些赤铁矿的风化产物，如褐铁矿（$2Fe_2O_3 \cdot 3H_2O$）。赤铁矿具有半金属光泽，结晶者硬度为 5.5~6，土状赤铁矿硬度很低，无解理，相对密度 4.9~5.3g/cm^3，仅有弱磁性，脉石为硅酸盐。

（3）褐铁矿。褐铁矿是含水氧化铁矿石，是由其他矿石风化后生成的，在自然界中分布广泛，但矿床埋藏量大的并不多见。其化学式为 $nFe_2O_3 \cdot mH_2O$（n=1~3、m=1~4）。褐铁矿实际上是由针铁矿（$Fe_2O_3 \cdot H_2O$）、水针铁矿（$2Fe_2O_3 \cdot H_2O$）和含不同结晶水的氧化铁以及泥质物质的混合物所组成的。褐铁矿中绝大部分含铁矿物是以 $2Fe_2O_3 \cdot H_2O$ 形式存在的。一般褐铁矿石含铁量为 37%~55%，有时含磷较高。褐铁矿的吸水性很强，一般都吸附着大量的水分，在焙烧或入高炉受热后去掉游离水和结晶水，矿石气孔率因此增加，大大改善了矿石的还原性。所以褐铁矿比赤铁矿和磁铁矿的还原性都要好。同时，由于去掉了水分，也就相应地提高了矿石的含铁量。

（4）菱铁矿。菱铁矿为碳酸盐铁矿石，化学式为 $FeCO_3$，理论含铁量 48.2%。在自然界中，有工业开采价值的菱铁矿比其他三种矿石都少。菱铁矿很容易被分解氧化成褐铁矿。它一般含铁量不高，但受热分解出 CO_2 以后，不仅含铁量显著提高，而且也变得多孔，还原性很好。

4. 分布范围

磁铁矿分布广，有多种成因。如智利的拉科铁矿是由与火山作用有关的矿浆直接形成的。接触变质形成的铁矿可以中国大冶铁矿为例。由沉积的含铁岩层经区域变质作用形成的铁矿（如中国鞍山一带的铁矿），以磁铁矿和赤铁矿为主，规模很大，但品位较低，是世界上最重要的铁矿来源。俄罗斯、北美、巴西、澳大利亚都有特大型的此种铁矿。磁铁矿因比重大，并有抵抗风化的能力，所以在河床或滨海砂中也能富集。遭受氧化后能转变为赤铁矿；若保留原有的外形，即称为假象赤铁矿。

5. 结构形态

晶体常呈八面体和菱形十二面体。在菱形十二面体的菱形晶面上常有平行于该面对角线方向的条纹。集合体通常为致密粒状块体。

6. 物理性质

矿物呈黑色，条痕黑色。半金属至金属光泽。不透明。无解理。性脆。硬度 5.5~6。相对密度 4.9~5.2g/cm^3。具强磁性，居里点（Tc）578℃（居里点是磁性矿物的一种热磁效应，为磁性或反磁性物质加热转变为顺磁性物质的临界温度值）。

7. 鉴定特征

具有八面体晶形，黑色，条痕黑色，无解理，强磁性，依上述特征可与铬铁矿、黑钨矿、黑锰矿等相区别。

赤铁矿

赤铁矿（图 1-19）的晶体少见，常呈块状、鲕状、肾状及粉末状集合体，矿物颜色为赤红色，条痕樱红色，半金属光泽，硬度 5.5~6，相对密度 5~5.3g/cm^3，无解理，无磁性。

图 1-19　赤铁矿

1. 简介

赤铁矿晶体属三方晶系的氧化物矿物。赤铁矿名称来源于希腊文“血”的意思，意指这种矿物常常是红色的。它是一种铁的氧化物，其含铁量高达 70%，是铁的主要矿石矿物。虽然其他的金属正逐渐代替铁的地位，但是铁仍旧是最重要的金属之一。因此，赤铁矿是经济上最重要的矿物之一。只有极少数地区的赤铁矿有完美的金属闪光菱面体晶体。在更多的情况下，晶体常常是扁平的，更有甚者形成薄板状，有些样品板状成簇组成玫瑰花状，叫铁玫瑰。有时呈鳞片状集合体，称之为镜铁矿。所有这些结晶很好的赤铁矿变种都是黑色的，但矿物粉末的颜色都是红色的。肾状铁矿也呈这种红色，肾状铁矿是一些肾形表面的放射状的集合体。红色是绝大多数没有结晶形态的土状赤铁矿的颜色。赭石就是这种红色的土状赤铁矿，它可以作为颜料使用。

2. 分布

赤铁矿是广泛地分布在各种岩石当中的副矿物，它以细分散粒状出现在许多火成岩中，在特殊的情况下，区域变质岩中形成巨大的块体。在红色砂岩中，赤铁矿是石英颗粒的胶结物，并且将岩石染上颜色。若要在经济上值得开采，就必须含有几千万吨赤铁矿，这种储量是大规模的沉积作用形成的，在前寒武系地层中有很多这种铁矿。富铁矿的含铁量至少在 50%，它是由于雨水将二氧化硅淋去而富集成的。这些富集矿是世界上铁的重要来源，但是它的储量正在日益减少。为了弥补这种不足，矿业界正在将注意力转向原始的含铁矿物，即含铁石英岩。这种岩石中仅仅含 25%~30% 的铁，但是它有非常巨大的储量。用机械的办法可以使低品位的铁矿物富集。这样，含铁石英岩将是巨大的铁矿资源。

3. 晶体化学

赤铁矿常含类质同象替代的 Ti、Al、Mn、Fe 、Ca、Mg 及少量的 Ga、Co；常含金红石、钛铁矿的微包裹体。隐晶质致密块体中常有机械混入物 SiO_2、Al_2O_3。呈纤维状或土状者含水。根据成分可将其划分出钛赤铁矿、铝赤铁矿、镁赤铁矿、水赤铁矿等变种。

4. 结构特性

三方晶系，呈刚玉型结构。成分中有 Ti 的替代时，晶胞体积将增大；而 Al 的替代则使晶胞体积减小。复三方偏三角面体晶类。完好晶体较少见。常见单形：平行双面 c，六方柱 a，菱面体 r、u、e，六方双锥 n。在晶面上有三组平行于和交棱方向的条纹、三角形凹坑或生长锥等晶面花纹。常呈显晶质板状、鳞片状、粒状和隐晶质致密块状、鲕状、豆状、肾状、粉末状等集合体形态。

5. 物理性质

钢灰色至铁黑色，常带淡蓝锖色；隐晶质或粉末状者呈暗红至鲜红色。具特征性的樱桃红或红棕色条痕。金属光泽至半金属光泽，有时光泽暗淡。无解理。因双晶可具和裂开。硬度5~6。相对密度5.0~5.3g/cm^3。偏光镜下呈血红、橙黄、灰黄色。

6. 矿石形态

单晶常呈板状，主要由板面（平行双面）与菱面体等组成的聚形。集合体形态多样：显晶质的有片状、鳞片状或块状；隐晶质的有鲕状、肾状、粉末状和土状等。

赤铁矿的形态特征与其形成条件的关系是：一般由热液作用形成的赤铁矿可呈板状、片状或菱面体的晶体形态。云母赤铁矿是沉积变质作用的产物，鲕状和肾状赤铁矿是沉积作用的产物。

7. 鉴定特征

具有樱桃红色或红棕色条痕为其特征。具各种形态，无磁性，可与相似的磁铁矿、钛铁矿相区别。呈铁黑色、金属光泽、片状的赤铁矿称为镜铁矿；呈钢灰色、金属光泽、鳞片状的称为云母赤铁矿，中国古称其为“云子铁”；呈红褐色土状而光泽暗淡的称为赭石，古称“代赭”，而以“赭石”泛指赤铁矿。赤铁矿分布极广。各种内生、外生或变质作用均可生成赤铁矿。河北宣化的龙烟铁矿和湖南的宁乡铁矿都是沉积作用形成的赤铁矿矿床。赤铁矿经常与磁铁矿一起，在沉积变质、接触变质铁矿中产出。

8. 矿物亚种

赤铁矿的集合体有各种形态，形成一些矿物亚种，即：①镜铁矿，为具金属光泽的玫瑰花状或片状赤铁矿的集合体；②云母赤铁矿，具金属光泽的晶质细鳞状赤铁矿；③鲕状或肾状赤铁矿，形态呈鲕状或肾状的赤铁矿。

岩　石

自然界的各种固体矿物很少单独存在，而是以一定的规律结合在一起。岩石是由一种或多种矿物组成的集合体。有些岩石是由一种矿物组成的，称为单矿岩，如纯大理岩（汉白玉）常常是由一种矿物——方解石组成的；而自然界中的大多数岩石是由两种以上的矿物组成的，称为复矿岩，如花岗岩就是由石英、正长石和云母集合而成的。

自然界的岩石种类很多，根据其成因可分为三大类，即由岩浆活动形成的岩浆岩（或火成岩），由外力作用形成的沉积岩，由变质作用形成的变质岩。三类岩石在地表的分布以沉积岩最广，达75%以上。但是若以地表以下16km厚度的地壳重量计算，岩浆岩和由岩浆变质而成的变质岩占地壳重量的95%左右，沉积岩和由沉积岩变质而成的变质岩仅占5%左右。

土壤是由岩石经风化和成土作用而形成的，母岩的矿物成分、结构和风化特点都与土壤的理化性质等密切相关。

岩浆岩

1. 概述

地球内部呈熔融状态的岩浆喷出地表，或上升到接近于地表的不同深度的地壳中，经冷却、固化后形成的岩石，称为岩浆岩。

岩浆是硅酸盐与金属硫化物、氧化物的熔融体，含有挥发性的成分，如SO_2、SO_3、H_2O、CO_2、S、F、Cl等，岩浆中也含有地壳中的其他元素。

根据岩浆化学成分的不同可分为四类：超基性岩浆，此种岩浆含SiO_2很少，一般少于45%，含铁、镁多，含挥发成分少，色暗；基性岩浆，或称玄武岩岩浆，含SiO_2为52%~45%，含铁、镁也较多，但比超基性岩浆少，含挥发成分较多，色暗；中性岩浆，含SiO_2为52%~65%，含铁、镁亦较少，色浅；酸性岩浆，含SiO_2>65%，含铁、镁少，含钾、钠、铝多，并含有大量挥发成分，色浅。

岩浆的成分不是固定不变的，常在岩浆运动或凝固的过程中发生变化。

2. 岩石结构

岩石结构是指岩石中矿物的结晶程度、颗粒大小和形状，以及矿物间因相互结合关系而表现出来的岩石特征。根据结晶程度分为：

（1）全晶质。岩石中的矿物结晶颗粒均可辨认，为晶质的，属于显晶结构。根据结晶矿物颗粒的直径大小一般可分为：粗粒结构（>5mm）、中粒结构（2~5mm）和细粒结构（0.2~2mm）。

（2）半晶质。岩石中的矿物一部分为晶质的，一部分为非晶质的，显晶和隐晶结构同时存在。

（3）玻璃质。岩石呈玻璃状，矿物颗粒均不能识别出其矿物成分，为非晶质，属隐晶质结构。

根据矿物颗粒的相对大小可分为：

（1）等颗粒状。岩石中矿物的颗粒大小比较一致，深成岩多为等颗粒状结构。

（2）斑状。岩石内矿物颗粒大小显著不等，大者称为斑晶，小者称为石基或基质；如果石基为显晶质（肉眼可辨者）的，则称为似斑状结构。

斑状结构的形成，是由于岩浆在地球深处有一部分先结晶而形成斑晶，以后岩浆继续上升，由于冷却速度很快，岩浆来不及结晶或结晶得很少，就形成了石基。斑状结构多出现在浅成侵入岩中。

3. 分类

自然界的岩浆岩种类繁多，分类时主要是根据其化学成分，二氧化硅的含量多少，岩石中矿物的成分、产状、结构和构造等，确定岩浆岩的类型。

根据矿物成分和硅酸含量的变化，可将岩浆岩分为酸性岩（SiO_2>65%）、中性岩（$SiO_2$52%~65%）、基性岩（$SiO_2$45%~52%）和超基性岩（SiO_2<45%）四类。

（1）酸性岩类。酸性岩类的 SiO_2 含量很高，一般超过 65%，呈过饱和状态，含有大量的石英是其重要特征。因钾、钠含量增多，而铁、镁含量减少，故矿物以浅色为主，其中长石类矿物达 60%以上。暗色矿物主要是黑云母与角闪石。此类岩石在地表分布广，大多数是深成侵入岩。常见矿物有：花岗岩、花岗斑岩、石英斑岩和流纹岩。

（2）中性岩类。本类岩石 SiO_2 的含量 52%~65%，铁、镁的含量相对较少，同时出现了 K_2O，其主要矿物中的浅色矿物增多，浅色矿物中主要是含 CaO 和 Na_2O 的中性斜长石。

1）闪长岩—安山岩类。本类主要岩石有闪长岩、闪长玢岩和安山岩。岩石组成以暗色矿物中的角闪石和中性斜长石为主，次要矿物有方解石、黑云母。

2）正长岩—粗面岩类。本类岩石 SiO_2 含量约为 65%，其中的 Na_2O 和 K_2O 含量明显增加，属中碱性岩类。其主要矿物为正长石，暗色矿物很少，多为黑云母、角闪石和辉石等。它在矿物组成上的突出特点是出现大量钾、钠长石，没有石英或石英含量甚微。

3）基性岩类。这类岩石的 SiO_2 含量为 45%~52%，铁、镁含量相对较少，在主要矿物中出现了浅色矿物斜长石。暗色矿物则以辉石为主，浅色和暗色矿物含量接近相等。常见矿物种类有：辉长岩、辉绿岩和玄武岩。

4）超基性岩类。本类岩石几乎全部由铁镁矿物组成，占 95%以上，如橄榄石和辉石，有时也可见到一些角闪石和黑云母。SiO_2 的含量小于 45%，而铁、镁氧化物含量较高，相对密度大。该类岩石的化学性质不稳定，易遭风化，常形成蛇纹石、滑石、绿泥石等次生矿物。

沉积岩

1. 概述

沉积岩生成时的地质营力、保存环境与岩浆岩完全不同，它是外力地质作用形成的，是在地表和接近地表的原有岩石（岩浆岩、变质岩和原有的沉积岩）在常温、常压下，经过风化剥蚀，在原地或其他地方沉积下来，再经过压紧、固结和硬结成岩作用而形成的岩石。沉积岩的矿物成分与其他两类岩石是有差异的。在沉积岩中很难看到角闪石、黑云母等，更不易看到橄揽石、辉石，而常见的是石英和白云母，其次是正长石。沉积岩的主要特点是：岩石中往往有化石出现，岩层具有明显的成层性，岩石中一般无矿物的结晶。

2. 结构和构造

（1）沉积岩的结构。各类沉积岩的结构类型分述如下：

1）碎屑状结构。即岩石或矿物碎屑被胶结起来所形成的岩石结构，是碎屑岩特有的结构。碎屑成分主要有石英、正长石、白云母及岩屑等。

根据碎屑颗粒直径大小分为：砾状结构（>2mm）、砂状结构（0.05~2mm）、粉砂状结构（0.005~0.05mm）和泥状结构（<0.005mm）。

根据碎屑颗粒形状即碎屑颗粒棱角被磨损程度分为：棱角状、次棱角状、半（次）圆状、圆状和极圆状结构。

根据碎屑颗粒胶结物的特性可分为：泥质、钙质（方解石）、铁质（赤铁矿和针铁矿）和硅质（石髓和石英）。

2）泥质结构。由细小的黏土点（<0.005mm）组成的，肉眼不易识别，比较致密均一，较软，用手摩擦没有粗糙砂感，有土状粉末，粘手。

3）化学结构。通过化学作用和生物作用，从溶液中沉淀的晶粒所构成的岩石结构。如大部分石灰岩都是由结晶的方解石组成的，常称晶粒结构，是化学岩所具有的结构。

4）生物结构。由生物遗体或其碎片（多已石化）组成的结构。可在某些生物灰岩、硅质岩中出现。对生物岩结构命名，主要根据生物遗体组成。

（2）构造

1）层理构造（图1-20）就是岩石的成层性，这种成层性的形成，是由于沉积物的沉积时间、种类和颗粒大小等不同引起的。层理根据形态和成因可分为：

a. 水平层理，层理平行，层面与层面之间互相平行，它是在比较稳定的沉积环境和平静的水体中形成的，多出现于较深的海洋及湖泊沉积环境，多见于黏土岩和碳酸盐岩中。

b. 斜交层理，部分层理与主要层理面斜交，即有的层理是倾斜的。斜层理的方向代表了当时水流的方向。多由粗粒物质组成，是河流沉积物的典型特征。常见于砂岩及粉砂岩中。

c. 交错层理，由多组不同方向的斜层理互相交错切割而成的。其中水平层理较少出现。其原因是在形成岩石时，沉积环境的水流（或风）方向频繁发生变化。

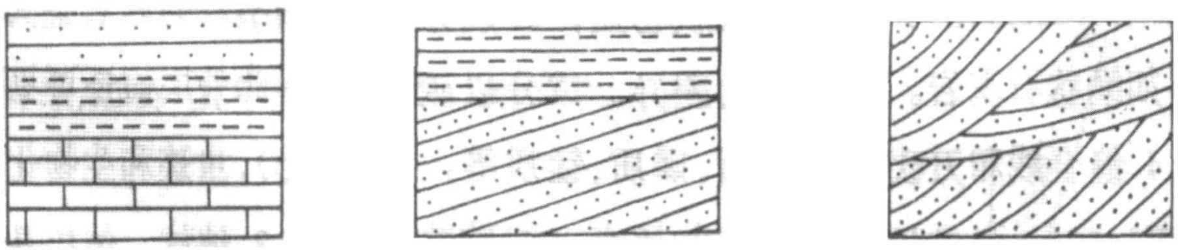

A（水平层理）　B（斜交层理）　C（交错层理）

图1-20　沉积岩的层面构造

2）层面构造是各种地质作用在沉积岩面上保留下来的痕迹，主要的层面构造有波痕、泥裂、雨痕、足迹、生物化石及结核等（图1-21）。

3. 常见的沉积岩

（1）砾岩。各种不同的石砾经胶结形成的岩石称为砾岩，其胶结物可为石灰质（钙质）的、硅质的、泥质的及砂质的。砾岩中的石砾带有棱角时，称为角砾岩。

（2）砂岩。沉积的砂粒经过胶结作用形成的岩石称为砂岩。砂岩因颗粒的大小不同，可以分为粗砂岩、中砂岩及细砂岩。

粗砂岩：50%以上的碎屑直径在0.5~2mm。

中砂岩：50%以上的碎屑直径在0.25~0.5mm。

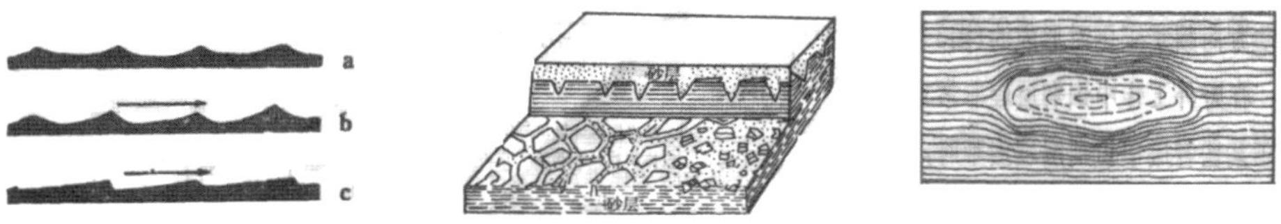

A（波痕）　　B（泥裂）　　C（结核）

图1-21　沉积岩的层面构造

细砂岩：50%以上的碎屑直径在0.1~0.25mm。

砂岩中的颗粒主要是石英砂，称为石英砂岩，简称砂岩。有时也可以为长石颗粒，这时称为长石砂岩。

砂岩经过风化崩解之后，石英颗粒就残留在土壤中，砂岩风化后所形成的土壤一般是砂壤土。该土壤的物理性状良好，但养分比较缺乏，尤其缺乏磷。

（3）页岩。页岩具有致密状泥质结构，呈页片状或层状构造，也称页理构造。矿物成分比较复杂，黏土矿物中的高岭石、微晶高岭石、拜来石等均可出现。碎屑成分主要有长石、石英、云母、绿泥石等矿物。但由于矿物颗粒大小肉眼无法鉴别。页岩颜色多为灰色、红色、黄色、黑色等。

（4）石灰岩。石灰岩可由化学沉积或生物沉积作用形成，组成矿物为方解石。石灰岩呈块状构造，岩体层理构造明显，方解石结晶颗粒甚小，肉眼无法辨出，故多呈致密状结构，硬度小，与稀盐酸能发生反应，呈灰、黄、黑等色。如含硅质多时，称为硅质石灰岩，含黏土多时称为泥灰岩。

（5）白云岩。白云岩是由含碳酸钙和碳酸镁成分的白云石形成的，与石灰岩相似，颜色为灰白色，也可以有其他颜色，所不同的是白云岩与HCl反应很微弱，但其粉末加HCl则反应剧烈。

变质岩

1. 概述

在地表以下的一定深度内，原有的岩浆岩、沉积岩和部分早期形成的变质岩由于地壳运动、岩浆活动等内力地质作用的影响，受到高温、高压以及活泼性流体的作用，使原来固态的岩石发生了变化，这个过程称为变质作用。由变质作用形成的新岩石叫变质岩。大多数变质岩都有定向构造、片麻状构造和矿物重结晶现象等明显特征。

使岩石发生变质的主要因素有：高温、高压和一些活泼性气体的作用。根据变质作用的因素，变质作用类型可分为：

（1）接触变质作用。这种变质作用是以温度因子为基础的，也称为热力变质作用。当岩浆侵入围岩之中，围岩受到高温作用，发生重结晶现象。例如，石灰岩变成结晶石灰岩或大理岩，砂岩变成致密的石英岩等。

在大多数情况下，围岩不仅受到热力的影响，同时由岩浆分泌出来的赤热气体和液体往往向围岩渗透，引起更剧烈的化学成分变化。由于外来的新化学物质加入，出现了新的矿物。变质程度与距离侵入体的远近有关，离侵入体越近变质越深，越远则变质越浅。

（2）动力变质作用。动力变质作用主要是在静压较小、温度较低的情况下，以动压力为主产生的。这种变质作用往往在地壳的浅处进行，尤其在受到构造变动的岩层中。岩石或矿物受到强烈动压力的作用，常被压碎或压缩成层，岩石内部的矿物有时被压成长条形。在摩擦面上，因为压力较大，一部分矿物重结晶。例如，较软的页岩经此作用后则发生劈开、流动和局部重结晶等现象，而形成只有清楚板状劈开的板岩。动力变质作用只引起岩石中矿物的轻度变质。

（3）区域变质作用。在广大的岩层构造变动地带（即造山带），大部分岩石陷于地壳的深部，受到高压、高热的影响，此种作用称为区域变质作用。处于较深部位的岩石，均变成了各种结晶的片岩或片麻岩，以致难以辨别它们是由哪些岩石变来的。

2. 矿物组成

变质岩的矿物组成是比较复杂的，有许多与岩浆岩相似，如石英、长石、辉石、角闪石、云母等。但有一些矿物是岩浆岩中很少见到的，甚至是完全没有的，这种矿物称为变质矿物，如石榴子石、硅灰石、重晶石、红柱石、绿泥石、绿廉石等。有些矿物在岩浆岩中只作为少量的次生矿物出现，而在变质岩中可以大量出现，如碳酸盐类矿物、绿泥石、绿廉石、绢云母等。

3. 结构和构造

（1）结构。按成因，变质岩可分为三类，即变晶结构、变余结构和碎裂结构。

1）变晶结构。凡是岩石在变质过程中，经过重结晶作用所形成的结构，均属变晶结构。如沉积岩发生变质时，其物质成分经过重结晶产生新矿物，矿物的颗粒有时会变大，所形成的结构称变晶结构。

2）变余结构。有些岩石经过变质以后，一部分组成和物质发生变化，而另一部分保留原来岩石的结构特征，这种结构统称为变余结构。

3）碎裂结构。由于动力变质作用的定向压力使岩石发生破裂、弯由或磨成碎屑、岩粉所形成的结构。根据碎裂程度可分为碎裂结构、碎斑结构和糜棱结构。

（2）构造。岩浆岩与沉积岩的构造通过变质作用全部或部分消失，而定向构造是变质岩的最大特点，也是其命名的依据。

1）块状构造。岩石中的矿物无定向排列，而且各部分在矿物成分及结构上都是相同和均一的，形成不规则的块体，它的形成是由于岩石受到温度和静压力的联合作用以及定向压力不显著，如石英岩。

2）片理构造（定向构造）。这是变质岩中最具特征性的构造。它是由于岩石中片状、板状和柱状矿物，如云母、角闪石等，在定向压力的作用下，重结晶并在垂直压力方向成平行排列所形成的构造，顺着平行排列的面，可把岩石劈成小型片状，称片理。根据片理形态可分为板状、千枚状、片状、片麻状、眼球状和条带状等构造类型。

4. 主要变质岩的类型

（1）板岩。板岩是由黏土（如泥岩）、粉砂岩及其他细粒碎屑沉积物的变质产物，具有完整的片理劈开，呈平坦的、板状的平面。板岩由细小的云母、绿泥石、石英等矿物组成，颜色随所含矿物成分不同而发生变化，多为青灰色。

（2）千枚岩。千枚岩是由富泥质（包括磷灰岩）岩石经浅变质而成，分布很广。颜色多呈绿色、淡红色、灰色及黑色，片理发达；矿物主要由新生的绢云母、石英和绿泥石等组成，具丝娟光泽，片理面细腻，稍呈弯曲状。具有明显的变晶结构。有时可见云母小片或红柱石、石榴子石的小斑点。千枚岩的成因与板岩相同，变质程度较板岩为深。

（3）片岩。片岩由各种岩石在高温、高压下变质而成，原岩石全部结晶。具有极显著的片状构造，片理面常呈皱纹状，较粗糙。矿物成分中片状或柱状矿物含量大于30%，以云母、绿泥石、角闪石为主。石英和长石含量较少，还含有变质矿物石榴子石和十字石等。片岩的命名都是把主要矿物成分或特征性矿物放在其前面，如石英片岩、云母片岩、滑石片岩、绿泥石片岩、角闪石片岩等。

（4）片麻岩。片麻岩是一种受到变质作用较深的、具有典型片麻状构造的岩石。它可以由多种岩石变质而成。由岩浆岩变质而成的，称正片麻岩；由沉积岩变质而成的，称副片麻岩。片麻岩大多数是由石英、长石、云母及角闪石等矿物组成。这些矿物在片麻岩中的排列是有一定方向性的，暗色矿物和浅色矿物在岩石中常成相间的条带状排列，不像在花岗岩及闪长岩中那样紊乱，而是有明显的层状特征，即片麻状构造。

（5）大理岩。大理岩是由碳酸盐类岩石（石灰岩和白云岩）在高温或高压下经过重结晶作用所形成的。大理岩一般是由粒状变晶结构的方解石颗粒构成的，也可以由白云石组成，有时夹有少量硅酸盐类矿物，如石英、角闪石和辉石等。由方解石组成的称方解石大理岩，由白云石组成的称白云石大理岩。石灰岩发生变质作用后，必须发生变质现象才能称之为大理岩。如只发生重结晶而无明显褪色者，则称结晶灰岩。纯白色的大理岩，我国俗称汉白玉，在四川宝兴分布较广，纯度也较高。大理岩的硬度小，含方解石者遇稀盐酸反应较强烈，含白云石者遇浓盐酸才反应。

（6）石英岩。石英岩是砂岩（主要是石英砂岩）在充分的热力和压力作用下，经过重结晶变质而成的岩石。石英岩硬度大，由于其主要由石英组成，显脂肪光泽，一般为乳白色，若含少量氧化铁，可呈红色或褐色等。

地质年代

地质年代是指地壳上不同时期的岩石和地层，时间表述单位为：宙、代、纪、世、期、时；地层表述单位为：宇、界、系、统、阶、带。

各地质事件发生的先后顺序，称为相对地质年代；各地质事件发生距今的年龄，由于主要是运用同位素技术测得的，故称为同位素地质年龄（绝对地质年代）。二者结合，才构成对地质事件及地球、地壳演变时代的完整认识，地质年代表正是在此基础上建立起来的。

1. 绝对地质年代

即地层形成以来，经历的实际年数。自从对放射性元素有了进一步的研究之后，根据计算，100 克铀脱变，一年内可以生成 1/79000000 克铅，即 100 克铀生成 1 克铅需要 79000000 年。如果在含铀的矿物里，用分析的方法测出铀中含铅的百分数，用铅的百分数乘上 79000000，就得出铀矿的年龄，再根据这个数字，就可以推算出含有这种矿物的地层的年龄。大多数现代地球物理学家求得的地球年龄为 30 亿~40 亿年。

2. 相对地质年代

相对地质年代是指地层的生成顺序和相对的新老关系。它只表示地质历史的相对顺序和发展阶段，不表示各个地质时代单位的长短。

在研究地球的演化历史或者地质过程时，有时候并不一定需要知道地质事件发生的准确时间，而只需要知道它们之间的先后顺序，这种只确定地质事件发生先后顺序的方法称为相对地质年代。在没有找到合适的定龄方法之前，地质学家采用的就是相对地质年代的方法来确定地质事件发生的先后顺序。这种相对地质年代学的方法至今仍然是地质学家研究地质过程的主要手段。

（1）地层的顺序。沉积岩的岩层是按照时代的先后累积起来的，如果没有受到任何扰动，这些岩层就处于正常状态之下，即在下者为老地层，在上者为新地层。但大多数的情况下地层被扰动了，甚至中间缺失了几个层。虽然如此，我们还是可以把地层编成地质剖面图，以研究其岩石的性质、每一层的厚度、地壳的变动及其中存在的化石，以此来研究和确定地质历史，也可以说岩层就是地球历史的书页（表 1-2）。

（2）化石的保存。保存于地层中的古代生物遗体和遗迹，称为化石。根据化石，我们可以看出生物种属和形态的逐渐改变，同时在这些改变中可以看到生物的发展过程。在古老的地层里，我们能见到原始生物的代表，而在较新的地层中，能见到高等生物的代表。

表 1-2　地质年代表

<table>
<tr><th>宙（宇）</th><th colspan="2">代（界）</th><th colspan="2">纪（系）</th><th>世（统）</th><th>距今年数（百万年）</th><th>时间间距（百万年）</th><th>开始繁荣的植物</th></tr>
<tr><td rowspan="16">显生宙</td><td rowspan="7" colspan="2">新生代（Kz）</td><td rowspan="2" colspan="2">第四纪（系 Q）</td><td>全新世 Q_4</td><td rowspan="2">2</td><td rowspan="2">2</td><td rowspan="7">被子植物</td></tr>
<tr><td>更新世 Q_p</td></tr>
<tr><td rowspan="5">第三纪（R）</td><td rowspan="2">新第三纪（系 N）</td><td>上新世 N_2</td><td rowspan="2">26</td><td rowspan="2">23</td></tr>
<tr><td>中新世 N_1</td></tr>
<tr><td rowspan="3">老第三纪（系 E）</td><td>渐新世 E_3</td><td rowspan="3">67</td><td rowspan="3">42</td></tr>
<tr><td>始新世 E_2</td></tr>
<tr><td>古新世 E_1</td></tr>
<tr><td rowspan="3" colspan="2">中生代（Mz）</td><td colspan="3">白垩纪（系 K）</td><td>137</td><td>70</td><td rowspan="3">裸子植物</td></tr>
<tr><td colspan="3">侏罗纪（系 J）</td><td>195</td><td>58</td></tr>
<tr><td colspan="3">三叠纪（系 T）</td><td>230</td><td>35</td></tr>
<tr><td rowspan="6">古生代（Pz）</td><td rowspan="3">晚期生生代</td><td colspan="3">二叠纪（系 P）</td><td>285</td><td>55</td><td rowspan="3">裸蕨植物</td></tr>
<tr><td colspan="3">石炭纪（系 C）</td><td>350</td><td>65</td></tr>
<tr><td colspan="3">泥盆纪（系 D）</td><td>400</td><td>55</td></tr>
<tr><td rowspan="3">早期古生代</td><td colspan="3">志留纪（系 S）</td><td>435</td><td>35</td><td rowspan="5">菌藻类</td></tr>
<tr><td colspan="3">奥陶纪（系 O）</td><td>500</td><td>60</td></tr>
<tr><td colspan="3">寒武纪（系∈）</td><td>570</td><td>70</td></tr>
<tr><td rowspan="2">隐生宙</td><td colspan="2">元古代（Pt）</td><td colspan="3">震旦纪（系 Z）</td><td>800~2500</td><td></td></tr>
<tr><td colspan="2">太古代（Ar）</td><td colspan="3"></td><td>4600</td><td></td></tr>
</table>

本表是根据 1973 年 10 月在北京召开的有关前寒武纪地层问题的座谈会记录及国际地层分类小组委员会 1971 年第 6 号报告等资料编写而成。

风化作用

地壳表层的岩石，在大气和水的联合作用下，在温度变化、生物活动的影响下，所发生的一系列崩解和分解作用，称为风化作用。

岩石风化作用是岩石在外力作用影响下所产生的必然结果。岩石在生成的时候，处于一定的环境条件，例如岩浆岩是岩浆冷凝的产物；变质岩是在高温、高压下岩石变质的结果；沉积岩虽在地壳表层形成，但也经过了压力与脱水作用而固结起来的。各种岩石中的矿物种类、结构和构造等都与其形成时的环境是相一致的，一旦这些岩石暴露到地表，所接触的温度、压力和水分等条件，与原来有很大不同，必然引起岩石发生变化，以适应新的环境。所以说，风化作用是岩石矿物内部性质与外界环境矛盾统一的结果。

岩石在地表接受风化、破碎、分解以后，再经过搬运、沉积，最后又固结成岩。这个过程可看作地质大循环，它一直是在自然界进行着的，与土壤的形成有着密切的关系。风化是这个循环里的一个重要环节。风化作用为剥蚀作用的进行创造了极有利的条件，可把它看作其他外力作用的先导，因而在外力作用过程中占有特殊重要的地位。

岩石的风化按作用因素与作用性质的不同，分为物理风化、化学风化和生物风化三大类，事实上，这三者是联合进行、相互助长的，对其进行划分只是为了讨论的方便。

物理风化

物理风化是指岩石在外力作用下，机械地破裂成碎屑，只改变大小与外形，而不改变化学元素成分的过程。

产生物理风化的原因以地球表面温度变化为主，所以物理风化大都属于热力学的风化。此外，岩石空隙水的冻结与融化，岩石空隙中盐的结晶胀裂，均会促使岩石破碎。

1. 矿物岩石的差异性胀缩

地球表面昼夜与四季都有很显著的温度变化。四季温度变化幅度可多至40~50℃，一般在干旱地区尤为突出，例如某些沙漠里的昼夜温差可达60~70℃。温度变化的频繁与迅速，使岩石各部分产生不均匀的胀缩，相互顶挤而破碎。首先岩石一般是热的不良导体，热的传递很慢，白天岩石表面升温快而膨胀，内部温度仍然很低，于是岩石内外之间出现温差及胀缩不一致，便可产生与表面平行的风化裂隙；夜间则外面降温快而收缩，内部岩石仍在缓慢地升温膨胀，此时出现的风化裂隙垂直于岩石表面。这个过程反复进行，风化裂隙日益扩大增多，使岩石表层成层状剥落，坚硬的岩石便崩解成碎块。

在块状岩石的向阳面上常常见到表层疏松且层层脱落的现象，称为鳞片状剥落。块状岩石常形成馒头状光秃的表面。这种风化过程若有水的参与（就算是温差大的干旱区，有时候也有短时暴雨）就表现得更明显。

岩石由不同的矿物颗粒组成，不同矿物的膨胀系数不相同，比热也不同，颜色深浅不一，吸收热量不同，当温度反复变化时，产生颗粒之间的胀缩差异，造成岩石的崩解。例如石英的膨胀系数为31×10^{-6}，正长石为17×10^{-6}，普通角闪石为28.4×10^{-6}，由此可见，粗粒结晶花岗岩在温差较大的地区容易产生破碎。又如辉长岩、玄武岩含暗色矿物多，热辐射的吸收能力强，温度变化比较大，也容易产生剥蚀现象。而由单一矿物集合的岩石或浅色岩石（如石灰岩、石英等）受温度影响较小。崩解也比较慢。

2. 水的冻融作用

岩石裂隙或孔隙中的水，结冰时，体积要增加1/11，这会对孔隙周围会产生巨大压力，可达$960kg/cm^2$，将造成岩石的崩解。这种作用对含水多的岩石（如砂岩含水10%~20%）特别明显。寒冷的高山与高纬度地区，冻融交替频繁，该作用的破坏力也特别大。

3. 矿物的水分与结晶膨胀作用

岩石中有些矿物，如蒙脱石吸水后膨胀显著，无水石膏等矿物，吸水后也会增大体积，此外，盐类在岩石裂隙中如因过饱和而结晶时，晶体的长大对周围也产生压力，这些都能破坏岩石。在干旱与半干旱地区，这种作用的影响也极大，对岩石的破坏作用称为盐崩作用。

物理风化的结果是产生许多岩石碎屑，大大增加了岩石与空气的接触面积，为化学风化创造了条件。由于温度变化是物理风化的主要因素，所以在干旱、高山和两极等缺少植物被覆的地区，物理风化特别常见。

化学风化

化学风化是指岩石在外界条件的影响下，引起化学成分的改变，并产生新物质的过程。化学风化是水、二氧化碳、氧对岩石作用的结果，而三者的作用又常是交叉进行的。

1. 水的作用

水在自然界的分布十分广泛，在化学风化作用中占有极其重要的位置。实际上，几乎所有的化学风化都需要有水的存在。水对岩石的直接作用有两个方面。

（1）溶解作用。水是一种极性溶剂，岩石中的矿物都是无机盐，在水中多少都能溶解一些。绝对不溶于水的无机物质在自然界是不存在的。例如云母，似乎很难溶解于水，但1份重量的云母可溶于340000份重量的水中。温度增高时，无机物在水中的溶解度增加，如石英在常温下，几乎不溶于水，但在热水中便可溶解水重的万分之一，这样看来，在很长的地质年代中，水溶解矿物的规模是相当大的。况且地表的水还常常溶有 CO_2、NO_2 及有机酸等物质，这样便大大提高了它的溶解能力；据估计，地球上所有的河流，每年把溶解状态的盐类带入海洋的量，多达 40 亿千克。

（2）水化作用。是指无水的矿物与水结合，成为含水矿物的作用，例如：

$$\underset{\text{硬石膏}}{CaSO_4}+2H_2O\rightarrow \underset{\text{石膏}}{CaSO_4\cdot 2H_2O}$$

$$\underset{\text{赤铁矿}}{2Fe_2O_3}+nH_2O\rightarrow \underset{\text{含水氧化铁}}{2Fe_2O_3\cdot nH_2O}$$

通常，矿物经水化作用后，硬度降低，体积增加，溶解度也增加。

2. 二氧化碳的作用

溶解在水中的 CO_2 与水化合成为 H_2CO_3，可以分解岩石，称为碳酸化作用。水中含碳酸时，对碳酸盐的溶解力较纯水可增加几十倍，如方解石在纯水中溶解不超过 93mg/kg，但在含碳酸的水溶解可达 1000mg/kg。其反应如下：

$$CaCO_3+H_2CO_3\rightarrow \underset{\text{重碳酸钙}}{Ca(HCO_3)_2}$$

重碳酸钙的溶解度高，能随水流失，当其蒸发干燥时，可脱水并释放出 CO_2，再变为碳酸钙沉淀，这种反应在石灰岩地区非常普遍，当 CO_2 充足时，反应可一直向右进行。

岩石中常见的硅酸盐矿物，几乎都因水中含有碳酸而进行水解，产生较简单的物质。例如正长石被碳酸作用分解，按下列反应进行：

$$\underset{\text{正长石}}{4KAlSi_3O_8}+4H_2O+2CO_2\rightarrow 2K_2CO_3+8SiO_2+\underset{\text{高岭石}}{Al_4[Si_4O_{10}](OH)_8}$$

硅酸盐矿物被碳酸分解时，一般是先脱去盐基，再脱去盐质，形成次生的黏土矿物。这一过程，实际上也可把它看作硅酸盐的加水分解作用，因为从水中解离出的氢离子，在反应中占有重要地位。上述反应的产物高岭石，有时还可进一步分解形成含水氧化铝等简单物质。

$$\underset{\text{高岭石}}{Al_4[Si_4O_{10}](OH)_8}+nH_2O\rightarrow \underset{\text{铝土矿}}{2Al_2O_3\cdot nH_2O}+4SiO_2+4H_2O$$

3. 氧化作用

空气中的氧在有水的情况下，氧化能力很强，岩浆岩中的铁多为低价铁，可被氧化为高价铁，从而使结晶格架被破坏，例如：

$$\underset{\text{橄榄石}}{2Fe_2SiO_4}+3H_2O+O_2\rightarrow \underset{\text{含水氧化铁}}{2Fe_2O_3\cdot 3H_2O}+\underset{\text{氧化硅（胶体）}}{2SiO_2}$$

硫化物被氧化后，生成含水氧化铁和硫酸，硫酸盐易溶于水，硫酸又能使其他矿物起分解作用，例如：

$$\underset{\text{黄铁矿}}{4FeS_2}+14H_2O+15O_2\rightarrow \underset{\text{含水氧化铁}}{2(Fe_2O_3\cdot 3H_2O)}+8H_2SO_4$$

化学风化使岩石矿物发生分解，其风化的产物有胶体物质，也有简单的盐类，以胶体占多数，在气候湿润地区更是如此。

常见的胶体种类有带负电的硅酸、氢氧化锰与带正电（酸性条件下）和负电（碱性条件下）的两性胶体氢氧化铁、氢氧化铝，还有由硅、铁、铝等胶体互相作用后形成的次生黏土矿物，如高岭石与蒙脱石等。胶体形成以后可随水流动，而且可吸附各种阴、阳离子一同迁移，一旦酸度或浓度改变，这些胶体物质就会沉淀，硅酸可形成蛋白石、玉髓等矿物，锰胶体常成为黑色的膜状物、树枝状结晶等形态，氢氧化铁的沉淀多为胶膜、豆状物或结核等形态。通常在岩石裂隙中见到的棕色、锈色或黑色物质，就是铁与锰等胶体的沉淀。

生物风化

生物及生命活动对岩石、矿物产生的破坏作用称为生物风化，实际上也表现为物理风化与化学风化两种形式。

生物的物理风化，如树根在岩隙中长大、穴居动物的挖掘等，都会引起岩石的崩解和破碎。生物的化学风化进行得较为广泛，首先是生命活动与死有机体分解所产生的大量二氧化碳，起着重要的碳酸化作用；生物活动所产生的各种有机酸（包括细菌作用所产生的腐殖酸）、无机酸（如固氮菌产生的硝酸，硫化菌产生的硫酸等）对岩石的腐蚀，还有生物体对某些矿物的直接分解（如硅藻分解铝硅酸盐，某些细菌对长石的分解等），以及因生物的存在使局部温度、湿度及化学环境条件的改变，而使岩石矿物更易风化等。

人类的各种建设活动，如开矿、筑路、灌溉和耕作等对风化作用也有影响。

影响岩石风化作用的因素

岩石一经暴露地表，都会遭受不同程度的风化，但各种岩石的性质以及所处的环境条件不同，其风化表现也不尽相同。

1. 岩石所处的环境条件

（1）气候。气候是通过气温、降水以及生物繁殖状况表现出来的，气温的高低对于岩石的机械破坏程度、各种化学反应速度、生物界的面貌以及新陈代谢速度等都有重大影响。降水多少关系到水在风化作用中的活跃程度，直接或间接影响到岩石的风化速度。生物的繁殖状况直接关系到生物风化作用的进行，所以气候是影响岩石风化的重要因素。气候明显地受纬度、地形及距离海洋远近等因素的控制，而且有明显的分带性，在不同气候带上，岩石风化特点显著不同。

1）极地气候区。由于温度低，因水的冻结融化而产生的物理风化作用强烈，化学风化微弱，岩石易破碎成为具有棱角状的大碎屑，风化产物中黏土很少。

2）沙漠干旱气候区。以物理风化作用为主，温度变化占优势，由于降水量稀少，易溶矿物也难溶解。

3）温带湿润气候区。温和多雨，植物生长茂盛，所以化学风化和生物风化作用占优势地位，水的冻结与温度的变化等影响甚微。

4）热带湿润气候区。温度较高，雨量丰富，化学风化和生物风化进行得特别强烈而迅速，往往深达数十米以下的岩石也会遭到破坏。

（2）地形。地形条件包括三方面：一是地形高低，二是地势起伏状况，三是山坡的坡向。地形高低影响到气候。中低纬度的高山区具有明显气候分带，山麓气候炎热，而山顶气候寒冷甚至终年冰冻，其生物面貌也显著不同，因而风化作用的类型和方式会随高度而变化。地势起伏对风化作用更具普遍意义，地势起伏较大的山区或在巨大悬崖陡壁上，表面风化产物不断下坠，使新鲜岩石裸露，风化速度增大，尤其是物理风化更为活跃，地势低缓的地区，风化产物多残留在原处或只经短距离的搬运，松散风化产物可以形成很厚的覆盖层，加上地表有植被掩覆，则温度变化小，物理风化弱。山坡的坡向也涉及日照强度，对于中低纬度山区具有明显意义，如山体向阳坡日照强，雨水多，而山体背阳坡较寒冷，两地岩石风化特点显然不相同。

2. 岩石性质

岩石性质是影响其风化强度的重要方面，尤其在较小的范围内，外界风化环境相似，岩石性质常常是造成风化程度差异的主要原因。

（1）岩石的矿物成分。在风化带中，各种造岩矿物对风化作用的抵抗能力明显不同，在相同的外界环境条件下，各种矿物的稳定性与它们内部结构和化学成分有关。根据它们抵抗风化的相对稳定性，可按下列顺序排列：橄榄石<辉石<角闪石<黑云母<滑石<蛇纹石<绿帘石<基性斜长石<酸性斜长石<正长石<白云母<石英。

（2）岩石的结构、构造。组成岩石的矿物或碎屑颗粒的粗细、分选程度及胶结程度等结构特征，决定着岩石的致密程度和坚硬程度，从而影响到岩石的风化性能。矿物颗粒细小且呈等粒状结构的岩石，比粗粒状和斑状的岩石抵抗物理风化的能力要强，因为前者在温度变化时产生不均匀的膨胀较少，坚硬致密的岩石，抵抗风化的能力较强，而疏松多孔的岩石与水分、空气接触的面积大，容易进行化学风化。一般来说，较坚硬的砂岩、板岩与石英岩等，它们的风化作用是以物理崩解为主，但崩解并不彻底，因此，在地表上常产生大量的碎石块。

具有层理或片理构造的岩石，水分和空气容易侵入层理和片理裂隙中而加速其风化。

（3）岩石节理状况。节理使岩石产生裂隙，促进其风化，因而在岩石节理密集处，往往风化最剧烈，尤其是在几组节理交汇的地方，常因风化及剥蚀作用的叠加而形成各种地形，如几组节理将岩石分割成多面体的小块，小岩块的棱角和隅角与外界接触面积增大，就会从多个方面受到温度和水溶液等因素的作用，使岩石破碎程度加重，久之其棱角消失，变成球形，这种现象叫球状风化，它是物理风化和化学风化共同作用的结果，但以化学风化为主。花岗岩、玄武岩、厚层砂岩等块状且均粒的岩石，球状风化较为普遍。矿物成分、结构、构造和节理状况不同的岩石常常共生在一起，它们抗风化能力不一样，因而风化速度不同，使表面形成凹凸不平的现象，称为差异风化。差异风化现象在自然界中是很普遍的。

主要造岩矿物在风化中的表现

各种造岩矿物在风化时既然有不同的稳定性，其风化产物也必然有差别。

1. 石英

由于硬度高，溶解度小，石英在常温条件下进行水化或与其他物质结合都很困难，其不易风化，是地面最稳定的矿物之一。因此在野外常见到石英脉或石英块突露于岩体表面，同时碎屑沉积岩中大部分为石英颗粒。

2. 长石类

长石的硬度大，颜色浅，接受物理风化较难，但长石受化学风化作用远比石英容易。各类长石（包括钾长石、钠长石及钙长石等）受二氧化碳及水的作用后，都会高岭石化，风化产物是以高岭为主的黏土，还有胶状氧化硅与碳酸盐，而后者多半被流水带走，有时也可以沉淀在岩石的裂隙中。

在无碳酸盐岩体及湿热条件下，有时因地下水产生还原性条件和有机酸的积累，使水的 pH 值降低，长石将强烈风化，形成由大量高岭石组成的漂白岩体，称为“潜育高岭化”。我国南方土层深处或山麓边缘地带，常有这种漂白岩体分布。

在长石类中，因为离子种类的差异，斜长石较正长石更易风化。在风化产物上，斜长石除形成高岭石外，还常形成蒙脱石与埃洛石等矿物。

3. 云母类

黑云母较白云母易于风化，在化学风化过程中，黑云母常被分解，以致游离的盐基随水流失，本身发生水化，失去原有的弹性与光泽。进一步分解时，可成为铁的氧化物或氢氧化物以及黏土矿物。

白云母比较稳定，常裂为薄片状，但不分解，出现在砂层或疏松堆积物中。在强烈风化条件下，白云母也可以变为水云母、高岭石或其他简单物质。由于风化的难易不同，沉积岩中一般看不到黑云母，而白云母甚多。

4. 铁镁矿物

由于铁镁矿物颜色深，又含有亚铁成分，故易发生风化，留下孔隙或风化痕迹。含铁、镁的硅酸盐矿物，例如普通角闪石与辉石等经过风化后，铁、镁游离出来，形成氧化铁与氧化镁等化合物，其他部分则形成蛋白石与埃洛石等较稳定的矿物。

5. 碳酸盐

在常见的造岩矿物中，碳酸盐是最易溶解和随水移动的一种，尤其在生物活动活跃、水中含 CO_2 较多的地方。同时由于流动的碳酸盐溶液在环境条件改变时，CO_2 析出，碳酸盐溶液也很容易再沉淀，所以很多岩石的裂隙、节理及火山岩的气孔上，常可见到碳酸盐。

6. 硫化物

硫化物也是较易风化的矿物，它一般通过氧化作用形成硫酸及硫酸盐。硫化物风化的最大特点是使其附近的水及部分风化物变成强酸性，pH 值可以降至 1~2，这一作用常是通过硫化细菌来完成的。在强酸性的环境条件下，二价铁是稳定的，但当溶解的二价铁在水面上接触空气而氧化时，就成为 $Fe(OH)_3$，这就是水面上常见的红棕色胶膜，有时也可进一步变为胶状沉淀，并使风化物呈现锈色斑点。大量硫化物的风化，会使农田受强酸性的危害。

7. 黏土矿物

黏土矿物性质一般比较稳定。但在较强化学风化作用下，它们还是要进一步分解的。这类矿物中以高岭石最为稳定，但在湿热气候条件下，长期风化也可以分解为氧化铝和氧化硅。埃洛石和蒙脱石的稳定程度较小。水云母是长石风化的产物，也可从白云母风化而来，它可以进一步风化成高岭石或蒙脱石。自然界中，由于气候的多变和环境条件的复杂性，风化层中的黏土类型往往是多样的。

主要岩石在风化中的表现

在自然界中，各种影响风化作用的因素往往是同时起作用的。岩石的理化性质是控制岩石风化作用进行的内在因素。而气候、地形条件等则是风化作用得以进行的外在因素。在相同的外界条件下，不同性质的岩石，其风化结果不一样。

1. 花岗岩

在植被覆盖程度差，物理风化作用强的情况下，花岗岩很容易发生崩解，这与它的粒状结构及矿物结构复杂程度有关。花岗岩含石英及长石等抗风化力强的矿物较多，所以风化后性状变化不是很大，崩解为散碎的砂粒。

在湿热的气候条件下，化学风化强烈，花岗岩中石英变为粗砂粒，而长石等则经化学风化而成为黏粒，形成砂中带黏的风化物，这种风化物的质地，对农耕来说是比较有利的。

花岗岩形成的土壤，层次多深厚，又有长石风化后供给的钾素，稍加培育后，肥力尚佳。但在砂性过强、遭受侵蚀严重的地方，土壤便十分贫瘠。

花岗岩常有数组节理穿插，将岩体分割成块，在我国华南地区，气候炎热潮湿，化学风化作用又比较强烈，常出现球状风化现象，所以到处可见到四面圆滑的山脊及夹有大小“石蛋”的地形，在华南丘陵地区就可见到这种地形，但北方各地或较高的山地，化学风化作用较弱，在某些节理发达的花岗岩区，就成为险峻的山峰，如黄山。

2. 玄武岩

玄武岩中的矿物结晶温度比花岗岩中的大约高 300℃，它是在较缺水的环境中结晶的，又因玄武岩色深易于吸热，所以极易风化，其风化产物，质地多黏细，但由于含有不易风化的磁铁矿，所以其密度小于一般石灰岩的风化物。由玄武岩形成的土壤，在南方常呈暗棕或棕红色，含盐基丰富，矿质营养较多。

在气候潮湿的热带，玄武岩常风化为富铁的硬壳，成为铁矿。铁质随水流动沉淀于地形较低处，成为土壤中影响作物生长的铁盘，在我国海南岛北部与雷州半岛，这种矿物就很普遍。

柱状节理发育的玄武岩地区，若风化作用不十分强烈，常出现陡峭的山坡，但顶部仍甚平坦，有些地方，特别是在较新喷出的玄武岩地区，如雷州半岛，则形成微波起伏的台地或方山地形。

3. 页岩

页岩地形特别低平，这是世界各地区所共有的现象，这种现象是由于页岩岩性极不坚固，页理薄，成分以黏土矿物为主，吸水和脱水后胀缩差异较大，硬度小，而物理风化易于进行，岩石容易破碎和受侵蚀，所以形成低矮地形。但由于黏土矿物在地表较稳定，不容易进一步化学风化，所以风化产物中多页岩碎片，若夹有砂质页岩或稍经变质后的页岩，风化后形成的土壤肥力低，在适宜的环境条件下，岩石碎块进一步风化，破碎呈细粒状，甚至分解，也可以形成深厚土层，这时风化物则黏重，矿质营养较丰富，保水力强，易形成比较肥沃的土壤。我国四川自古号称“天府之国”，物产丰富，就是与含有丰富矿质养分的中生代紫色页岩有密切关系。

4. 砂岩

因为构成砂岩的矿物主要是石英，其抗风化力强，所以砂岩的风化物与原有岩石性质比较接近，含砂量较高，松散，易于透水。砂岩的风化情况与胶结物的关系很大，泥质或碳酸钙胶结的砂岩，风化快，能生成较厚的风化层次，松散而无大块；由硅质或铁质胶结的岩石，则风化难，风化层薄，常有大岩块夹杂。

含石英多的砂岩形成的土壤，养分含量少，肥力较低。有些砂岩含长石、云母或其他矿物较多，风化后可形成性质较好的土壤。

砂岩地区地势并不一致，因其岩性和构造而异。如湘西张家界泥盆纪石英砂岩，厚度大而胶结紧，岩性坚硬，抗风化力强，但岩层平缓而垂直节理极度发育，现在还在不断地缓慢上升，因此形成顶部平缓而边缘陡峭的山峰和岩溶地形。我国华南各地常见的白垩纪——第三纪的红色砂岩就是这样的，其中以广东北部仁化丹霞一带的地形最为典型，这种地形又称“丹霞地形”。

红色砂岩（常有页岩夹层）中的氧化铁，有时被还原移动或再沉淀，会形成棕、白、红、绿等杂色斑块，它可作为研究地下水活动的参考。

5. 石灰岩

主要成分是碳酸钙，在湿润的气候条件下，风化作用以溶解为主。风化产物多质地黏细，含钙丰富，酸性较弱。地面的残积物层与下面的基岩之间，没有过渡的半风化层，界限十分清楚，经常表现为基岩裸露，土层浅薄，植被不易生长。

石灰岩的风化难易程度与岩石的成分及构造有很大关系。例如硅质石灰岩风化难，泥质石灰岩风化较易；厚层石灰岩风化难，而薄层石灰岩则风化较容易。

石灰岩地区因水流的溶解，常常有石芽、石林、溶蚀盆地、天然桥等岩溶地形。在气候干旱的地区，由于降水少，岩溶地形发育较慢，又因石灰岩结构致密，故能抵抗物理风化，形成比较陡峭的地形。白云岩和大理岩也有类似特性。

6. 石英岩

石英岩坚硬致密，风化极困难，常形成较高的山峰，风化时以机械破碎为主，沿着节理形成陡峭的山坡。地面的大石块多，风化层薄，含有大小不一的、带棱角的碎石。

由石英岩形成的土壤，含养分少，酸性强，质地粗，保蓄力差，大多肥力不高。

7. 片岩

片岩质地不紧，易成片脱落，使风化作用容易进行，风化层次尚厚，一般风化产物内部夹有岩石碎块，如岩石碎块过多，则对农作物生长不利。

片岩地区经侵蚀作用后，常形成梳状地形。它的特征是在山坡上或山岭的地表凸起一排由片岩岩层所成的梳状形山脊片岩，因与原来矿物成分不同，风化物内所含的养分与质地状况与原来的矿物有很大差异，例如角闪石片岩、云母片岩形成的土壤较肥，而石英片岩所形成的土壤则较贫瘠。

风化产物的母质类型

岩石经过风化作用产生的土壤母质，除少量仍留在原地外，其余大多数成土母质经风力、水力、重力等作用，沿地表进行搬运，并在特定地区堆积下来。母质的搬运和堆积受地形部位的影响很大，在不同的地形部位，堆积着不同类型的母质。

由于生物在地球表层空间广泛分布和大量存在，有些母质态的疏松矿物质（主要是风化产物），实际上是以不同方式形成的各种幼年土壤。例如在岩石风化物上、沙丘上和海滩上进行造林，说明这些能被林业生产所利用的风化物实际上是幼年土壤。但从农业土壤来看，这些风化物是难以种庄稼的风化产物。在野外工作中，确定母质类型是研究土壤生态性状的重要依据。

根据其搬运方式和堆积特点不同，近代形成的母质可分为定积母质和运积母质。定积母质是未经搬运的风化残留物，或称为残积物。运积母质则根据不同搬运作用的外力方式，可分为各种自然沉积物。第四纪沉积物形成的母质，在我国有较大面积的分布。

定积母质

定积母质又称为残积物，它一般分布在地势比较平缓的高地上，是山区主要组成母质之一。

地面上的残积物，在经过水流淋洗后，具有粗骨性的特征。残留在原地的岩石碎屑和难以风化的矿物（如石英）颗粒，多具未经磨蚀的棱角，它的组成和性质已与原岩石有极大的差别。下层的风化物逐渐过渡到基岩，具有连续性的特征。在裂隙面上积有白色的碳酸钙粉末或存在黄色、红褐色的氧化铁斑痕。

气候寒冷地区的残积物，其厚度一般较浅，在坡度较陡的山坡上部，因受水流冲刷，其厚度更薄。在潮湿炎热的热带及亚热带地区，由于强烈的化学风化作用，可形成深厚的红色风化层。同时，残积岩的厚度及其发育的土壤肥力状况，决定于环境条件和基岩的性质。

运积母质

1. 流水沉积母质

流水沉积母质即风化物经流水搬运而沉积的母质。根据流水的性质和沉积的地形可将其分为三类：

（1）坡积物。山坡上部的风化碎屑物质，经雨水或融雪水的冲刷，在山坡的中、下部堆积而成。在山坡上部，堆积层薄，物质较粗；山坡下部，则堆积层厚，物质较细。坡积物分选性较差，质地多为砾质壤土。

在坡积物上与残积物衔接地带的母质，称为残坡积物。在山麓的坡积物常形成宽阔的裙状地形，称为坡积裙，并常与洪积扇交互汇合。

坡积物是山区的主要成土母质，在自然条件较好的低山区，是发展山区果树和经济林木的主要林业用地。

（2）洪积物。在干旱与半干旱地区的山地，由于骤融的雪水或间歇性的暴雨，形成流速湍急的洪水，将山区的风化碎屑夹杂泥沙，搬运到山谷出口处，由于地势平坦而水流减缓，使其所携带的物质沉积下来，形成扇面地形，称为洪积扇。

洪积物具有一定的分选性，但分选性很差。地势高处含有较多的砾石和粗砂，在洪积扇的边缘，土质逐渐变细，多为细砂质和粉砂质。

洪积扇的中、上部地下水很深，土壤渗透性强，经常水分不足，而扇缘地带的水量却往往比较充沛。有些地区在扇缘与冲积平原衔接处，地势低洼，称为山前交接洼地，此处地下水位较高，易形成沼泽化，或因地下水含盐量较多，产生土壤盐渍化。

（3）淤积物。又称冲积物或沉积物，是风化碎屑物质受河流（经常性水流）的侵蚀、搬运和堆积而形成的。淤积物最明显的特征是有分层，层内质地或砂或黏，粗细均匀。由于河水中携带的沙、石在搬运过程中相互碰撞和滚动，棱角均被磨平，所以一般淤积砂、石的磨圆度很好。此外，河水中夹带的泥沙颗粒，随流速的变化，按大小不同分别沉积下来。因此，淤积物的分选性很好。一般情况下，水流越快的部位，沉积物越粗，水流越缓的部位，沉积物越细。

淤积物多属于近代河流沉积物，我国三大冲积平原（东北平原、华北平原、长江中下游平原），就是由大面积的河流淤积物构成的。冲积平原是我国主要的农业产区。

2. 静水沉积母质

湖积物属于湖相静水沉积，分布在湖泊的周围。由于湖水的激荡，沉积物颗粒细腻，质地黏重，有机质含量高，呈暗褐色或褐色。湖积物中的铁质，在嫌气条件下，可与磷酸结合而形成蓝铁矿 $Fe_3(PO_4)_2 \cdot 8H_2O$ 或菱铁矿 $FeCO_3$，使湖水呈青灰色，这是湖积物的一个重要特征。

由湖积物发育而成的土壤，一般肥力较高，我国洞庭湖、鄱阳湖和太湖周围的农田就是在这种母质基础上形成的。

在干旱的内陆地区，湖水蒸发量极大，湖中的可溶性盐在湖积物中有时浓度很高，甚至形成盐分结晶，含盐过高的盐渍土壤上必须经过改良后才能利用。

在寒冷地区，湖泊中的水生植物遗体，常年堆积在湖底，于湖底形成泥炭物质，这种物质是很好的肥源。

3. 海积物

海积物属于海相沉积。由于逐次海退，使海滩露出海面。海积物实际上是河流携带入海的物质，颗粒粗细不一，往往硅质含量高。

4. 风积母质

风积母质是由风力所夹带的矿物碎屑，经吹扬作用（风蚀作用）而沉积形成的。

沙丘是由风力吹扬形成的丘状沙质沉积物，我国西北地区的内陆性新月形沙丘，黄河故道两旁的河岸沙丘，都是风积物。沙漠也是风积的产物。

风积物的特点是分选性强，粗细均匀，砂粒磨圆度高，但因土壤缺水而肥力较低。吹扬作用经常伴随着岩石表面的磨蚀作用，荒漠地区的石漠景观就是由磨蚀作用形成的。

5. 重积母质

重积母质是山地陡崖上的风化岩石，受重力作用而坍塌坠落，是山麓及谷地局部地段上母质的类型，它的组成以碎石砾为主，无分选性和层次性，在山麓形成倒石堆地形。

第四纪沉积物

第四纪据今约100万年，是当时在各种外力作用下，被剥蚀、搬运的风化产物，堆积覆盖在地层上部，这些沉积物是形成近代土壤的重要母质，与农业生产有着直接的关系。

我国地域辽阔，南北气候差别很大，加之海陆分布和地形的影响，使我国第四纪沉积物的特点更加复杂。我国的第四纪沉积物主要包括黄土及黄土性物质、红土和冰碛物。

1. 黄土及黄土性物质

黄土是第四纪的一种特殊沉积物。据研究表明，我国黄土的成因很复杂。一般是在干旱或半干旱气候，季节变化极明显的条件下形成的。黄土在我国分布极广，主要分布区域是太行山以西，大别山、秦岭以北，遍及陕西、甘肃、宁夏、山西、河南等地。此外，在新疆、青海、河北、山东、内蒙古等省（区）也有分布。我国人民在黄土上已耕种了几千年，早在战国时代，黄土就被认为是一种具有优良生产性能的土壤。

黄土性物质又称次生黄土，是由黄土经流水侵蚀、搬运后，再沉积而形成的。例如在江苏省西部，南京至镇江一线，广泛分布着由次生黄土构成的丘陵，通常称下蜀黄土。它的特点是土层深厚，无明显层次，颗粒细小均匀，为棕黄色粉沙质黏土，具有棱柱状结构，并含有大量铁锰结核及胶膜。

我国黄土地层从早更新世（Q_1）经历了整个第四纪，直到现在还在堆积。按沉积时代和基本特征，可将其分为四层：

（1）下更新统（Q_1）的午城黄土。午城黄土主要分布在陕甘高原，覆盖在第三系红土层或基岩上，它的标准地点是山西隰县午城镇柳树沟。午城黄土色较红，质地均匀黏重，结构致密而坚实，大孔隙少。午城黄土分布面积不大，厚度也较小，多为10~20m。午城黄土发育的土壤，耕性不良。

（2）中更新统（Q_2）的离石黄土。离石黄土主要分布在甘肃、陕西、山西及河南西部等地。以山西省离石县陈家崖为典型分布区。其颜色较午城黄土淡，质地为粉砂质黏壤土，夹多层埋藏古土壤，最多可达20多层。离石黄土分布范围比午城黄土广，遍及黄河中游各地，厚度也较大，一般为100m，其形成了黄土高原的主体。根据离石黄土中存在的不整合面，可把离石黄土分为上、下两部分。

（3）上更新统（Q_3）的马兰黄土，此为新黄土，在北方各地分布较广，广泛叠覆在老黄土之上，其质地为粉砂壤土，结构疏松。马兰黄土是黄土高原主要的成土母质，厚度小，很少超过30m。由于马兰黄土耕性良好，故由它形成发育的土壤的肥力较高。

（4）全新统（Q_4）的现代黄土。分布在局部山前山脚、洪积扇表层及河流泛滥区，只有数米厚，土质疏松。

2. 红土

红土是由于受海洋性气团的影响，气候炎热而潮湿，各种堆积物强烈风化，从而形成深厚的富含铁、铝质的红色黏土，它属于富铝化类型的风化物，其中含有较多的铁铝氧化物和高岭石等。红土质地黏重，通气透水性不良，常呈酸性至强酸性反应。红土广泛分布于我国南方各地，尤其以华南地区发育最好，也零星分布于太行山麓、周口店和辽东半岛等北方地区。红土发育在各种岩石上，常形成厚厚的风化壳，被外力破坏后形成坡积和冲积红土。根据沉积物发育时代，可将红土划分以下几个层段：下更新统（Q_1），红土发育；中更新统（Q_2），地层最为发育，为网纹状红土；上更新统（Q_3），在北纬30°以南有发育，但红土化作用较微弱；全新统（Q_4）：红土化作用基本停止，华南只在夏季时才微弱进行。

3. 冰碛物

冰碛物是冰川期的遗迹，在我国分布很广。由于我国在第四纪期间没有大陆冰盖，冰川堆积多为零星式小片分布，如在甘肃、四川、广西、贵州等地都有这种不连续的冰川堆积物。在长江以南低山丘陵地带也有小片分布。青藏高原地区气候干燥而寒冷，有较大面积的冰川分布，第四纪沉积物也以各种冰碛物为主。

第二章　土壤矿物质

导言：坚硬的岩石矿物经过一系列风化、成土过程之后形成的大大小小的颗粒物质，统称为土壤矿物质。土壤矿物质颗粒的大小决定着矿物的组成、化学成分和土壤特性。在刑侦工作中，可以分析土壤矿物质含量、种类、化学组成以及土壤质地等特性，以确定受害人或犯罪嫌疑人身体外附着土壤的来源，从而可以快速破案。

土壤颗粒

土壤矿物质颗粒以单粒和复粒的形式存在。在侦查中，通常将复粒分散成单粒后再分析其颗粒性质。单粒大小不同，其组成和性质有所不同，据此将土壤单粒划分为若干粒径等级，即土壤粒级，或称粒组。换言之，根据土壤单粒直径大小和性质变化而划分的土粒级别称为粒级（粒组）。同一粒级的土粒，成分和性质基本一致，粒级间则有明显差别。平时所说的砂粒、粉粒和黏粒就是粒级的名称。

目前，世界各国划分土壤粒级的标准还不一致，常见的土壤粒级分类有卡庆斯基制、国际制、美国制和中国制（表 2-1）。

表 2-1　常见的土壤粒级制

<table>
<tr><th>当量粒径
（mm）</th><th colspan="3">卡庆斯基制
（1957）</th><th>国际制
（1930）</th><th>美国制
（1951）</th><th>中国制
（1987）</th></tr>
<tr><td>>10</td><td colspan="3" rowspan="2">石块</td><td rowspan="3">石砾</td><td rowspan="3">石砾</td><td>石块</td></tr>
<tr><td>10~3</td><td rowspan="3">石砾</td></tr>
<tr><td>3~2</td><td colspan="3" rowspan="2">石砾</td></tr>
<tr><td>2~1</td><td rowspan="4">粗砂粒</td><td>极粗砂粒</td></tr>
<tr><td>1~0.5</td><td rowspan="7">物理性砂粒</td><td colspan="2">粗砂粒</td><td>粗砂粒</td><td rowspan="2">粗砂粒</td></tr>
<tr><td>0.5~0.25</td><td colspan="2">中砂粒</td><td>中砂粒</td></tr>
<tr><td>0.25~0.2</td><td colspan="2" rowspan="3">细砂粒</td><td rowspan="2">细砂粒</td><td rowspan="3">细砂粒</td></tr>
<tr><td>0.2~0.1</td><td rowspan="3">细砂粒</td></tr>
<tr><td>0.1~0.05</td><td>极细砂粒</td></tr>
<tr><td>0.05~0.02</td><td colspan="2" rowspan="2">粗粉粒</td><td rowspan="4">粉粒</td><td rowspan="2">粗粉粒</td></tr>
<tr><td>0.02~0.01</td><td rowspan="3">粉粒</td></tr>
<tr><td>0.01~0.005</td><td rowspan="6">物理性黏粒</td><td colspan="2">中粉粒</td><td>中粉粒</td></tr>
<tr><td>0.005~0.002</td><td colspan="2" rowspan="2">细粉粒</td><td>细粉粒</td></tr>
<tr><td>0.002~0.001</td><td rowspan="4">黏粒</td><td rowspan="4">黏粒</td><td>粗黏粒</td></tr>
<tr><td>0.001~0.0005</td><td rowspan="3">黏粒</td><td>粗黏粒</td><td rowspan="3">黏粒</td></tr>
<tr><td>0.0005~0.0001</td><td>细黏粒</td></tr>
<tr><td><0.0001</td><td>胶质黏粒</td></tr>
</table>

土粒的矿物组成

原生矿物是在风化过程中没有改变化学组成而遗留在土壤中的矿物，主要有由石英、正长石、斜长石、白云母、黑云母、辉石、角闪石、橄榄石等组成的原生硅酸盐矿物。它们对土壤肥力有两方面作用，一方面构成土壤的“骨骼”；另一方面通过风化而释放各种养分，但这个过程是极其缓慢的。

次生矿物是在风化和成土过程中新形成的矿物，也被称为黏土矿物。次生矿物以结晶层状铝硅酸盐为主，还有相当数量的晶态和非晶态的硅、铁、铝氧化物等。

层状铝硅酸盐黏土矿物

构成土壤黏粒部分的矿物主要是层状铝硅酸盐黏土矿物。它们是一些极细微的结晶颗粒，性质比较活泼，这与其化学组成和内部晶型构造有密切关系。

1. 构造特征

层状铝硅酸盐黏土矿物有两个基本结构单元，即硅氧层（片）和铝氧层（片）。

硅氧层（片）是由硅氧四面体（由 4 个氧原子和 1 个硅原子组成）通过共有氧原子连接而成，硅氧四面体构造和硅氧层（片）连接方式见图 2-1。

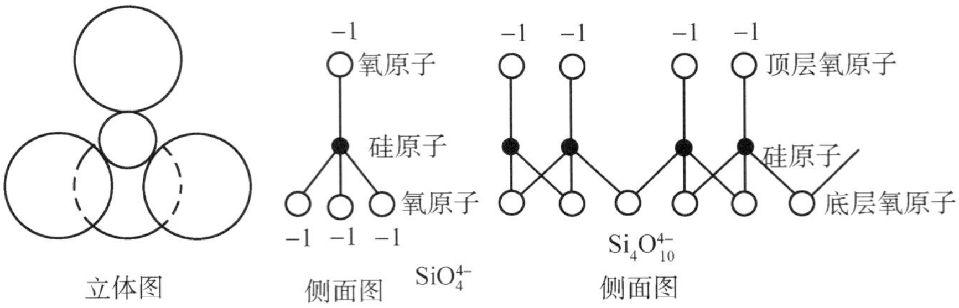

图 2-1　硅氧四面体构造及硅氧层（片）连接方式

铝氧层（片）是由铝氧八面体（由 6 个氧原子和 1 个铝原子组成）通过共有氧原子连接而成，铝氧八面体构造和铝氧层（片）连接方式见图 2-2。

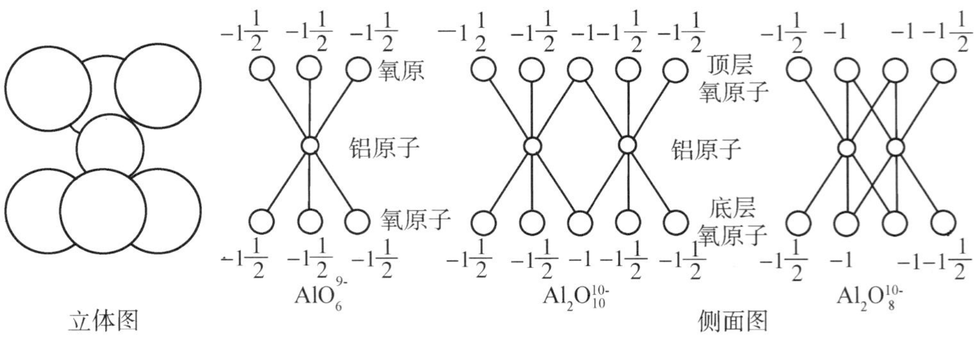

图 2-2　铝氧八面体构造及铝氧层（片）连接方式

硅氧层和铝氧层可以通过共用氧连接，构成层状硅酸盐的单元晶层。如果晶层由一个硅氧层和一个铝氧层重叠组成，称为 1∶1 型矿物；由两个硅氧层间夹一个铝氧层组合而成的矿物，称为 2∶1 型矿物。这就形成了不同种类的层状铝硅酸盐黏土矿物。

2. 种类

层状铝硅酸盐黏土矿物根据其构造特点和性质的不同可划分为很多类型，在土壤中具有代表性的有高岭石组、蒙蛭石组、水云母组等。

高岭石组：包括高岭石、埃洛石、珍珠陶土、迪恺石等，属于 1∶1 型黏土矿物，它们之间的区别在于重叠方式不同，而在成分和晶层构造上无大差异，其中高岭石最为典型（图 2-3）。高岭石晶层间距为 0.72nm，由于硅氧层和铝氧层之间产生键能较强的氢键而将其紧密连接，晶层间距不易变化，膨胀系数一般小于 5%。颗粒有效直径为 0.2~2μm，较其他层状硅酸盐黏土矿物粗，比表面积相对较小，电荷数量较少。高岭石的胀缩性、黏结性、黏着性、可塑性及其胶体性质都较弱。高岭石组矿物在土壤中分布很广，尤其是在南方湿热气候条件下的土壤中含量较多。

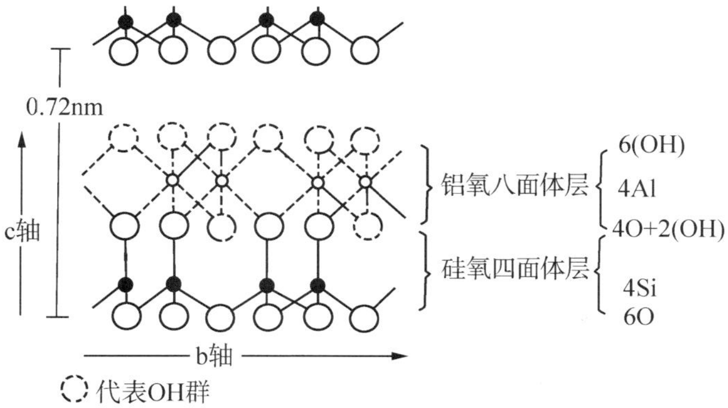

图 2-3　高岭石（1∶1 型层状铝硅酸盐）晶体构造

蒙蛭石组：包括蒙脱石、拜来石、绿脱石、蛭石等，属于 2∶1 型黏土矿物。这类黏土矿物之间的区别是发生同晶置换的位置和取代离子的种类不同，如蒙脱石发生同晶置换的位置主要在铝氧片中，由 Mg^{2+} 置换部分的 Al^{3+}，而拜来石的同晶代换主要发生在硅氧片中，由 Al^{3+} 置换 Si^{4+}。蒙脱石类的黏土矿物以蒙脱石最为典型（图 2-4）。蒙脱石晶层的上下两面均为氧原子，晶层重叠时的联结力较高岭石组弱，水和钙、镁、钠等交换性阳离子容易进入晶层间，所以在干湿变化时，胀缩性很强，晶层间距可由 0.96nm 增至 2.14nm，体积变化可达 1 倍以上，故又把这类黏土矿物叫作膨胀型 2∶1 型黏土矿物。蒙脱石晶片普遍存在同晶代换作用，阳离子交换量较大。蒙脱石的颗粒细小，比表面积较大，具有较强的黏结性、黏着性和可塑性，胶体性质明显。我国北方土壤中一般都含有一定量的蒙脱石，其中东北和内蒙古地区土壤中含量最多，华北、西北土壤次之。蛭石在风化不太强烈的温带和亚热带土壤中较多。

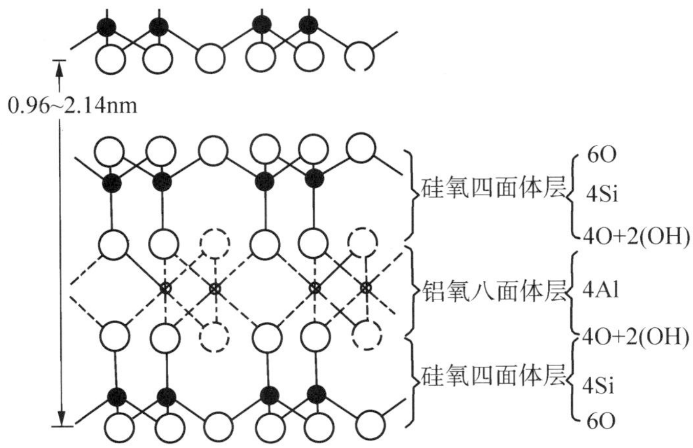

图 2-4　蒙脱石晶体构造

水云母组：包括伊利石、海绿石和迪垲石，属于非膨胀性 2∶1 型黏土矿物。以伊利石为代表（图 2-5），与蒙脱石不同，伊利石层间固定的不是 Ca^{2+}、Mg^{2+}、Na^{+}等，而是 K^{+}，所以含伊利石丰富的土壤，钾素也丰富。伊利石晶层之间由 K^{+}键合而结合力强，不易膨胀，可塑性与胀缩性低，晶层间距为1.0nm。伊利石颗粒大小介于高岭石和蒙脱石之间，大多为0.2~2nm。同晶置换主要以Al^{3+}置换Si^{4+}（发生在硅氧四面体中），少量的以Mg^{2+}、Fe^{3+}等置换Al^{3+}（发生在铝氧八面体中），阳离子交换量为20~40cmol（+）kg^{-1}。水云母组矿物广泛分布在我国北方干旱和半干旱地区的土壤中。由北向南随着降雨量的增大，土壤中水云母的含量逐渐减少，但在富含云母母质上发育的土壤中仍然较多。

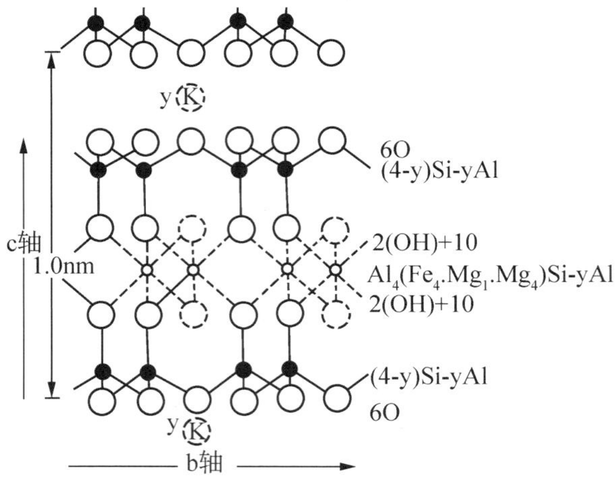

图2-5　水云母（伊利石）晶体结构

氧化物

常见的氧化铁主要有针铁矿（$Fe_2O_3 \cdot H_2O$，晶体很小，呈黄色、棕色）、赤铁矿（Fe_2O_3，晶体六角形，呈红色）、褐铁矿（$2Fe_2O_3 \cdot 3H_2O$，呈黄褐色）；常见的氧化铝、氧化硅主要有水铝石（$Al_2O_3 \cdot H_2O$）、三水铝石（$Al_2O_3 \cdot 3H_2O$）、水铝英石（$xAl_2O_3 \cdot ySiO_2 \cdot nH_2O$）、蛋白石（$SiO_2 \cdot nH_2O$）等，它们结构简单，主要存在于热带、亚热带高度风化的土壤中。

次生矿物除具有胶体性质外，其数量和类型特征综合反映岩石的风化和成土条件，因此，研究土粒中的次生矿物，在近代土壤分类学中具有重要意义，也有助于人们了解土壤的保水性、保肥性及其他理化性质。

土壤质地

自然界的土壤不是由单一粒级的颗粒所组成的，而是由大小不同的各级土粒以各种比例关系自然地混为一体的。土壤中各级土粒所占的质量百分数称为土壤机械组成。土壤机械组成基本相近的土壤常常具有类似的肥力特性。人们按照土壤中不同粒级土粒的相对比例把土壤分为若干组合，而依据土壤机械组成相近与否而划分的土壤组合叫作土壤质地。根据定义，土壤质地可分为砂土、壤土、黏土等。同一类别中由于砂黏程度的差别又有不同质地名称，如砂壤土、轻壤土、中壤土、重壤土等。

不同质地的土壤特点

1. 砂质土

砂质土泛指与砂土性状相近的一类土壤，主要分布于广大的北方地区，如新疆、甘肃、宁夏、内蒙古、北京、天津、河北等省（市）区的山前平原以及各地沿江、沿河或沿海地带。砂质土粒间孔隙大，总孔隙度低，毛管作用弱，保水性差，通气透水性强。矿物成分以石英为主，养分贫乏；由于颗粒大，比表面小，吸附、保持养分能力差；好气性微生物活动旺盛，土中有机养分分解迅速，供肥性强但持续时间短，易发生植物苗木生长后期脱肥现象，即“发小苗不发老苗”。砂质土热容量小，土温不稳定，昼夜温差大，对植物生长不利。早春时节，砂质土易于转暖，有利于植物苗木早生快发。砂质土松散易耕，耕作质量较好，耕后疏松不结块，植物种子容易出苗和扎根。

砂质土通透性强，保蓄性弱，养分含量低，气多水少、温度高而不稳。对此，应加强抗旱保墒措施，注意灌水技术；应少量多次及时施肥，注意基肥与追肥并重，防止发生植物苗木早衰现象。晚秋时节，植物苗木容易遭受冻害，故对砂质土壤上的植物应注意加强防寒措施。

2. 黏质土

黏质土包括黏土以及类似黏土性质的土壤，主要分布于地势相对较低的冲积平原、山间盆地、湖洼地区。黏质土颗粒细小，总孔隙度高，但粒间孔隙很小，通气透水性差，土壤内部排水困难，容易积水内涝。土中胶体数量多，比表面积大，吸附能力强，保水保肥性好；矿质养分丰富，特别是钾、钙、镁等含量较高；供肥比较平稳，但表现前期弱而后期较强，即“发老苗不发小苗”。黏质土蓄水多，热容量大，温度稳定。因通气性能差，容易产生还原性气体，对植物生长不利。黏质土比较紧实，容易板结，耕作费力，宜耕期也短；受干湿影响，常形成龟裂，影响植物苗木根系伸展。

总之，黏质土保水保肥性强，养分含量丰富，土温比较稳定，但通气透水性差，易滞水受涝，有毒物质常危害植物。由于土质黏重，耕性不好，植物根系伸展范围小，农作物和林木易风倒。在生产上应该注意改良黏质土壤，同时注意植物苗期的施肥和整个生长期的中耕、松土。

3. 壤质土

壤质土广泛分布于黄土高原、华北平原、松辽平原、长江中下游、珠江三角洲等冲积平原上。壤质土是介于砂质土和黏质土之间的一种土壤质地类型，也被称为二合土。其中砂粒、粉粒和黏粒含量比例较均匀，因而兼有砂质土和黏质土壤的优点：砂黏适中，大小孔隙比例适当，通气透水性好，土温稳定。养分丰富，有机质分解速度适当，既有保水保肥能力，又供水供肥性强，耕性表现良好。壤质土壤中水、肥、气、热以及植物扎根条件协调，适种范围较广，是农林业生产较为理想的土壤质地类型。

4. 砾质土

依据中国科学院南京土壤研究所关于土壤石质性程度分级的标准，可将石砾含量超过1%的土壤称为砾质土。

砾质土在山地林区比较常见。一般说来，砾质土土层较薄，保水肥能力差。但土中石砾可以提高土温，增加大孔隙，有利于通气透水。同时，表层石砾还可减少水分蒸发，防止土壤侵蚀。这对于黏质土壤或山区土壤非常重要。但当土壤中石砾或石块达到一定数量时将阻碍种子萌发，影响植物生长和土壤管理。一般情况下，石砾含量超过土壤总体积的20%时，就会使土壤温度剧烈变化，持水能力降低，产生诸多不良影响。

第三章　土壤生物

导言：在土壤中生活着的多种微生物（细菌、真菌、放线菌等），由于营养和生态位点的竞争、相互影响和制约，形成了一个动态平衡的土壤微生物群落。不同土壤样品间的微生物群体，由于土壤成分及周围环境差异，其种类及数量呈现出明显的多样性。微生物群体的多样性分析，传统的培养–分离–鉴定的方法因营养成分的限制，只能培养出可分析样品的部分微生物。近年来逐渐发展出的一系列不依赖于微生物培养的遗传学分析技术，直接利用从土壤样品中提出的DNA，通过PCR扩增出特征性的基因，采用各种电泳技术检测出其核苷酸差异，可以更准确地对特定土壤的特定微生物进行分析和鉴定。

土壤微生物

病毒

病毒是土壤中极细小、数量极多的生物，每克土壤可达1×10^{10}个。病毒是一种非细胞生物，由蛋白壳包被RNA或DNA分子构成，无代谢活力，不能进行呼吸作用与生物合成作用。它能够通过细菌滤器，具有生物有机体的特性，可引起许多植物和动物的病害。1935年得到烟草花叶病毒的结晶，证实这一活体生物可以像化学物质一样，在试剂中结晶且能从载体中检测出来。病毒仅在寄主细胞中繁殖，它们利用活寄主细胞产生病毒必需的组分，然后进行装配。装配好的病毒粒子从寄主细胞中释放出来，并且具有侵染新的细胞的能力。病毒浸染所有种类的动植物，包括人类乃至微生物。寄生于细菌细胞内的病毒通常被称为噬细菌体或噬菌体。目前人们对于侵染土壤生物体的病毒的生态学特征了解还很少，只知道病毒可以休眠状态存在于土壤中并保持寄生能力。对病毒而言，人们最关心的是其对植物和动物的致病性、病毒颗粒在土壤中生存的能力及其进入地下水等有关环境的能力和最终归宿。病毒常用来控制杂草及防治有害昆虫，由于病毒对某些种类的昆虫有专性，因此用于田间时只感染那些靶昆虫。一旦开发出利用不良寄主的病毒颗粒，就可以利用噬菌体来调节土壤。

细菌

土壤中的细菌虽然数量少于病毒，生物量少于真菌，但却是最重要的生物类群之一。在表层土壤中，每克土壤细菌数量为$1\times(10^8\sim10^9)$个。细菌没有核膜，属于原核生物。细菌的核物质不像真菌、原生动物和其他真核生物一样与细胞质分开，细菌的细胞壁主要是由肽聚糖组成，繁殖通过二分裂殖。遗传基因的交换通过接合、转导和转化进行。接合作用包含了性菌毛和供体、受体细菌细胞之间大量遗传物质的转移。转导作用是通过病毒侵染细菌（噬菌体），使供体DNA转移至受体细胞。转化是指受体细菌直接吸收供体游离DNA从而获得新的遗传性状。

根据细菌对营养和能源的要求可将其分为光能营养型和化能营养型。利用光作为能量来源的称为光能营养型，利用化学物质作为能源的称为化能营养型。如果用CO_2作细胞的碳源，这些生物体称为无机营养型；如果细胞碳源主要是由有机物质转化而来，则称这类生物体是有机营养型。无机营养型和有机营养型又分别称为自养型和异养型。大多数已知的细菌是化能有机营养型的，通常被称作异养型生物。光能无机营养型生物包括高等植物、大多数的藻类、蓝细菌以及绿硫细菌等。化能无机营养型生物利用不同的能量来源，如NH_4^+、NO_2^-、Fe^{2+}、S^{2-}和$S_2O_3^{2-}$。

有的学者还根据生理特性来划分细菌的类群。如将土壤中的细菌分为土著性与发酵性细菌。土著性细菌是以土壤作为自己的栖息地，并在土壤中形成自己的群体，坚守着自己生活领域的细菌。这一概念具有一定的价值，但要确定某一种或种是属于土著细菌或发酵细菌则比较困难。

细菌细胞的形态及染色特性具有分类学价值。细胞形态常以细胞的形状（杆状、球形、螺旋状等）、鞭毛的有无以及内生孢子的形成等来进行描述。革兰氏染色是细菌非常重要的特征，革兰氏阳性（G^+）是指在碘化钾溶液、酒精和复染后仍保持结晶紫的颜色。革兰氏阴性（G^-）是指结晶紫容易褪色，只呈现复染的红色。以下简要介绍土壤中常见的一些细菌属。

1. 节细菌属

按照平板计数法的测定结果，节细菌属在数量上是土壤中占优势的细菌。它们的数目大约占所有平板计数种群的40%。节细菌的特性是多型性及革兰氏染色的可变性。在生长初期，它们的细胞纤细、革兰氏染色阴性（G^-）、棒状；后期，细胞变短，革兰氏染色阳性（G^+）、棒状和革兰氏染色阳性（G^+）、球状。接种到新鲜基质上的节细菌最初2小时内，可以观察到长的棒状体及分枝。许多种基质都可以供节细菌进行氧化代谢。节细菌生长缓慢，通常在琼脂培养基表面形成很小的菌落，并且在残余物分解初期竞争能力差，在这期间，糖和氨基酸等易分解的物质会迅速地被其他属的细菌降解。

2. 链霉菌属

链霉菌属属于放线菌目。从土壤中分离到的大约90%的放线菌属于链霉菌属。链霉菌属的菌丝体发育良好，并有疏松的分枝，在琼脂平板上形成疏松的菌落。链霉菌属为革兰氏阳性（G^+），异养微生物。土壤微生物学家瓦克斯曼由于发现了链霉菌，并于1942年获得诺贝尔医学奖。链霉菌不耐渍水土壤，不如真菌抗干燥，一般不耐酸。某些链霉菌是植物的病原菌，如马铃薯苍痂病的病原菌为苍痂链霉菌，这种病原菌可通过向土壤中施用硫黄或硫酸铵降低土壤pH值加以控制。许多链霉菌可产生各种抗细菌、真菌、藻类、病毒、原生动物以及癌的抗菌素。

3. 假单胞菌属

假单胞菌属的成员为革兰氏阴性菌（G^-），是具有极鞭的直或弯曲的杆状体。除反硝化细菌利用硝酸盐作为一种替代的电子受体外，其余种均为好气细菌。大多数的种为异养细菌，少数为专性自养细菌，利用 H_2 或 CO_2 作为能源。有些假单胞菌可引起植物病害。假单胞菌可以利用多种有机基质，包括糖和氨基酸、己醇和醛糖、烃、石油、有机酸以及许多合成的杀虫剂。许多种可以产生扩散性的荧光色素，尤其是在缺铁的基质上。荧光联铁载体对 Fe^{2+} 有较强的亲和力，作用方式与乙二胺四乙酸（EDTA）络合铁离子的方式相似。有证据表明，利用能产生含铁载体的假单胞杆菌可以对土壤传播的植物病原菌进行生物防治。在有效铁含量低的碱性土壤中，假单胞菌可以剥夺病原菌所需的铁。

4. 芽孢杆菌属

芽孢杆菌属的成员为革兰氏染色阳性的杆状体，大多数的种能运动，可以产生耐热的内生孢子。产孢的芽孢杆菌大多数为活力很强的异养细菌，它们的代谢是严格的呼吸代谢或严格的发酵代谢。由苏云金芽孢杆菌产生的毒素对某些昆虫的幼虫有致病性，因而被广泛地用作生物杀虫剂。浸麻芽孢杆菌已被广泛地用于提蜡。炭疽芽孢杆菌对动物有很强的毒性。芽孢杆菌属的菌对热的忍受范围从-7~75℃，耐酸范围为pH值为2~8，耐盐性可以高达25%的NaCl。

梭状芽孢杆菌属也是一个产孢的属，大多数的种是厌氧微生物，少数种为微需氧细菌，可以在培养基的表面产生小的菌落，但在有空气存在的情况下不能产孢。该属细菌有重要的经济价值，某些种可用于酒精生产和商业溶剂。还有一些种如丁酸梭菌和巴氏芽孢杆菌可以固氮。这一属细菌广泛分布于土壤、海水和淡水的沉积物以及有机肥料中，还存在于动物的肠胃中。两个著名的动物病原菌是破伤风梭菌和肉毒梭菌，它们的芽孢可以在土壤中存活很久。

固氮菌属是非共生的具有固氮能力的好氧异养细菌。其他非共生固氮菌还有氮单胞菌属、贝氏固氮菌属、德克斯氏菌属和固氮螺菌属。根瘤菌属和慢生根瘤菌属是著名的共生固氮菌，它们的细胞侵染豆科植物的根毛，诱导瘤的形成，并以细菌内共生体的形式生长。与其相似的属，野杆菌属可以诱导菌瘿或其他引致肿胀的寄生菌的生成，如发根，但不能固氮。亚硝化单胞菌属和硝化杆菌属是土壤中进行硝化作用的化能自养细菌，前者将 NH_4^+ 转化为 NO_2^-，后者将 NO_2^- 转化为 NO_3^-。

乳杆菌属是发酵的异养细菌，它产生的乳酸被广泛用于青贮饲料制作、酸奶、泡菜和酵母面团的培制。肠杆菌属也是发酵细菌，通常存在于动物的粪便及污水中，有些种在土壤或植物中也有大量分布。阴沟肠杆菌在收砍甘蔗后的根段或受霜冻的棉铃上大量产生，可以使植物体产生对人体有毒的灰尘。噬纤维菌属是滑动细菌的成员，有些种可以以 10μm/min 的速度在湿润表面上迅速滑动，如在琼脂平板上。这一属细菌在纤维素的分解中起着重要作用。

5. 蓝细菌属

原核生物界分为两个门：细菌门和蓝细菌门。蓝细菌是含有叶绿素的光合原核生物，它们含有藻胆蛋白色素如藻蓝蛋白。藻类学家认为蓝细菌应当属于藻类，因为它们含有叶绿素，这与高等植物和藻类中的叶绿素相似。但细菌学家坚持蓝细菌属于原核生物。因为它们的核是原核，无核膜，细胞壁含肽聚糖，核糖体为 70S，细胞内无细胞器，这都与细菌相似。蓝细菌以单细胞、多细胞或丝状体的形式存在。蓝细菌分布广泛，大量存在于海水、淡水、荒漠、土壤、裸岩及砂中。它们是土壤母质的最早定居者，以单独的或与真菌共生的地衣形式存在。蓝细菌也可发生在某些苔类植物、水生蕨类和被子植物的体内。由于蓝细菌的固氮作用，其在某些生态系统中具有重要的作用。

真菌

真菌是真核生物，包括霉菌、霉腐菌、锈菌、黑粉菌、酵母菌、蕈菌和马勃等。在土壤生物体中，按平板计数，真菌是仅次于细菌的类群，它们是分解有机残余物的异养生物。真菌可形成纤细的丝状体或菌丝，分隔或不分隔，通常为多细胞。聚集的菌丝组成菌丝体。这种结构的直径可达几分米，肉眼容易观察到。在一般的土壤中，每克土壤的菌丝体的长度可达数百米。以下简要介绍主要土壤真菌的特征。

1. 粘菌

集胞菌纲是细胞粘菌，通过吞噬细菌的方式取食。这一类真菌多发生在潮湿环境中腐烂的植物体上。它们取食细菌，不是分解有机物的主要参加者。粘菌纲是真粘菌，它们形成非细胞的蠕形原质团。它们的取食方式像原生动物，但繁殖结构像真菌，形成孢子。这一类群在土壤中广泛分布，尤其是在阴冷、潮湿处的腐烂植物体上。有些种在牧草上形成，还有一些在动物粪便上形成。原生质团以不易看到的黏状球形生于草上，直径可达 50cm 或更大。

2. 真菌

卵菌纲真菌产生于水和土壤中，许多是强毁灭性的植物病原菌。它们产生具有双鞭毛的无性可动孢子（游动孢子）的独特结构，常见到的有腐霉属和疫霉属等。德巴利腐霉引起苗木的猝倒病，致病疫霉引起马铃薯晚疫病，葡萄生单轴霉引起葡萄霜霉病。壶菌纲真菌在水生环境中常见，也在土壤中产生。它们产生极鞭单鞭毛的游动孢子，可区别于其他真菌。有些种类寄生于藻类、高等植物及昆虫幼虫上。在土壤中常见的属是异水霉属和根生壶菌属。

3. 糖真菌

糖真菌是指接合菌纲的真菌，因为它们能以多种碳水化合物为基质进行发酵作用，通常产生发达的无隔多核菌丝、无性孢囊孢子及厚壁休眠的厚垣孢子和有性接合孢子。这一类群大多数为腐生，有些是植物病原菌，有些寄生于其他真菌上，有些产生诱捕动物的机制。接合菌纲中最大的一个目毛霉目，具有重要的经济价值，个别种被用作商业生产乙醇和多种有机酸，如乳酸、柠檬酸、草酸和延胡索酸等。黑根霉是常见的面包霉，有分解淀粉的能力，可用作酒曲等。

4. 高等真菌

子囊菌纲和担子菌纲的真菌有时被称为高等真菌。子囊菌在有性生殖过程中形成囊或子囊，并在其中形成子囊孢子（通常有四个或八个）。子囊菌纲的真菌包括形成子囊的酵母菌、羊肚菌、块菌、盘菌、白粉菌以及许多黑色霉菌。许多种是土壤腐生菌，其菌丝体留在土中，但不久就产生非常大的子实体。子囊菌纲真菌与人类有广泛的联系，许多种可寄生在植物上，引起根腐、玉米果穗腐烂、核果的褐腐病以及白粉病。子囊菌的栗疫菌是板栗的毁灭性病原菌，榆梢枯长喙霉是美国榆树的毁灭性病原菌，麦角菌侵染牧草的果实部位，产生对人和其他动物有毒的生物碱。毛壳菌属的种对纤维素有强烈的分解作用。在有益作用方面，酵母菌已长期被用于酒的酿造及面包烘烤中。

担子菌纲包括著名的蕈菌、马勃、鬼笔、层孔菌、鸟巢菌、胶质菌、黑粉菌和锈菌等。担子菌与其他真菌的区别是在担子上产生外生的担孢子。担子菌纲是植物的寄生菌，可使作物和树木遭受巨大损失。尤其严重的是，木本类的黑粉病和茎锈病、森林和绿荫树的病害、木材及木结构的腐朽。锈菌目的种作为植物锈病的病原物危害极大。很多种的真菌都可引起禾谷类的黑茎锈以及白松疱锈病。在有益作用方面，它们能与植物形成菌根，蘑菇可作为食物具有商业价值，如双孢蘑菇是马粪堆肥中普遍发生的经济种。牛肝菌是可食的“野生种”。需要注意的是，伞菌目包括许多有毒的属，如鹅膏属、鬼伞属、杯伞属、裸盖菇属等。

担子菌纲真菌是立木、倒木、树桩等木质材料及木制产品的极强分解者。如果真菌仅分解纤维素，而不分解木质素，则引起木材的褐腐。白腐是由真菌既分解纤维素，又分解木质素引起的。引起木腐的重要的属有层孔菌属、多孔菌属、卧孔属和假密环菌属等。

5. 半知菌

半知菌纲包括有隔菌丝真菌。目前人们仅知道其是通过分生孢子的方式进行繁殖的。由于缺少有性时期，它们被称作“不完全真菌”。大多数半知菌纲的真菌为土壤腐生菌，也有许多种寄生于其他真菌、高等植物、人类和其他动物体上。半知菌种类繁多，在土壤微生物文献中经常遇到的属包括曲霉属、青霉属、木霉属、镰孢霉属、枝孢属、节丛孢属、黏帚霉属和长蠕孢属等。

藻类

真核藻类有多种品种，如池浮、水藻、海草和红潮等。藻类是简单的、含有叶绿素的真核生物，它可以通过有性生殖特性与其他的绿色植物区别开来。在单细胞的藻类中，整个生物体可起配子的作用（有性生殖细胞）。在多细胞的藻类中，配子产生于单细胞或多细胞的配子囊中，每一个配子囊细胞产生一个配子。无性繁殖时，藻类产生有鞭毛或静止的孢子。

藻类是水生生物，在淡水、咸水和海水中均有，对盐浓度的忍耐范围可以从零到近 100%。水生藻类或浮游于水面，或生于水底。陆生形态的藻类发生于土壤、岩石、泥和沙的表面或里面，还可存在于雪地和建筑物表面，或附着于植物（茎、叶、皮）和动物体上。在一定的湿度并有散色光照下的亚表层土壤中，通常可见藻类的菌绒，发生于地下的大多数藻类多处于休眠状态。

早期大多依据色素的形成将藻类分为绿藻、棕红藻及硅藻等。现代藻类的分类则依据色素形成作用、细胞壁的组成、细胞的组成、贮藏物和鞭毛等。

地衣

地衣是真菌和藻类形成的共生体，两者交织形成一个单一的菌体或不可分割的整体。形成地衣的真菌主要是子囊菌，少数为担子菌或半知菌。据估计，大约有 18000 种子囊菌可以形成地衣，仅有约 15000 种子囊菌不形成地衣。大多数的地衣是绿藻的共球藻属，少数为光合细菌的念珠藻属。共生体中的光合部分获得能量，如果是蓝细菌还可以固氮。地衣共生体的真菌提供共生体的矿质营养并帮助调节共生体对水和光的需求。这种联合使得共生体的参与者可以在苛刻的环境中生存，但两者不能单独存在。

地衣通常是裸露岩石及土壤母质的最早定居者，广泛分布于荒凉的岩石、土壤及其他表面，如栅栏桩、房屋顶、树叶及树皮上。在北极，它们还是驯鹿的冬季饲料。地衣在土壤发生的早期起着重要的作用。

土壤动物

原生动物

原生动物是真核单细胞动物，大多数的原生动物是微小的，大小在几微米至几毫米，有些肉眼可见，常见的土壤原生动物见图 3-1。一般每克土壤大约有 $10^4 \sim 10^5$ 个原生动物。原生动物一般都表现出需要水包被进行代谢活动的共性。按运动方式可把原生动物分为变形虫类（靠假足移动）、鞭毛虫类（靠鞭毛移动）和纤毛虫类（靠纤毛移动）。从数量上来讲，鞭毛虫类最多，主要分布在森林的枯落物层；其次为变形虫，通常能进入其他原生动物所不能到达的微小孔隙；纤毛虫类分布相对较少。原生动物以微生物、藻类为食物，如纤毛虫主要取食细菌，变形虫取食细菌、其他原生动物、酵母菌、真菌孢子及藻类。研究表明，一个原生动物个体每小时可消耗几百到几十万个细菌细胞，消耗的数量决定于原生动物与细菌体的大小。因此，土壤原生动物在维持土壤微生物动态平衡方面起着重要作用，它们使土壤养分在整个植物生长季节内缓慢释放，有利于植物对矿质养分的吸收。

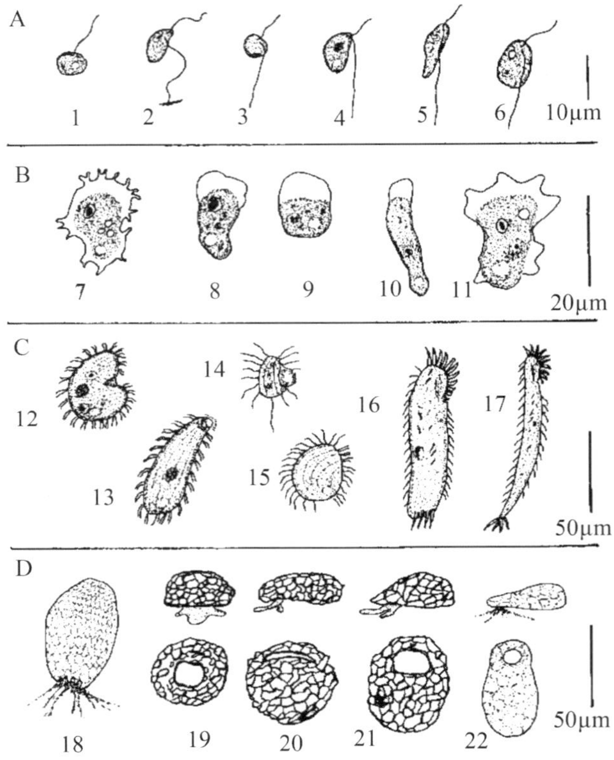

图 3-1　一些常见的土壤原生动物

（A：鞭毛虫，B：变形虫，C：纤毛虫，D：有壳虫）

土壤原生动物影响着微生物群落的结构和功能。通常可以观察到，随着土壤中新鲜有机残体的增加，原生动物数量也会增加。原生动物的选择性取食可以改变细菌属的组成。观察发现，原生动物和细菌两者同时存在时，有机残体的分解速率远远超过细菌单独存在时的分解速率。这表明原生动物的捕食作用保持了群落旺盛的生理活动，因而对残体的分解效率高。原生动物可以加速营养的循环，它们在土壤水中的活动有助于给细菌提供所需要的可溶性氧和营养。

后生动物

相对于原生动物而言，其他土壤动物门类均称为后生动物。它们是多细胞动物，常见的后生动物包括线虫、蠕虫、蚯蚓、蜗牛、千足虫、蜈蚣、蚂蚁、螨、环节动物、蜘蛛等。

1. 线虫

线虫属线形动物门的线虫纲，是一种体形细长（1mm 左右）的白色或半透明无节动物，是土壤中最多的非原生动物，已报道的种类达 1 万多种，每平方米土壤的线虫个体数可达 $10^5\sim10^6$ 条。线虫一般喜湿，主要分布在有机质丰富的潮湿土层及植物根系周围。线虫是多数森林土壤中湿生小型动物的优势类群。线虫可分为腐生型线虫和寄生型线虫，前者的主要取食对象为细菌、真菌、低等藻类和土壤中的微小原生动物。腐生型线虫的活动对土壤微生物的密度和结构起控制和调节作用。另外，通过捕食多种土壤病原真菌，线虫可防止土壤病害的发生和传播。寄生型线虫的寄生部位主要是活的植物体的不同部位，通常导致植物发病。

2. 蚯蚓

蚯蚓属环节动物门的寡毛纲，是人们研究最早和最多的土壤动物之一。蚯蚓体圆而细长，其长短、粗细因种类而异，最小的长 0.44mm，直径 0.13mm，最长的达 3600mm，直径 24mm。其身体由许多环状节构成，体节数目是分类的特征之一，蚯蚓的体节数目相差悬殊，最多达 600 多节，最少的只有 7 节，目前全球已命名的蚯蚓有 2700 多种，中国已发现有 200 多种。蚯蚓主要集中生活在表土层或枯落物层，因为它们主要食用大量的有机物和矿物质，因此在有机质丰富的表层，蚯蚓密度最大，最高可达每平方米 170 多条。土壤中枯落物类型是影响蚯蚓活动的重要因素，不具蜡层的叶片是蚯蚓容易取食的对象，如榆、柞、椴、槭、桦树叶等，此类树林下土壤中蚯蚓的数量比含蜡叶片的针叶林土壤要丰富得多，如柞树林下，每公顷土壤蚯蚓数可达 294 万条，而云杉林下每公顷仅 61 万条。蚯蚓通过大量取食与排泄活动富集养分，促进土壤团粒结构的形成，并通过掘穴、穿行改善土壤的通透性，提高土壤肥力。因此，土壤中蚯蚓的数量是衡量土壤肥力的重要指标。

3. 弹尾虫

弹尾虫属于节肢动物门的昆虫纲，是土壤中数量最多的节肢动物，占土壤动物总数的 54.9%，是我国森林土壤中中型动物的主要优势类群。弹尾虫一般体长 1～3mm，腹部第 4 或第 5 节有一弹器。弹尾虫目前已知有 2000 种以上，主要生活于土壤表层（0～6cm 最多），$1m^2$ 土壤可多达 $10^3\sim10^5$ 尾。绝大多数弹尾虫以取食花粉、真菌、细菌为主，少数可危害甘蔗、烟草和磨菇。

4. 螨虫

螨虫属于节肢动物门的蛛形纲，占土壤动物总数的 28%左右，其主要代表是甲螨，占土壤螨类的 62%～94%，体长一般在 0.2～1.3mm，主要分布在表土层中，在 0～5cm 土层内，其数量约占全层数量的 82%，而在 25cm 以下则很难找到。大多数甲螨取食真菌、藻类和已分解的植物残体，它们在控制土壤微生物数量及促进有机质分解等方面有着重要作用。

第四章　土壤的物理性质

导言：土壤的物理性质是指由力引起并能用物理术语和方程描述的土壤特性，包括土壤密度（指相对密度，后同）、土壤容重、土壤孔性、土壤结构、土壤力学性质、土壤水分、土壤空气和土壤热量状况。一般来说，土壤的物理性质比较稳定，在刑侦过程中可以在案发现场进行取样测定。但是，案发现场的土壤样品一般较少，不可能遗留大量的样品，因此，土壤水分、土壤空气及土壤热量状况等物理性质在刑侦过程中涉及较少，在此仅做简单介绍。

土壤密度与土壤容重

土壤密度

单位体积的土壤固体颗粒的质量被称为土壤密度，也称为土粒密度，即：

$$土壤密度=\frac{土壤固相质量}{土壤固相体积}$$

土壤固相颗粒包括矿物质颗粒和有机质颗粒两部分。不同的矿物质具有不同的密度，因此土壤的矿物组成不同，土壤的密度也不相同。有机质的密度一般比矿物的密度小，有机质含量越高，土壤的密度越小。一些常见矿物和腐殖质的密度见表 4-1。

表 4-1　土壤中常见矿物和腐殖质的密度

矿物种类	密度（g/cm^3）	矿物种类	密度（g/cm^3）
石　英	2.6~2.7	磷辉石	3.1~3.2
正长石	2.5~2.6	赤铁矿	5.0~5.3
斜长石	2.6~2.8	磁铁矿	4.9~5.2
白云母	2.8~2.9	三水铝石	2.3~2.4
黑云母	2.7~3.1	高岭石	2.6~2.7
角闪石	2.9~3.6	蒙脱石	2.5~2.7
辉　石	3.2~3.9	伊利石	2.6~2.9
纤铁矿	3.6~4.1	腐殖质	1.4~1.8
方解石	2.6~2.8		

在一般的土壤中，有机质含量都较低，土壤的密度主要取决于矿物的分布。土壤矿物的密度变化在 2.5 ~ 2.8g/cm^3，因此，一般以 2.65g/cm^3 作为大多数土壤密度的平均值。但是，对于有机质土壤或者有机质含量较高的土壤，此值则不太合适。

土壤密度的测定可以在含有机质或除去有机质两种情况下进行，前者测定的密度值可以用来计算土壤的孔隙度，而后者则可以用于粒径分析时的计算。对于有机质含量低的土壤来说，两者非常接近。土壤密度的测定一般用比重瓶法。在一个已知准确容积的比重瓶里，将已知质量的土样装填入比重瓶之后，土样所排开的液体的体积就是土粒的体积。

土壤容重

1. 概念

自然垒结状态下单位体积土壤中固相颗粒的质量称为土壤容重，即：

$$土壤容重=\frac{土壤固相质量}{土壤体积}$$

土壤容重的单位为 g/cm^3。由于土壤体积包括固相体积和孔隙体积两部分，所以土壤容重的大小主要取决于原状土壤中孔隙所占体积的多少。如果土壤固相之间堆积紧密，孔隙的体积被压缩，则土壤容重较大，反之则较小。

2. 影响因素

所有影响土壤固相颗粒堆积情况和土壤孔隙体积的因素都影响土壤的容重。这些因素主要有土壤质地、有机质含量、土壤结构、耕作、灌溉、降水、冻融交替等。砂土的土壤颗粒之间的孔隙大，但是孔隙的总体积小，而黏土虽然颗粒之间的孔隙小，但是孔隙的总体积大，所以砂土的容重一般大于黏土。有机质通过两个方面影响土壤容重，一方面有机质本身的密度小，另一方面有机质可以促进团粒结构的形成。因此，有机质含量越高，土壤容重越小。如果土壤中的团粒结构、碎块、碎屑结构多，土壤疏松多孔，孔隙所占的容积大，土壤容重值就小。耕作可以使土壤疏松多孔，破坏不良的结构体，增加土壤中孔隙的体积，降低土壤容重。灌溉降水可以使耕翻不久的疏松土壤沉实，从而降低土壤容重。冻融交替可以使土壤中的紧实的块状和大块状结构破碎，碎块和碎屑状结构体发生疏松堆积，增加土壤中的孔隙所占的体积，因而降低土壤的容重。

一般田间土壤的容重变化在 1.0~1.5g/cm^3。有机质含量很高或者刚翻耕过的土壤的容重可以降至 1.0g/cm^3 以下。土壤通气不良、有机质含量很低、结构不良或者受机械压实的土壤，其容重可以增大至 1.5g/cm^3 以上。

土壤孔性

1. 概念

土壤孔性指土壤中孔隙的数量及孔隙直径的大小。孔隙的量一般指孔隙的总体（容）积，孔隙的大小是指孔径的分布。孔性是土壤非常重要的物理性质，土壤之所以疏松，能够允许根系穿透伸展，从而使植物固定在地面生长，使土壤动物和微生物定居在其中，就是由于土壤具有孔隙。孔隙也是容纳土壤水分和空气的空间，所以孔隙的多少和孔径大小的分布影响着土壤中水分和空气的量及其存在形态。同时，孔隙还是土壤与环境之间进行水分、空气和溶质等物质交换的通道。

孔隙度是反映土壤总体积中孔隙体积所占比例多少的概念，是孔隙的体（容）积与土壤总体积的比值，即

$$孔隙度=\frac{孔隙体积}{土壤体积}=\frac{土壤体积-固体体积}{土壤体积}=1-\frac{固相体积}{土壤体积}=1-\frac{容重}{相对密度}$$

2. 当量孔径与孔隙类型

当量孔径指的是与一定的土壤水吸力相当的孔径。当量孔径概念的引入是基于这样一个事实：土壤孔隙的断面及其在土壤中的分布是不规则的，土壤孔隙不是规则的圆管状。有的孔隙的断面可能是多边形，有的可能是椭圆形，有的可能是一个裂隙或者裂缝。对这样一些孔隙，要描述其真实的孔径是困难的，也是毫无意义的。然而，不管孔隙的形状如何，毛细管现象却是其共性，孔径越细，毛管水上升高度就越大，水承受的吸力就越大，水的能量水平就越低。

按照当量孔径的大小，土壤孔隙一般分为非毛管孔隙、毛管孔隙和非活性孔隙三个级别，不同级别孔隙的当量孔径范围及其性质如下：

（1）非毛管孔隙。当量孔径一般大于 0.1mm，毛细管现象很弱，持水能力弱，是土壤空气流通和水分入渗的通道，其对于土壤通气透水性能非常重要。

（2）毛管孔隙。当量孔径一般在 0.1~0.03mm。毛细管现象很强烈，吸持水分能力很强，对土壤

中可以被植物吸收利用的有效水分影响很大，所以对于土壤保水、供水非常重要。

(3) 非活性孔隙。当量孔径一般小于0.03mm。这种孔隙的孔径非常细小，水分受到的吸持力非常大，水分不能移动，也不能被植物吸收利用，其中的水分一般被称为束缚水。质地黏重、有机质含量低、结构性能差的土壤中这类孔隙比较多。

非毛管孔隙也被称为通气孔隙。毛管孔隙和非活性孔隙一般难以区分，两者常常统称为小孔隙，而非毛管孔隙则被称为大孔隙。由于不同的孔隙具有不同的功能，所以对于植物生长来说，不但要求土壤具有一定的孔隙度，而且要求大小孔隙之间具有合适的比例。一般地，大小孔隙（孔隙度）之间的比例以1：（2~4）比较好。

土壤结构与性质

土壤结构是指土壤颗粒（单粒）团聚形成的具有不同形状和大小的土团和土块。由于结构体内部颗粒之间的黏结力强于相邻的不同结构体表面上的土壤颗粒之间的黏结力，所以在受到外力扰动（比如耕作、采样等）时，土壤就沿着这些黏结力比较弱的面分开，而成为不同的结构单元，即结构体。

土壤结构性是指土壤结构体的类型、数量、稳定性以及土壤的孔隙状况。不同类型的结构体垒结起来所赋予土壤的综合性状，就是土壤结构性。结构体着眼于局部和个体，而结构性强调总体特征，尤其是土壤的孔隙状况。

土壤结构的类型

土壤结构按照形状可分为单粒结构、无定形或整体结构、棱块状结构、块状结构、团粒结构、片状结构、棱柱状结构和柱状结构等八种。在不同的结构类型下，土壤颗粒按照大小可划分为不同的级别（表4-2）。

表4-2　土壤结构分类

类型	大小（mm）				
	很小	小	中	大	很大
单粒：松散互不黏结					
无定形：黏结成整体状					
棱块：结构体面呈长方体或板状，棱角明显	<5	<10	10~20	20~50	>50
块状：结构体的面和角不明显	<5	<10	10~20	20~50	>50
团粒：球状，具有圆的顶点	<1	<2	<2~5	5~10	
片状：水平轴比较发育	<10	<2	2~5	>5	
棱柱状：纵向面明显	<10	<20	20~50	50~100	>100
柱状：棱角不明显		<20	20~50	50~100	>100

土壤结构体的稳定性

土壤结构体的稳定性是指土壤结构体抵抗机械挤压、研磨、摩擦、剪切、撕拉、水的分散等外力作用而不破碎的能力，包括机械稳定性、水稳定性和生物稳定性。机械稳定性是指土壤结构抵抗机械外力作用而不破碎的能力。水稳性是指结构体抵抗水的分散作用而不破碎的能力。生物稳定性是指有机胶结物质抵抗微生物分解而使结构体保持稳定不破碎的能力。

由黏粒、无机盐等作为胶结剂形成的块状、柱状、核状及片状等结构体具有较强的机械稳定性，但一般不具有水稳性，在水的作用下很容易分散成微团聚体（微团粒），而由氧化铁、铝胶体胶结形成的结构体一般具有较高的水稳性，能够抵抗水的分散作用。由有机质胶结形成的团粒结构，水稳性较强，但是机械稳定性较差，受耕作、机具行走、雨滴打击等作用后容易破碎。同时有机胶结物质容易被微生物分解，最终导致团粒结构的破碎，所以要维持良好的土壤结构状况，就必须使土壤有机质不断得到补充和更新。

土壤力学性质

土壤力学性质是指土壤颗粒之间以及土壤与外物之间的相互作用，其也被称为土壤的物理机械性质，包括土壤的黏结性、黏着性、塑性、胀缩性和耕作阻力等。

1. 黏结性

土壤的黏结性是指土壤颗粒之间由于黏结力作用而相互黏结在一起的性质。砂粒和砂粒之间，由于接触面很小，不可能黏结在一起，但是可以以黏粒、无机盐等颗粒细小、表面积很大的物质为媒介，相互黏结在一起。水与土壤固相颗粒之间一般都具有很高的亲和力，所以通过水膜也可以将不同的土壤颗粒黏结在一起。同时，水在土壤物质的溶解与重新结晶、土壤颗粒的定向排列和紧密堆积等方面，也起着非常重要的作用，所以土壤的黏结性常常随着土壤含水量的变化而变化。

土壤黏结力是一系列物理本性不同的力的总结果，这些力包括分子力、氢键、静电力、水膜的表面张力等。

2. 黏着性

在一定含水量范围内，土壤黏着在外物上的现象称为土壤的黏着性。出现黏着性的原因是在土壤与外物之间存在黏结力或者附着力，这种力从本质上来说是土壤颗粒与外物之间的水膜拉力、分子力、静电力和氢键的总和。干燥的土壤不能黏着在外物上，只有当含水量达到一定程度时才出现这种现象，所以土粒与外物之间的水膜拉力在黏着作用上起了非常重要的作用。当黏着性很明显时，让土壤干燥失水，随着水膜变薄，土粒与外物之间的距离也缩短，分子力等出现，土粒与外物之间黏着得就很牢固。

3. 塑性

在一定含水量范围内可以被塑造成任意形状，并且在干燥或者外力解除以后仍能保持所获得形状的能力，这称为土壤的塑性。

4. 土壤胀缩性

由土壤含水量发生变化而引起的或者因温度变化而发生的土壤体积的变化，被称为土壤的胀缩性。

5. 土壤耕作阻力

耕作土壤时机具所受到的阻力称为土壤耕作阻力。耕作阻力的组成很复杂，土壤的抗楔入性、位移阻力、摩擦阻力等是主要影响因素。这里主要讨论抗楔入性和位移阻力。

（1）抗楔入性。抗楔入性是土壤抵抗外物挤压、楔入的能力，可以用楔入阻力表示。楔入阻力是指柱塞压入土壤中一定深度所需要做的功（kg/cm^2）。抗压强度是指使土块破碎时单位基面上所承受的力（kg/cm^2）。楔入阻力或抗压强度主要受土壤黏结力的影响，所有影响土壤黏结力的因素都影响土壤的楔入阻力和抗压强度。

（2）位移阻力。土壤在剪切应力作用下发生水平移动时所受到的阻力称为位移阻力。位移阻力一般用土壤的抗剪强度表示。将土样置于一个剪切盒中，在其上施加一垂直荷载，使土样感受压应力 P，固定下盒后给剪切盒的上盒施加一水平力，使土样感受剪应力 S，当剪应力达到一定值时土样被“剪断”，该应力被称为土壤的抗压强度。

第五章　土壤的化学性质

导言：土壤的化学性质主要指土壤胶体及胶体表面性质、土壤 pH 值、土壤氧化还原电位以及相关因素引起土壤化学性质的变化，是土壤具有缓冲性及在环境中一系列效应、影响土壤质量的重要原因。土壤有机质、养分状况及相互关系、沉淀与络合反应等也属于土壤化学性质的范畴，农药、重金属等污染物在土壤中的迁移、转化及归趋也都与土壤化学性质密切相关。在刑侦工作中，可以通过检测土壤胶体特性（有机胶体、无机胶体）、pH 值等追溯土壤来源，确定案发现场，从而确定侦破方向和范围。

土壤胶体

土壤胶体通常是指土壤中颗粒直径或至少一个方向小于 2cm 的固体组分，包括矿质胶体、有机胶体和有机无机复合体，多数情况下以复合胶体的形式存在，是影响土壤其他化学性质和土壤肥力的物质基础。土壤胶体不同于物理化学中所定义的胶体（<0. 2cm），其实质就是土壤黏粒。土壤黏粒在不同的分类制中，可以是粒径分别小于 1cm、2cm 或 5cm 的颗粒，而胶体比黏粒小得多。土壤胶体表面吸附态离子可以与溶液中同电荷离子发生交换反应，即离子交换作用，是土壤中最基本的化学反应，影响各种物质的形态、迁移、转化和吸收。

土壤胶体的表面

1. 土壤胶体表面类型

内表面一般指膨胀性黏土矿物的晶层表面和腐殖质分子聚集体内部的表面。外表面指黏土矿物、氧化物和腐殖质分子暴露在外的表面。一般外表面上发生的吸附反应是很迅速的，而内表面的吸附反应则往往是一个缓慢渗入的过程，土壤中的高岭石、水云母、水铝英石和铁铝氧化物等的表面以外表面为主。蒙脱石、蛭石等膨胀型矿物以内表面为主。有机胶体虽有相当多的内表面，但由于其聚合结构不稳定，尚难区分内、外表面。

根据表面化学基团和结构特点，可将土壤胶体分为三种类型：

（1）硅氧烷型表面。胶体暴露的基面是氧离子层连接硅离子层的硅氧烷（Si-O-Si）结构，属于非极性的疏水表面，此类表面主要靠晶层中的一部分 Si^{4+} 被 Al^{3+} 取代的同晶置换作用产生电荷。云母、蒙脱石、蛭石及其他 2∶1 型黏土矿物的基面是硅氧烷型表面，高岭石等 1∶1 型黏土矿物有一半的基面是硅氧烷型表面。

（2）水合氧化物型表面。是由金属阳离子和氢氧基组成的表面，常用 M—OH 表示，M 也可以是 Si 元素，属于极性的亲水表面。水合氧化物与氢氧化物、1∶1 型黏土矿物的羟基铝层基面、硅氧烷型基面断键后出现的硅烷醇等都是水合氧化物型表面。

（3）有机物表面。有机物具有蜂窝状特征而拥有较大的表面。有机物表面上的羧基、羟基、醌基、醛基、甲氧基和氨基等可以解离或缔合 H^+，而使表面带负电或正电。上述三种类型的表面在土壤中都不是单独存在的，常常交织在一起，并相互作用，不易区分。

2. 土壤胶体的表面积和比表面积

土壤胶体的总表面积包括外表面积和内表面积。比表面积（specific surface area，SSA）更能反映胶体的表面性质，是指单位质量土壤或土壤胶体所拥有的表面积，单位为 m^2/kg 或 m^2/g，可作为评价土壤表面活性的一项指标。

晶质黏土矿物是土壤胶体晶核的主体，胶体晶核对土壤的表面积有重要的贡献。黏土矿物的类型不同，其表面积的大小和表面类型的差别相当大。各种黏土矿物表面积的测定值，因样品的纯度、细度和测定方法的不同而有一定的变异，其范围大致如表 5-1。总体上讲，2∶1 型膨胀性矿物的比表面积高于 2∶1 型非膨胀性矿物，且前者以内表面为主，后者以外表面为主，而 1∶1 型矿物的比表面积最小。

表 5-1 土壤中常见黏土矿物的比表面积（m^2/g）

	外表面积	内表面积	总表面积
蒙脱石	15~150	700~750	700~850
蛭 石	1~50	400~750	400~800
水云母	90~150	0~5	90~150
高岭石	5~40	0	5~40
埃洛石	10~45	0	10~45
水化埃洛石	25~30	400	430
水铝英石	130~400	130~400	260~800

土壤胶体主要是由多种黏土矿物组成的，各种黏土矿物的组成比例决定着土壤胶体的表观比表面积。例如，我国的砖红壤胶体主要由高岭石和三水铝石组成，其比表面积只有 $60\sim80m^2/g$；红壤胶体主要由高岭石、1.4nm 过渡矿物和水云母组成，其比表面积为 $100\sim150m^2/g$；黄棕壤胶体主要为水云母和蛭石，其比表面积为 $200\sim300m^2/g$。总体上看，我国土壤胶体的比表面积从南向北有逐渐增大的趋势。在山地垂直带上，则随海拔的升高，有机质、2∶1 型矿物、非晶质氧化物含量增加，土壤胶体的比表面也增大。

土壤溶液

土壤溶液是指土壤的液相部分。它是土壤中极易变化而又非常活跃的部分。土壤中的许多过程与溶液的组成、特性密切相关。土壤溶液与物质循环、矿物稳定性、植物营养、食物链的污染、植物生长有密切关系。由于它在土壤养分、土壤酸碱性、污染物转化等方面的重要性，已引起土壤和环境科学工作者的普遍关注。

土壤溶液的成分

土壤溶液的溶质绝大部分来自土壤固相物质，有各种无机盐、有机化合物和胶体颗粒，也有少量气体物质。

土壤溶液的无机盐类主要是钙、镁、钾、钠、铵的硝酸盐、亚硝酸盐、氯化物、碳酸盐、重碳酸盐、硫酸盐、磷酸盐等，以及铁、铝、锰、锌、铜等组成的盐类，还有硅酸等。土壤溶液中的有机化合物主要有各种低分子的有机酸、糖类，大分子的蛋白质、腐殖酸，以及多糖醛酸等与金属离子形成的螯合物。

土壤溶液中的固相物质还包括胶体微粒和一些粗分散物质。

此外，土壤溶液中还溶解有少量气体，如 O_2、CO_2、NH_3 等，在一些稻田中还有各种还原性气体，如 CH_4、H_2S、H_2 等。

土壤溶液的成分和浓度受生物气候、成土母质，以及耕作、施肥、灌排等的影响。一般而言，土壤溶液中的阳离子以 Ca^{2+}、Mg^{2+} 为主，浓度为 1×10^{-3} mol/L 左右，K^+、NH_4^+ 浓度为 $1\times10^{-3}\sim1\times10^{-4}$ mol/L，Al^{3+}、Mn^{2+} 低于 1×10^{-4} mol/L，各种阴离子浓度一般为 1×10^{-3} mol/L，有些只有 $1\times10^{-5}\sim1\times10^{-6}$ mol/L（表 5-2）。土壤溶液的总浓度一般在 0.05%～0.1%变化（盐碱土例外）。在正常情况下，土壤溶液浓度是适合植物生长的。

表 5-2　某些土壤的土壤溶液成分（mmol/L）

土壤	pH	Ca^{2+}	Mg^{2+}	K^+	Na^+	NH_4^+	NO_3^-	Cl^-	HCO_3^-	SO_4^{2-}
酸性土	4.2	0.5	0.7	0.4	0.4	0.1	3.8	0.2		0.4
砂壤土	5.8	4.1	0.9	1.1	0.8	0.4	8.0	0.3	1.2	0.5
砂壤土	6.1	5.3	1.3	2.7	0.6	0.4	9.6	1.6	1.7	1.8
砂壤土	7.2	10.5	0.6	0.7	1.8	0.4	15.6	2.2	1.1	3.5
黏土	8.2	14.2	17.0	6.3	14.6			11.3	5.6	31.2

土壤溶液中离子的形态

土壤溶液中的离子形态主要有自由离子、水合离子、离子对和络离子。

在无限稀释的水溶液中，溶液离子是以自由离子形态存在的。而且这些离子为水分子所吸持，多成为水合离子，如 $Fe(H_2O)_6^{3+}$、$Al(H_2O)_6^{3+}$ 等。这些水合离子在不同条件下可使一部分水分子解离，使水合离子价数发生改变。例如：

$$Fe(H_2O)_6^{3+} \longrightarrow FeOH(H_2O)_5^{2+}$$

土壤溶液是稀薄溶液，一般中性土壤溶液浓度约为 0.01 mol/L，酸性土稍低些，盐渍土可达 0.1 mol/L 以上。但与无限稀释的水溶液相比，土壤溶液具有一定浓度，溶液中离子之间的距离较近，离子常相互缔合为离子对和络离子，随溶液浓度的增大，离子对和络离子也增多。

$$\underset{\text{离子对}}{MA = M\cdot A = M^+ + A^-} \qquad \underset{\text{络离子}}{M^+ + A^{2-} = MA^-}$$

络离子比离子对结合得牢固些，但两者实际上较难区分。例如，土壤溶液中的 Ca^{2+} 与阴离子结合可呈 $CaSO_4^0$、$CaHPO_4^0$、$CaHCO_3^+$ 等多种离子对和络离子。土壤溶液中的金属离子能水解产生多种水解离子（或称离子对和络离子），例如土壤溶液中 Fe^{3+} 水解产生 $Fe(OH)^{2+}$、$Fe(OH)_2^+$、$Fe(OH)_3^0$、$Fe(OH)_4^-$ 等。土壤溶液中的金属离子可与 SO_4^{2-}、HPO_4^{2-}、HCO_3^-、OH^- 等形成离子对或络离子，也可与有机物形成络合物。

土壤酸碱性

土壤酸性

1. 土壤酸化过程

（1）土壤中 H^+ 的来源。在多雨的自然条件下，土壤及其母质的淋溶作用非常强烈，土壤溶液中的盐基离子易于随渗滤水向下移动，使土壤中易溶性成分减少。这时溶液中 H^+ 取代土壤胶体表面交换态的金属离子，而为土壤所吸附，使土壤盐基饱和度下降、氢饱和度增大，引起土壤酸化。土壤溶液中 H^+ 的来源主要有以下途径。

1）水的解离：水的解离常数虽然很小，但由于 H^+ 被土壤吸附而使其解离平衡受到破坏，所以不断有新的 H^+ 释放出来。

2）碳酸解离：土壤中 CO_2 溶解于 H_2O 后生成碳酸，这一过程主要受大气中 CO_2 分压的控制。而

CO_2 是植物根系和微生物呼吸以及有机物质的分解时产生的，所以，土壤酸性在植物根际要强一些。有机质含量较高的土壤，在通气良好时，有机质分解产生的 CO_2 使土壤酸度增强。

3）有机酸解离：土壤中各种有机质分解的中间产物有草酸、柠檬酸、苹果酸、乙酸、丁酸等多种低分子有机酸，特别是在通气不良以及在真菌的活动下，有机酸可能累积很多。土壤中的胡敏酸和富啡酸分子在不同的 pH 值条件下也可释放出 H^+。

4）植物根系作用：植物吸收阴离子时可交换释放等摩尔的 OH^- 或 HCO_3^-，吸收阳离子则可向土壤溶液中释放 H^+，在根系吸收阳离子数量高于阴离子量时，向土壤溶液中释放的 H^+ 将大于 OH^- 的量，产生过量 H^+。

5）酸雨：大气中的酸沉降，习惯上称为酸雨。随着燃煤、燃油、矿冶等工业化过程，向大气排放的 SO_2 和 NO_x 不断增加，大大加剧了酸雨的进程。大气中的酸性物质最终进入土壤中，成为土壤氢离子的重要来源之一。

6）土壤中的无机酸：农业土壤中经常施用（NH_4）$_2SO_4$、KCl 和 NH_4Cl 等生理酸性肥料，其中的阳离子 NH_4^+、K^+ 等被植物吸收利用而留下酸根离子。硝化细菌的活动也可产生硝酸。

7）FeS_2 的氧化：在一些金属矿区，开采后的尾矿含有 FeS_2 等硫化物，在氧化条件下，可以转化生成 H_2SO_4，向土壤中补充 H^+。

（2）土壤中铝的活化。H^+ 进入土壤后，随着阳离子交换作用的进行，溶液浓度逐渐下降，而土壤表面的氢饱和度渐渐提高。当土壤黏粒矿物上吸附的 H^+ 超过一定限度时，这些胶粒的晶体结构就会遭到破坏，有些铝八面体被解体，使 Al^{3+} 脱离了八面体晶格的束缚，变成活性 Al^{3+}，被吸附在带负电荷的黏粒表面，转变为交换性 Al^{3+}，这种转变的速度相当快。随着交换性铝的出现，土壤逐渐成为酸性土壤。一般来说，酸性土壤的酸组分中绝大部分是交换性 Al^{3+}，交换性 H^+ 只占较小份额。

2. 土壤酸的类型

土壤酸可分为活性酸和潜性酸。土壤活性酸是指土壤溶液中的 H^+，一般用 pH 值来表示。土壤潜性酸是指土壤固相表面吸附态的致酸离子，是活性酸的来源和后备。活性酸与潜性酸始终处于动态平衡之中，是属于一个体系中的两种酸，两者存在平衡关系。

（1）强酸性土壤中。在强酸性土壤条件下，交换性铝与土壤溶液中 Al^{3+} 处于平衡状态，通过土壤溶液中 Al^{3+} 的水解，增强土壤酸性。

土壤溶液中的 Al^{3+} 按下式水解：

$$Al^{3+} + 3H_2O \longequal Al(OH)_3 + 3H^+$$

在强酸性矿质土壤中，土壤活性酸的主要来源是 Al^{3+}，而不是 H^+。这是因为强酸性土壤，一方面以共价键结合在有机和矿质胶粒上的 H^+ 极难解离，另一方面腐殖酸基团和带负电荷黏粒表面吸附的 H^+ 虽易解离，但其数量很少，对土壤溶液 H^+ 的贡献小，但铝的饱和度大，土壤溶液中的每一个铝离子水解可产生 3 个 H^+。据报道，pH<4.8 的酸性红壤中，交换性铝可占土壤总酸度的 95%以上。

（2）酸性和弱酸性土壤中。这种土壤的盐基离子较多，铝不是以游离 Al^{3+} 存在，而是以羟基铝离子如 $Al(OH)_2^+$、$Al(OH)^{2+}$ 等形态存在，或聚合成 $[Al_6(OH)_{12}]^{6+}$、$[Al_{10}(OH)_{22}]^{8+}$ 等离子团形式。有的羟基离子可被胶体吸附，其行为如同交换性铝离子一样，在土壤溶液中水解产生 H^+。

土壤酸碱度指标

土壤酸碱度是土壤酸、碱性的简称。土壤酸碱度有不同的表示方法，土壤活性酸常用酸性强度指标表示，而潜性酸用数量指标表示。

（1）土壤 pH 值。土壤 pH 值代表与土壤固相处于平衡的溶液中的 H^+ 浓度的负对数。土壤 pH 的表示方法有 pH_{H_2O} 和 pH_{KCl} 两种，pH_{H_2O} 代表水浸提所得的 pH 值，而 pH_{KCl} 是用 1mol/L KCl 溶液浸提土壤所得的 pH 值，在一般情况下，$pH_{H_2O}>pH_{KCl}$。土壤水浸液的 pH 值一般在 4~9。我国土壤呈南酸北碱的地带性分布，即由南向北土壤 pH 值逐渐升高。

土壤 pH 值的高低可分为若干级，有学者将我国土壤的酸碱度分为五级（表 5-3）：

表 5-3　土壤酸碱度分级

pH 值<5.0	pH 值 5.0~6.5	pH 值 6.5~7.5	pH 值 7.5~8.5	pH 值>8.5
强酸性	酸　性	中　性	碱　性	强碱性

参照这一标准，我国长江以南土壤多数呈酸性和强酸性，如华南、西南地区分布的红壤、砖红壤和黄壤的 pH 值大多数在 4.5~5.5。华东、华中地区的红壤 pH 值在 5.5~6.5。长江以北的土壤多数为中性和碱性土壤。华北、西北含碳酸钙的土壤，pH 值一般在 7.5~8.5，部分碱土的 pH 值在 8.5 以上，少数土壤的 pH 值高达 10.5，为强碱性土壤。但是在大范围内有部分土壤的 pH 值会出现较大偏差，需要具体情况具体分析。

（2）石灰位。土壤酸度不仅仅决定于土壤胶体上吸附的 H^+、Al^{3+} 两种离子，在很大程度上还取决于这两个致酸离子与盐基离子的相对比例。而在土壤胶体表面吸附的盐基离子中总是以钙离子为主的，因此，人们提出了表示土壤酸强度的另一指标——石灰位。它将 H^+ 浓度与 Ca^{2+} 浓度联系起来，以数学式 pH - 0.5pCa 表示。

石灰位作为土壤酸度的强度指标，既反映土壤氢离子的状况，也反映钙离子的有效度，因而能更全面地代表土壤的盐基饱和度和土壤酸度状况。在区分不同类型土壤的酸度时，石灰位的差别比 pH 值的差别更明显（表 5-4）。

表 5-4　水稻土及其母质的 pH 值与石灰位的比较（黄昌勇，2000）

土壤类型	pH 值			pH-0.5pCa		
	水稻土	母质	相差	水稻土	母质	相差
砖红壤	5.23	5.12	0.11	3.40	2.29	1.11
红壤	6.56	5.15	1.41	4.93	3.02	1.91
黄棕壤	6.83	5.71	1.12	5.32	3.91	1.41

土壤碱性

（1）土壤 pH 值。当土壤溶液中的 $[OH^-]>[H^+]$ 时，pH>7，土壤表现为碱性。强碱性土壤的 pH 值可达 8.5 以上。

（2）总碱度。总碱度是指土壤溶液中碳酸根和重碳酸根离子的总浓度，用中和滴定法测定，表示单位为 cmol（+）/L。

$$总碱度 = CO_3^{2-} + HCO_3^- \ [cmol\ (+)\ /L]$$

土壤碱性反应是由于土壤中有弱酸强碱的水解性盐类存在，其中最主要的是碳酸根和重碳酸根的碱金属（Na、K）及碱土金属（Ca、Mg）的盐类存在。其中 $CaCO_3$ 和 $MgCO_3$ 的溶解度很小，在正常 CO_2 分压下，它们在土壤溶液中的浓度很低，所以含 $CaCO_3$ 和 $MgCO_3$ 的土壤，其 pH 值最高在 8.5 左右，这种因石灰性物质所引起的弱碱性反应（pH 值为 7.5~8.5）称为石灰性反应，有石灰性反应的土壤称之为石灰性土壤。石灰性土壤的耕层因受大气或土壤中 CO_2 分压的控制，pH 值常在 8.0~8.5 范围内，而在其深层，因植物根系及土壤微生物活动都很弱，CO_2 分压很小，其 pH 值可升至 10 以上。

（3）碱化度。碱化度是指土壤胶体吸附的 Na^+ 占阳离子交换量的百分率。我国规定土壤碱化度在 5%~10% 为轻度碱化土壤，10%~15% 为中度碱化土壤，15%~20% 为强度碱化土壤。将碱化层的碱化度>30%、表土层含盐量<0.5% 和 pH>9.0 的土壤定为碱土。

土壤酸碱度与植物生长的关系

植物对土壤酸碱性的要求是长期自然选择的结果，一般来说，植物最适应起源地的土壤 pH 值。

起源于我国南方或高山上的植物适应偏酸性土壤，起源于我国北方的植物则适应中性至碱性土壤。大多数植物适宜生长在中性至微碱性土壤上。有些植物对土壤酸碱性有不同的偏好，它们对 pH 值要求严格，只能在一定的酸碱性范围生长。由于这些植物对土壤酸碱性有一定的指示作用，可作为土壤酸碱性的“指示植物”。例如茶、映山红被作为酸性土壤的指示植物。盐蒿、碱蓬等作为盐土的指示植物。栽培植物对土壤的酸碱性要求不很严格，一些大田作物和天然植物的适宜 pH 值范围见表 5–5。

表 5–5　不同土壤 pH 值下适宜的植物种类

pH 值范围	植物种类
4.0~5.0	兰花、黑云杉、泥炭藓
4.5~5.0	杜鹃花、白雪松、石松
5.0~5.5	茶、马铃薯、马尾松
5.0~6.0	红薯、菠萝、板栗、油桐、草夹竹桃、云杉、铁杉、红松、火炬松
5.0~6.5	荞麦、草莓、山毛榉
5.0~7.0	黑麦、花生、亚麻、紫云英、柑橘
5.0~7.5	燕麦、栎（5.0~8.0）
5.5~6.5	萝卜、辣椒、野菊花
5.5~7.0	蚕豆、豇豆、胡萝卜、黄瓜、白三叶、秋海棠、蒲公英、菟丝子、雏菊
5.5~7.5	玉米、小麦、烟草、番茄
6.0~7.0	大豆、西瓜、甘蓝、芹菜、莴苣、洋葱、苕子、东方百合、银杏、槐、花旗松
6.0~7.5	水稻、大麦、红三叶、结球甘蓝、菠菜、紫丁香、侧柏、狗尾草、菊花
6.0~8.0	棉花、油菜、豌豆、甘蔗、甜菜、紫苜蓿、花椰菜、南瓜、芦笋、天竺葵、苹果、樱桃、梨、核桃、杏、桑、白杨、洋槐、野芥菜、泡桐、榆、高粱

土壤的氧化还原反应

氧化还原反应对土壤中物质的移动和分异、养分和污染物质的形态及生物有效性、污染物质的缓冲性等有深刻影响。淹水植稻土壤的干湿交替频繁，土壤氧化还原反应显得特别活跃。土壤氧化还原反应的变化将引起土壤物质形态变化。

氧化还原电位（Eh）

土壤中的氧化性和还原性物质相互作用的结果决定着土壤的氧化还原状况，当土壤中某一氧化态物质向还原态物质转化时，土壤溶液中这种氧化态物质减少，而对应的还原态物质的浓度增加。随着浓度的变化，溶液电位也相应地改变。

土壤 Eh 对土壤养分有效性的影响

1. 土壤 Eh 与土壤微生物活性的关系

土壤氧化还原状况与微生物活性密切相关。土壤 Eh 值愈高，微生物活性愈强；反之，则微生物活性弱。这是因为微生物的呼吸作用需要耗氧，如果微生物活动旺盛，在短期内就可以消耗大量氧气，放出大量 CO_2，使土壤氧压迅速下降。所以在土壤通气性基本一致的条件下，可用土壤 Eh 值反映土壤微生物的活性。

2. 土壤氧化还原状况与土壤元素形态的关系

首先，土壤氧化还原状况影响变价元素的形态。例如，在还原条件下，Fe、Mn 离子被还原为低价 Fe^{2+} 和 Mn^{2+} 的化合物，其溶解度高，但是，如土壤中存在较多的 SO_4^{2-} 时，强还原条件能形成 S^{2-}，

S^{2-}再与Fe^{2+}形成FeS沉淀；在氧化条件下，高价Fe^{3+}、Mn^{4+}的化合物为难溶性。例如，当中性土壤的Eh达到550mV，或在酸性土壤达到620mV时，土壤溶液中的Fe^{3+}会转化成Fe（OH）$_3$沉淀，易使植物缺铁而“黄化”。

其次，一些元素的氧化态和还原态对植物的有效性不同。当土壤Eh>480mV时，氮以NO_3^--N为主，适于旱作物吸收；Eh<220mV时，以NH_4^+-N为主，适于水生植物的吸收，但同时，也容易引起反硝化作用，造成氮素损失。

土壤强还原条件还造成毒性物质的积累。强还原条件可以造成低价Fe^{2+}、Mn^{2+}、H_2S和丁酸等低分子有机酸的积累，使植物中毒。例如，土壤Eh<200mV时，铁、锰化合物开始转化为还原态，当Eh<-100mV时，Fe^{2+}的浓度已大于Fe^{3+}的浓度，引起铁的毒害。当Eh<-200mV时，就可能产生H_2S和丁酸等低分子有机酸，抑制水稻的含铁氧化还原酶的活性，影响其呼吸，水稻出现黑根，并抑制对磷、钾等的吸收，甚至出现磷、钾从根内渗出。H_2S和丁酸等抑制一些养分有效性高低的顺序为：$H_2PO_4^-$、K^+>Si^{4+}>NH_4^+>Na^+>Mg^{2+}、Ca^{2+}。

在开放的土壤系统中，氧化还原、沉淀溶解、吸附解吸等一系列反应，往往是在同一时间和同一空间进行的。例如在土壤强还原条件下，高价铁（Fe^{3+}）被还原为低价铁（Fe^{2+}），同时硫酸根（SO_4^{2-}）也被还原为硫化物（S^{2-}），此时，还可能发生硫化亚铁的沉淀反应（FeS），使铁的有效度下降。

第六章　土壤养分与肥料

导言：土壤养分是指由土壤提供的植物生长发育所必需的营养元素。通常，植物体中含有90余种元素，其中已被确认的植物生长发育的必需元素有17种：碳、氢、氧、氮、磷、钾、钙、镁、硫、硼、铁、锰、铜、锌、钼、氯和镍。其中碳、氢和氧主要来自于大气和水，其余元素则主要来自土壤。土壤养分含量及养分形态是土壤主要特性之一。在土壤管理过程中，施肥是主要措施之一，不同的肥料性质差异较大。在刑侦过程中，可以根据不同土壤中元素养分含量推测土壤样品的来源。鉴定肥料品种也有助于刑侦的进行。

土壤肥力与土壤养分形态

腐殖质含量

腐殖质是指死亡的生物体在土壤中经微生物分解而形成的稳定的有机物质，是棕黑色、无定形、酸性、含氮量很高的胶体状高分子有机化合物。腐殖质是土壤有机质的主要组成部分。一般占有机质总量的50%~70%。腐殖质含有植物生长发育所需要的一些元素，能改善土壤结构，增加肥力。腐殖质在土壤中缓慢地分解，释放出以氮和硫为主的矿质养分供给植物吸收。同时放出二氧化碳以加强植物的光合作用。腐殖质是腐殖质化过程的产物。腐殖质化过程是土壤有机质通过微生物作用形成复杂、较稳定的大分子有机化合物——腐殖质的过程。有机质分解主要靠水解酶，合成腐殖质主要是氧化酶作用，基本上分为两个阶段，第一阶段产生构成腐殖质主要成分的原始材料，即由各种形态和状态的有机物质组成的混合物，在微生物作用下分解为各种化合物；第二阶段为合成阶段，即由微生物为主导的生化过程。将原始材料合成腐殖质的单体分子，进而通过聚合作用形成相对分子质量不同的复杂环状化合物。

腐殖质品质

指腐殖质的质量，腐殖质的主要组成元素为碳、氢、氧、氮、硫、磷等。腐殖质并非单一的有机化合物，而是一系列有机化合物的混合物，以胡敏酸与富啡酸为主。胡敏酸是一类能溶于碱溶液而被酸溶液所沉淀的腐殖质，其相对分子质量比富啡酸大。胡敏酸比富啡酸的酸度小，呈微酸性，吸收容量较高，它的一价盐类溶于水，二价和三价盐类不溶于水，这对土壤养分的保持及土壤结构的形成都具有意义。富啡酸是一类既能溶于碱溶液又能溶于酸溶液的腐殖质，其相对分子质量比胡敏酸小。富啡酸呈强酸性，移动性大，吸收性比胡敏酸低，它的一价、二价、三价盐类均溶于水，因此富啡酸对促进矿物的分解和养分的释放具有重要作用。腐殖质在土壤中可以呈游离的腐殖酸和腐殖酸盐类状态存在，也可以呈凝胶状与矿质黏粒紧密结合，成为重要的胶体物质。

土壤生物数量

指土壤中各种生物数量的总和。土壤生物是指生活在土壤中活的有机体，可分为土壤微生物和土壤动物两大类。前者包括细菌、放线菌、真菌和藻类等类群，是土壤生物中数量最多的一类；后者主要是无脊椎动物，包括环节动物、节肢动物、软体动物、线形动物和原生动物。大部分微生物为异养生物，需依靠现成的有机物取得能量和营养成分。它们在土壤中的数量常与土壤有机质的含量有关，在表层土壤中的数量常多于其他层次。每克表层土壤中含细菌几百万至几千万个，更高者有几亿个，甚至更多。每克表层土壤约含放线菌几十万至几千万个，是数量上仅次于细菌的一个类群。每克表层土壤含真菌几千至几十万个，是土壤菌类中数量最少的一个类群，但其生物量高于细菌和放线菌。土壤动物在土壤中的分布极不均匀，其区系组成也较复杂．许多研究者认为蚯蚓是构成土壤动物群体总质量的主体。若以数目计，则以微型动物为最多。一般情况下，土壤生物数量与土壤有机质含量呈正相关。

土壤生物活性

指土壤中各种生物生活强度的总和。土壤生物的活性在很大程度上取决于土壤的物理性质和化学性质，主要是土壤温度、湿度、通气状况和气体组成、pH 值以及有机质和无机物质的数量和组成等。农业技术措施（耕作、栽培、施肥、灌溉、排水和施用农药等）也能影响土壤生物的活性。在一定条件下还可通过接种等措施有目的地增加某种微生物的数量及其生化强度。

有毒有害物质含量

指任何土壤固有和进入土壤后能危害人类健康、伤害生物资源和土壤生物、损害休闲环境或妨害其他合法利用土壤的物质的数量。土壤的有毒有害物质可能有下列四类：①化学污染物。包括无机污染物和有机污染物。前者如汞、镉、铅等重金属，过量的氮、磷等植物营养元素以及氧化物和硫化物等；后者如各种化学农药、石油及其裂解产物，以及其他各类有机合成产物等。②物理污染物。来自工厂、矿山的固体废弃物，如尾矿、废石、粉煤灰和工业垃圾等。③生物污染物。带有各种病菌、病毒的城市垃圾和由卫生设施（包括医院）排出的废水、废物以及厩肥等。④放射性污染物。主要存在于核原料开采和大气层核爆炸地区，以锶和铯等在土壤中生存期长的放射性元素为主。

有毒有害物质进入土壤的途径：①污水灌溉。用未经处理或未达到排放标准的工业污水灌溉农田是污染物进入土壤的主要途径，属封闭式局限性污染。②干湿沉降。工业排放的 SO_2、NO 等有害气体在大气中发生反应而形成酸雨，以自然降水形式进入土壤。引起土壤酸化。冶金工业排放的金属氧化物粉尘，则在重力作用下以降尘形式进入上壤，形成以排污工厂为中心、半径为 2~3km 范围的点状污染。③汽车尾气。汽油中添加的防爆剂四乙基铅随废气排出污染土壤，行车频率高的公路两侧常形成明显的铅污染带。④固体废弃物堆积场所。土壤直接受到污染，自然条件下的二次扩散会形成更大范围的污染。⑤过量施用农药、化肥，属农业区开放性的面源污染。

防止土壤有毒有害物质进入土壤的措施：①科学地进行污水灌溉；②合理使用农药，重视开发高效低毒低残留农药；③合理施用化肥，增施有机肥；④施用化学改良剂，采取生物改良措施。

土壤养分

指由土壤提供的能被植物直接或者经转化吸收利用的营养成分。土壤养分主要是氮、磷、钾、钙、镁、硫、铁、硼、锰、铜、氯和镍等植物必需矿质营养。其含量因土壤类型和地区而异，主要取决于成土母质类型、有机质含量和人为因素的影响。其有效性取决于它们的存在形态。土壤养分形态不是固定不变的。其形态转化包括化学转化、物理化学转化、生物化学转化等。在自然土壤中，土壤养分主要来源于土壤矿物质和土壤有机质，其次是大气降水、坡渗水、地表径流和地下水。在耕作土壤中，还来源于施肥和灌溉。土壤养分是作物摄取养分的重要来源之一，在作物的养分吸收总量中占很高比例。

土壤养分形态

指土壤中养分物质存在形式。根据养分在土壤中存在的化学形态，可将其分为有机态和无机态两大类。植物以吸收无机态养分为主，吸收有机态养分较少。按照其存在的状态可分为三种类型：①水溶态养分，土壤溶液中溶解的离子和少量的低相对分子质量有机化合物；②吸附态养分，即吸附在土壤颗粒或矿物表面，易于交换而释放的养分。③固相状态养分，即存在于土壤矿物和有机质及难溶性盐类中的养分，大多数是被固定的或难溶性盐类中，少量是弱酸溶性的。按其对作物的有效程度，又可分为三种类型：①速效性养分，亦称有效养分；②缓效性养分；③难溶性养分。

有机养分

指土壤有机质或微生物躯体所含的养分。这些养分不能直接供植物吸收利用，属难溶性养分的范畴。有机养分只能分解后才能释放出养分，但比难溶性矿质养分容易释放。

无机养分

与有机养分对应，主要指无机态的单质或化合物的养分；或指不含碳元素的养分，但包括碳的氧化物、碳酸盐等。在土壤原有养分和化学肥料中，无机养分占相当大的比例。土壤中的有机质也会通过矿化作用释放无机养分。与有机养分相比，无机养分在土壤中的迁移运输能力更强，易于被作物吸收利用，也易于造成养分的损失。

可溶性养分

指溶解于土壤溶液或水中的植物营养物质。主要指无机养分和小相对分子质量的有机养分。化学肥料多为可溶性养分，能溶解在土壤溶液中直接或经转化后被作物吸收利用。包括氮、磷、钾的盐类物质，钙、镁及微量元素的螯合态物质。有机物主要是小分子的氨基酸、磷脂等物质。作物的根系分泌物也占有一定比例。

离子态养分

指土壤中以离子状态存在的供作物吸收利用的营养元素。一般易溶或可溶于土壤溶液或水，活性较高，易被作物吸收利用，如钾元素属于离子态养分，在土壤中多以离子态存在，有效性较高，但同时也存在随水流失的风险。

交换性养分

指吸附在土壤胶体上的可被同电荷离子交换出的养分离子，例如，NH_4^+和 K^+吸附在土壤颗粒表面，降低了它们随水流失的风险，也避免了养分被固定而有效性降低的可能，因此交换态养分是植物养分较佳的存在方式。但这些吸附的离子可以被钙等同种电荷的离子所交换，交换量的多少取决于土壤体系中各离子的平衡状况。

非交换性养分

指与交换性养分相反，非交换性养分指不能被同电荷离子交换出的土壤养分（离子）。交换性养分与非交换性养分没有严格的界限，而是会随着环境的变化而相互转化。例如，存在于 2∶1 型层状黏土矿物晶层间的固定态 K^+和 NH_4^+等，在一般情况下，这些离子属于非交换态养分，被固定在土壤矿物层间，不能被作物吸收利用；如果环境发生变化，如受持续的干湿交替或强烈的风化作用等，这些养分也能释放出来被作物利用。

速效性养分

亦称有效养分。大多是无机形态，以离子形式存在于土壤水中称为水溶性养分，或者吸附在土壤胶粒表面易于交换。释放的养分称为交换性养分。这两种养分极易被作物吸收利用。

缓效性养分

指某些土壤矿物在一定条件下可释放出的植物营养物质。在养分总量中占较大比例。例如，黑云母以及伊利石等 2∶1 型层状黏土矿物所固定的非交换性钾离子，在一般情况下对作物是无效养分，不能被作物吸收利用，但是在长时间的自然风化、缓慢的离子交换等作用下会逐渐释放出 K^+，供作物利用。

酸溶性养分

指能溶解于弱酸性溶液中而不易溶于水的植物营养物质。反之称为酸不溶性养分。

难溶性养分

指土壤中难溶于水、弱酸的植物营养物质。主要指土壤原生矿物组成中所含的养分，如磷矿石、矿物态钾等，一般很难溶解，不易被作物吸收利用。难溶性养分在土壤养分总量中所占的比例很大，是作物养分的基本储备和主要来源。难溶性养分在矿物风化过程中也会转化为有效养分。有机肥在分解过程中产生有机酸，对土壤中难溶性养分有螯合增溶作用，可活化土壤潜在养分，从而提高难溶性磷酸盐及微量元素养分的有效性。当作物在生长过程中遇到养分亏缺时，根系会主动分泌有机酸、非结构氨基酸等活性物质，活化难溶性养分，使其能被作物吸收利用。难溶性肥料可根据其特性施用在不同土壤中，如钙镁磷肥施用在酸性红壤上就比施用在石灰性土壤上效果显著。

结合态养分

指养分元素与有机物、无机物通过物理、化学或生物的作用形成的非自由态的养分。按照化学形态可分为有机结合态养分和无机结合态养分。前者包括螯合态养分等，后者包括碳酸盐结合态养分、铁锰氧化物结合态养分等。结合态养分还可分为弱结合态养分（弱吸附态和代换态）、易活化的结合态养分和难活化的结合态养分，其中弱结合态有效性较高，难活化的结合态基本对植物无效。

螯合态养分

指由多齿配体形成螯合物状态的养分，是具有环状结构的配合物，由两个或多个配位体与同一金属离子通过螯合作用形成螯合环而得到。配体和金属离子间的配位键通常有两种类型：①配体上酸的基团离解出 H^+，然后与金属离子配位；②配体上含有孤对电子的中性基团与金属离子配位。螯合态养分最显著的特性是热力学稳定性和热稳定性。可呈不带电荷的中性分子，也可呈带电荷的络离子。金属离子与多齿配体生成的螯合态养分，比它与单齿配体生成的类似配合物的稳定性高，其结构中经常具有的五或六元环结构，更增强了稳定性。在土壤有机质中含有赘合态的微量元素养分，肥料中也有多种赘合态养分品种，如螯合态钙、螯合态微肥等。

养分转化

土壤中各种养分元素的形态及其有效性发生转变的现象。按转化机制可分为：①化学转化。即通过化学反应产生的形态变化。如土壤矿物因化学风化引起的元素化合态的变化。②生物化学转化。土壤生物直接参与下的元素化合态和价态的变化。如土壤氮的生物固持与矿化。③物理化学转化。物理引力场作用下的离子间交换。如土壤胶体对阳离子的吸附和解吸。土壤养分的转化受土壤温度、水分、通气状况、酸碱度、矿物和盐分种类、有机碳源和生物活性等条件的影响和控制。

养分动态

指因水分、温度、pH 值和生物等环境条件的变化，土壤中各种养分元素的含量、形态及其生物有效性等也随之变化的过程。

养分固定

指土壤中的水溶性养分（一般来源于肥料的养分）被吸附固定在胶体表面或产生化学沉淀，或被黏土矿物晶格固定和微生物吸持而使其移动性降低，甚至有效性下降的现象。例如，磷肥中的水溶性磷施入土壤后通过化学、物理和生物的作用而转化为溶解度低、有效性差的磷的现象，称为磷的固定。

化学固定

指土壤中的速效性养分与某些物质产生化学反应而使其移动性降低，甚至有效性下降的现象。磷的化学固定主要发生在酸性土壤和石灰性土壤中，使水溶性磷酸盐或弱酸溶性磷酸盐变成难溶性磷酸盐（如磷酸铁、磷酸铝、磷酸钙等）。

共固定化作用

指两种或两种以上的养分元素在环境影响下与其他物质共同作用，形成一定物质，从而使这些养分元素有效性降低或丧失的现象。磷肥施入酸化红壤中就可能发生磷、钾的共固定化作用，主要是由于 K、P 与 Al、Fe 在土壤中发生了化学反应生成非晶态的磷钾铝石或同 P 和 Fe 生成钾白磷铁等多种矿物，从而降低磷、钾的有效性。

养分释放

指受水分、温度、pH 值等环境条件影响，土壤中某些难溶性或固定态的养分转化成可被植物根系吸收利用的养分的现象。例如，钾在土壤中绝大部分都以矿物钾形态存在，不能被作物吸收利用；在干湿交替和冷热交替作用下，矿物风化，晶格崩解，钾转化为有效态可为作物利用。

养分吸附

指养分离子或分子，受土壤胶体表面能或电荷或配位体的影响而被吸附在土壤胶体上的现象。有交换性吸附和专性吸附之分。交换性吸附亦称土壤物理化学吸附或土壤代换性吸附，是指土壤胶体表面的电荷从土壤溶液中吸附与其电荷相反的离子，并解吸等当量的同极性另一种离子进入溶液的现象。土壤胶体除了以静电吸附离子，还可以通过专性力的作用对某些离子产生专性吸附。对阳离子产生专性吸附的土壤胶体物质主要是各种氧化物，如铁、铝、锰氧化物，而这类矿物主要存在于可变电荷土壤中，因此阳离子的专性吸附对可变电荷土壤尤为重要。能够被土壤胶体专性吸附的阳离子主要有铜、锌等，它们在元素周期表中大多属于过渡元素。阴离子专性吸附是阴离子进入黏土矿物或氧化物表面的金属原子的配位壳中，与配位壳中的羟基或其他亲水基重新配位，并直接通过共价键或配位键结合在固体表面。这种吸附发生在胶体双电层的内层，亦称配位体交换吸附。产生专性吸附的阴离子有磷酸根、硫酸根、钼酸根等含氧酸根离子。

养分解吸

与养分吸附相反，养分解吸是指土壤胶体表面吸附的离子（养分）在一定条件下被释放而进入土壤溶液的现象。能够被解吸的离子（养分）都是交换性吸附的离子（养分），而固定的养分不被能解吸。例如，在土壤颗粒表面吸附的 K^+ 和 NH_4^+，会被带同种电荷的离子如 Na^+、Ca^{2+} 等交换解吸。

养分活化

指在水分、温度、pH 值等环境条件改变的情况下，土壤中某些养分由难溶性或固定态转化成可被植物根系吸收利用状态的现象。例如，酸性土壤施用石灰改变土壤 pH 值可以活化土壤中被固定的磷，提高磷的有效性。

养分矿化

指土壤中有机养分转化为矿质养分的过程。例如，土壤中含氮有机物质在土壤微生物的作用下，经氨基化作用逐步分解为简单有机态氨基化合物，再经氨化作用转化成氨和其他较简单的中间产物。又如土壤中部分有机磷以核酸、植素和磷脂形式存在。在微生物的作用下分解为能被植物吸收的无机磷化合物。

养分有效性

指土壤中营养元素能被植物直接、及时吸收可能性的大小。虽然大多数养分元素在土壤中是很丰富的，但是其中绝大部分是以无效形式存在，只有很少一部分可以被植物直接吸收。土壤中养分有效性受土壤化学、土壤物理、土壤生物和植物因素的影响，而养分本身的化学形态是影响养分有效性的最根本因素。科学施肥、施用改良剂、轮作、耕作和灌排，可以提高土壤养分的有效性。

氮循环

指自然界的氮及氮的化合物在生物作用下的一系列相互转化过程。氮素循环过程中的几个主要环节是：①大气中的分子态氮被固定成氨（固氮作用）；②氨被植物吸收合成有机氮并进入食物链（氨化作用）；③有机氮被分解释放出氨（氨化作用）；④氨被氧化成硝酸盐（硝化作用）；⑤硝酸盐又被还原成氮，返回大气（反硝化作用）。

植物和微生物吸收铵盐和硝酸盐，将无机氮同化为有机氮，动物食用植物，将植物有机氮同化为动物有机氮。动物代谢过程中向体外排泄氨、尿酸、尿素以及其他各种有机氮化合物。另外，动物分泌物和动植物残体被微生物分解也释放氨。氨或铵盐在有氧条件下能被氧化成硝酸盐。硝酸盐溶于水，易被植物吸收利用，但也易从土壤中淋失，流至河湖及海洋。硝酸盐在微氧或无氧条件下，能被多种微生物还原成亚硝酸盐并进一步还原成分子氮，返回大气。这种反硝化作用的影响一是造成土壤耕作层的氮肥损失，二是其部分产物（NO、NO_2）能造成环境污染。土壤氮的循环过程是氮素不断进行生物、生物化学、化学、物理、物理化学变化的过程，也是不断进行氮素形态变化的过程。在农田土壤生态系统中，氮循环是物质循环的基础并影响和控制其他物质或养分循环过程。因此，氮素在土壤中的转化和去向已成为科学研究的焦点之一。

磷循环

指磷在陆地生命体和土壤等几个部分中的迁移和转化过程。磷循环主要在土壤、植物和微生物中进行，其过程为植物吸收土壤有效态磷，动植物残体磷返回土壤再循环。湖泊、河流的富营养化与地球磷素循环的失衡有密切的关系。陆地生态系统中的磷除小部分来自于干湿沉降外，大多数来自土壤母质。磷与土壤矿物质紧密结合，除了随土壤侵蚀通过地表径流流失损失外，土壤中磷的淋失损失几乎可以忽略不计。在农村，一方面从土地上收获农作物，另一方面把废物和排泄物送回土壤，维持着磷的平衡。但随着生产的发展，人们不断地把农作物和农牧产品运入城市，城市垃圾和人畜排泄物往往不能返回农田，而是排入河道，输往海洋，这样农田中的磷含量便逐渐减少，为补偿磷的损失，必须向农田施加磷肥。

钾循环

指钾在陆地生命体和土壤之间往复传输的过程。含钾原生矿物通过风化作用转变为非交换性钾、交换性钾或释放出钾离子。溶液钾与交换性钾处于动态平衡，溶液中钾离子与其他交换阳离子的比值降低时，部分交换性钾便立即转入土壤溶液中，此平衡可瞬时完成。非交换性钾虽很难被植物直接吸收利用，但非交换性钾与交换性钾处于平衡之中，当土壤中速效钾被植物吸收利用后，缓效钾可以缓慢地释放补充速效钾；反过来，当土壤速效钾含量较高、钾离子饱和度较大时，受2∶1型层状硅酸盐矿物晶格底面的电荷引力作用，钾离子陷入六角形网眼中，使速效钾转化为缓效钾。钾的循环可分成水系、植物和土壤三个亚循环。它们之间互有联系。钾循环的起点是土壤矿物内或表面的钾。所有与农业生产和提高产量有关的活动，都会增加土壤亚循环的钾进入植物和水系的循环。自然土壤中的钾处于一种逐渐耗竭的过程之中，这与土壤演化过程中的盐基离子逐渐损失的过程一致。农业生产管理的目标是要尽可能让钾进入植物的亚循环，并且减少其进入水循环。为维持足够的钾进入植物亚循环（这是维持高产、优质必不可少的），只有通过返还从土壤携出的生物钾（如秸秆还田）和以施肥的方式重新把钾引入这个循环。一旦钾从土壤溶液转入到水系循环时，大部分钾将流失，并最终汇入海洋。海洋中的一部分钾将归宿在海底沉积物中，成为除地壳以外的另一个巨大的钾储存库。陆上巨大的钾矿藏便是古代与大洋分离的海域或内陆盐湖经不断蒸发，水中的盐分逐步结晶沉积的结果。从那里，一部分钾又会以钾肥的形式重新进入循环。

硫循环

指硫在大气、陆地生命体和土壤等几个部分中的迁移和转化过程。化石燃料的燃烧、火山爆发和微生物的分解作用是SO_2的来源。在自然状态下，大气中的SO_2一部分被绿色植物吸收；一部分则与大气中的水结合，逐渐形成H_2SO_4，随降水落入土壤或水体中，以硫酸盐的形式被植物的根系吸收，转变成蛋白质等有机物，进而被各级消费者所利用，动植物的遗体被微生物分解后，又能将硫元素释放到土壤或大气中，这样就形成一个完整的循环回路。人类活动使局部地区大气中的SO_2浓度大幅升高，形成酸雨，对人和动植物有伤害作用。

土壤中的氮素

土壤全氮

指土壤中各种形态氮素含量之和，包括有机态氮和无机态氮，但不包括土壤空气中的分子态氮。土壤全氮含量随土壤深度的增加而急剧降低。土壤全氮含量处于动态变化之中，它的消长取决于氮的积累和消耗的相对多寡，特别取决于土壤有机质的生物积累和水解作用。对于自然土壤来说，达到稳定状态时，其全氮含量的平衡值是气候、地形或地貌、植被和生物、母质以及成土年龄或时间的函数；对于耕种土壤来说，除前述因素外，还取决于利用方式、轮作制度、施肥制度以及耕作和灌溉制度等。此外，土壤全氮含量还受土壤侵蚀的强烈影响。土壤全氮的测定方法可分为两大类：凯氏定氮法和杜马氏燃烧法，凯氏定氮法又分为测定硝态氮法和不测定硝态氮法两种。

土壤氮素形态

是指土壤中含氮物质的化学结合形式和存在状态。可分为有机态氮和无机态氮两大类。有机态氮为与碳结合的含氮物质，无机态氮为未与碳结合的含氮物质，有机态氮占土壤全氮的比例，主要取决于有机态氮与无机态氮中的黏土矿物固定态铵的相对含量，在表层土壤中，这一比例为90%左右，随着土层深度的增加，此比例迅速降低。作物直接吸收的无机态氮主要包括铵态氮和硝态氮。土壤中有机态和无机态氮之间主要通过矿化氮和生物固持作用而相互转化。

土壤有机态氮

指土壤中与碳结合的含氮物质的总称。它的含量与土壤有机质的含量有密切的正相关关系，一般表层土壤最高，随着土层深度的增加，其含量迅速减少。土壤中绝大多数有机态氮存在于土壤固相中，只有很少量存在于土壤液相中，还有极微量的有机态氮（如胺类）存在于土壤气相中。土壤中有机氮来源于三方面：一是土壤中原有的与土壤矿质部分结合的腐殖质氮；二是以不同方式进入土壤中的有机残体氮；三是土壤微生物及其代谢产物中的含氮物质。通常采用酸水解的方法（用6mol/L热盐酸回流水解土壤）对土壤有机氮进行形态分级，根据对土壤酸解液的化学鉴定，将土壤有机氮分为酸解氮和非酸解性氮，酸解氮是土壤全氮的主体，包括氨基酸态氮、氨基糖态氮、酸解铵态氮以及酸解未知态氮，各种组分所占比例的顺序一般为氨基酸态氮>酸解未知态氮>酸解铵态氮≈非酸解性氮>氨基糖态氮。土壤有机氮的存在形态主要有：①与其他土壤有机质组分（如木质素、单宁、醌类和还原糖类等）相结合；②与黏土矿物相结合；③与多价阳离子形成复合体；④存在于生物体中。土壤有机氮是速效氮（交换性铵和硝态氮）的主要来源，因此，土壤有机氮量的多少及其生物学稳定性的大小决定着土壤供氮能力的大小。同时，土壤有机氮也是土壤矿质态氮的汇聚，这对于减少土壤氮素损失及其对环境的污染有重要意义。

酸解氮

指用6mol/L热盐酸提取法所测得的土壤氮素。是土壤有机态氮的化学分级常用方法，由布莱姆纳（Bremner）于1965年提出，即用6mol/L热盐酸溶液，回流水解土壤12h，而后过滤、淋洗，取得土壤酸解液，再用其他方法测定酸解液中的氨基酸态氮、酸解铵态氮、氨基糖态氮以及酸解未知态氮等的含量。有机肥与化肥配施可增加土壤酸解氮的含量。

氨基酸态氮

指存在于土壤蛋白质和多肽类化合物中，降解后可释放出各种氨基酸的土壤氮素。它是土壤氮素中已知的数量最多的一类化合物，土壤中已鉴定出30多种氨基酸，其中占优势的通常是存在于微生物细胞壁中的氨基酸，如谷氨酸、甘氨酸、丙氨酸、赖氨酸以及天门冬氨酸等。土壤中氨基酸态氮主要有以下几种存在方式：①游离氨基酸，含量甚微，主要存在于土壤溶液及土壤微孔隙中，通常低于2mg/kg；②以氨基酸、肽或蛋白质类-黏土矿物结合态存在，结合在黏粒表面或晶格中；③以氨基酸、肽或蛋白质类-有机胶体结合态存在，以氢键、肽键或共价键结合；④由微生物细胞衍生而来的含黏肽物质；⑤与糖类结合的黏肽物质（如微生物细胞壁）；⑥以磷壁（酸）质存在，即多元醇的直链多聚体或含酯键连接丙氨酸的磷酸甘油形态。

氨基糖态氮

指土壤中的一类非蛋白质形态的含氮碳水化合物，水解时产生N-乙酰氨基葡萄糖，最终生成葡萄糖胺。大部分是以D-葡萄糖胺和D-半乳糖胺的形态存在。氨基糖态氮在土壤有机氮各组分中占的比例最小，微生物细胞壁是土壤氨基糖态氮的主要来源，因此，它与微生物量的关系密切。

酸解铵态氮

指酸解液中以NH_4—N形式存在的氮素。其来源比较复杂，其中一部分是以无机形态存在，包括土壤交换性铵及固定态铵，另一部分可能来自酸解过程，如某些氨基酸（特别是天门冬氨酸、谷氨酸以及含硫氨基酸）和氨基糖的脱氨基作用，还有一部分可能来自于肽胺类化合物，各种来源的具体比例很难确定，至今仍有一半不为人知。

酸解未知态氮

指酸解液中化学形态和性质未被鉴定出来的土壤氮素。即酸解氮中除酸解氨基酸态氮、氨基糖态氮和酸解铵态氮以外的氮，其形态和性质目前仍不清楚。酸解未知态氮占土壤全氮的14%~25%。过去人们认为其主要是非α-氨基酸态氮、N-苯氧基氨基酸态氮、嘌呤、嘧啶、喹啉等含氮杂环化合物。然而，20世纪60年代以来，采用同位素标记和核磁共振等技术发现酸解未知态氮主要为酰胺态氮，部分酸解未知态氮能被高等植物利用。

非酸解氮

亦称残渣氮，指用6mol/L热盐酸提取法未能酸解的土壤氮素。主要包括与矿物牢固结合和固持的氮、与酚环结合的氨基酸、杂环氮化合物以及与木质素结合的氮素。施用有机肥会增加土壤中非酸解氮的比例，而施用无机肥则会降低土壤中非酸解氮含量。

可溶性有机氮

指土壤中能够被水或盐（如 $CaCl_2$、KCl 或 K_2SO_4）溶液提取出的有机氮。为土壤有机氮的重要组成部分，在土壤矿化中占有重要地位。现有方法尚不能直接测出土壤可溶性有机氮（SON）量，只能通过提取液中的总溶解态氮减去矿质氮计算得出。SON 在土壤氮素转化和氮素的植物吸收中扮演重要角色，与土壤中无机氮库数量相当，一方面它可以直接或经过转化后被作物吸收利用，另一方面，它的移动性相对较强，可随水分运移而发生径流或淋溶损失。SON 主要包括低相对分子质量的有机酸和氨基酸，以及极少量高相对分子质量的富啡酸（FA）和胡敏酸（HA），还有超过一半的复杂的 SON 其形态尚未明确。

易分解有机氮

指土壤有机氮中生物分解性强的那部分氮，如氨基酸、酰胺和易水解蛋白质，可进一步分为快速分解和慢速分解两部分。土壤有机氮的生物分解性与其形态分布并无直接联系，大部分土壤有机氮都难分解，只有少量是新形成的。存在于土壤中的生物体内的有机氮易于分解，被植物吸收利用，土壤中易分解有机氮是土壤有效氮素的重要来源。

稳定性有机氮

指土壤有机氮中生物分解性弱的较难分解的那部分氮。稳定性有机氮是土壤有机态氮的主体，它的生物学稳定性较高，其年矿化率一般仅在2%~5%，原因是：①与土壤有机质中的木质素、单宁或醌类化合物形成相应的复合物，不易酶解；②被吸持在黏土矿物的表面上而不易被酶分解，其稳定性因物理状态和黏土矿物种类的不同而异，例如，吸持在蒙脱石上的稳定性最高，高岭石上的最小，吸持后经过干燥的稳定性较高，未经过干燥的较低；③包裹在很小的空隙中的有机氮，由于微生物难以或不能进入这种小的空隙中，也很难被分解。稳定性有机氮的生物有效性较低，它与易分解有机氮互相转换，转化成易分解有机氮或无机氮后才可被植物吸收利用。

土壤无机氮

亦称矿质氮，是土壤中未与碳结合的含氮物质的总称。土壤中无机态氮包括固定在晶层内的固定态铵、吸附在土壤胶体表面上的交换性铵、土壤溶液中的铵态氮和硝态氮、亚硝态氮以及含氮气体如氨气（NH_3）、氧化亚氮（N_2O）和氮氧化物（NO_x）等。从植物营养角度而言，土壤无机氮是指交换性铵、土壤溶液中铵态氮、硝态氮和亚硝态氮含量的总和，可被植物直接吸收利用。

铵态氮

通常指土壤中交换性铵和液相中铵含量的总和。土壤中的铵态氮被土壤胶体吸附的部分称为交换性铵，交换性铵和土壤溶液中铵的生物有效性高，在短时间内可被植物吸收利用，在渍水土壤中，无机态氮主要以铵态氮的形态存在。

氨态氮

指土壤中以 NH_3 形态存在的氮。通常情况下，与液相中的铵相比氨的含量很低，例如，在25℃、pH 值为7的环境条件下氨态氮的含量只占铵态氮量的0.6%，当温度为25℃、pH 值为8时氨态氮的含量也只占铵态氮量的6%。氨态氮与氨挥发损失密切相关，当土表（旱地）或田面水（水田）表面的氨分压［P（NH_3）］大于上方空气的氨分压时，氨挥发。氨分压受pH值、温度以及氨/铵浓度的共同控制。铵/氨态氮肥或尿素的施入，以及土壤pH值的增大（如稻田藻类光合作用增加田面水pH值）均可增加氨分压。氮肥深施、添加脲酶抑制剂等措施均可减少氨挥发。

硝态氮

指土壤中以NO_3^-形态存在的氮。硝态氮是旱地土壤中主要的无机氮形态，可直接被植物吸收，易受施肥、微生物活动以及土壤环境（水分、温度、通气、pH值）等因素的影响，土壤对硝态氮的吸附作用很弱，故易于发生淋失或径流损失。土壤中硝态氮来源为：土壤或铵态氮肥中的铵态氮经硝化作用产生，以及含有硝态氮肥料的施入。

亚硝态氮

指土壤中以NO_2^-形态存在的氮。亚硝态氮在土壤中含量很少，一般为1mg/kg以下，原因是在土壤中亚硝态氮转化为硝态氮的速率比铵态氮转化为亚硝态氮的速率快。植物可吸收低浓度的亚硝态氮，但若大量施用能使土壤溶液呈碱性、水解后产生铵离子的氮肥（如尿素、碳酸氢铵和无水氨）时，土壤溶液中高浓度的铵能抑制亚硝态氮转化为硝态氮，导致亚硝态氮在土壤中积累，对植物产生毒害。

氧化亚氮

指氮的一种氧化物，其分子式为N_2O，为无色有甜味气体，是大气中重要的温室气体之一。它对全球增温的潜力是CO_2的310倍，其寿命为100~150年，可导致平流层臭氧层破坏，增加地表辐射。大气中70%~90%的N_2O来自土壤，是在微生物参与下铵态氮经硝化作用和硝态氮经反硝化作用过程中产生。影响土壤产生与排放N_2O的主要因素包括土壤性质（土壤质地、pH值）、含水量、气候条件（温度、光照、降水）以及农业管理措施（如施肥、灌溉、排水和作物种植等），在适宜的水分条件下和一定温度范围内，N_2O排放量随土壤温度的上升而增加，施用氮肥促进农田N_2O的排放，干湿交替如稻田“烤田”可促进N_2O的排放，翻耕可引起N_2O的急剧排放，在农田中施用硝化抑制剂可降低N_2O的排放。

碱解氮

指用碱提取法所测得的土壤氮素。碱解氮的含量和有机质含量及质量有关，有机质含量高、熟化程度高。碱解氮含量也高，反之亦然。碱解氮含量作为植物氮素营养较无机氮有更好的相关性，所以常将它作为土壤氮素有效性的指标。测定方法有碱解扩散法和碱解蒸馏法两种，用碱液处理土壤时，易水解的有机氮及铵态氮转化为氨。硝态氮则先经硫酸亚铁还原为铵，以硼酸溶液吸收氨，再用标准酸滴定，计算出碱解氮含量。

氮素的转化

指土壤中含氮物质通过生物化学、物理化学、物理和化学作用所发生的形态和状态的变化。主要转化过程包括氮素矿化-生物固持作用、铵的黏土矿物固定-释放、铵的吸附和解吸、硝化作用、硝酸盐的还原、反硝化作用以及氨挥发等，有时将生物固氮作用也纳入氮素转化中。土壤中氮素的各种转化过程之间有着密切的联系，并在一定程度上存在着相互竞争关系，如土壤中加入的铵可进行多种转化作用：生物固持、硝化作用、黏土矿物固定作用和氨挥发等，各过程进行的速率决定于土壤的理化性质、生物活性以及环境条件等，在农田土壤中，还受作物生长和农田管理（如氮肥和有机肥施用、耕作以及抑制剂的施用等）的影响。土壤中氮素的转化直接影响作物的氮素营养状况和氮素的损失。

氮的矿化作用

指土壤中有机态氮在土壤微生物的作用下转化为无机氮的过程。矿化过程分为两个阶段：第一为氨基化阶段，在这个阶段，各种复杂的含氮化合物如蛋白质、氨基糖及核酸等在微生物酶的水解下，逐级分解形成简单的氨基化合物；第二为氨化阶段，即经氨基化作用产生的氨基酸等简单的氨基化合物，在微生物参与下，进一步转化释放出氨的过程。矿化作用受土壤理化性质（如有机质含量、含氮量、C/N、pH 值、含水量）、环境气候因子（温度、降雨）、土壤微生物、田间管理措施等综合的影响。研究土壤矿化作用常采用培养法，室内培养法是在一定温度、湿度下，进行一段时间的培养，然后测定土壤中所释放出的矿质氮量，可分为好氧培养法和淹水培养法；野外矿化培养法包括埋袋法、封顶埋管法、乙炔密闭培养法、树脂芯法和同位素法等。矿化作用具有重要的农业意义，矿化氮是作物吸收氮素的重要来源，在常规施肥情况下，作物积累的氮素约有一半或更多来自于土壤。

氮的生物固持作用

指土壤中的无机态氮被微生物转化成细胞中有机态氮的过程。生物固持与矿化作用是土壤中同时进行的两个方向相反的生物学过程，当易分解的能源物质过量存在（即碳氮比大于 25～30）时，生物固持速率大于矿化速率，表现为净生物固持，当土壤中无机态氮的含量趋于减少，随着能源物质的消耗，则表现为净矿化。生物固持所形成的微生物生物量态氮的生物分解性很高，但随着时间的推移，这种氮经逐步转化形成的复杂的有机态氮，其分解性显著降低，并逐渐接近于土壤原有的有机质的生物分解性。土壤无机氮的生物固持受能源物质的种类和数量（主要是有机物质的化学组成和碳氮比），以及水热条件的强烈影响。生物固持有利于保持土壤氮素养分，减少土壤氮素损失。

铵的黏土矿物固定作用

指铵被土壤黏土矿物吸持并体现非交换态的作用。2：1 型黏土矿物由两个硅氧四面体片夹一个铝氧八面体的晶层组成，其层间由于同晶置换作用而产生负电荷，可吸引晶层外的阳离子 NH_4^+、K^+、Ca^{2+}等而使电荷中和。被吸附的 NH_4^+、K^+容易脱去水化膜，进入黏土矿物层间表面由氧原子形成的六角形孔穴中。这些孔穴的直径约为 2.8nm，恰好与 NH_4^+、K^+的直径相近，当 NH_4^+、K^+进入层间的孔穴时，黏土矿物的晶层发生收缩，导致 NH_4^+ 和 K^+的固定。不同土壤固铵能力有差异，我国 0～20cm 土层中固定态铵含量变动在 35～573mg/kg，主要与以下因素相关：①黏土矿物类型，如蛭石对 NH_4^+ 的固定能力最强，其次是水云母，蒙皂石较小（湿润条件下，不固定铵），高岭石为 1：1 型黏土矿物，基本不固定铵；②土壤质地，一般随黏粒含量的增加而增加；③土壤中钾的状态，当晶层间为 K^+所饱和时，影响 NH_4^+ 的进入，铵的固定大大减少。先施 K^+后施 NH_4^+ 可明显减少 NH_4^+ 的固定。④铵浓度，土壤中铵的固定量随铵态氮施用量的增加而增加，但固定率随施铵量的增加而降低。多在几小时内完成；⑤水分，施铵后若土壤变干，增加铵的固定，干湿交替可促进土壤铵的固定作用，土壤冻结与解冻与干湿交替作用相似；⑥土壤 pH 值，随 pH 值的增加，铵的固定略有增加，酸性土壤（$pH<5.5$）一般固定铵少。通过施铵态氮肥形成的新固定态铵有效性较高，在作物生长期间能从黏土矿物晶格中释放出来被作物吸收，而土壤中原有的固定态铵有效性很低，释放出来的数量很少。土壤中铵的黏土矿物固定能降低因施用铵态氮肥后土壤中铵态氮过高的弊端，这既有利于减少氮肥的损失，又有利于保证作物生长中后期的氮素营养。

铵的吸附和解吸

指土壤液相中的铵被土壤颗粒表面带负电荷的胶体吸附，以及吸附态铵自土壤颗粒表面解吸进入液相的作用。这是铵在土壤固相和液相之间的一种平衡。土壤胶体对铵吸附的形态可分为紧吸附态和松吸附态，紧吸附态铵具有较高的热稳定性，被土壤胶体永久负电荷所吸引，松吸附态铵则与可变负电荷有关，除施入铵态氮肥外，土壤吸附态铵通常以紧吸附态存在。土壤阳离子交换量、有机质含量等均可影响铵的吸附形态和吸附量。铵的吸附使得大部分交换性铵保存在土壤中，阻滞了铵离子向深层土壤移动，减轻氮肥损失以及对地下水的污染，还有利于避免土壤液相中铵离子浓度过高引起的作物伤害。液相与固相界面上的阳离子交换反应可导致交换性铵解吸，其解吸难易程度受土壤黏土矿物特性和交换离子的性质及浓度的影响。铵的吸附和解吸影响植物根系对铵的摄取以及氮素矿化等一系列氮的转化过程。

硝化作用

指土壤中铵在微生物的作用下氧化为亚硝酸盐、硝酸盐的过程。土壤中硝化作用主要由自养型硝化微生物完成，它们将铵氧化为硝酸盐是由两个连续的阶段构成的，第一阶段是由氨氧化细菌（AOB）与氨氧化古菌（AOA）将铵氧化为亚硝酸盐，第二阶段是硝酸细菌（主要是硝化杆菌属）将亚硝酸盐氧化为硝酸盐。

一般情况下，第二阶段的速率远大于第一阶段的速率，因此土壤中亚硝酸盐含量极低。但在强碱性环境中，由于硝化作用受到抑制，亚硝酸盐会有所积累。自然界一些异养微生物也可进行硝化作用，它们不需要从铵的氧化过程中获得能量，但占的份额很小。通气状况良好的土壤有利于硝化作用的进行，硝化作用喜欢中性和碱性土壤环境，酸性土壤中硝化作用微弱，土壤水分含量过高或过低都不利于硝化作用的进行，土壤田间持水量为50%~70%是适宜的土壤水分。硝化作用形成的硝酸盐是植物氮素营养的重要来源，但硝酸根的移动性大，因而易随土壤水分发生淋洗或径流流失，或者在厌氧条件下通过反硝化损失，从而减少了土壤中可供作物利用的氮量，又会引起环境问题，因此在农田中适当抑制硝化作用十分重要。

硝酸盐的还原作用

指植物或微生物系统将 NO_3^- 还原为 NO_2^-、NO、N_2O、N_2 或 NH_4^+ 的过程。包括同化性硝酸盐还原和异化性硝酸盐还原两种方式。同化性硝酸盐还原亦称硝酸盐的同化，是在高等植物或微生物体内将硝酸盐重新还原成 NH_4^+ 后被用于合成各种含氮有机物的过程，可分为两个过程：一是将硝酸根（NO_3^-）还原为亚硝酸根（NO_2^-）；二是将 NO_2^- 进一步还原为铵态氮（NH_4^+）并转化为含氮有机化合物，用于其生长发育需要。异化性硝酸盐还原亦称硝酸盐的呼吸作用，是指一些生物或微生物在无氧或微氧条件下将硝酸根代替氧（O_2）作为厌氧呼吸过程的电子受体的现象，其生物/微生物群体可分为两类：其一是将硝酸根（NO_3^-）还原为亚硝酸跟（NO_2^-）的生物群体；其二是反硝化微生物将 NO_2^- 进一步还原为 NO、N_2O、N_2和 NH_3，异化性硝酸盐还原是自然界重要的脱氮过程，是造成农田氮肥利用率低以及一系列环境问题的重要原因。

反硝化作用

亦称脱氮作用。指在厌氧条件下，微生物将硝酸盐及亚硝酸盐还原为气态氮化物（NO、N_2O）和氮气（N_2）的过程，是活性氮以 N_2 形式返回大气的主要生物过程。反硝化作用不仅在土壤中进行，还可在江河湖泊和海洋中进行。发生反硝化作用的条件是：①反硝化微生物；②合适的电子供体，如有机碳化物、还原态硫化物；③厌氧条件；④氮的氧化物。土壤中已知能进行反硝化作用的微生物种类有 24 个属，绝大多数反硝化细菌是异养型细菌，亦有少数自养型细菌如反硝化硫杆菌。生物反硝化过程由反硝化微生物分泌的酶体系催化完成，包括硝酸还原酶、亚硝酸还原酶、NO 还原酶、N_2O 还原酶等。影响反硝化作用的因素包括：①氧的供应，当氧的供应受到限制时发生反硝化作用；②碳的供应，如土壤有机质、根分泌物等；③硝酸盐的供应；④pH 值，在酸性土壤中，反硝化作用受到抑制。反硝化作用的积极意义在于：可使土壤中因淋溶、径流而流入河流、海洋中的 NO_3^- 减少，转变为无毒无害的 N_2排出，消除因硝酸积累对生物的毒害作用。但是，在农田中，反硝化作用不仅引起氮素的损失，其中间产物如 NO_2、NO、N_2O 还会影响大气环境。研究农田反硝化损失的方法主要有：①表观法，即施入土壤的肥料氮量扣除作物吸收氮、土壤残留氮以及其他途径损失的氮（氨挥发、淋洗），余下部分为反硝化损失；②高丰度 ^{15}N 示踪法，此方法的结果远低于表观法；③乙炔抑制法，该法可以与田间原位培养法相结合，测定田间条件下土壤的硝化和反硝化作用。

氨的有机质固定

指土壤中氨与有机质通过化学反应形成抗化学水解和微生物分解的含氮有机物质的作用。一般认为，它们是有机物质（如木质素及其衍生物等）上的醌基（包括由酚基氧化成的醌基）与氨反应形成的含氮杂环聚合物或缩合物。这一固定作用是伴随着氧化作用进行的。所固定的氮量，受有机物质的含量、氨浓度、pH 值和温度的综合影响。农田土壤中施用液氨、氨水、尿素和氰铵化钙等碱性肥料时，土壤中产生的局部强碱条件有利于这一作用的进行，由此方式形成的固定态有机氮的生物分解性比土壤原来的有机氮低得多。

氨氧化作用

指土壤中的氨在硝化或亚硝化微生物的作用下氧化成亚硝态氮和硝态氮的过程，参见“硝化作用”。

生物固氮作用

指大气中的分子态氮（N_2）在微生物（固氮生物）体内由固氮酶催化还原为氨的过程。是土壤氮素的重要来源之一。按固氮微生物的特性以及它们与其他生物的关系，一般分为共生固氮、自生固氮和联合固氮三种类型。共生固氮主要指豆科植物-根瘤菌体系，其他还有非豆科植物-放线菌固氮体系以及萍-蓝固氮体系。自生固氮指不需要同其他生物共生就能独立进行固氮的一类微生物，如固氮细菌和固氮蓝藻，包括自生自养固氮作用和自生异养固氮作用。联合固氮体系是由有固氮能力的细菌集聚于植物的根系周围甚至部分进入根细胞，细菌利用根系分泌物，植物利用细菌固定氮素，形成一个比共生固氮松散的联合体，在玉米、甘蔗、小麦、水稻、高粱上都已确认联合固氮体系的存在。生物固氮作用在中性或微碱性环境中能顺利进行，磷肥对共生固氮有促进作用。共生固氮作用极为重要，自生固氮作用一般不强。

氮损失

指氮素通过多种途径迁移出土壤-植物系统的过程。可通过土-水界面（径流、淋洗）、土-气界面（氨挥发、硝化-反硝化气态损失）和植物冠层（含氮气体的气态挥发、作物表面养分随雨水淋失等）发生损失，氮素损失是作物利用氮肥效率低的重要原因。

氮淋洗损失

指氮素在土壤中随雨水或灌溉水下移淋滤至根系活动层之下的现象。是地下水硝酸盐污染的一个重要来源。施入农田的氮肥转化成 NH_4^+ 和 NO_3^- 后，由于土壤带负电荷，NH_4^+ 易被土壤吸附，因此氮淋洗损失的主要形式是 NO_3^-，NH_4^+ 和有机氮比例则较低，只有在砂质土壤中才有少量 NH_4^+ 和有机氮淋洗损失。发生氮素淋失需具备两个条件：①土壤中 NO_3^- 含量高；②水分向下移动足以使 NO_3^- 移至根层以下。氮素淋失不是单一的物理过程，受各种因素（如氮肥品种和施用量、土壤性质、灌溉和降水量、作物种类和生长阶段、耕作方式等）的综合影响，若在作物生长旺盛期施氮，土壤氮素淋洗很少，过量施用有机肥或化学氮肥时，硝态氮淋失风险大，适量有机肥与 N、P（K）配合施用时土壤 NO_3^--N 淋失风险较小，施肥和水分管理相结合，有助于减少氮素淋失。研究农田氮素淋洗损失的方法是测定淋洗液氮素浓度和体积，两者的乘积就是氮素淋失总量，具体方法有：①渗漏计法；②安装在不同土层的多孔管收集土壤溶液法；③通过地下排水瓦管监测流速和硝态氮浓度；④采集地下水样；⑤微区 ^{15}N 同位素示踪法。

氮径流损失

指降雨或灌溉时，氮素随地表径流迁移出土壤的过程。土壤氮径流损失是水土侵蚀和养分迁移过程的综合体现，受自然因素和人为因素的综合影响。自然因素包括降雨量和降雨强度。土壤性质、植被类型、地形等，其中降雨量和降雨强度直接影响径流量大小，二者通常与氮径流损失呈正相关，有机质和黏粒含量高的土壤氮素径流损失风险较黏粒含量低的土壤风险小，良好的植被覆盖有利于减少氮素径流损失，在一定坡度范围内，土壤坡度越大，径流损失越严重；对于农田，若在施肥后短时间内发生径流，氮径流损失风险大并且随施氮量的增加而增大，免耕和少耕可减少径流量从而减少氮径流损失。土壤氮径流损失一方面造成农田氮素的损失，另一方面还可导致周围水体的富营养化。

气态氮损失

指土壤氮素以气态形式逸出土壤表面（旱地）或田面水表面（水田）的过程，主要包括氨挥发和硝化-反硝化损失。逸出的气体包括还原态的 NH_3、氧化态的 N_2O、NO、NO_2 以及单质氮（N_2）。氮素的气态损失不仅造成肥料浪费和经济损失，还对周围大气、水体以及人类健康带来危害，如氨挥发及其沉降与水体富营养化相关，N_2O 是重要的温室气体之一，NO 与臭氧层破坏有关，NO_2 与光化学烟雾形成密切相关。

氨挥发

指氨自土壤表面（旱地）、田面水表面（水田）或植物表面逸散至大气中的过程。它是农田氮素损失的重要途径。当土表、田面水表面或植物外体空间的氨分压大于其上方空气中的氨分压时，这一过程即可发生。氨挥发的影响因素主要包括土壤性质、环境因素、肥料种类以及管理措施等，挥发量随温度以及土壤溶液或田面水 pH 的升高而加剧，随土壤阳离子交换量的增加而降低，在田间，氨挥发随风速和光照强度的增大而增多，降雨能将肥料带入深层土壤，减少氨挥发，氮肥表施则增加氨挥发。氨挥发的研究方法可分为间接法和直接法。间接法即差减法估算，误差较大；直接法包括通气法、密闭室抽气法、风洞法和微气象学法，前三者适合小区对比实验中的氨挥发研究，以风洞法最为接近自然状态下的氨挥发，但设备较为昂贵；微气象学法直接从试区上方的空气中采样测定，准确性高，但要求较大的试区面积，且周围田块不能施用氮肥，主要有涡流相关法。梯度扩散法和质量平衡法。减少农田氨挥发损失的措施有：氮肥深施或“以水带氮”、改进肥料剂型（如采用包膜肥料、缓释肥料等）、添加脲酶抑制剂、在稻田中添加杀藻剂以及分子膜等。挥发的气态氨可通过干湿沉降的方式重新返回地面，这与一系列的环境问题如水体富营养化以及生物多样性减少相关。

土壤氮素供应能力

指土壤对一季作物供应氮素的数量。它取决于土壤起始速效氮量，以及在作物生长期间土壤氮素的释放量。土壤起始速效氮量是种植时根系活动层土壤中硝态氮和交换性铵的积累量，与前季作物的氮肥和有机肥施用量等有密切联系，土壤氮素的释放量是指作物生长期间土壤有机态氮的矿化量和黏土矿物固定态铵的释放量。同一土壤对不同作物的供氮量，主要取决于该作物生长期的长短，以及生长期间的气温和降水/灌溉等状况。在实际测定时，一般是从田间试验中无氮区作物在成熟时累积的氮量中，扣除种子或秧苗带入的氮量取得，由于该方法将一些非土壤来源的氮也作为土壤供氮量（如作物生长期间的自生固氮量，降雨、灌溉水和干沉降等带入的氮），因而测得的结果高于土壤实际的供氮量。另外，也可通过不同培养方法测定土壤氮矿化量，但该法测得的土壤供氮量与田间土壤实际供氮量之间相关性较差，主要是由于田间条件与培养条件下许多影响土壤氮供给量的因素不一致，所以，测定土壤供氮量的方法尚处于半定量的估算水平。

农田生态系统中的氮素循环

指农田生态系统中的氮素通过不同途径进入土壤，经各种转化和移动过程后，又不同程度地离开土壤，形成的以土壤圈为中心的，与生物圈、大气圈和水圈紧密联系的氮素循环。农田生态系统中的氮素循环是全球氮素循环的一部分，与自然界一般生态系统不同，人类活动对农田系统中的氮素循环有极大的影响，随着化肥工业的发展，化学氮肥已成为植物氮素的重要来源，施入化肥提高了产量，使大量氮素以收获物的形式离开这一生态系统，同时造成相当多的氮素通过不同途径而损失。大气中的分子氮通过生物固氮作用被还原为氨，成为土壤氮素的一种重要来源，大气干湿沉降也带入一部分氮，土壤氮素通过植物吸收被利用，继而被人畜和家禽食用，然后以有机肥（粪尿和秸秆等）的形式返回农田再循环。土壤氮素通过硝化-反硝化作用和氨挥发以气态氮的形式流向大气圈，还通过淋洗和径流途径进入水圈，江河、湖泊和水库中的氮又通过灌溉进入土壤圈。因此，农田生态系统中氮素的输入途径主要包括生物固氮、施入的化学氮肥和有机肥料、大气干湿沉降以及灌溉水等；输出途径包括随收获物移出的氮，以及通过各种途径损失的氮。提高氮素的再循环率和作物利用率，减少土壤氮素向大气圈和水圈的流动是农田生态系统氮素管理的主要目标。

农田生态系统中肥料氮的去向

指在种植作物条件下，施入土壤中肥料氮的转化和移动过程的综合表现。其去向主要有作物吸收、土壤残留和损失三个方面。这三者之间密切关联，三者量的大小随作物种类和生育时期、氮肥品种和施用技术以及土壤性质和气候条件的不同而异。肥料氮的损失包括气态损失（氨挥发、硝化-反硝化)、随水流失(淋洗、侧渗、径流)以及通过作物吸收的直接损失。肥料氮去向研究大都采用稳定性同位素^{15}N示踪法,但此方法不包括径流和侧渗损失。已有的研究结果表明,我国作物氮肥利用率较低,损失率高,旱地氮肥当季回收利用率在30%~70%,水田为20%~50%,土壤中残留肥料氮主要分布在0~20cm表层土中。

氮同位素比例分析

指通过测定氮同位素比例,研究氮素行为的试验方法。应用氮同位素进行水踪实验的两个基本假定是元素的同位素组成或相对丰度为一定值,以及轻同位素与重同位素参与的化学和生物化学反应中其性质和行为相同。一般采用稳定性同位素^{15}N,即将定量的^{15}N同位素标记物加入目标体系中,一段时间后用同位素质谱法测定各组分中^{15}N含量,此技术已广泛应用于研究土壤中氮素转化和去向。固氮能力、植物氮素代谢、大气和水体氮污染源的鉴别等领域。为了得到好的试验结果,采用^{15}N示踪技术时要特别注意防止^{15}N样品之间交叉污染以及样品的代表性。该法的缺点是只能以量化的方式来追踪示踪物质,难以追踪其过程。

氮对环境的影响

指氮通过不同途径迁移出土壤-植物系统后,对局部地区乃至全球环境产生的多种影响。人为活动改变了自然界的氮循环,导致全球人为活化氮迅猛增加,破坏了氮素在陆地-大气-水体中的自然分配,引起了一系列的环境问题:①土壤中的硝化-反硝化过程是大气中的N_2O和氮氧化物(NO_x)的一个重要来源,N_2O是一个重要的温室气体,还是平流层破坏臭氧的元凶之一,氮氧化物(NO_x)浓度的增加与酸雨形成相关,它在酸雨的化学组成中扮演了仅次于SO_2的角色,沉降到地面可引起土壤和水体酸化,从而对陆地和海洋生态系统结构产生影响,近地面的NO_x与O_2反应产生臭氧,形成光化学烟雾,对人类健康和植物生长产生危害。②氮素径流到水体中可导致水体富营养化,当无机氮浓度超过0.2 mg/L时,可引起“藻华”,目前,中国大多数湖泊富营养化趋势十分严峻。由淋洗和径流引起的水体NO_3^-和NO_2^-含量过高是施用氮肥对环境污染的又一体现,地下水NO_3^-超标有致癌的危险。③氮沉降的不断增加还可促进“喜氮”植物的生长,减少生物多样性。

中国土壤氮素状况

指中国各类土壤全氮含量差异及其影响因素。中国土壤全氮含量因土而异,自然植被下未受侵蚀的土壤通常高于耕种土壤。自然植被下土壤的全氮含量主要取决于气候(温度、降水量、蒸发量)和生物(生物量及其分解强度)因素,表层土壤全氮含量为0.4~6.4g/kg,自东向西,随着降水量的减少和蒸发量的增大,生物积累量减少,土壤全氮量依黑土-黑钙土-栗钙土-棕钙土、灰钙土-漠土的顺序而逐渐减少;由北向南,随着温度的升高,生物分解作用的增强程度远大于植物生物量的增多程度,土壤全氮含量依暗棕壤(包括白浆土)-棕壤、褐土-黄棕壤的顺序而降低,由黄棕壤再向南至红壤、砖红壤,含量又逐渐升高;黄壤地区海拔较高,由于较低的温度和较高的降水量而使有机质的分解速率较低,因而全氮含量较红壤、砖红壤高;高山地带由于全年大部分时间处于冰冻条件下,虽然植物生长量低。但分解速率更低,因此,土壤中积累了较多的土壤氮素。不同土壤之间不仅其表土的全氮含量不同,而且剖面分布也不同,在森林植被下的土壤,氮素常富集于表层,自表层向下急剧减少,在草本植被下的土壤,除由表土进入土壤的有机残体,根系中的氮则是下层土壤氮素的主要来源。因此,氮素的剖面变化比较平缓。耕种土壤耕层的全氮含量为0.6~2.6g/kg,除受气候和生物因素影响外,还受土壤的利用方式、耕作和施肥制度的影响。耕种土壤耕层中的氮素含量是在施肥、灌溉和收获等条件下形成的一个平衡值,并处于不断变化之中。不同地区耕种土壤耕层的全氮含量,以东北黑土地区最高,以黄淮海平原和黄土高原最低,其变化趋势与自然植被下土壤的情况大体一致。此外,在同一地区内,由于自然条件、地形部位和利用方式的不同,土壤全氮的含量也有一定的差异,如在丘陵地区,岗地土壤的含氮量最低,冲田土壤则较高,离村庄较近的土壤,一般施肥较多,其含氮量也高于离村庄较远的土壤,低湿和黏重的土壤一般全氮含量较高,长期施用有机肥或有机肥与氮肥配施可提高土壤全氮含量。耕种土壤中,由于施入表土的有机肥料和氮肥是其氮素的主要来源，而且作物根系也多集中在耕层，因此，其全氮含量自耕层或犁底层以下即锐减。

土壤中的磷素

水溶性磷

指溶解在土壤溶液中的无机磷和少量与可溶性低的有机化合物结合的磷。用钼蓝法测定的未经消解的水溶液中的磷仅为无机磷酸根离子。土壤溶液中磷的浓度依土壤 pH 值、磷肥施用及土壤性质而定，一般在 0.003~0.3mg/L。磷酸根离子在土壤液相中存在的形态与土壤 pH 值密切相关。一般土壤液相的磷酸根离子主要是以 $H_2PO_4^-$ 和 HPO_4^{2-} 的形态存在。在 pH>7.2 的土壤中，HPO_4^{2-} 含量大于 $H_2PO_4^-$，在 pH<7.2 时则反之。溶液中的磷除呈解离的或络合的正磷酸盐外，还有部分聚合态磷酸盐以及数量不等的有机磷化合物。各种成分的含量受其稳定常数、pH 值以及相应的溶液浓度所支配。此外，在离子浓度低时，也可能有某些胶体状态的无机磷和有机磷化合物悬浮于溶液中。由于它们不易同土壤其他成分发生反应，因而这部分悬浮物更容易被淋失。植物根系直接从土壤溶液中吸收磷酸根以获得磷营养，因此溶液中的磷酸根离子更为有效。其浓度及土壤维持这种浓度的能力，对植物营养及磷的淋失至关重要。

有效磷

指土壤中可被植物吸收利用的磷的总称。它包括全部水溶性磷、部分吸附态磷、一部分微溶性的无机磷和易矿化的有机磷等，后两者需要经过一定的转化过程后方能被植物直接吸收。它在化学上的定义是能与 ^{32}P 进行同位素交换的，或容易被某些化学试剂提取的磷及土壤溶液中的磷酸盐。提高土壤磷有效性的途径有：

（1）调节土壤酸碱度。对酸性土壤，适当施用石灰调节其 pH 值至中性（以 pH 值 6.5~6.8 为宜），可减少磷的固定作用，提高土壤磷的有效性。

（2）增加土壤有机质。含有机质多的土壤，其固磷作用较弱，其原因除了有机质矿化能提供部分无机磷外，还有：①有机阴离子与磷酸根竞争固相表面专性吸附点位，从而减少了土壤对磷的吸附；②有机物分解产生的有机酸和其他螯合剂，将部分固定态磷释放为可溶态磷；③腐殖质可在铁、铝氧化物等胶体表面形成保护膜，减少对磷酸根的吸附；④有机质分解产生的 CO_2 溶于水形成 CO_3^{2-}，增加钙、镁、磷酸盐的溶解度。

（3）土壤渍水。土壤渍水后磷的有效性会明显提高，这是由于：①酸性土壤 pH 值上升促使铁、铝形成氢氧化物沉淀，减少了它们对磷的固定；碱性土壤 pH 值有所下降，能增加磷酸钙的溶解度；反之，若渍水土壤变干，则导致土壤磷的有效性下降。②土壤氧化还原电位（Eh）下降，高价铁还原成低价铁，低价铁磷酸盐的溶解度较高，增加了磷的有效度。③包被于磷酸表面铁质胶膜还原，提高了闭蓄态磷的有效度。

速效磷

指土壤中较容易被植物吸收利用的磷。除土壤溶液中的磷酸根离子外，土壤中的一些易溶的无机磷化合物、吸附态的磷均属速效磷部分。这是由于它们溶解度较大，或者解吸快，交换快，当溶液中磷酸根离子浓度下降时，它们可成为速效磷的来源。土壤速效磷是土壤有效磷储库中对作物最为有效的部分，也是评价土壤供磷水平的重要指标。土壤中磷的有效性是根据作物吸收利用的难易及快慢程度而定的。通常速效、缓效或无效磷的称谓是相对而言的。它们虽然和化学形态及性质（如化学组成、结晶形态、水化程度、粒子粗细、分散程度等）有一定的关系，但不能用简单的化学方法来加以区别。但实际应用中，为了方便，通常采用比较简单的溶剂如盐类、稀酸、稀碱或络合剂溶液来进行提取。

活性磷

指能同 ^{32}P 进行同位素交换的或容易被某些化学试剂所提取的或可被植物吸收的土壤磷组分。它包括部分或全部吸附态磷，根据和溶液中磷达到动态平衡的快慢，吸附态磷可进一步区分为活性磷和非活性磷。能在 24 小时或 48 小时内达到平衡的磷，称为活性磷；在上述时间内不能达到平衡的磷，称为非活性磷。前者在土壤溶液磷浓度降低后，能很快地进入溶液予以补充。非活性磷和活性磷之间也处于平衡状态，但达到平衡的时间很长。活性磷还可包括土壤中有效态有机磷；在有的土壤中，活性磷还包括某些沉淀态磷。

枸溶性磷

指不溶于水，但可被弱酸（2%柠檬酸、中性柠檬酸铵或微碱性柠檬酸铵）提取出来的磷，是标注枸溶性磷肥［亦称柠檬酸（盐）溶性磷肥］磷养分含量高低的重要指标。养分标明量属枸溶性磷的肥料有钙镁磷肥、钢渣磷肥、脱氟磷肥、钙钠磷肥、偏磷酸钙和沉淀磷酸钙等。

柠檬酸盐不溶性磷

指肥料中不能溶于水也不能溶于柠檬酸铵溶液的磷。这部分磷通常不能直接被植物吸收利用。

阴离子交换树脂提取磷

指通过阴离子交换性树脂中的阴离子和土壤中吸附磷酸根相交换，从而提取出土壤固相中的磷。这种方法基于土壤溶液中磷和固相磷的交换，可以用来研究土壤磷的解吸或释放规律以及测定土壤磷的缓冲能力，可同时考虑土壤磷的供应强度、容量、释放速率等因素。

全磷

指土壤中各种形态磷含量之和。地壳全磷含量平均约为 1.2g/kg。中国土壤全磷量多在 0.1~1.2g/kg。土壤全磷含量受母质、成土作用以及施肥等因素的影响。同一土壤中，细粒部分含磷量常比粗粒部分高。在土壤剖面中，全磷含量一般是表土较高，这主要是生物积累（非耕种土壤）和施肥（耕种土壤）的结果。中国土壤全磷含量大多在 0.2~1.1g/kg 范围内变动，最低可以到 0.04g/kg，最高可达 1.5g/kg。中国主要土壤的含磷量自南向北有逐渐增加的趋势，南岭以南的砖红壤全磷量最低，其次是华中地区的红壤，东北地区的土壤和黄土性沉积物发育的土壤含磷量较一般土壤高。

无机磷

指以磷酸根离子存在于土壤液相或被吸附于土壤固相，以及以磷酸盐化合物存在于土壤固相中的各种非有机态磷。在一般土壤中，无机磷占土壤全磷的 50%~80%，且绝大部分是以固相的磷酸盐化合物存在。正磷酸盐是自然界中磷的最稳定存在形态，土壤中的无机磷化合物几乎全部是正磷酸盐，可分为水溶态、吸附态和矿物态。土壤中能鉴定出来的并且能从形态上分离出的无机磷酸拥有以下几类：①磷酸钙盐，有磷酸一钙［$Ca(H_2PO_4)_2 \cdot H_2O$］、磷酸二钙（$CaHPO_4 \cdot 2H_2O$）、磷酸八钙［$Ca_8H_2(PO_4)_6 \cdot 5H_2O$］和磷灰石［$Ca_5(PO_4)_3 \cdot xH_2O$］等；②磷酸铝盐，主要有磷铝石（$AlPO_4 \cdot 2H_2O$）、磷钾铝石［$H_6K_3Al_5(PO_4) \cdot 18H_2O$］和板磷铝矿（$AlPO_4$）；③磷酸铁盐，有粉红磷铁矿（$FePO_4 \cdot 2H_2O$）等。磷酸铁盐都有一定数量的非结晶态存在；④闭蓄态磷酸盐；⑤一小部分在液相中以吸附态存在的磷酸根离子。

在不同土类中，不同形态磷酸盐量的变幅很大。一般在石灰性土壤中的无机态磷是以磷酸钙盐为主。在酸性土壤中则以磷酸铁盐（含闭蓄态磷酸盐）为主。在中性土壤中，磷酸钙、磷酸铝和磷酸铁都占有一定的比例。

原生磷矿物

指在造岩作用和成矿作用过程中，所形成的岩石或矿石同时期形成的含磷矿物。其原有的化学组成和结晶构造均未改变，如氟磷灰石和羟磷灰石、蓝铁矿等次生磷矿物。原生磷矿物经转化（如火成岩作用），或由风化产物在一定条件下再结晶和沉淀而形成的磷矿物，如二水磷酸二钙、磷酸三钙、磷酸八钙等。

不溶性磷酸盐

指土壤中只能溶于强酸而不能溶于水和弱酸的磷酸盐，是比较稳定的土壤组分。土壤中大部分磷以不溶性磷的形式存在，如磷酸铝、磷酸铁盐等。但在一定条件下（如 pH 值改变、淹水等）可转化释放出来，供植物吸收利用。

磷酸钙盐

指土壤中的磷酸根离子与钙离子结合形成的化合物。土壤中的磷酸钙盐有原生的和次生的两大类。原生磷酸钙盐主要以氟磷灰石或羟磷灰石存在；次生磷酸钙盐在磷肥施入土壤以后转化形成。在土壤中，能鉴定出的比较明确的次生磷酸钙盐主要有二水磷酸二钙（$CaHPO_4 \cdot 2H_2O$）、无水磷酸二钙（$CaHPO_4$）和磷酸八钙［$Ca_8H_2(PO_4)_6 \cdot 5H_2O$］等。在中性溶液中溶解度大小次序为：$CaHPO_4 \cdot 2H_2O > CaHPO_4 > Ca_8H_2(PO_4)_6 \cdot 5H_2O > \beta\text{-}Ca_3(PO_4)_2 > Ca_5(PO_4)_3 \cdot OH > Ca_5(PO_4)_3 \cdot F$。但是在石灰性土壤中，可溶性的磷酸钙盐总是不断地向更基性的方向转化，其反应顺序为：$Ca(H_2PO_4)_2 \cdot 2H_2O \rightarrow CaHPO_4 \cdot 2H_2O \rightarrow CaHPO_4 \rightarrow Ca_8H_2(PO_4)_6 \cdot 5H_2O \rightarrow Ca_{10}(PO_4)_6(OH)_2$；对较难溶的磷酸钙盐，除了磷酸二钙与磷酸一钙对作物有相近的供磷能力以外，其他磷酸钙盐的供磷能力都显著降低。作为磷肥施用的磷酸钙盐，有普通过磷酸钙、重过磷酸钙（二者都是水溶性的一水磷酸一钙［$Ca(H_2PO_4)_2 \cdot H_2O$］、沉淀磷肥（$CaHPO_4 \cdot 2H_2O$）、脱氟磷肥［$\alpha\text{-}Ca_3(PO_4)_2$］、钢渣磷肥（$Ca_4P_2O_9$）和无定形结构的钙镁磷肥等。

磷酸一钙

是一种最常见的磷酸钙盐。无色三斜晶系结晶或白色结晶性粉末，分子式为 $Ca(H_2PO_4)_2 \cdot H_2O$，相对密度为 2.22g/cm^3（16℃），稍有吸湿性，易溶于盐酸、硝酸，微溶于冷水，几乎不溶于乙醇。

磷酸二钙

是一种磷酸钙盐，分子式为 $CaHPO_4 \cdot 2H_2O$，不稳定，当石灰性土壤施入磷肥后可短期稳定存在。当温度较高时，它可转化为磷酸八钙。

磷酸三钙

是一种磷酸钙盐，分子式为 $Ca_3(PO_4)_2 \cdot H_2O$。磷酸三钙有两种结晶，即 α 型和 β 型。自然界有 β 型磷酸三钙存在。土壤中是否能形成磷酸三钙，多数学者持怀疑态度。由于 β 型磷酸三钙属非柠檬酸溶性，即使土壤中有少量存在，其在磷素营养上也无重要意义。

磷酸四钙

是一种磷酸钙盐，分子式为 $Ca_4P_2O_3$，是钢渣磷肥的主要有效成分，不溶于水，能溶于弱酸。适用于酸性土壤，且在土壤中移动性极小。

磷酸八钙

是一种磷酸钙盐，分子式为 $Ca_8H_2(PO_4)_6 \cdot 5H_2O$，是一种施入磷酸二氢钙后与土壤盐基离子相互作用产生的中间产物。磷酸八钙的形成与温度有关，在 35℃、pH 值为 8.4 时，可形成磷酸八钙。它是亚稳态磷酸盐，在一定条件下，对石灰性土壤有效磷库起重要的调节作用。在酸性土壤中施用石灰，也能出现磷酸八钙。

磷灰岩

由纤维状或致密状磷灰石组成，含有各种混入物，常有骸骨遗体。磷灰岩就是由这种骸骨遗体形成的，或者有其他化石的遗迹。磷灰岩的胶结物为磷酸盐物质或为磷酸盐结核和鲕粒的堆积体。磷灰岩的化学成分随混入物的不同而不同。

磷钙石

亦称磷钙土，是一种富含磷的海洋自生磷酸盐矿物；是制造磷肥、生产纯磷和磷酸的重要原料。另外，磷钙石常伴有高含量的铀、铈、镧等金属元素。磷钙石是呈砾石级大小的结核或砂粒级的小球。其颜色从淡奶油色、深棕色到黑色不等，常掺杂有海绿石、铁锰氧化物以及少量的蛋白石。黄铁矿、有机质、骨骼碳酸盐和陆源碎屑。磷酸盐球通常是平滑的黑色卵状颗粒，包裹大量的有机质。有些磷酸盐球具有原生的内部鲕状结构。

氟磷灰石

是磷灰石的一种。一般存在于火成岩中，其纯矿物的组分是 $Ca_{10}(PO_4)_6F_2$，一般为原生矿物遗留，结晶致密，稳定性特别强，溶解度小，其他磷灰石有可能向氟磷灰石转化。在土壤中，纯氟磷灰石较少见。

羟基磷灰石

是一种与鸟粪蚀变灰岩共生的矿物，分子式为 $Ca_{10}(PO_4)_6\cdot(OH)_2$，是磷钙土的一种形态，提炼磷的重要矿物。其生成除了由氟磷灰石的同晶置换外，还可以由沉淀的磷酸二钙和磷酸三钙转化而成。它是石灰性土壤中磷酸钙盐转化的最终产物，属次生磷矿物。

氯磷灰石

是磷钙土的一种形态，分子式为 $Ca_{10}(PO_4)_6Cl_2$，是提炼磷和制造磷肥的重要矿物。

三斜磷钙石

磷钙土的一种形态，分子式为 $CaHPO_4$，是提炼磷和制造磷肥的重要矿物。

透钙磷石

是磷钙土的一种形态，分子式为 $CaHPO_4\cdot 2H_2O$，是提炼磷和制造磷肥的重要矿物，闭蓄态磷酸盐：土壤中被氧化铁胶膜包蔽的磷酸盐。在土壤体系中，磷酸铁盐在还原条件下可被还原成可溶性的磷酸亚铁，氧化还原电位一旦升高，亚铁离子就可迅速氧化成氧化铁。由于铁和磷的化学亲和性，新形成的氧化铁极易在磷酸盐（尤其是磷酸铁盐）的周围形成胶膜，从而使这部分磷酸盐形成被包裹物，这种被包裹物中的磷就称为闭蓄态磷。在强烈还原条件下，氧化铁胶膜被还原，则封闭在里面的磷酸盐又有可能被释放出来，从此含义上说，封闭的磷酸盐相当于一种“储蓄”。在一般的土壤耕作条件下，闭蓄态磷很难被作物吸收利用。只有在渍水强还原条件下，当 Fe_2O_3 胶膜中三价铁被还原，胶膜消失，闭蓄态磷才有可能被释放。土壤中闭蓄态磷的含量与土壤风化强度呈正相关。风化程度浅的北方土壤，闭蓄态磷占无机磷总量的10%~25%。随着土壤风化程度增强，闭蓄态磷则相应递增，如南方强烈风化的砖红壤，闭蓄态磷可高达80%以上。

铝磷酸盐

指土壤中的磷酸根离子与铝离子结合形成的化合物。铝磷酸盐可归纳为三种类型：第一种是非晶质的磷酸铝化合物，以简单的 $AlPO_4\cdot nH_2O$ 为代表。这是在水溶性磷肥施入土壤后反应初期的产物之一，它的化学特性是没有一定的分子组成，没有一定的分子结构，因而比表面积较大，化学活性较高。第二种是由一定分子组成的晶质铝磷酸盐。这一类型铝磷酸盐的化学活性比前者低。第三种是在闭蓄态磷里面的磷酸铝盐。一般闭蓄在内的主要是磷酸铁盐，但也有少量的磷酸铝盐和磷酸钙盐。

磷铝石

是一种有一定分子组成的晶质的铝磷酸盐，分子式为 $AlPO_4\cdot 2H_2O$，这一类型的铝磷酸盐化学活性较非晶质磷酸铝盐低，磷铝石是活性最低的代表，其在强酸性土壤中可以稳定存在。

准磷铝石

是一种淡绿色的磷酸盐矿物，分子式为 $AlPO_4\cdot 2H_2O$，用于提炼磷和制造磷肥。

磷铵铝石

是一种磷酸盐矿物，分子式为 $Al_5(NH_4)_3H_6(PO_4)_8\cdot 18H_2O$，用于提炼磷和制造磷肥。

白磷铵铁矿

是一种磷酸盐矿物，分子式为 $Al_2(PO_4)_2OH\cdot 2H_2O$，用于提炼磷和制造磷肥。

水磷铝钾石

指一种磷酸盐矿物，分子式为 $Al_2K(PO_4)_2(F,OH)\cdot 3H_2O$，用于提炼磷和制造磷肥。

磷酸铁盐

指土壤中的磷酸离子与铁离子结合形成的化合物。土壤中的磷酸铁盐比较复杂，从化学性质上看，大致可归纳为三种类型。第一种是非晶质的磷酸铁化合物，以简单的 $FePO_4 \cdot nH_2O$ 为代表。这是水溶性磷肥施入土壤后反应的初期产物之一，在酸性土壤中尤为显著。非晶质磷酸铁没有一定的分子组成和分子结构，因而比表面积较大，化学活性较高且不稳定，可以进一步水解转化成晶质的磷酸铁盐。第二种是有一定分子组成的晶质磷酸铁盐。这一类型磷酸铁盐的化学活性比较低，如 $KFe_3H_8(PO_4)_6 \cdot 6H_2O$，活性最低的以粉红磷铁矿（$FePO_4 \cdot 2H_2O$）为代表。土壤中是否有此化合物，目前尚有争议，但作为化学性质的不同类型则有其一定的代表性。第三种是闭蓄态磷酸盐。因为闭蓄在里面的主要是磷酸铁盐，所以把它归入这一类。但是闭蓄态磷酸盐有其本身的特殊性，而且除了磷酸铁外，还可能有磷酸铝和磷酸钙盐。

粉红磷铁矿

是一种磷酸铁盐矿物，分子式为 $FePO_4 \cdot 2H_2O$，用于提炼磷和制造磷肥。

准粉红磷铁矿

是一种磷酸铁盐矿物，分子式为 $FePO_4 \cdot 2H_2O$，用于提炼磷和制造磷肥。

蓝铁矿

是一种磷酸盐矿物，分子式为 $Fe_3(PO_4)_2 \cdot 8H_2O$，属单斜晶系。蓝铁矿含有 Fe_2O_3，是由于氧化而成的。新鲜的蓝铁矿无色，但在空气中可迅速氧化（蓝铁矿粉末几乎瞬时即可氧化）而变成绿色或蓝色；进一步氧化时，颜色加深，变成褐色。晶体呈柱状，有时呈扁平状，可挠曲。蓝铁矿常形成肾状或球体聚集体，可成锥体。蓝铁矿常见于铜和锡的矿脉中，与黄铁矿、磁黄铁矿共生，常见于硬砂岩的含金矿脉中，在黏土层中与褐铁矿或者沼铁矿共生，还可见于贝壳化石和动物残骸的空洞以及泥煤中。

有机磷

是有机质中各种含磷化合物的总称。有机磷主要来源于土壤有机质、植物及土壤的微生物残体和有机肥料。成土初期有机磷积累速度快，随着土壤剖面中非闭蓄态磷和溶性无机磷减少，积累速度减缓。耕作土壤中除来源于有机肥和作物残体的有机磷外，施入的无机磷肥经由微生物的转化作用也可形成有机磷。土壤有机磷含量因土壤全磷量、有机质含量、pH 值及土壤利用方式等的不同而变异很大，可占表土全磷量的 20%~80%。中国土壤的有机磷含量占土壤全磷量的 20%~50%，并大体与土壤有机质含量呈正相关。土壤中已鉴定出的有机磷化合物主要有肌醇磷酸盐、磷脂、核酸以及其他有机磷化合物。有机磷处于无机磷的生物固持作用和有机磷矿化的平衡中，其转化受无机磷供应水平、有机碳/有机磷比值、土壤性质及耕作栽培措施等的影响。有机磷的矿化是土壤中有机态磷化物在磷酸酶的作用下逐步降解，最终释放出无机态磷的过程，其矿化速率受水热状况及有机质中碳磷比等因素影响。

有机磷分级

指用不同方法对土壤中各种有机磷按其活性和生物有效性进行分级。由于直接测定土壤中各种有机磷十分困难，有人提出了按土壤中有机磷对植物有效性进行分组的土壤有机磷分组测定法。按照该方法，土壤有机磷被划成以下几组：①活性有机磷，用 0.5mol /L $NaHCO_3$ 提取的磷；②中度活性有机磷，用 1mol/L H_2SO_4 和 0.5mol/L NaOH 浸提出来的碱溶性的无机磷和酸溶性的有机磷；③中稳性有机磷，NaOH 浸提液经调酸后，不能为酸所沉淀的部分有机磷，即与富啡酸结合的磷；④高稳性有机磷，NaOH 浸提液经调酸后的沉淀部分，即与胡敏酸结合的磷。该法存在一些缺点：①活性有机磷组分中未包含土壤微生物体磷；②用 1mol/L 硫酸浸提中度活性有机磷时可能同时溶浸了部分有效性低的组分如肌醇磷酸铁、铝类有机磷，从而夸大了中活性有机磷而缩小了高稳性有机磷的含量；③用 0.5mol/L 的 NaOH 浸提稳定性有机磷组分时可引起部分有机磷的水解作用，从而使土壤稳定性有机磷的测定结果偏低等。

但是，应用分组提取法研究土壤有机磷或无机磷组分，就方法本身而言不可能做到尽善尽美，所获结果在相对比较的水平上具有一定的意义。

溶磷作用

亦称解磷作用。指在微生物作用下，土壤中有机磷化合物转化为磷酸盐（PO_4^{3-}）或将土壤中难溶性磷转变为可溶性磷的过程。能增加土壤中可给性磷的含量，有利于植物生长。土壤中的溶磷（解磷）作用分酶解型及酸解型两种。前者指土壤微生物利用其酶系统对诸如核酸、卵磷脂及植素等有机磷化合物逐步降解，最终转化为磷酸盐。参与此过程的微生物种类很多，以巨大芽孢杆菌作用最强，数量也最多。后者指借助某些微生物的酸性代谢产物，如各种有机酸及碳酸、硫酸或硝酸等的溶解作用，提高土壤中磷酸钙或磷灰石的溶解度。溶磷（解磷）微生物包括细菌、真菌和放线菌，其中以细菌所占比例最大。土壤中溶磷（解磷）作用的强弱主要取决于基质的种类、数量以及影响参与解磷微生物活动的生态因子，如通气、水分及土壤 pH 值等状况。为了表征土壤溶磷作用的大小，通常以溶磷强度为指标。在土壤中加一定量有机磷或无机磷化物，经培育一定时间后，测定土壤中有效磷的含量；在纯培养时，可用加入的每克磷源释放出有效磷的毫克数表示。

土壤磷素的化学固定

土壤中各种磷化合物，从可溶性或速效性状态转变为不溶性或缓效性状态的过程。这一过程并不一定意味着土壤磷由有效态转变为无效态。沉淀反应和吸附反应是引起磷化学固定的主要反应。土壤中磷的沉淀反应分别发生在 Ca 体系和 Fe-Al 体系中，形成磷酸钙化合物或磷酸铁铝盐。吸附反应主要是土壤溶液中的磷被土壤中的铁铝氧化物、黏土矿物、石灰性物质以及有机物所吸附，其中以铁铝氧化物对磷的吸附为主。在磷的化学固定上，吸附反应较沉淀反应更为重要。影响土壤中磷的化学固定的因素主要有土壤性质、结构，无定形铁铝氧化物和交换性铝含量以及有机质多少等。土壤中被化学固定的磷可以进一步转化，这主要取决于土壤溶液中磷的浓度和时间因素。随着时间的延续，被吸附固定的磷可能向铁铝氧化物深层扩散，也可能重新组合，呈结晶状态。

土壤磷的吸附

指土壤溶液中的磷酸根离子被土壤固相所吸持的现象。与之相反的过程称为土壤磷的解吸。吸附和解吸开始时都是发生在土壤固、液相的界面上。吸附作用可以发生在具有不变电荷土粒的表面（如结晶态的黏土矿物），也可以发生在可变电荷的土粒表面（如铁铝氧化物、土壤有机质和方解石等物质）。土壤对磷酸根离子的吸附，分为物理吸附（非专性吸附）和化学吸附（专性吸附）。

磷的物理吸附

当土壤溶液 pH 值低于土壤吸附剂的等电点时，吸附剂上的-OH 被质子化，带正电荷的表面因静电引力吸引带负电的磷酸根离子的过程为磷的物理吸附。这种因静电引力而形成的吸附对于任何带负电荷的离子都能发生，故亦称磷的非专性吸附。

磷的化学吸附

指土壤中具有可变电荷的颗粒（如铁铝氧化物和某些黏土矿物）表面上的-OH 与磷酸根离子进行配位交换的过程。这种离子配位交换是专一性的，故称专性吸附。专性吸附是由库仑力与化学力作用引起的配位基团的交换，其吸附过程缓慢，但作用力强。

磷吸附动力学

指定量研究和描述磷被吸附剂吸附的速率快慢，及吸附量与溶液平衡浓度之间的关系。磷的吸附方程是描述磷酸根离子被吸附过程中固相吸附量和溶液平衡浓度之间定量关系的方程。常用的有 Langmuir 方程、Freundlich 方程和 Temkin 方程。

磷沉淀作用

指土壤溶液中磷酸根离子与铁、铝或钙、镁离子反应，生成单独固相的磷酸铁、磷酸铝或磷酸钙盐。这种作用一般受形成的化合物的溶度积控制，可逆性小。土壤中磷的沉淀反应分别发生在 Ca 体系和 Fe-Al 体系中。①Ca 体系。当土壤中有石灰物质（如方解石）存在时，施入的磷肥首先被方解石吸附，这些磷几乎全部可以进行同位素代换。例如，土壤溶液中磷的浓度进一步增大时，磷酸根便开始与钙发生沉淀反应形成磷酸二钙沉淀物，此时可进行同位素代换的磷迅速减少。随着时间的延长和磷浓度的继续增加，磷酸二钙又向磷酸八钙转化。②Fe-Al 体系。当磷酸一钙施入土壤时，其饱和液因异成分溶解而变得酸性很强（pH 值约为 1.5）。当此溶液向外扩散时，将会溶解土壤中大量的 Fe 和 Al，Fe、Al 将和磷发生沉淀反应，生成非晶质的磷酸铁铝盐。此盐逐渐结晶后生成粉红磷铁矿（$FePO_4 \cdot 2H_2O$）和磷铝石（$AlPO_4 \cdot 2H_2O$）。

磷解吸

指吸附状态的磷重新进入土壤溶液的过程，是吸附过程的逆向反应，在农业生产上具有重要作用。土壤中的吸附态磷并不能全部被重新解吸，故土壤磷的解吸等温线并不和磷吸附等温线重合，其原因可能是吸附磷形成了环状结构而不能被解吸，也可能是由于吸附态磷通过扩散作用进入了铁铝氧化物的深层而失去可解吸性。土壤磷素解吸的机理大体有：①化学平衡反应。土壤溶液中磷浓度因作物吸收而降低，失去原有平衡，使反应向解吸方向进行。②竞争吸附。所有能进行吸附的阴离子，在理论上都可与磷酸根进行竞争吸附作用，以致吸附态磷不同程度地解吸，竞争吸附的强弱主要决定于磷和竞争阴离子间的相对浓度与亲和性大小。

可溶性无机磷的有机化（磷同化）

亦称可溶性无机磷的有机化。指土壤溶液中的无机磷被土壤中多种生物吸收利用，转移到生物体中或被生物释放的各种有机物质吸附固定成为有机磷的过程。

有机磷的矿化

指土壤中有机态磷化物在磷酸酶的作用下，逐步降解，最终释放出无机态磷的过程。土壤有机磷的矿化速率取决于水热条件，热带地区高于温带地区，而在温带地区，在土壤有机质矿化作用处于正常速度情况下，土壤有机质释放出的磷量只占作物需磷量的一小部分。因此，在土壤有机磷含量相近的条件下，矿化速度较慢的温带有机磷为作物提供磷素的作用较热带地区低。土壤有机磷的矿化速率还受土壤有机质中碳磷比的影响，凡比值小于 200，矿化过程中将有无机磷释放；如比值大于 300 时，不但没有无机磷的释放，反而要从介质中吸收无机磷。因此，进入土壤中的有机残体或有机物质，只有当其含磷量较高，且碳磷比较小时，才会有无机磷的释放，否则将会使土壤中已有的无机磷被生物固持。

磷位

指磷素养分有效性的表征方式。土壤磷素的有效性主要取决于它的化学位以及当磷被取走（如被植物吸收）后化学位的降低速度，取走单位磷量后土壤磷位下降的速度，取决于土壤磷素的缓冲能力。

同位素稀释法

指根据同位素稀释原理对物质进行定量分析的方法。当两种同位素标记的不同比活度（或不同富集度）的元素或化合物充分混合以后，同位素的总活度或稳定性同位素的总量不变。

同位素稀释法可分为直接同位素稀释法、反同位素稀释分析、同位素衍生稀释分析和亚化学剂量同位素稀释分析等。用同位素稀释分析来测定混合物或土壤中某种成分的量，与常规化学分析相比，避免了待测物的定量分离，而且可在不破坏样品的情况下进行分析，因而可分析活的生物系统中可交换物质的量以及分析土壤养分库和肥料中有效养分的含量。

同位素交换性磷

亦称可交换磷。指土壤经同位素^{32}P 稀释后在系统中所测得的总磷量，其值称为 E 值。

磷等温吸附法

指研究温度保持不变时，土壤矿物表面对活性磷的吸附，反映该温度下土壤磷的吸附特性的方法，是研究植物需磷与土壤供磷的有效方法。具体步骤是将含一定量磷酸盐的溶液加入到一定量的土壤中，在恒温条件下，经过一定时间后，测定平衡溶液中磷的浓度。加入的磷量减去平衡溶液中余留的磷量，即为土壤吸附的磷量。

土壤中的钾素

土壤中钾素的形态

指土壤中含钾物质的化学结合形式和存在状态。通常借助不同化学提取剂予以区分。土壤钾素形态可分为水溶性钾、交换性钾、非交换性钾和结构态钾。水溶性钾是以离子状态存在于土壤溶液中的钾；交换性钾是土壤胶体表面负电荷所吸附的钾；非交换性钾是三八面体的层状硅酸盐矿物层间和颗粒边缘上的一部分钾；结构态钾是矿物晶格中或深受晶格束缚的钾，如长石、白云母中的钾。从植物营养角度可将钾分为速效钾（包括吸附于颗粒表面的钾以及溶液中的钾）、缓效钾和矿物钾，此三种形态钾占土壤全钾的相对含量分别为0.1%~0.2%、2%~8%和90%~98%。速效钾是植物可吸收的钾。矿物钾只有经过风化作用后，才能变为速效钾，其过程相当缓慢，对速效钾的贡献微不足道。缓效钾则是速效钾的储备库，其含量和释放速率因土壤而异。

土壤溶液钾

亦称水溶性钾，是存在于土壤水（溶液）中的钾离子，也是土壤中活性最高的钾，植物钾素营养的直接来源。土壤溶液钾的浓度大多在2~5mg/L，由于它含量较低，很容易因施肥和作物吸收而发生快速、大幅度的变化。当溶液钾因植物吸收而有所降低时，部分交换性钾便转入土壤溶液中。在交换性钾含量相等的土壤上，其溶液钾的浓度则因土壤的黏粒含量和类型、pH值高低、碳酸钙及土壤溶液中电解质含量多少而异。土壤溶液钾和交换性钾之间的平衡，主要受土壤胶体吸附位对K^+的选择性吸附程度所制约。研究证明，钾主要通过扩散作用被植物吸收。而溶液钾对植物根系表面的有效度，受扩散作用支配，而扩散速率则取决于根系周围溶液与紧贴根系表面溶液之间的浓度差。若溶液钾稳定地保持较高浓度，且以相当的速率向根系迁移，则钾素供应处于最佳状态。

交换性钾

指受静电引力而吸附在土壤胶体表面并能被溶液中的阳离子在短时间内代换的钾，是土壤钾素形态之一。土壤交换性钾含量因成土条件、土壤质地和耕作状况而异，是土壤速效钾的主体，土壤交换性钾被土壤溶液中其他阳离子所取代后，则以K^+进入溶液。交换性钾向水溶性钾的释放依赖于土壤溶液中其他离子的交换作用。交换性钾的吸附位置、黏粒矿物种类、土壤颗粒表面电荷特性、土壤溶液离子组成、浓度及钾饱和度等因素都会影响交换作用。钾肥以外的其他肥料对土壤交换性钾含量的影响有时也较大。矿物吸附交换性钾的位点有三种类型，分别在矿物晶面的外表面、边缘的楔形带和层间，不同位点对钾的吸附选择性程度有所不同。受交换性钾本身的含量、胶体结合能、土壤pH值、水土比例等因素的影响，交换性钾和非交换性钾之间也存在着平衡关系。交换性钾可以进入层状硅酸盐矿物晶层之间成为非交换性钾而被固定，非交换性钾也可释放而补充交换性钾。土壤交换性钾含量因测定方法不同而有所差异。以1mol/L中性乙酸铵溶液为提取剂是最常用的方法，其测定值一般代表土壤速效钾的含量。

速效钾

指土壤中易被作物吸收利用的钾素。包括土壤溶液钾及土壤交换性钾。标准浸提剂是1mol/L NH_4 Ac。速效钾占土壤全钾量的0.1%~2%。其中土壤溶液钾占速效钾的1%~2%，由于其所占比例很低，常将其计入交换钾。速效钾含量是表征土壤钾素供应状况的重要指标之一。及时测定和了解土壤速效钾含量及其变化，对指导钾肥的施用是十分必要的。但是，测定结果常与土壤对钾肥的实际反应不相吻合。其原因是：①由于作物的吸收，土壤速效钾迅速降低到某一最低值后不再降低，速效钾与作物吸收的钾不直接显著相关；②由于性质差异较大土壤的非交换性钾的释放特性不同，钾的有效程度不同；③根系可深入根层以下，底土对钾素养分的贡献常被忽略；④土壤钾素有季节性动态变化，不同季节测定的结果不同；⑤作物吸钾量受到一系列生物和环境因素的影响等。因此不区分情况、笼统地用统一的速效钾含量做指标，有时会做出不准确的结论。

非交换性钾

亦称缓效钾、固定态钾、层间钾、专性吸附钾。土壤钾素形态之一，是存在于三八面体的层状硅酸盐矿物层间和颗粒边缘上，不能被中性盐的阳离子短时间内交换和移走的钾。土壤中非交换性钾主要来源于膨胀性 2∶1 型黏土矿物、非膨胀性黏土矿物和其他固钾矿物，施用的化肥和有机肥中的钾如未被作物利用仍留在土壤里的，也可以部分转化成非交换性钾。土壤非交换性钾与交换性钾处于平衡状态，它的释放受矿物结构特征、结晶缺陷、颗粒大小以及干湿交替过程、土壤溶液离子的浓度、作物根际 pH 值和作物根系特性等一系列因素制约。非交换性钾的释放过程是一个与扩散相联系的交换过程。非交换性钾含量常作为土壤供钾潜力分级的依据。测定土壤非交换性钾的常用方法有生物耗竭法、化学法和物理化学法。我国通常将 1mol/L 硝酸煮沸 10min 提取的钾减去乙酸铵法提取的钾作为非交换性钾，依据这一方法得出的非交换性钾，亦称缓效钾，其含量通常占土壤全钾量的 2%~8%，研究证实，四苯硼钠法可以通过生成沉淀而促进土壤中非交换性钾以扩散的方式不断被提取出来。采用这种方法可以将土壤中的非交换性钾与晶格态钾明确区分开来。这种方法提取的土壤非交换性钾量可占土壤全钾的 20%~60%。土壤中非交换性钾的生物有效性因其存在位点、释放难易和释放速率的差异，其生物有效性也不同。如何对土壤中含量较高的非交换性钾的生物有效性进行合理分级和评估，目前还缺少较为有效的方法。

结构态钾

亦称矿物钾，是一种键合于矿物晶格中或深受晶格束缚的钾。占土壤全钾量的 90%~98%，不溶于水，不易被溶液中的阳离子代换，因而有效性很低。结构态钾只有通过风化作用才能将钾逐渐释放出来，并被作物利用，然而这个过程是相当缓慢的，因而它对速效钾的贡献微不足道。尽管有的土壤含有相当多的矿物钾，但其速效钾和缓效钾均很低，作物仍会严重缺钾。土壤的含钾矿物，主要以原生或次生的结晶硅酸盐状态存在于土壤中，只有很少一部分为无定形矿物或类似结晶状态，土壤含钾原生矿物主要有云母类矿物（黑云母、金云母、白云母和锂云母等）和含钾的长石类矿物（钾长石、斜长石和微斜长石等）。它们是构成土壤矿质部分的常见矿物。含钾次生矿物有伊利石、蛭石和蒙脱石等。含钾原生矿物大部分存在于土壤粗粒部分，含钾次生矿物则主要存在于黏粒部分。含钾矿物风化的容易程度依次为：黑云母（三八面体云母）> 白云母（二八面体云母）> 正长石 > 微斜长石。

全钾

指土壤中含有的全部钾，是水溶性钾、交换性钾、非交换性钾和结构态钾的总和。土壤全钾含量（K_2O）为 0. 3%~3. 6%，一般为 1%~2%。全钾仅反映了土壤钾素的总储量，其中 90%~98%在相当长时间内是无效的。因此全钾值不能用以指导施肥。土壤全钾含量主要受土壤矿物种类的影响，而这又受成土母质的影响。另外生物气候条件、土地利用方式等因素也会对土壤矿物的风化产生影响，并最终影响土壤全钾含量。我国土壤全钾含量以广西的砖红壤最低，为 0. 36%，而最高则为吉林的风沙土，可达 2. 61%。一般地，华南地区各类土壤除紫色土等外，全钾含量较低，而东北和西北地区的含量较高。

电超滤钾

指土壤中能被电超滤技术（一种提取土壤养分的方法）提取的钾。在温度、电压和时间的不同组合条件下所提取的钾，代表了土壤电超滤钾的不同组分，而每一组分具有一定的化学和生物学含义。可提供土壤钾素供应的强度因素和容量因素的信息。电超滤技术是将电渗析技术和超过滤技术合二为一，在电场作用下，利用土壤阴阳离子的不同移动规律，及阳离子的解吸速率和磷酸盐、碳酸盐等的溶解速率与所加的电压成正比，与土壤对离子的结合能成反比的原理，选用不同的电压和时间，将结合能力不同的各级离子区分开，并根据各自的电超滤曲线了解解吸过程或溶解过程的动态，以测定养分供应的强度、容量和速率。对某些土壤而言，电超滤钾值比交换性钾值更能准确反映土壤的供钾能力。

有效钾库

指土壤中有可能被植物吸收利用的钾的总和。土壤中不同形态的钾处于动态的平衡体系中，可以用下式表示其动态变化：

$$矿物钾\rightarrow非交换性钾\leftrightarrow交换性钾\leftrightarrow土壤溶液钾$$

当土壤溶液中的钾被作物吸收或淋溶损失后，土壤表面吸附的钾就会向溶液中转移。上式中的平衡就会向右移动。当土壤施用钾肥后，溶液中的钾浓度提高，这时钾向固相表面转移，平衡向左移动。当土壤中钾素极度耗竭的情况下，部分非交换性钾乃至矿物钾可以缓慢释放并转化成植物可以利用的钾素形态，从而补充土壤中的有效钾含量。

潜在有效钾

指土壤中潜在有效的交换钾、非交换钾和矿物钾的总称。交换态钾是最速效的，因为它与土壤溶液是处在最直接的平衡状态。在含有很少专性吸附（楔形带）或非交换性钾的土壤中，交换性钾离子可能是主要的有效钾形态。相反，许多温带土壤所含的钾离子很少，主要依靠非交换性钾转化而补充被耗竭的交换态或溶液钾。非交换性钾和交换性钾之间的化学平衡是非常复杂的，取决于各相的钾素状况。在自然条件下非交换性钾的释放受很多因素的制约，这些因素有矿物结构特征、结构缺陷、颗粒大小、土壤溶液离子的浓度、作物根际 pH 值和作物根系特征等。当土壤中易被植物利用的钾处于极端耗竭的状况时，土壤中的缓效性和难溶性矿物钾经缓慢释放或风化也可逐渐转化为植物可利用的钾，成为土壤潜在有效钾。

钾的固定

土壤中溶液钾和交换性钾被黏土矿物同晶置换作用产生的晶格负电荷所吸附，随矿物层间缝隙的收缩而进入晶格网眼中，使土壤速效性钾转化为植物难以利用的钾的过程。钾固定的机制主要是 2∶1 型黏土矿物的层间孔穴固定，风化云母层间的楔形区和因杂质引起的矿物结构性缺陷及晶格的其他变化所创造的有限数量的交换点，也可通过空间搭配而固定钾。影响土壤钾素固定的因素有：黏土矿物类型、土壤水分状况、土壤 pH 值以及共存的其他离子如铵离子的影响等。钾素固定作用一方面降低钾的有效性，另一方面也减少了钾因淋溶作用而造成的损失。被固定的钾经过一定时间后仍可能逐渐变成有效态钾。各种土壤固定钾的能力不同。在我国南方地区，富含高岭石和三水铝石的土壤，固定钾的能力很弱，砂质土壤固钾能力也较弱，而富含蛭石、伊利石和云母的黄棕壤、潮土、黑钙土等固定钾的能力则较强。

钾的释放

指土壤中矿物态钾和非交换性钾通过各种作用转化成植物能够吸收利用的钾的过程。矿物态钾的释放主要依赖风化过程。含钾矿物的风化速率决定于矿物本身的稳定性和环境条件，以及颗粒大小、形状和表面状况等形态特征。矿物态钾的释放过程极其缓慢，只有在长期的农业利用过程中才能逐渐释放出来。非交换性钾的释放是一种由交换反应控制的缓慢扩散过程。当云母类矿物层间发生这种缓慢交换过程时，无水化壳的交换性，Na^{+}、Mg^{2+}、Ca^{2+} 等首先进入层间。由于这些离子的水化作用，层间膨胀，层间距离加大，形成一楔形带，促使固定的钾离子水化，并缓慢扩散到黏粒外部的交换位置上，甚至未水化的非交换性钾也能缓慢地扩散并从层间释放出来。非交换性钾的释放速率取决于黏土矿物的种类、速效钾的含量及介质的氢离子浓度。当土壤中速效钾含量较低时，或由于植物根系对钾的吸收而在根际形成钾离子的亏缺带时，非交换性钾会缓慢释放出来。土壤中氢离子的存在有利于非交换性钾的释放，而铵离子的存在则显著抑制非交换性钾的释放。

含钾矿物

指土壤中含钾素的矿物质。含钾矿物主要以原生或次生的结晶硅酸盐状态存在于土壤中，只有很少一部分为无定形矿物或类似结晶状态。土壤含钾原生矿物主要有云母类（黑云母、金云母、白云母和锂云母等）和含钾的长石类（钾长石、斜长石和微斜长石等）。它们是构成土壤矿质部分的主要成分。含钾次生矿物有伊利石、蛭石和蒙脱石等。各种含钾矿物的抗风化性是不同的，主要取决于矿物的晶格构造和化学成分，架状结构的长石类矿物的稳定性大于片状结构的云母类矿物。二八面体结构的白云母稳定性大于三八面体结构的黑云母。在不同的气候带土壤中含钾矿物有明显差异，风化强的土壤含钾量低。含钾矿物是土壤有效钾的最基本来源，它可经由风化释放出有效钾。

含钾矿物风化

指含钾矿物经由多种途径风化释放出有效钾的过程，是土壤有效钾的最基本来源。各种含钾矿物的抗风化性是不同的。通常架状构造的长石类矿物的稳定性大于片状的云母类矿物。二八面体结构的白云母稳定性大于三八面体结构的黑云母。主要原生矿物抗风化能力的顺序为：钾微斜长石>钾长石> 白云母>黑云母。钾长石的水解过程，主要是水中的氢离子交换矿物晶格上的钾离子而使钾释放出。除风化强烈的湿润地区外，由钾长石风化释出的有效钾量很少，对当季植物的钾营养意义不大。云母类矿物易裂为薄片，晶层间的钾离子可扩散出来或被 H_3O^+ 及其他阳离子交换释出。黑云母较白云母更易脱钾，为原生含钾矿物中最易风化的矿物。云母类矿物在钾离子被 H_3O^+交换并有水分子进入后，即演变为水化云母或进一步形成蛭石和蒙脱石。这些次生黏土矿物的层间钾更易释出。

脱钾作用

指土壤中的含钾矿物因长期经受风化、溶解。淋失而使含钾量不断降低的现象。如含钾矿物云母因薄片前沿的层间钾脱离或被其他水合阳离子置换，可风化为水云母。四面体片中铝释放或八面体片中亚铁的氧化也会引起云母脱钾。水云母因淋洗作用，在良好的排水条件下还可进一步脱钾形成蛭石或蒙脱石。矿物脱钾作用的强弱，从一个侧面反映土壤的风化程度和发育状况。

土壤供钾能力

指土壤对植物供应钾素营养的能力。土壤中的各种形态钾处于动态平衡中，它们对植物的有效性各不相同。土壤的供钾能力取决于水溶性钾的浓度、交换性钾补充水溶性钾的能力以及矿物态钾和非交换性钾的释放速度和数量。水溶性钾含量很少，而且不稳定，因此，不能完全满足植物对钾的需求。交换性钾是水溶性钾的重要补充，与水溶性钾随时都处于平衡状态，二者合称速效钾，是当季作物能够吸收和利用的钾的主要形态。因而速效钾含量（K_2O）可用作评定土壤供钾能力的指标。

钾的临界浓度

指土壤固相向液相释出钾离子或液相的钾离子被固相吸附时液相中钾离子的浓度。每一特定类型的云母，有一个相应的钾离子临界浓度，当溶液中钾离子浓度低于这一数值时，云母将释放钾；反之，如溶液中钾离子浓度高于此临界值，云母将从溶液中吸附钾离子。三八面体云母的钾离子临界浓度高于二八面体云母。据孟格尔（K. Mengel）等 1980 年的资料，当土壤溶液钾浓度小于 0. 25mmol/L 时，黑云母和伊利石的层间钾趋向于释放。此数值即该云母的钾的临界浓度。

钾平衡

是农田土壤的钾素总输入与总输出的差值，即农田土壤钾素的收支平衡。农田钾素的输入包括施入的肥料钾、残体钾、凋落物和灌溉水（包括雨水）带入的钾等，另外较浅的地下水也可将深层土壤中的钾带到表层土壤中。钾素的输出则主要是进入植株体内，及随农田水径流和渗漏而输出。土壤钾素的平衡对应于土壤钾素的盈亏，最终会反映在土壤钾素肥力水平的消长上。土壤钾平衡对土壤交换性钾含量的影响与初始土壤速效钾水平有关，交换性钾含量较低的土壤中，钾的亏缺通常对交换性钾含量影响较小，这主要是由于土壤速效钾下降到一定程度后，难以进一步下降，此时土壤中钾的亏缺主要是由于非交换性钾的不断减少。钾的盈余则能显著增加交换性钾含量。由于钾在农作物产量形成、高产、优质和增强抗逆性方面起着重要的作用，提高土壤钾素肥力，维持农田钾的平衡，尤其是避免钾的过度耗竭，是培育土壤肥力的重要目标之一。

富钾植物

植株含钾量较高，并依靠不同的富钾机制增加对土壤中钾素的利用效率的钾高效植物，如商陆、籽粒苋等。已有研究表明，籽粒苋等植物中钾含量丰富，其吸收的钾大部分源于土壤非交换性钾，因此具有较强的利用土壤矿物钾的能力。籽粒苋分泌草酸的能力是高效吸收利用土壤钾及富钾特性的重要机制之一。富钾植物植株含钾量随着土壤钾含量的增加略有增加，富钾植物对非交换性钾吸收随土壤速效钾水平提高而成比例下降。商陆、青厢、金光菊等植物含钾量较高且稳定，是优质的富钾绿肥资源，有开发利用的价值。

土壤中的微量元素

土壤中钙的形态

指土壤中含钙物质的化学结合形式和存在状态。土壤钙的形态主要有矿物态钙、交换态钙和水溶态钙及少量的有机结合态钙。其中交换态钙和水溶态钙统称为有效态钙，是植物可利用的钙，占土壤全钙量的5%~6%。钙是土壤各种营养成分中呈有效态比例较高的一种养分。有人主张在矿物态钙和交换态钙之间再划分一组酸溶态钙（即溶于0.25mol/L或0.1mol/L或0.05 mol/L盐酸溶液的钙），作为土壤潜在有效态钙。但由于它所溶解的含钙物质的化学形态不明确，尚未得到公认。

水溶态钙

指存在于土壤溶液中的钙离子。含量因土而异，每千克土大致在数十至数百毫克，为镁的2~8倍，钾的10倍，是土壤溶液中含量最高的离子。土壤溶液中钙浓度通常通过与土壤胶体上吸附的交换性钙的平衡来调节。钙在阳离子交换位上的饱和度、陪伴离子、钙与交换位结合的特性，以及溶液中阴离子浓度都会影响溶液中钙的浓度。土壤溶液中钙的浓度在石灰性土壤上受土壤空气中CO_2分压所左右，在非石灰性土壤上则受土壤盐基交换作用所制约。土壤溶液中的钙还和含钙的固相处于平衡之中，尤其是$CaCO_3$和$CaSO_4$等。因此，在石灰性土壤和盐渍化土壤中，溶液中的钙含量更高。土壤溶液中的钙除以Ca^{2+}形态存在外，还以无机络合物和有机络合物的形态存在。

交换态钙

指吸附于土壤胶体表面的钙离子，土壤中主要的代换性盐基之一，是植物可利用的钙。常用1mol/L的NH_4OAc或同样浓度的KCl等中性盐溶液淋洗法及平衡法进行测定。土壤中交换态钙含量很高，变幅也很大。交换态钙占土壤全钙量的5%~60%，一般为20%~30%，占土壤交换性盐基的40%~90%。土壤中的交换态钙和溶液中的钙保持着动态平衡。水溶态钙因被植物吸收或淋失而浓度降低时，交换态钙即释放到溶液中。土壤交换态钙的释放取决于：①交换态钙总量；②交换性复合体的饱和度；③土壤黏粒的类型；④吸附在黏粒上的其他阳离子的性质。土壤中交换态钙的绝对量对植物钙营养并不重要，而交换态钙的量与土壤交换量的比值却很重要，比值高，植物所能吸收的钙量增加，反之则减少。

矿物态钙

指存在于土壤矿物晶格中的钙。这种钙不溶于水，也不易被溶液中其他阳离子代换，对植物是无用的。矿物态钙占全钙量的40%~90%，是各种盐基离子中矿物态所占比例较小的一种。土壤含钙矿物主要是硅酸盐矿物，其中最重要的是钙斜长石和钠钙斜长石、辉石、角闪石、绿帘石、磷灰石、石榴石、榍石、钙镁橄榄石等。此外还有一些硅酸盐矿物如钠长石、钾长石，电气石的晶格中也常夹杂有钙。另一类是含钙非硅酸盐矿物，主要有碳酸钙、白云石、石膏等，在碱性和石灰性土壤中大量存在。大多数含钙矿物都较易风化，含钙的非硅酸盐矿物本身就有一定的溶解度，含钙矿物风化以后，一般都成为钙离子而进入溶液，多数情况下与重碳酸根离子结合成为重碳酸钙。因此，在溶液中可保持多量的钙离子，一部分钙离子为胶体所吸附，成为交换态钙。

有机结合态钙

土壤中与有机质结合的钙主要来自于动植物残体。植物残体中的钙主要存在于细胞壁中胶层的果胶酸钙和液泡里的草酸钙，其他许多细胞器也含有微量钙。在有机质腐解过程中，部分以钙离子形态释放到土壤中，部分与腐解产物结合。钙能与许多有机物（如各种有机酸、氨基酸、多糖醛酸等）形成络合物。土壤中有机结合态钙的含量很少，并随土壤有机质含量高低而变化。一般土壤中有机结合态钙只占土壤全钙量的1%甚至0.1%以下。

土壤中镁的形态

指土壤中含镁物质的化学结合形式和存在状态。土壤中镁的形态主要有矿物态镁、交换态镁、酸溶态镁、水溶态镁及少量的有机结合态镁。其中，交换态镁与水溶态镁统称为有效态镁，是植物可利用的镁。矿物态镁和有机结合态镁一般需要经风化或分解后才能被植物利用，是植物难以直接利用的镁。酸溶态镁是在一定酸度条件下能释放出的镁，它是非交换性镁，是植物能利用的潜在性有效态镁，所以亦称缓效性镁。不同形态的镁对植物的有效性不同，交换态镁的有效性受交换态镁的含量、饱和度和其他陪补离子种类的影响。

水溶态镁

指存在于土壤溶液中的Mg^{2+}和含镁络离子或离子对。水溶态镁是植物可以吸收利用的镁。土壤中水溶态镁比较多，仅次于钙，略多于钾或与钾相近，此与土壤性质有关。水溶态镁与胶体上吸附的镁相平衡，水溶态镁有随胶体上交换态镁含量和饱和度增加而增加的趋势。土壤水溶态镁也和土壤中的硫酸镁、碳酸镁等固相平衡，与这些固相存在的数量有关。水溶态镁容易淋失，淋失量仅次于钙而高于钾。土壤pH值越低，镁的淋失也越严重。

交换态镁

指被土壤胶体所吸附，并能被一般交换剂（如1mol/L NH_4Ac）所交换出来的镁。土壤交换态镁是植物可以利用的镁，其含量是表征土壤供镁状况的主要指标。交换态镁含量与土壤的阳离子交换量、盐基饱和度以及矿物性质有关。阳离子交换量高的土壤，其交换态镁的含量也高，反之则较低。在交换性氢比例较高的酸性土壤中，交换态镁的含量也相应降低。

酸溶态镁

亦称非交换态镁、缓效性镁。指能溶于稀酸溶液（0.05mol/L、0.1 mol/L盐酸或1mol/L硝酸等）的部分矿物态镁。酸溶态镁是含镁矿物中较易释放的部分，是非交换态镁。其含量随所用酸液的浓度而异，也因土壤中含镁矿物的种类和性质而不同。酸溶态镁可以作为植物能利用的潜在有效态镁，它比矿物态镁更具有实际的意义。

矿物态镁

指存在于原生矿物和次生黏土矿物中的镁。矿物态镁是土壤中镁的主要来源，占土壤全镁含量的70%~90%。土壤中含镁的硅酸盐矿物主要有橄榄石、辉石、角闪石、黑云母等。这些含镁矿物较易风化。含镁矿物都是在成土过程中首先被风化破坏的矿物，因此，在风化程度较高的土壤中，很难找到这些含镁原生矿物，故土壤矿物态镁主要存在于黏土中。含镁的黏土矿物主要有蛇纹石、滑石、绿泥石、蛭石、蒙脱石、伊利石等。此外，土壤中还有不少非硅酸盐的含镁矿物，如菱镁石（$MgCO_3$）、白云石（$CaCO_3 \cdot MgCO_3$）、硫酸镁（$MgSO_4 \cdot 7H_2O$）等。它们是土壤中易于溶解的含镁矿物，能为植物提供足够的镁。我国南方大多数土壤的含镁矿物已遭受强烈的风化，而含量较多的高岭石和三水铝石一类黏土矿物又不含镁，故土壤全镁含量低。

有机结合态镁

指土壤中与有机质结合的镁。有机结合态镁占全镁含量的比例很小，但仍是土壤有效态镁的重要来源之一。其主要存在于腐殖质和动植物残体及其分解产物中。一般胡敏酸中所含的镁高于同一土壤的富啡酸。土壤有机质中所含的镁，有些结合在有机质结构中，有些则络合或吸附在有机质表面。某些低分子有机络合态镁是可溶的，存在于土壤溶液中。

有效硫

指土壤中能被植物直接吸收利用的硫。通常包括易溶硫、吸附性硫和部分有机硫。有效硫主要是无机硫酸根SO_4^{2-}，它以溶解状态存在于土壤溶液中或被吸附在土壤胶体上，在浓度较大的土壤中则因过饱和而沉淀为硫酸盐固体，这些形态的硫酸盐大多是水溶性的、酸溶性的或代换性的，易于被植物吸收。其他无机形态的硫，如元素硫、硫化物等只有氧化成SO_4^{2-}以后，才能被植物利用。土壤有机硫每年有1%~3%经矿化作用转化为无机硫酸盐。对于大多数作物，土壤有效硫含量的临界值为10~16mg/kg。

全硫

指土壤中各种形态硫含量之和。含量随土壤的形成条件、黏土矿物和有机质含量而异。世界耕地土壤全硫含量在0.01~0.6g/kg，含有机质多的土壤可以超过5g/kg，大多数土壤全硫含量在0.1~0.5g/kg。黑钙土、湿草原土的表土，全硫平均含量为0.54g/kg；淋溶土为0.21g/kg。热带地区表土全硫平均含量为0.11g/kg。中国土壤的全硫平均含量为0.11~0.49g/kg。高山草毡土、黑土、滨海盐土和林地黄壤全硫含量较高，为0.36~0.49g/kg；南方的水稻土平均全硫量为0.25g/kg；西北地区的塿土、绵土以及黄淮海平原的潮土和棕壤、褐土全硫含量在0.13~0.16g/kg；全硫含量最低的是红壤旱地，平均为0.11g/kg。土壤全硫含量在剖面中的分布和土壤有机质含量的分布规律相近似，即表土含量最高，随着土层深度的增加而逐渐减少。土壤全硫含量在一定意义上可以作为土壤供硫潜力大小的一个指标。

无机态硫

指土壤中未与碳结合的含硫物质。无机态硫来自岩石，在风化成土过程中，岩石中原有的元素硫、硫化物和硫酸盐在溶解、淋溶、分解、沉淀及吸附等作用影响下，又以另外的形式存在于土壤之中。土壤中的无机硫按其物理和化学性质可划分为四种形态：易溶态、吸附态与难溶硫酸盐及硫化物。

易溶态硫酸盐

指溶于土壤溶液中的硫酸盐。如钾、钠、镁的硫酸盐。除干旱地区外，大多数土壤易溶硫酸盐的含量占土壤全硫量的5%以下，而在表土中占10%以下。土壤易溶硫酸盐含量随土壤类型、剖面深度而异。通常以亚表土含量最高。在钙积层、石膏层以及不透水层中易溶硫酸盐含量也较高。

吸附态硫酸盐

指吸附于土壤胶体上的硫酸盐。土壤对硫酸盐吸附的机制有：①阴离子交换。是由含水铁、铝氧化物或黏粒（特别是高岭土）晶体边缘上在低pH值时产生正电荷所引起的。②羟基-铝络合物以配位反应吸持硫酸盐离子。③硫酸盐离子的物理吸附。当土壤溶液的pH值低于土壤吸附剂的等电点时，吸附剂上的-OH被质子化，带正电荷的表面因静电引力吸引带负电的硫酸根离子。④土壤有机质的两性特性，在某些情况下产生正电荷。土壤吸附硫酸盐的能力差异很大，主要随土壤活性氧化物表面的性质、黏粒含量、黏土矿物的类型以及土壤pH值而异。由于土壤硫酸盐受淋洗作用影响，吸附态硫常积累在表土以下，表土吸附态硫的含量通常仅占土壤全硫量的10%以下，而底土含量有时可占全硫量的1/3。

难溶态硫酸盐

在碳酸钙结晶时混入其中的硫酸盐与之共沉淀而形成的一类硫酸盐，是石灰性土壤中硫的主要存在形态。相对而言它们难溶于水，对植物无效，尤其是碳酸钙以大颗粒状存在时。影响这部分硫酸盐有效性的因子有：①颗粒大小；②土壤水分含量；③共同离子效应；④离子强度。

还原态无机硫

指土壤在淹水情况下，由硫酸盐还原而来（如FeS）及由有机质嫌气分解而形成（如H_2S）的一类无机硫。由于淹水土壤中有较多的Fe^{2+}，H_2S几乎全部被Fe^{2+}所沉淀，形成无定形的FeS，以后转变成黄铁矿或白铁矿。土壤硫化物的活性依形成时的结晶大小、结晶程度不同而有较大的差异，无定形和结晶的白铁矿氧化速率比黄铁矿大，黄铁矿可以在土壤中持久存在，淹水土壤经排水耕种几年后仍然存在。对于有机质含量高、活性金属元素含量较少的某些水稻土而言，不易形成FeS沉淀，因而常发生H_2S对根系的毒害的现象。在三角洲地区，由于受周期性淹水的影响，土壤还原态硫不能完全氧化，有少量元素态硫的积累。

有机态硫

指土壤中与碳化合物结合的含硫物质。其来源有：①新鲜的动植物遗体；②微生物细胞和微生物合成过程的副产品；③土壤腐殖质。没有直接从土壤中提取有机硫的方法。通常以土壤全硫量与无机硫量的差作为土壤有机硫量。土壤有机硫量随土壤类型和剖面深度而异。湿润地区在排水良好的非石灰性土壤上，大部分表土中的硫是有机形态的，一般有机硫占全硫的95%左右。美国艾奥瓦州的64个主要类型土壤中，有机硫占全硫的95%~98%，加拿大萨斯喀彻温5个主要类型的54种土壤中，有机硫占全硫的96.4%~99.5%，中国南方水稻土表土有机硫占全硫的82%~95%。有机硫是土壤储备的硫素营养，作物虽不能直接利用，但经微生物分解转化为硫酸盐，作物即能吸收。土壤有机硫分为三类：氢碘酸可还原硫、碳结合硫、惰性硫。

氢碘酸可还原硫

指能被氢碘酸还原为H_2S的土壤有机硫部分。这类化合物中的硫，不是直接与碳原子结合，而是呈诸如硫酸酯的C-O-S、氨基磺酸的C-N-S和硫代半胱氨酸中第二个硫的C-S-S形式结合。这类化合物平均含量约占有机硫的50%。某些土壤氢碘酸还原硫占有机硫的比例在剖面中保持稳定，但有些土壤随剖面的深度增加而增加，这可能是土壤有机质的化学组成有变化。土壤环境对氢碘酸还原硫的数量有较大的影响，随着温度的降低和雨量的增加，氢碘酸可还原硫的比例下降，如棕壤氢碘酸可还原硫平均占全硫的52%，暗棕壤为51%，黑钙土为48%，灰色淋溶土为36%。

碳结合硫

亦称碳键硫、拉尼镍还原硫。指土壤有机硫中硫与碳直接结合的一类化合物（如胱氨酸和蛋氨酸），此外尚有砜、磺酸和硫杂环化合物等。它们不能被热酸或热碱转化为无机SO_4^{2-}，由于它们的稳定性以及和某些腐殖质性质相关，因此，人们认为碳键硫与腐殖酸的芳基核心有关，碳键硫平均约占有机硫的54%。

惰性硫

亦称残余硫、未知态有机硫。指土壤有机硫中既不能被氢碘酸还原，又不能被拉尼镍还原的一类含硫物质，其化学组成人们还不十分清楚，占土壤有机硫的30%~40%，由于其性质非常稳定，不被剧烈的化学处理所降解，因此惰性硫的生物有效性意义不大。

反硫化作用

亦称脱硫作用。指微生物在土壤嫌气条件下使硫酸盐、硫氧化物或元素硫还原为硫化氢的过程，多发生在缺氧的渍水土壤或沼泽中，参与的微生物属于严格嫌气性细菌，主要有反硫化脱硫弧菌和硫弯杆菌。它们都是以硫酸盐作为电子受体，自养型硫化菌以分子态氢为电子供体，而异养型硫化菌则以有机酸、醇类为电子供体，其反应大致包括以下几种形式：

$SO_4^{2-} + 4H_2 \rightarrow S^{2-} + 4H_2O$

$SO_3^{2-} + 3H_2 \rightarrow S^{2-} + 3H_2O$

$S_2O_3^{2-} + 4H_2 \rightarrow 2SH^- + 3H_2O$

$2CH_3CHOHCOONa + MgSO_4 \rightarrow H_2S + 2CH_3COONa + CO_2 + MgCO_3 + H_2O$

一般认为，SO_4^{2-}在微生物作用下首先还原为亚硫酸盐（SO_3^{2-}），然后通过各种途径继续还原为S^{2-}。反硫化作用的产物H_2S，是一种对植物根系具有毒害的还原性气体，在含量较高时可导致根系腐烂乃至死亡。当H_2S转化为金属硫化物（如FeS）时，可以消除其毒性。在渍水土壤中，作物根系表面常常出现黄棕色的包膜，这层包膜有助于减缓或消除H_2S对植物的毒害。从环境科学角度考虑，H_2S属于痕量温室气体，它进入大气层中，能加剧温室效应对环境产生不良影响，增加土壤的通透性，控制有机肥料和其他含硫肥料的用量，能抑制反硫化作用，减少H_2S气体。

土壤中硼的形态

指土壤中含硼物质的化学结合形式和存在状态。土壤中的硼有可溶态、吸附态、有机态和矿物态。土壤全硼含量只作为土壤中硼的储备。可溶态硼又可分为水溶态硼和酸溶态硼。土壤中的有效态硼主要是水溶态硼。酸溶态硼含量与植物生长之间没有良好的相关关系。土壤硼的有效性受成土母质、土壤类型、土壤质地和土壤 pH 值的影响。土壤中硼的有效性还与硼的吸附和固定有关，包括离子或分子吸附、化学沉淀、同晶代换等。有机吸附和固定发生于有机胶体的表面，或者由于有机络合物的形成，有些含硼有机物的溶解度较低，从而降低了硼的有效性。

水溶态硼

指土壤溶液中的硼和各种可溶的硼酸盐。土壤溶液中硼的浓度较低，主要为未离解的硼酸分子 H_3BO_3 和 $B(OH)_4^-$。在酸性条件下，以硼酸分子为主，pH 值为 7 以上时则逐步转化成 $B(OH)_4^-$。含硼矿物风化以后，硼以未离解的硼酸分子或硼酸根离子 BO_3^{3-} 进入土壤溶液。正常土壤的水溶态硼含量为 0.5mg/kg 左右。水溶态硼与全硼含量之间虽无明显关系，但全硼含量很低的土壤，水溶态硼往往也很少。水溶态硼与 pH 值之间存在负相关关系。当 pH 值升高时，水溶态硼减少。此外，土壤质地对水溶态硼含量有一定的影响。土壤母质与水溶态硼含量也有关，一般酸性火成岩发育的土壤中有效态硼含量较低，作物常显缺硼症状。

酸溶态硼

指土壤中能用一定浓度的酸溶解的硼。酸溶态硼是有效态硼的一种形态，包括存在于含钙、镁等盐基成分的硅酸盐和铝硅酸盐中的难溶性硼，这些矿物中所含的硼只在酸性条件下部分溶解。除了硼酸盐以外，还包括一些有机胶体和无机胶体中固定的硼，其含量约为 20mg/kg，因提取时所用酸的种类和浓度不同而有一定的差异。在砂质土中，水溶态硼和酸溶态硼含量差异不大；而在中度黏重和重度黏重的土壤中，酸溶态硼多于水溶态硼。常用来提取酸溶态硼的酸有磷酸、盐酸等。酸溶态硼占全硼含量的 15%~90%。但酸溶态硼与植物生长之间没有必然的关系，不能代表有效硼。

吸附态硼

指吸附在黏粒矿物、铁铝氧化物和有机质表面上的硼。硼吸附是影响土壤硼供给的主要因素之一。硼以硼酸分子或水化的硼酸离子 $B(OH)_4^-$ 的形态被吸附。吸附位置可能有四种：①黏粒矿物边缘上破裂的 Si-O 键和 Al-O 键；②铁铝的氧化物和氢氧化物；③无定形的氧化物；④铁镁矿物风化表面上的氢氧化镁包被膜或团聚体。pH 值、颗粒大小、阳离子种类、干湿交替等土壤条件都影响硼的吸附。大多数土壤对硼的吸附随着 pH 值上升而增加，并且不需要通过阴离子代换剂即可解吸。因此，和一般阴离子代换吸附的规律有所不同，其吸附机制也是比较复杂的。研究表明，硼有专性吸附现象。在一些情况下，有机吸附可能较无机吸附占优势。

有机结合态硼

指有机质所含有的及其表面上吸附的硼。关于硼与有机质结合的方式有许多假设：①认为硼酸与有机质结合成酯；②认为硼酸与甘露醇、转化糖以及多元醇结合成稳定的化合物；③认为硼酸与有机酸结合成两个羟基化合物，即硼酸与 α-羟基脂肪酸以及芳香族化合物的正羟基衍生物相结合成环状化合物，并转化成较强的酸。硼也能与糖相结合，土壤中的多糖被微生物分解后形成简单的糖类与硼酸相结合。有机质分解后硼才能被植物吸收利用。因此，微生物也可吸收一些硼成为其机体的一部分。土壤中的有机胶体也可吸附硼酸根阴离子，使硼保存在有机物上。

矿物态硼

指存在于含硼矿物晶格内的硼。含硼的矿物种类很多，包括各种硼酸盐［如硼镁石 $Mg_3(BO_3)_2$］、多硼酸盐［如硼砂 $Na_2B_4O_7 \cdot 10H_2O$、硬硼钙石 $CaB_6O_{11} \cdot 5H_2O$、方硼石 $Mg_6(B_{14}O_{26})Cl_2$］、含硼硅酸盐和铝硅酸盐｛如硅硼钙石［$CaB(OH)(SiO_4)$］、电气石［$Na(Mg, Fe)_3Al_6(BO_3)_3Si_6O_{18}O(OH)_4$］｝等。电气石是土壤中分布最广泛的含硼矿物，在酸性土壤中被认为是唯一的含硼矿物。电气石非常稳定，具有高度的抗风化性，基本上不溶于水也不溶于酸。因此，矿物态硼仅能视作硼的储备。硅酸盐中的硼不易被释放出来，可以用酸不溶态硼表示。

土壤中钼的形态

指土壤中含钼物质的化学结合形式和存在状态。钼主要存在于含钼矿物中，含钼矿物风化时，钼形成钼酸根阴离子（MoO_4^{2-}）而进入土壤溶液。土壤中各种来源的含钼离子主要被黏粒矿物和铁锰氧化物所吸附或包蔽。土壤中的钼可区分成土壤溶液中的钼、带正电的固相表面吸附的钼、铁锰氧化物所包被的钼、有机态钼和矿物中的钼。土壤中的水溶态钥和交换态钼对植物是有效的。有机态钼则需要经过微生物的分解才能释出，而有机络合态钼的数量很少。钼的化合价有多种，重要的是四价和六价，因而形成了多种氧化钼。多种氧化钼之间能相互转化，即 MoO_2、MoO_3 与 Mo_2O_5 间的反应与平衡。另外，MoO_3 可转化成可溶的钼酸盐。

水溶态钼

指土壤中可溶的钼酸盐和土壤溶液中的钼，也可能包括少量的 MoO_3，对植物是有效的。水溶态钼的含量常为0.1mg/kg左右。土壤溶液中钼的形态随pH值升降而异，在pH>5时，钼以 MoO_4^{2-} 形态存在，pH值为2.0~4.5时，以 $HMoO_4^-$ 和 H_2MoO_4 分子存在，在pH值为2.5以下时，则主要以 H_2MoO_4 分子的形式存在。每当pH值升高一个单位，MoO_4^{2-} 的浓度大约增大100倍。由于大多数土壤pH>5.0，所以 MoO_4^{2-} 是土壤有效态钼的主要形态。土壤水溶态钼含量主要受氧化铁对钼酸根的吸附所控制。在碱性反应中，水溶态钼含量较高，且易遭受淋洗；在酸性反应下，水溶态钼含量极低。有研究报道称，土壤经灼烧后，水溶态钼的含量会大大增加。

交换态钼

指土壤中的一部分以 MoO_4^{2-} 或 $HMoO_4^-$ 形式被吸附在带正电荷的黏粒矿物和次生矿物表面，并可被 PO_4^{3-}、SO_4^{2-}、$C_2O_4^{2-}$、OH^- 等阴离子所代换的钼。上述代换反应使平衡系统的pH值上升。所以，在pH值下降时，钼的吸附作用增强。土壤pH值为3~6时，钼酸根离子的吸附最大，pH值在6以上时，吸附作用迅速减弱，而pH值在8以上时，钼吸附几乎不会发生。铁、铝、锰、钛的氧化物都能够吸附和固定钼。氧化铁吸附的钼多于黏粒矿物。上述情况说明，在酸性土壤中，全钼含量并不低，有效态钼却很少，这是由于钼被紧密地吸附和固定。

有机结合态钼

指来源于各种植物残体，与土壤有机质结合的钼。有机结合态钼随着植物残体的含钼量不同而有很大的差别。关于土壤中有机态钼的结合方式现在人们还不完全了解，其可能是与有机络合物相结合，也可能是与一些有机化合物相结合。钼与腐殖酸的结合可能与它和多羟基酚（如焦儿茶酚、焦棓酚等）的结合相似。钼与含有正羟基的有机化合物（酚、醇、羟酸和一元的有机酸等）能够形成可溶的络合物，这种可溶络合物也可与金属离子形成不溶物。此外，钼还能与含氮化合物如络氨酸、酪酸、磷脂和蛋白质相结合，或者与碳水化合物相结合。有机态钼常因微生物分解释放出钼而继续参与土壤中钼的循环。另外，在含有大量有机质以及排水不良的土壤中，可溶态钼含量较高，往往出现钼毒现象。

矿物态钼

指原生和次生矿物晶格中的钼。钼在原生矿物中具有亲硫性和亲硅性。亲硫性表现在与硫相结合而形成硫化矿，如辉钼矿（MoS_2）；亲硅性使之常存在于硅酸盐矿物的晶格中，常在长石和云母中作为伴生元素。因此，矿物态钼除原生矿物外，大多为铁、铝、钙、铅、铜、锌等次生的钼酸盐，如钼酸钙（$CaMoO_4$）、钼酸亚铁（$FeMoO_4$）、钼酸铝［Al（H_2O）（OH）MoO_4］、钼酸铅（$PbMoO_4$）、钼酸锌（$ZnMoO_4$）和钼酸铜（$CuMoO_4$）等。在土壤中分布最多的是钼酸钙、钼酸铁和钼酸铝，它们的溶解度都很小，对植物的有效性也很低。

土壤中锌的形态

指土壤中含锌物质的化学结合形式和存在状态。土壤中的锌可能以多种方式存在：①以离子或有机络合物的形态存在于土壤溶液中；②存在于活跃的土壤组分的交换位上；③与有机质络合；④包被在铝、铁、锰的氧化物和氢氧化物中；⑤存在于原生矿物和次生矿物的晶格中。土壤中不同结合形态的锌对植物的有效性不同。除水溶态锌、交换态锌易被植物利用外，有机结合态锌和氧化锰结合态锌也较易被植物利用，但氧化铁结合态锌和原生矿物中的锌是难以被植物利用的。碳酸盐结合态锌对植物是潜在有效的。在土壤 Eh 和 pH 值较低的情况下，铁锰氧化物可能部分溶解，将其所包被的锌释放出来，成为植物可利用的形态。

水溶态锌

指以锌离子或络离子如 Zn^{2+}、$Zn(OH)^+$、$Zn(OH)_2^0$、$ZnCl^+$、$ZnNO_3^+$ 等形态存在于土壤溶液中的锌和与可溶性有机物质络合和螯合的锌。可以用水提取出来，但含量极低。土壤溶液中的锌分成离子态和络合态两种。土壤溶液中络合态锌含量与土壤 pH 值有关。络合态锌的含量还随土壤中可溶性有机质含量的增加而增加。土壤中水溶态锌数量受土壤 pH 值、Eh 和其他离子浓度等的影响。在 $pH<7.7$ 时，土壤溶液中占优势的是 Zn^{2+}，而 $pH>7.7$ 时，则多半为 $Zn(OH)^+$，$pH>9.1$ 时，主要为中性络离子 $Zn(OH)_2^0$。在土壤处于正常 pH 值范围内，$Zn(OH)_3^-$ 和 $Zn(OH)_4^{2-}$ 没有重要意义。水溶态锌在土壤中含量极低，常不能测出。施用等量锌肥时，砂土较黏土水溶态锌含量增加较多。

吸附态锌

指被黏粒矿物或腐殖质等土壤组分吸附的锌。黏土矿物对锌的吸附强度一般随阳离子交换量和 pH 值的增加而增大。锌离子除与黏土矿物进行交换吸附外，还可进入八面体晶层中被 Al^{3+} 所占据的孔穴中，这部分锌难以被中性盐溶液浸提出来。晶层中 Al^{3+} 占据的孔穴被 Zn^{2+} 占据后，其阳离子交换量明显降低，高岭石、斑脱石、叶蜡石、黑云母、白云母对锌的吸附就属于这种类型。此外，含镁黏土矿物（如含镁斑脱石、水镁石、蛭石）对锌的吸附是由于锌能置换矿物晶格边缘或破碎表面暴露的镁离子，因为锌的离子半径与镁的离子半径相近。热带土壤中可溶性的二氧化硅能增大黏土矿物对锌的吸附。金属氧化物（氧化铝、氧化铁、氧化硅）也能以同晶代换或氧化物表面的氧化效应等途径吸附锌。土壤有机胶体也是靠静电引力吸附锌。许多有机胶体如腐殖酸、有机酸等多具有络合基，还能与锌络合成有机态锌。根据土壤对锌吸附强度的差异，可将吸附态锌区分成交换态锌、专性吸附态（或化学吸附态）锌。前者可以用较弱的交换剂（如 1mol/L 中性乙酸铵等）将锌从土壤表面交换出来，后者只能用对土壤表面的交换点位有类似亲和力的阳离子按质量作用定律交换出来，或用螯合剂提取出来。这部分锌是被土壤黏粒和腐殖质所吸附的。螯合剂提取锌的能力取决于该螯合剂和锌的赘合常数。测定专性吸附的锌时，须用稳定常数高的螯合剂。交换态锌常用 $CaCl_2$、NH_4OAc、$MgCl_2$、$Mg(NO_3)_2$、KNO_3、$Ca(NO_3)_2$ 等中性盐溶液提取。其中以 NH_4OAc 应用最广。但其专一性不强，只能溶解碳酸盐，并且能溶解或络合水化氧化物组分中的氧化物胶膜。

碳酸盐结合态锌

指被吸持在石灰性土壤中游离碳酸盐表面或者与碳酸盐形成碳酸锌或碱式碳酸锌沉淀的锌。在石灰性母质中，Zn^{2+} 还可以通过同晶置换作用进入 $MgCO_3$ 晶格中把 Mg^{2+} 置换出来。另外，碳酸盐的存在使土壤 pH 值维持在 7 以上，间接增加土壤氧化物、黏粒矿物和有机质等对锌的固定。因此，在研究石灰性土壤中锌的形态时，还应区分碳酸盐结合态锌。

氧化锰结合态锌

指被土壤中锰的氧化物（以结核状态存在，或作为土壤颗粒间的胶结剂，或直接包裹在土壤颗粒表面）强烈吸附和富集的锌。氧化锰结合态锌用含 0.1mol/L 盐酸羟胺的 0.01mol/L HNO_3（pH 值为 2）提取，能溶解 85%的氧化锰而仅能溶解 5%的铁氧化物，是选择性提取锰的氧化物的标准试剂。连二亚硫酸钠（$Na_2S_2O_4$）也可用作锰的氧化物的提取剂，选择不同的 pH 值和还原条件可以控制所提取的锰的数量，但也会溶解铁的氧化物。研究表明，氧化锰结合态锌对植物是有效的，是植物有效态锌的主要来源之一。

无定形铁结合态锌

指被无定形氧化铁吸持或共沉淀的锌。铁的氧化物对锌的吸附随介质 pH 值的升高而增加。氧化铁对锌的吸附能力与其比表面积和结晶程度有关，无定形氧化铁的比表面积大，在相同条件下，比晶形氧化铁吸附的锌更多。因此，人们常将铁氧化物结合态的锌区分成无定形氧化铁结合态锌和晶形氧化铁结合态锌。无定形氧化铁结合态锌提取最常用的提取剂是 pH 值为 3.0~3.25 的草酸-草酸铵溶液，它只溶解无定形氧化铁，而不大溶解晶形氧化铁。

晶形铁结合态锌

指被晶形铁氧化物组分吸持或共沉淀的锌。常用的提取剂是连二亚硫酸钠-柠檬酸盐/重碳酸盐缓冲溶液（DCB 法）。

有机结合态锌

指与土壤中活的生物体、腐殖物质、动植物残体和土壤颗粒表面的有机胶结物结合的锌。有机结合态锌须在有机质分解后才能释放出来。它的含量与土壤有机质含量有关。常用的提取剂有焦磷酸钾（$K_4P_2O_7$）、过氧化氢（pH 值为2.0）、次氯酸钠（$NaClO_3$，pH 值为8.0~9.5）。有机结合态锌可进一步区分成松结有机态锌和紧结有机态锌两部分。在提取交换态锌以后，用0.1mol/L $K_4P_2O_7$（pH 值为9.5）提取松结有机态锌。在提取了碳酸盐结合态锌（石灰性土壤）、氧化锰结合态锌以后。再用 H_2O_2 氧化有机质，用 $MgCl_2$ 提取紧结有机态锌。松结有机态锌对有效态锌的贡献远大于紧结有机态锌，是有效态锌的主要来源。

矿物态锌

指存在于含锌矿物或其他矿物晶格中的锌。含锌矿物主要有红锌矿（ZnO）、闪锌矿（ZnS）、菱锌矿（$ZnCO_3$）、硅锌矿（$ZnSiO_4$）和异极矿［$Zn_4Si_2O_7(OH)_2 \cdot 2H_2O$］。土壤中的锌主要分布在高度抗风化的原生矿物和次生矿物的晶格中，以成岩矿物的微量组分状态存在。锌常存在于铁镁矿物如橄榄石、辉石、角闪石和黑云母中，也大量聚集在钛铁矿和磁铁矿中。这些矿物易风化，风化后的锌在不同条件下参与各种次生矿物的形成，其中一部分进入硅酸盐黏粒矿物，如蒙脱石和伊利石，在这些矿物中，锌可部分地以同晶代换的方式代换八面体晶格中的铝。矿物态锌是植物较难利用的锌。

土壤中锰的形态

指土壤中含锰物质的化学结合形式和存在状态。土壤中的锰以二、三、四价存在并保持平衡。不同形态锰的转化主要受氧化锰的水化和脱水、pH 值及 Eh 的制约。各种形态锰的溶解度有很大的差别，并且视土壤条件而相互转化，最后影响它的有效性。锰在土壤固相和液相间的分布与 pH 值、Eh、配位体及表面特性有密切关系。Mn^{2+} 是土壤液相中占优势的锰形态，除了与土壤表面的交换位置相结合外，也与 PO_4^{3-}、SO_4^{2-}、HCO_3^-、Cl^- 相结合而形成磷酸盐、硫酸盐、碳酸盐、氯化物等。土壤固相中的锰包括硅酸盐矿物中的锰和次生的氧化锰。锰以多种氧化物存在，且形成有混合价态的非当量性化合物。氧化锰有多种晶形，常与铁及其他氧化物共同沉淀。在正常土壤 pH 值范围内，含锰矿物具有很高的表面负电荷，因而在氧化锰表面上有较多的微量元素离子富集。氧化锰和氧化铁的化学性质相近，因而在氧化还原反应中它们相互交叉，形成锰结核、铁结核和铁锰结核，是土壤中锰的一个重要形态。土壤中锰的形态包括水溶态、交换态、易还原态、有机结合态和矿物态。

水溶态锰

指土壤溶液中的锰或可以用水溶液提取的锰。水溶态锰是植物能利用的有效态锰的一部分，土壤溶液中的锰主要是二价锰（Mn^{2+}），其浓度极低，并且与 pH 值和 Eh 有关，一般随着 pH 值的降低而增加，在强还原条件下显著增多。土壤溶液中的锰常以络合态存在，其中无机络离子包括 $MnCl^+$ 和 $MnSO_4^0$ 等。在石灰性土壤中，水溶态锰很少，难以测出；在水稻土中水溶态锰则较丰富，但容易淋洗而损失或者向较深的层次移动。Mn^{2+} 是土壤溶液中锰唯一稳定的价态；而 Mn^{3+} 和 Mn^{4+} 并不能长期存在于土壤溶液中，仅在一些氧化还原反应中作为中间产物而短暂存在。

交换态锰

指被吸附在土壤胶体上的二价锰。锰可被其他阳离子代换，供植物吸收利用，是有效态锰的一部分。交换态锰含量很低，因土壤不同而有很大的差异。其中影响最大的是 pH 值和 Eh，pH 值高，交换态锰减少；反之，交换态锰含量逐渐增加。土壤 Eh 较低时，则高价锰被还原，交换态锰含量增加。在酸性土壤中有较多的交换态锰，pH>5 时，交换态锰逐渐减少，在通气良好的高 pH 值土壤中，交换态锰通常不能被测出。在渍水土壤（例如水稻土）中，还原条件使交换态锰大量增加。此外，交换态锰含量还和土壤中全锰量及易还原态锰的含量有关，这些成分是交换态锰的主要补给源。

易还原态锰

土壤中晶粒和结晶程度较小的三价和四价锰的氧化物，易还原成二价锰离子，称为易还原态锰。关于易还原态锰的组成人们并不完全清楚，可能是以可溶性二价锰和高价锰氧化物之间存在的一种水化的、胶态的锰氧化物作为其过渡形式。交换态锰和易还原态锰常呈相互消长的趋势，pH 值上升时，交换态锰减少，易还原态锰增多；pH 值下降时，则易还原态锰减少，交换态锰增多。因此，易还原态锰是交换态锰的补给源，也是对植物有效的锰形态。易还原态锰常用含 0.2%对苯二酚的中性乙酸铵溶液提取。

有机结合态锰

指与土壤腐殖质结合的锰，或者与有机质分解产物相结合的锰。一些有机酸、氨基酸、糖酸、酚类等化合物都能与锰（Mn^{2+}）相结合而形成水溶性的化合物（如甲酸锰、乙酸锰等）。土壤有机质结合的锰在分解时可作为可溶态锰的来源，在有机质分解时所造成的还原环境也有利于氧化锰的还原和可溶态锰增加。此外，土壤中的锰还有有机吸附现象存在。但是 Mn^{2+} 与有机配位体所形成的络合物，远不如 Cu^{2+}、Zn^{2+} 等所形成的络合物那样稳定。土壤溶液中的锰绝大部分是络合态的，这表明了土壤有机结合态锰的重要性。

矿物态锰

指存在于原生矿物和次生矿物中的锰。锰的化学和矿物学性状使之形成多种氧化物和氢氧化物，并常与其他金属离子共生，成分很复杂。它们可以包被于土壤颗粒的外壳或沉积在土壤空隙中，也可与铁氧化物和土壤其他组分形成结核，也可以单独结晶形态存在。主要的含锰矿物有：软锰矿（$MnO_2 \cdot nH_2O$）、黑锰矿（MnO_4）、水锰矿（Y-MnOOH）和褐锰矿（Mn_2O_3）。土壤中的含锰矿物还有锂硬锰矿［（Al，Li）$MnO_2(OH)_2$］、钠水锰矿（$Na_4Mn_{14}O_{27} \cdot 9H_2O$）、碱硬锰矿（$Ba_2Mn_8O_{16}$）、钡镁锰矿（$Mn_7O_{13} \cdot 5H_2O$）、灰铁锰矿（$Mn_2O_3$）、隐钾锰矿（$K_2MnO_{16}$）、锰榍石（α-MnOOH）、黑铁锰矿（$Mn_3O_4 \cdot Fe_3O_4$）等。矿物态锰溶解度小，不能直接被植物吸收利用。

土壤中铁的形态

指土壤中含铁物质的化学结合形式和存在状态。土壤中铁的形态很复杂，在无机铁中有各种结晶状的氧化铁矿物。还有胶体状态的氢氧化铁。它们的可溶性和可还原性各不相同，对于植物的有效性也难以量化。除了固体状态的铁化合物外，无机形态中主要是交换态铁和溶液中的铁，这些形态的铁对植物是有效的。土壤中这两种形态的铁含量都很少，但在酸性条件下或还原状况下（如长期渍水的水稻土中的冷浸田、烂泥田等），交换态和可溶态铁的数量较多（包括二价和三价铁）。结合在有机质中的铁较少，但有机物中的铁分解后有效性较高，而且有机物有强大的螯合铁的能力。

交换态铁

指吸附于土壤胶体表面的 Fe^{2+}、Fe^{3+}、$Fe(OH)^{2+}$、$Fe(OH)_2^{+}$ 等。它们具有不稳定性、易水解性。交换态铁的多寡与土壤酸度有关，在酸性土壤中，交换态铁较多，在中性和碱性土壤中，交换态铁很少，一般不超过 1mg/kg 或不能测出。交换态铁随土壤酸性增强而增加，这是由于在酸性条件下，铁化合物的溶解度增加。同时，在还原条件下，Fe^{3+} 还原为 Fe^{2+}，溶解度也明显增加，被吸附的交换态铁也显著增加。在水稻土中，交换态亚铁是其主要的形态；在旱地土壤中，高价铁占优势。

络合态铁

指与土壤腐殖质结合成络合物的铁。它在铁的形态转化和移动中起着重要的作用。土壤中与有机质相结合的铁量远低于无机态铁。铁与可移动的络合物和螯合物有很强的亲和力，从而导致铁在土壤各层次间的移动及淋溶，而且与有机物结合的铁分解后有效性较高，在植物的铁营养中具有特殊的意义。在土壤中，凡是含有螯合功能基团如氨基（—NH_2）、亚氨基（═NH）、羧基（═CO）、羧基（—COOH）等的有机物均能螯合铁，如木质素、多糖类、蛋白质、单宁和多酚等，而这些化合物大多为土壤腐殖质的组成部分。因此，土壤中的腐殖质是螯合铁的重要螯合剂。此外，一些比较简单的有机酸，如柠檬酸、酒石酸、氨基酸、多糖醛酸等在土壤中也起着螯合铁的作用。

无定形氧化铁

通常指不能发生 X 射线衍射的氧化铁。在植物营养学上，指可以用酸性草酸铵缓冲液提取出来的氧化铁。土壤中有的氧化铁在 X 射线下虽不能发生衍射，却可在电子显微镜的电子衍射下显示出良好的结晶。但因为这些微晶矿物的颗粒极细，具有极大的比表面积和化学活性，易被稀酸、稀碱或其他有机酸的盐溶液浸提。如无定形的氢氧化铁凝胶、水合氧化铁［$Fe(OH)_3 \cdot nH_2O$］等。氢氧化铁凝胶是固相氧化铁中活性最高的一种，它是一种暗棕色的沉淀，其中有一部分是非晶质的，但电子衍射证明其中也有赤铁矿和针铁矿的结晶，它可能是供应植物铁营养的最重要的一种形态。

晶形氧化铁

指结晶形态的氧化铁。土壤中最常见的是赤铁矿（α-Fe_2O_3）、磁赤铁矿（γ-Fe_2O_3）、磁铁矿（Fe_3O_4）、针铁矿（α-FeOOH）和纤铁矿（γ-FeOOH）。它们在土壤中的分布和含量都与成土环境和成土母质密切相关。针铁矿广泛地分布于寒带至热带地区的各类土壤中。赤铁矿仅分布在热带和亚热带地区高度风化的土壤中，特别是红壤和砖红壤中，更常见于这些土壤的既干燥、氧化性又强的表层。温带地区母质为基性火成岩的土壤中也可能有磁赤铁矿存在。纤铁矿除存在于北方灰漠土的锈斑中之外，也可见于温带的中性和微酸性的水稻土中。氧化铁是土壤中易受环境影响的一种氧化物，有机质、水分状况及 pH 值等都影响氧化铁的活化和老化，从而影响各种氧化铁或同一种氧化铁的化学活性。

活性铁

指土壤中能被还原剂（连二亚硫酸钠、硫化氢、新生态氢等）、螯合剂（草酸铵、酒石酸铵等）或酸液（0.05mol/L HCl 等）提取的铁。其中包括部分水合氧化铁、各种铁盐以及与有机质缔合的铁。但由于所用的提取剂不同，浸提出的土壤活性铁的范围和数量是不同的。

矿物态铁

土壤矿物中的铁，包括氧化铁、硫化亚铁和各种铁盐。含铁原生矿物风化后，相当多的铁转为次生矿物，除了一部分结合在比较复杂的层状硅酸盐中外，大多数以比较简单的氧化铁形式存在于土壤中，其中主要是赤铁矿（Fe_2O_3）、针铁矿（α-FeOOH）和无定形的氢氧化铁凝胶及少量的磁铁矿（Fe_3O_4）和纤铁矿（β-FeOOH 或 γ-FeOOH）。矿物态铁在还原条件下可生成低价铁的化合物，最主要的是黄铁矿和白铁矿（FeS_2 的两种形式），还有硫化亚铁（FeS）、氢氧化亚铁［$Fe(OH)_2$］和碳酸亚铁（$FeCO_3$）的沉淀。这些低铁化合物一旦暴露在空气中，则易氧化为赤铁矿和针铁矿，硫化亚铁氧化后则生成硫酸亚铁，进一步形成氢氧化铁和硫酸。

土壤中铜的形态

指土壤中含铜物质的化学结合形式和存在状态。土壤中的铜来自含铜矿物，如原生矿物黄铜矿等，次生矿物中也含有一定数量的铜。土壤矿物风化后释放出的铜离子（Cu^{2+}）大部分被有机物所吸附。在渍水条件下则形成硫化物 CuS 和 Cu_2S，当土壤变干时又被氧化成硫酸铜。此外，土壤中还可能存在着碳酸铜、硝酸铜和磷酸铜。土壤中的铜常区分成水溶态铜、交换态铜、非交换态铜或专性吸附态铜、有机结合态铜和矿物态铜。其中，水溶态铜、交换态铜和络合态铜对植物都是有效的铜，但在不同土壤中以何种形态为主及其影响条件人们仍不清楚。土壤有效态铜的主要形态随着土壤性质不同而有所不同，在不同土壤中应区别对待。

水溶态铜

指土壤溶液中的铜或者可以用水提取的铜。水溶态铜是植物能吸收利用的铜。土壤溶液中铜的浓度极低，在千万分之几和千万分之几十之间，只占全铜含量的千分之几到百分之几。土壤溶液中的铜绝大部分以络离子状态存在，占土壤溶液中铜的 98%～99.5%。在 pH 值为 7.3 以下，以 Cu^{2+} 为主；在 pH 值为 7.3 以上，$CuOH^+$ 为主要离子。$Cu_2(OH)_2^{2+}$ 在 pH 值为 6 以下随 pH 值的增高而减少，Cu

$(OH)_3^-$ 在 pH 值为 7.5 以上随 pH 值的增高而增多。总的趋势是土壤溶液中的铜随着 pH 值降低而增多。除了上述的铜离子以外，还有一部分与可溶的有机物质络合形成铜的有机络离子。如 $CuCH_3CO_2^+$、草酸、柠檬酸等络合态铜。土壤中水溶态铜含量一般不超过 1mg/kg。

交换态铜

指土壤无机部分和有机部分所吸附的铜。交换态铜主要为 Cu^{2+} 和 Cu $(OH)^+$ 形态。由于铜离子经常与水分子结合，这两种铜离子可能成为 Cu $(H_2O)_6^{2+}$ 等。土壤中交换态铜的含量很低，是对植物有效的铜。土壤无机部分吸附的铜往往少于有机部分吸附的铜。在有机质土壤中，大量的铜离子被紧密地吸附而固定。由于土壤对铜的吸附机制比较复杂，有一部分被吸附的铜不能用常用的交换剂交换出来，说明还有专性吸附存在，这部分非交换性铜是专性吸附铜。土壤黏粒、铁铝锰氧化物和有机质对铜都有专性吸附现象。

吸附态铜

亦称专性吸附铜。指被土壤胶体颗粒紧密吸附和固定，不能用常用的交换剂交换出来的铜离子 (Cu^{2+})。铜离子被紧密地吸附固定。铜的固定可能是由于吸附、包蔽、沉淀、有机物的络合或螯合及微生物活动，其中以吸附最为重要。各种土壤矿物都能够吸附铜，其吸附特性因矿物的表面电荷而异。表面电荷在很大程度上受 pH 值控制。所以，铜的吸附与 pH 值有密切的关系。黏粒矿物如蒙脱石、蛭石等都能够吸附铜离子；铁、铝、锰的氧化物也能吸附大量的铜离子。与其他阳离子不同的是，铜离子在层状硅酸盐矿物、铁铝锰的氧化物和有机质上呈专性吸附。当有大量游离氧化铁和黏粒矿物时，它们对专性吸附所起的作用大于有机质和氧化锰。有机质和氧化锰是非专性吸附的主要土壤组分。Cu^{2+} 是仅次于 Pb^{2+} 在氧化铁和氧化铝上紧密吸附的二价阳离子。在大多数矿质土壤中，铜存在于黏粒-金属-矿物复合体中。当有机质含量低于 8%时，有机质和矿质部分的表面都能吸附铜；当有机质含量较高时，吸附则主要发生在有机质表面上。由于土壤中含铜量很低，专性吸附比非专性吸附更为重要，是控制土壤溶液中铜浓度的主要方法。

有机结合态铜

指与土壤中的有机质结合的铜。在许多土壤中，有机结合态铜占全铜的比例很高。有机质对铜的结合力大于对其他微量元素的结合力。通过络合作用和螯合作用，小分子有机酸使 Cu^{2+} 络合成为可溶性有机结合态铜，这种有机结合态铜易被植物吸收。在土壤的各组分中，有机质和氧化锰与 Cu^{2+} 结合得最多也最紧密，成为非交换态的铜。土壤有机质可与 Cu^{2+} 络合形成有不同溶解度的络合物，胡敏酸与富啡酸能够与铜形成稳定的络合物，但其稳定常数和溶解度不同。胡敏酸与铜形成不溶的络合物，富啡酸与铜则形成溶解度较大的络合物。Cu^{2+} 也能直接与一些功能团如碳酰基、羧基、酚基等直接结合。在泥炭土中，少量的 Cu^{2+} 被束缚在卟啉环中。

矿物态铜

指含铜矿物及一般矿物晶格中的铜。矿物态铜占土壤全铜的绝大部分。土壤全铜与有效态铜含量间常有一定的相关性，全铜含量对有效态铜含量有较大的影响。土壤含铜矿物有：①铜的硫化物，如辉铜矿（Cu_2S）、铜蓝矿（CuS）、黄铜矿（$CuFeS_2$）、斑铜矿（Cu_5FeS_4）、硫砷铜矿（Cu_3AsS_4）；②铜的氧化物，如赤铜矿（Cu_2O）、黑铜矿（CuO）；③铜的碳酸盐，如孔雀石［$Cu_2(OH)_2CO_3$］、蓝铜矿［$Cu_3(OH)_2CO_3$］等，其中铜的硫化物是主要的。土壤中以同晶代换进入各种矿物如层状硅酸盐和铁锰氧化物的结构中的铜数量较大。铜可作为杂质进入镁和铁等碳酸盐矿物中，有时也与铁铝氧化物共沉淀包被在氧化物的结构中。

土壤中硅的形态

指土壤中含硅物质的化学结合形式和存在状态。土壤中的硅主要来源于原生矿物、次生铝硅酸盐和二氧化硅。土壤硅可分为水溶态硅、无定形硅、胶体态硅、结晶态硅和有机态硅。土壤中固态的硅大致可分为两个类型：一是与铝或其他元素结合的硅酸盐；另一类是比较简单的二氧化硅。铝硅酸盐和石英（二氧化硅）的总和可占无机物质的 75%~95%。

水溶态硅

指可溶于水中的各形态硅，主要指土壤溶液中的单硅酸。单硅酸的分子式为 H_4SiO_4，是一种酸性极弱的酸，解离常数很小，在 pH 值为 9 以下几乎不解离。因此，硅酸离子只有在 pH 值 9 以上才能大量存在。其他有可能在溶液中存在的有双硅酸、多硅酸和硅酸溶胶。土壤溶液中的硅在 pH 值为 9 以下几乎都是单硅酸形态，其他三种形态数量极少或者完全没有。土壤溶液中的硅是植物可利用的硅的主要部分，由矿物部分或胶体状态的二氧化硅和硅酸盐溶解而来，并保持着动态平衡。土壤溶液中二氧化硅的含量一般为几到几十毫克/千克，视土壤种类和性质而定。土壤溶液中 SiO_2 浓度随 pH 值的升高而降低，在 pH 值为 8~9 时最低。在排水不良和低 Eh 条件下，与硅结合的铁被还原溶解，土壤溶液中硅的浓度增大。

无定形硅

指土壤中以脱水硅酸凝胶存在的硅。它们的结构单位是由 SiO_4^{4-} 四面体连接而成，但其排列没有规律。新沉淀的硅酸凝胶还可以和氧化铁、铝拟胶集合而成无定形的硅酸盐固体。土壤中常见的无定形硅酸盐有水铝石英，无定形二氧化硅有焦石英（亦称二氧化硅玻璃）和蛋白石。前者在土壤中很少见到，后者在土壤中是常见的。无定形蛋白石比水铝石英和铁矾土对水稻更有意义。

矿物态硅

亦称结晶态硅。指存在于以硅氧四面体（SiO_4^{4-}）为结构单位，有固定晶格结构的结晶矿物中的硅。石英和各种原生及次生硅酸盐矿物都含有这种形态的硅。水溶态硅聚合成胶态硅后可进一步脱水、结晶，生成矿物态硅。在结晶前，新沉淀的硅酸凝胶脱水成无定形二氧化硅，或与氧化铁铝凝胶聚集成无定形硅酸盐。土壤中的石英、方英石和无定形二氧化硅合称为游离二氧化硅。矿物态硅按其晶格结构可分成如下几类：①单个四面体形成的硅酸盐，如橄榄石［$(Mg, Fe)_2SiO_4$、锆英石（$ZrSiO_4$）等；②双四面体和环式四面体硅酸盐，如钪硅石、蓝锥矿和绿柱石等；③链式硅酸盐，硅氧四面体连接成单链（如辉石类）或双链（如角闪石类）；④片状硅酸盐，如正云母和次生黏粒矿物；⑤架式硅酸盐，如钾长石（$KAlSi_3O_8$）、石英（SiO_2）等。

游离硅

是土壤中石英、方石英和无定形二氧化硅的总称，即土壤中游离的二氧化硅。以石英为主，但在有些灰化土中，方石英占有一定的比例。石英主要存在于颗粒较粗的砂粒和粉砂粒中，不易风化；而颗粒较细的游离二氧化硅有一部分能水化和溶解，并在土壤剖面中随水分移动。因此，在酸性灰化土中，淋溶层所保持的二氧化硅大多是颗粒较粗的砂粒和粉砂。

土壤中钴的形态

指土壤中含钴物质的化学结合形式和存在状态。土壤钴的形态可分为水溶态、交换态、吸附态、氧化物结合态、有机结合态和矿物态。从理论上说，水溶态钴、交换态钴和部分有机结合态钴是植物可吸收利用的钴。但水溶态钴的含量很低，并且由于土壤对钴有强烈的专性吸附，土壤中交换态钴的量也是很少的。土壤中有效态钴的含量受土壤酸度、土壤有机质、排水状况、土壤对钴的吸附作用、土壤的氧化还原电位以及元素间的拮抗作用等影响。

水溶态钴

指土壤水饱和后经加压或离心提取出的钴或采集田间湿润土壤直接离心提取出的钴。水溶态钴是植物能吸收利用的钴。土壤水溶态钴含量很低，通常小于 0.1mg/L，并且随着土壤 pH 值的升高而下降。在酸性土壤中，水溶态钴似受吸附解吸平衡的控制。但在碱性土壤中，钴的碳酸盐可能成为控制水溶态钴的固相物质。由于土壤水溶态钴含量很低，测定困难，所以研究水溶性钴的存在状态更加困难。钴在水溶液中可以与 NH_3 等形成络离子，也可与有机质形成络合物。但是水溶性钴中以有机复合态形式存在的极少。

有效态钴

指能被植物吸收和利用的钴。影响土壤钴有效性的因素主要有成土母质和土壤质地。土壤有效钴含量因不同浸提方法而异。土壤有效钴含量可用 2.5% HOAc、0.05mol/L EDTA、1mol/L NH_4OAc 或 0.1mol/L HC1 等浸提剂提取。

有机结合态钴

指用 HNO_3 酸化的 H_2O_2（pH 值为 2）、0.5mol/L NaOH 或焦磷酸盐提取的钴。有机质有助于矿物中钴的释放而成为有机络合态钴。有机络合态钴对植物的有效性至今未知。土壤中有机结合态钴很少，有些土壤中有机结合态钴在检测极限值以下。土壤有机质含量较高（微生物处于较高活性状态）、氧化还原电位较低，可能增加钴的有效性。

吸附态钴

指牢固吸附在土壤各组分上的钴，即土壤专性吸附的钴。土壤对钴有强烈的吸附作用，是影响土壤中钴对植物有效性的重要因素。研究证明，土壤各组分对钴的吸附能力是氧化物>有机质>黏粒矿物。氧化物是影响土壤中钴的有效性的最重要因素。在各种氧化物中，锰的氧化物对钴的吸持能力最大。钴与锰、铁、钛和铝等的氧化物都能发生专性吸附，被吸附的钴大部分是不可解离的。有机质对钴的络合或吸附是比较弱的，但其吸附作用大于黏粒矿物。富啡酸对钴的吸附能力小于胡敏酸。被有机质吸附的钴较易被解吸。不同类型的层状硅酸盐对钴的吸持能力不同，2∶1 型黏粒矿物的吸持能力一般大于 1∶1 型黏粒矿物。在同一类型的黏粒矿物中，与矿物的风化稳定性和抗酸侵蚀能力有关，不稳定矿物对钴的吸持能力较大。

氧化物结合态钴

指经同晶置换作用存在于铁锰氧化物晶格中及经吸附作用而大量吸附在铁锰氧化物表面的钴。钴的离子半径与铁、锰很接近，且化学性质也很相似。因此，土壤中有相当大部分的钴以铁锰氧化物结合态存在。一般可达土壤全钴量的 14%~50%。在铁锰氧化物结合态钴中钴主要与锰氧化物结合在一起，在铁锰结核中，钴也主要富集在锰结核中．铁锰氧化物结合态钴用 0.3mol/L $Na_2S_2O_4$ + 0.175 mol/L NaAc + 0.025 mol/L HAc 溶液提取，也可用 0.04mol/L $NH_2OH \cdot H_2O$ + 2.5% HOAc 或酸性草酸铵溶液提取。

矿物态钴

指存在于矿物晶格中的钴。钴一般不单独成矿，而是与其他矿物共存。已经发现的含钴矿物有 100 多种，有辉钴矿、硫钴矿、辉砷钴矿、方硫镍钴矿、钴镍黄铁矿以及表生矿物中的水钴矿和杂水钴矿等。矿物态钴在成土过程中其行为与铁锰极其相似，所有与铁锰移动有关的成土过程都对钴的移动产生影响。在同一母质发育的土壤中，富铁、富铝化过程常有钴的富集，而灰化过程则导致贫钴。

土壤中硒的形态

指土壤中含硒物质的化学结合形式和存在状态。硒的形态决定了其对植物的有效性和在土壤中的移动情况。土壤中的硒以元素硒、硒化物、亚硒酸盐和硒酸盐的形式存在。硒酸盐如硒酸铁、硒酸钙等为稳定的盐类。在碱性反应和干旱、半干旱地区土壤中，硒酸盐为主要形态。硒酸盐易溶解，易于被植物吸收或在土壤中移动，但不被三二氧化物吸附。亚硒酸盐则为湿润地区土壤中硒的主要形态，可移动，常被三二氧化物所吸附。亚硒酸盐的溶解度大小因金属离子的种类不同而异，例如，碱土金属的亚硒酸盐溶解度较大，铁的亚硒酸盐的溶解度很小。酸性和中性土壤中硒的溶解度低与铁的亚硒酸盐存在有关。硒酸盐和亚硒酸盐都能够转化成有机硒。土壤中硒的氧化态和溶解度受土壤酸度、氧化还原电位和所结合的金属离子的影响。

元素态硒

指以单质形态存在的硒。元素态硒（Se^0）在土壤中含量极低，它不溶于水，不能直接为植物吸收利用。它是由土壤中的微生物将亚硒酸盐、硒酸盐还原而来。少量的元素硒在适宜条件下，通过水解和微生物作用，可氧化成为对植物有效的硒酸盐、亚硒酸盐。但在一般土壤中，其氧化作用很缓慢。

水溶态硒

指用水提取的土壤硒。水溶态硒主要包括可溶性有机化合物、可溶性亚硒酸盐和硒酸盐等三种形式。水溶态硒易被植物吸收，水溶态硒常作为测定土壤有效硒的一种方法。但由于用水作浸提剂，其缓冲能力弱，提取能力低，在溶液 pH 值变化时不能很好地模拟土壤条件而影响测定结果。

交换态硒

指吸附于土壤胶体表面的硒酸根和亚硒酸根离子。提取方法是先用 K_2SO_4溶液提取，其残渣再用 KH_2PO_4 溶液提取土壤中易交换和难交换的亚硒酸盐和硒酸盐，主要交换的是与 SO_4^{2-} 和 PO_4^{3-}结构及性质相似的 SeO_4^{2-} 形式的硒。硫酸盐还能降低硒在氧化铁上的吸附，提取出的硒能被植物吸收。硫酸盐主要交换的是硒酸盐，而磷酸盐对硒酸盐和亚硒酸盐的交换能力均较强。

硒化物

指二价硒（Se^{2-}）的化合物。硒化物是半干旱地区未经强烈风化的富含硫化物和黄铁矿土壤中硒存在的主要形态。除碱金属的硒化物可溶于水外，大部分难溶于水，因而很难被植物吸收利用。不过硒化物可以通过风化作用释放出一些可溶态硒。

亚硒酸盐

指亚硒酸根（SeO_3^{2-}）与金属的化合物。亚硒酸盐是土壤中硒的主要来源，在水中有一定的溶解度。在湿润地区土壤中，如在酸性土壤和还原条件下，亚硒酸盐是土壤中硒的主要形态。而在半干旱地区的碱性土壤中，则以硒酸盐为主要形态。亚硒酸盐与硒酸盐之间的转化，以及亚硒酸盐转化成元素硒的反应都进行得十分缓慢。亚硒酸盐常被 $Fe_2O_3 \cdot nH_2O$ 紧密地吸附。

硒酸盐

指硒酸根（SeO_4^{2-}）与金属的化合物。硒酸盐有一定的溶解度，易被植物吸收利用。硒酸盐中的硒是土壤中硒的最高价态，在酸性和中性条件下硒氧化困难，因而硒酸盐很少，在碱性条件和通气良好的土壤中，硒易于氧化，因此主要以硒酸盐的形态存在。硒酸盐不易被铁锰氧化物吸附，常与硫酸盐相伴存。因此，干旱地区富硒土壤的水溶态硒含量较高是因为含有硒酸盐，它上面所生长的植物含硒也较多，有时会导致植物产生硒毒害，在酸性和中性土壤中则硒酸盐较少。

有机硒化合物

指与土壤有机质或金属-有机质复合体相结合的硒化合物。有机态硒主要来自于含硒植物残体的腐解，含量变幅很大，因植物的硒含量而异。它可提供大量可溶性有机硒和无机硒为植物吸收利用。水溶态硒和有机态硒是对植物有效的硒。湿润地区土壤中的有机态硒与有机质含量常有密切的关系，有机质含量高时有机态硒亦多。

矿物态硒

硒一般不单独成矿，而是与其他矿物共存。含硒矿物有 50 多种，主要的矿物有方硒锌矿、方硒钴矿、硒铜铁矿、硒铜银矿、辉硒银矿、硒银矿等。硒常在重金属的硫化物中作为杂质成分或以硒化物的形态存在。大多数的硒存在于硫化物矿物中，含量高的矿物可含硒 200mg/kg，而在沉积岩中（除石灰岩以外），都有较高的硒含量。

稀土

化学元素周期表中镧系元素镧（La）、铈（Ce）、镨（Pr）、钕（Nd）、钷（Pm）、钐（Sm）、铕（Eu）、钆（Gd）、铽（Tb）、镝（Dy）、钬（Ho）、铒（Er）、铥（Tm）、镱（Yb）、镥（Lu），以及与镧系的 15 种元素有相似的化学性质、常常存在于同一矿物中的两种元素钪（Sc）和钇（Y）共 17 种元素的总称，简称稀土（RE 或 R）。稀土元素是从 18 世纪末开始陆续被发现的。当时人们常把不溶于水的固体氧化物称为土。稀土一般是以氧化物状态分离出来的，又很稀少，因而得名为稀土。

轻稀土

是镧、铈、镨、钕、钷、钐、铕等 7 种稀土元素的总称。根据稀土元素间物理化学性质和地球化学性质的某些差异和分离工艺的要求，学者们把稀土类元素分为轻、重两组或者轻、中、重三组。两组的分法以钆为界，钆以前的为轻稀土元素，亦称铈组稀土元素，它们具有较低的原子序数和较小的相对原子质量；钆及钆以后的铽、镝、钬、铒、铥、镱、镥、钇等9种元素称为重稀土元素，亦称钇组稀土元素，它们具有较高的原子序数和较大的相对原子质量。尽管钇的相对原子质量仅为89，但由于其离子半径在其他重稀土元素的离子半径链环之中，其化学性质更接近于重稀土元素，在自然界也与其他重稀土元素共生，故它被归为重稀土组。

可溶态稀土

用1mol/L乙酸-乙酸钠溶液（pH值为4.8）提取的稀土元素形态。用来表征土壤对植物的供给能力。由于稀土尚未被证实是植物生长必需的营养元素，因此将这种方法提取的稀土称为可溶态稀土。稀土农用研究证明，稀土对植物生长有一定的促进作用。土壤中稀土元素的含量（全量）只能作为稀土元素的储备，不宜用来判断对植物的供给能力。研究证实，可溶态稀土元素与交换态稀土元素含量之间有显著的相关性。可溶态稀土元素含量高于交换态稀土元素含量，表明可溶态稀土元素除了包括交换态稀土元素以外，还包括一部分其他形态的稀土元素，主要是吸附强度相对较弱的稀土元素。可溶态稀土元素含量主要受土壤pH值、还原作用、有机质含量、黏粒含量等土壤理化性质的影响。

络合稀土

指水体或土壤中以络离子或络合物（配位化合物）形式存在的稀土。稀土元素的性质接近于碱土金属钙、镁、钡等，在土壤中易形成氧化物和氢氧化物，极少有人推荐在土壤中直接施用稀土物质，而稀土离子生成的络合物在土壤条件下相当稳定。

第七章　土壤研究技术与方法

土壤理化分析

标准方法

以科学、技术、实践、经验和综合成果为基础，经有关方面协商一致，由主管机构批准，以特定形式发布，作为共同遵守的准则和依据的分析方法称为标准方法，或称方法标准。标准方法在技术上并不一定是最先进的，准确度也可能不是最高的，而只是在一般条件下简便易行，具有一定的可靠性，经济实用的成熟方法。标准方法的内容包括方法的类别、适用范围、原理、试剂或材料、仪器或设备、分析或操作、结果的计算、允许偏差等。标准方法常作为仲裁方法，亦称为权威方法。标准方法可以分为不同的级别：国际标准、区域标准、国家标准、行业标准、地方标准和企业标准等。土壤分析中常用到的标准方法多为国际标准、国家标准和行业标准。国际标准是国际标准化组织（ISO）颁布的标准。国家标准在中国是指由中华人民共和国国家质量监督检验检疫总局、中国国家标准化管理委员会颁布的标准，称为GB。行业标准是指行业的标准化主管部门批准发布的，在行业范围内统一的标准，中国农业的行业标准代号为NY，林业的行业标准为LY，环境保护的行业标准代号为HJ。除了标准方法以外，如果是从期刊、书籍中摘抄的分析方法，称为文献方法。使用文献方法需要小心验证，或用标准物质或与标准方法进行比较。无论使用何种分析方法，都必须在报告结果中注明。

标准物质

旧称标准参考物质、标准样品、标样、鉴定过的标准物质等，现在计量名词术语中统一用标准物质或标准样品。一般由某类产品（或物质）制备而成，用准确可靠的分析方法测试它的一个或几个特定量值，被称为法定机关确定并颁发证书的物质，它具备一种或多种良好特征，可用于鉴定和标准仪器的准确度、确定原材料和产品的质量、评价分析方法的水平、检验数据的准确度等一系列工作中。标准物质具有以下基本特征：材质均匀；在有效期内性能稳定，特性量值保持不变；带有证书；有足量的产量和储备，能够成批生产，用完后可以按规定的精度重新制备。生产和发行标准物质必须由国家主管部门授权和批准。在标准物质证书和标签上均应标注标准物质的分类编号和级别，并有国家计量标准的图标【MC】标记。

标准样品

"标准物质"的旧称。

样品前处理

亦称样品预处理。指将样品分解，使被测组分定量地转入溶液中以便分析测定的过程。对于无机物可以采用溶解法、熔融法、烧结法或闭管法。溶解法是将试样溶解于水、酸、碱或其他溶剂中，包括浸提法和消解法。熔融法是利用酸性或碱性溶剂与试样混合，在高温下进行复分解反应或氧化还原反应，将试样中的被测组分转化成易溶于水或酸的化合物。烧结法亦称半熔法，是在低于熔点的温度下，让试样与固体试剂发生反应。闭管法亦称密闭增压酸溶解法，是将试样和酸或混合酸的试剂置于合适的容器中，再将容器装在保护套中，在密闭情况下进行分解。对于有机物可以采用干灰化法、湿消化法或微波消解法。样品前处理的基本要求如下：样品应分解完全，使被测组分全部进入溶液，处理过程中不应引入被测组分，也不能使被测组分受损失，处理时所用试剂及反应生成物对后续测定尽量无干扰。

溶解法

参见“样品前处理”。

熔融法

参见“样品前处理”。

烧结法

参见“样品前处理”。

闭管法

参见“样品前处理”。

质量控制

亦称分析质量控制。以统计学应用为基础，用现代科学管理和数据统计方法控制分析测量达到质量要求所需遵循的步骤或条件。

分析质量控制

参见“质量控制”。

分析报告

指某种（批）样品经分析测定所得到的的结果或结论的文书。可用电子文件或书面文件呈送给送检人，一般以有实验室负责人签名并盖有公章的书面报告为准。分析报告通常含有以下内容：样品名称，样品得到的方式，送检人，接收人，分析时间，分析项目与分析方法，分析结果和结论，不确定度和准确度的评估，分析人、内审员、实验室负责人签名和单位公章等。

实验用水

指由普通水经蒸馏、反渗透、电渗析、微孔过滤、去离子等方法制备得到，在实验室用于试剂配制、样品浸提、器皿洗涤、分析测试和生物培养等的水。实验用水分为三个等级，常用的检测指标是电导率：一级水电导率低于 0.1μS/cm，用于有严格标准的分析试验，包括对悬浮物颗粒有要求的试验，如高压液相色谱分析用水。一级水可用二级水经过石英设备蒸馏或离子交换混合床处理后，再经 0.2μm 微孔滤膜过滤制取。二级水电导率低于 1.0μS/cm，用于无机痕量分析等试验，如原子吸收光谱和等离子光谱分析。二级水可用多次蒸馏或离子交换等方法制取。三级水电导率低于 5.0μS/cm，用于一般化学分析试验，可用蒸馏或离子交换等方法制取。

土壤样品采集

简称采样。指将土壤从野外、田间取出具有代表性一部分的过程。采样得到的土壤样品经过适当处理制备成分析样品，最后到分析测定时所取的测试样品通常只有几克甚至零点几克，而分析结果则应代表全部土壤，因此必须正确地采取有代表性的平均试样，否则即使分析过程再准确也是无用的，甚至会得出错误的结论，给生产或科技带来不必要的损失。采样一般分为单点采样和混合采样。单点采样即每个样品只采一个点，其中又可分为扰动型样品、原样样品和剖面样品。混合样品采集应注意每个样品深度和数量尽量一致，混合后不应对研究目的有任何影响。采样点数应对整个样品区和田块有足够的代表性，一般为 5~20 个点。采样点的配置方法通常有随机布点法、非系统布点法等。为了开展土壤分类制图或研究土壤某些特性的空间分布，除了研究表层土壤外，还常研究土表以下的各层土壤，称为剖面采样。一般可在主要剖面观察和记录完毕后进行，在宽 1m、长 2m、深 2m（根据研究目的而定）的剖面坑中由下面上按层次采样。为了教学或陈列展览，有时需要挖取完整的土壤剖面整段标本，这需要特制的盒框将野外有代表性的整个剖面原状土样采回来，用胶水等固定并使其保留原剖面的表观形状。

土壤取样器

指用于获取土壤样品的工具。常用的有土钻、铁揪和铁铲。土钻由硬质材料（钢或硬塑料）制成的钻头和手柄组成。钻头常为螺旋形或者筒形，螺旋形钻头的顶端是一对可以旋转进入土壤的锐利刀口，紧挨着刀口有一个膨大的盛土空腔，随着手柄的旋转向下钻入土面，可将欲采集土层的土样导入空腔；筒形土钻的直径在两端稍有差异，与手柄相连的一端略大于与土壤接触的一端，保证土钻取土时已经进入圆筒内的土壤不会因土钻的移动而散落。土钻的手柄上刻有刻度以便控制采样深度。土钻提出土面后，应立即从中取出土样，可以继续在原采样孔采集不同深度的土样，但要注意在从土壤中拔出土钻时，防止采样孔周围的土壤碎屑流入土孔中。土钻取样对土壤破坏小，可以分层取土。铁锹常用于挖掘剖面坑以便采集剖面样品或整段标本。铁铲则适用于采集表层土壤样品，可折叠的小型行军铲具有质量轻和携带方便的优点，特别适合在面积较大、较宽阔的农田上采集耕层土样。用铁铲采样时，先挖一个小土坑，让表土层垂直剖面暴露出来，然后采集上下厚度均匀、宽度一致的样段。

土壤样品的制备

指土壤样品从田间采集后经历混均、干燥、磨细和过筛的过程。野外采集到的新鲜土样除了立即进行与微生物活动、氧化还原条件、挥发性物质等相关的性状（如亚铁、还原性硫、易还原性锰、硝态氮、铵态氮、易降解和易挥发有机物等）分析以外，其余样品需要及时干燥，以抑制土壤微生物的活动和化学变化，使所得分析结果更为稳定，这样也便于长期保存。新鲜样品首先应剔除土壤以外的入侵物（如植物残根、昆虫尸体和砖头石块等）和新生体（如铁锰结核和石灰结核等），之后尽快干燥。干燥常用风干的方式，在气温为 25~35℃，空气相对湿度为 20%~60%，通风且避光的室内进行，并防止酸、碱性气体及灰尘的污染。将土样平铺在晾衣架或土板上让其自然风干。为防止污染，土板上应衬垫干净的白纸，尤其是供微量元素分析用的土样，严禁用有字的打印纸或旧报纸衬垫。当土样尤其是黏性土壤达到半干状态时，及时将大土块捏碎，以免结成硬块难以压碎。风干的土样平铺在土板或塑料板上，用木棍或塑料棍压碎，压碎过程中随时将岩屑（>2mm）、入侵体及粗有机物进一步剔除干净，捡出的岩屑或结核需要称量并折算它们的百分率，然后记录下来，细小的植物须根可以利用静电吸附。余下的土样用四分法取适量样品，再用人工碾压或者机械粉碎的方式研磨通过孔径为 2mm 的 10 号筛，研磨过程中注意不能一次磨得过细。如果需要更细的土样用于全量的分析，则使用四分法分量适量的土样进一步研磨。四分法是将全部土样混合摊平，划两条相互垂直并过中心的直线，将对角线的两个 1/4 扇面的土样合并作为进一步研磨的样品，如果样品量仍然过多，可以反复使用四分法直至取到适合质量的样品。土壤研磨过程中需要将全部研磨的土样都通过筛孔，不得随意弃去不能通过的部分，如制备过程中剔除的新生体和入侵体过多，应将这部分称量并做好记录。进行微量元素分析的样品应使用塑料板、塑料棒和尼龙筛处理。

土壤样品筛

指由金属丝或尼龙丝等编制成的，有许多小孔，用以筛分土壤样品的器具。其由筛网、筛框、底盘和盖子组成。

土壤样品的储存

指从土壤样品收集直至下一步处理的指定时间间隔和预定条件下，保持土壤样品可用性的过程。土壤样品储存的最基本要求是：在储存时间内土壤性质不应发生大的改变。下列条件下的土壤样品需要储存：①从田间采样到进行分析之前这段时间需要相应的储存；②分析完毕，土样需要保存 3 个月左右，以防需要重新分析验证；③实验室的标准样品，需要储存数年；④一些长期观测土样，需要长期储存；⑤一些重要的试验土壤（如经过耗竭试验的或者某些盆栽试验土壤等）需要保存较长时间，以期用于新的研究中而不需要再花时间进行生物试验。对于采集的新鲜土样，储存时土壤性质会有显著改变，特别是那些与微生物活动、氧化还原条件、挥发性物质等有关的性状，在这种条件下，土壤必须采取特殊的条件进行储存，如低温处理或在容器中充入 N_2，一般情况下，经风干磨细处理后的土壤，应密闭保存在干燥、通风、无阳光直射、无污染的环境中。

土壤样品储存容器

指盛装土壤样品的容器。理想的土壤样品储存容器是能够密封的磨口玻璃瓶或带有螺纹盖的聚乙烯塑料瓶，瓶内应装满土样，然后旋紧瓶盖使瓶内空气量达到最少。瓶上的标签注明样品标号、土壤名称、采样地点、采样时间、采样人、采样深度和样品处理细节等信息，粘贴后蜡封；瓶内也应另加一张相同编号的塑料标签以防瓶身上的标签丢失或无法辨认。但聚乙烯容器不适用于存放受到有机物污染的土壤。

土壤温度的测定

指用插入式地温计、曲管式地温计或其他各种温度传感器安置于土壤的不同深度或部位，对土壤温度进行监测或记录的过程。土壤温度可反映植物地下部分环境要素的变化，它是气候、地形、植被、土壤类型及其物理性质变化的综合反映，可影响土壤水分运动、植被生长和植物对土壤养分的吸收利用等。

土粒密度的测定

土粒密度是指单位体积土粒的质量，常用于比重瓶法测定。先将比重瓶加满水（或其他液体），称其质量；倒出适量液体，将已知质量的土样放入比重瓶中，再将液体加满，排尽空气，称量；经过两次测量，计算出由土粒排出的液体的质量，并根据所处温度下液体的密度求出土粒置换出的液体的体积（即土粒体积）；然后以烘干土质量（105℃）除以土粒体积，即得土粒密度。对于含有可溶性盐及活性胶体的土样，需要非极性液体（如煤油、苯、甲苯、二甲苯）代替蒸馏水。

土壤密度的测定

土壤密度是单位容积的原状土壤干土的质量，亦称土壤容量，常采用环刀法测定，即用一定容积的环刀（一般为 100cm^3）切割未扰动的自然状态土壤，使土壤充满其中，将环刀放入 105℃烘箱中烘干（24h），冷却后称量，计算单位容积的烘干质量；也可直接从环刀筒中去除土样测定其含水量，然后计算出土壤密度。

土壤孔隙度的测定

土壤孔隙度是土壤总容积中的孔隙容积百分率，亦称孔度。土壤孔隙度一般用环刀法测定，用环刀取 100cm^3 未扰动的自然状态土壤，将环刀放入 105℃烘箱中烘干（24h），冷却后称出 100cm^3 干土质量，再根据土壤的密度求出干土体积。

土壤坚实度的测定

土壤坚实度是指柱塞（或椎体）插入土壤时与垂直方向的压力相当的土壤阻力，亦称穿透阻力，通常采用坚实度计（硬度计）进行测定。当带有坚实度计的探头被压入土壤中时，与探头所受到的阻力成比例的弹簧也相应地被压缩，探头也随之被压入硬度计内，压入探头所需的压力与土壤硬度变成正比。不同坚实度计虽然基本原理相同，但只有用同一种仪器测定的结果相互比较才有意义。

土壤破裂系数的测定

土壤破裂系数是对土壤施加测压破碎时所需的力，是表征黏质土壤黏结力的量度，通常用单轴膨胀压缩仪测定。将制备的圆柱试样在特定仪器上加压直至破裂，测量破裂时的破坏力，即可计算出破裂系数。

土壤颗粒大小分析

亦称土壤颗粒组成分析、土壤机械分析、土壤机械组成分析。指测定土壤中不同粒径大小土壤颗粒的含量或比例。土壤中土粒由粗到细是连续变化的，并没有明显的界限，为了研究和应用方便，人们将土粒分为若干级别，每一粒径范围称为一个粒级。土壤颗粒大小分析中直径大于 0.2mm 的土粒分级用干筛法，小于 0.2mm 的土粒用吸管法或比重计法。干筛法是将土壤充分压碎，用不同孔径的筛子筛分。吸管法即土粒经充分分散后在沉降筒内与静水中按斯托克斯定律进行沉降，一定时间后，在一定深度上只有小于某一粒径的土粒均匀地分布着；这时在这个深度层吸取一定量的悬液烘干并称其质量，就可以计算出小于该粒径土粒的含量。比重法计也是以斯托克斯定律为依据，用特制的比重计于不同时间内测定某深度处土粒悬液的密度，即可计算出小于某粒径土粒的含量。吸管法操作步骤烦琐，但结果比较精确；比重计法操作简便，但精度较差。无论是吸管法还是比重计法，均大致分为土粒的分散、粗土粒的筛分、细土粒的沉降分离和测定四个步骤。近年来，人们开始使用激光粒度仪测颗粒组成，但激光粒度仪法测定的是土壤颗粒的体积分数，与吸管法和比重法测定的质量分数不同，不同方法测定的结果进行比较时需要进行矫正。

土壤含水率的测定

将土样在105℃烘至恒重时失去的质量称为土壤含水量。常规测定方法是将土壤样品置于105±2℃恒温干燥箱内烘12h即视为恒重，冷却后称其质量，烘干前后的质量差即为所含水分的质量，进而可计算土壤含水量。表示土壤含水量时，要注明标明计算时用“分析基”还是“烘干基”，以免出错。

土壤pH值的测定

土壤pH值即土壤溶液中以mol/L为单位时氢离子浓度的负对数。土壤pH值可用pH试纸、比色法、点位法测定。常规分析中多用电位法，可用无二氧化碳的水制成水土比为2.5∶1的悬液，用玻璃电极作为指示电极，甘汞电极作为参比电极，插入土壤悬液时，构成一电池反应，两者之间产生一个电位差，由于参比电极的电位是固定的，因此该电位差的大小决定于试液中的氢离子活度；在土壤溶液中氢离子浓度很低，氢离子的活度系数近似等于1，因此氢离子活度近似等于浓度，可在pH值计上直接读出pH值。

土壤交换性酸的测定

酸性土壤中由于土壤永久负电荷引起的酸度称为土壤交换性酸，常用氯化钾淋洗法测定。将土壤用氯化钾溶液［c（KCl）＝1 mol/L］以液土比25∶1的比例进行淋洗，其中，交换性氢离子和铝离子通过钾离子交换而淋洗进入溶液，用氢氧化钠标准溶液滴定淋出液，中和淋洗出来的氢离子及铝离子水解产生的氢离子，所得结果称为交换性酸总量。另取一份淋出液，加入足量的氟化钠溶液，使淋洗出来的铝离子形成络离子，从而防止铝离子水解，再用氢氧化钠标准溶液滴定，所得结果为交换性氢离子含量。二者之差为交换性铝离子含量。

土壤交换性氢的测定

参见“土壤交换性酸的测定”。

土壤交换性铝的测定

参见“土壤交换性酸的测定”。

土壤石灰需要量的测定

在改良酸性土壤中，常施用石灰，以中和交换性酸，减少铝、铁、锰等对作物的毒害。酸性土壤中石灰需要量是指把土壤从其初始酸度中和到一个选定的中性或微酸性状态所需的石灰或其他碱性物质的量。其测定方法较多，有田间试验法、土壤-缓冲剂平衡法及中和滴定法等，在实验室中多用氯化钙溶液交换氢氧化钙中和滴定法，此法模拟了酸性土壤施用石灰时反应的大致情况，简单快捷。对含有大量交换性铝、石灰需要量较高的酸性土壤可使用缓冲剂平衡法。

土壤阳离子交换量的测定

土壤阳离子交换量（CEC）是指土壤胶体所能吸附的各种阳离子的总量。酸性、中性土壤多用传统的乙酸铵交换法测定，使用乙酸铵溶液［c（CH_3COONH_4）＝1 mol/L，pH值为7］反复处理土壤，使土壤成为铵离子饱和土；用95%乙醇洗去多余的乙酸铵后，用蒸馏法测定铵离子的量并换算为土壤阳离子交换量。此法的优点是交换液中可同时测定各种交换性盐基离子。石灰性土壤用氯化铵-乙酸铵作交换剂，盐碱土用乙酸钠作交换剂进行测定。

土壤实际阳离子交换量的测定

对于酸性土壤，乙酸铵具有pH值缓冲性，用传统的乙酸铵交换法测定的土壤阳离子交换量除包括永久负电荷外，也包括部分可变负电荷，故其结果会远高于自然状况下酸性土壤实际所带有的负电荷数量。近年来，国际热带农业研究所提出了适合热带和南亚热带酸性土壤（富含铁铝氧化物）的“实际”阳离子交换量（ECEC）的概念，用中性乙酸铵浸提法测定交换性盐基阳离子总量（钙离子、镁离子、钾离子、钠离子）与氯化钾交换-中和滴定法所测得的交换性酸总量（氢离子、铝离子）之和表示酸性土壤的实际阳离子交换量。

土壤交换性盐基总量的测定

土壤有机、无机复合体吸附的碱金属和碱土金属离子（钾离子、钠离子、钙离子、镁离子）的总和即土壤交换性盐基总量。测定交换性盐基多用乙酸铵溶液作为提取剂，因为一方面可以与阳离子交换量的测定相结合从而省去了操作步骤，另一方面乙酸铵易于分解，有利于后续测定。土壤交换性盐基总量可用残渣法测定，将乙酸铵提取液蒸干灼烧，用过量标准酸溶解，最后用标准碱滴定，也可以用火焰光度法、原子吸收分光光度法或 ICP 法分别测定乙酸铵提取液中的钾、钠、钙、镁离子的含量，这样既可以了解盐基离子组成，也可将这种离子的量通过加和的方式计算盐基总量，这种方法称为加和法。土壤交换性盐基总量占阳离子交换量的百分比即为盐基饱和度。

土壤交换性钾的测定

参见“土壤交换性盐基总量的测定”。

土壤交换性钠的测定

参见“土壤交换性盐基总量的测定”。

土壤交换性钙的测定

参见“土壤交换性盐基总量的测定”。

土壤盐基饱和度的测定

参见“土壤交换性盐基总量的测定”。

碱化土壤交换性钠的测定

碱化土壤交换性钠指土壤中除去可溶性钠盐后，被土壤胶体吸附的钠离子层多用乙酸铵-氢氧化铵交换-火焰光度法测定。土壤分别用乙醇和乙二胺-乙醇溶液洗去水溶性盐后，用 pH 值为 9.0 的乙酸溶液洗去水溶性盐，用 pH 值为 9.0 的乙酸铵-乙醇溶液作交换剂，把土壤有机、无机复合体上的交换性钠离子交换到溶液中，再用火焰光度计测定。pH 值为 9.0 交换剂可以抑制碳酸钙的溶解，并可避免用火焰光度计测定钠时钙的干扰。交换性钠的量与阳离子交换量的百分比称为钠饱和度，亦称碱化度（ESP）。

土壤钠饱和度的测定

参见“碱化土壤交换性钠的测定”。

土壤矿质全量分析

指土壤原生矿物和次生矿物化学组分的测定。分析项目包括二氧化硅、氧化铁、氧化铝、氧化钙、氧化镁、氧化钛、氧化锰、氧化钾、氧化钠、五氧化二磷等。土壤矿质全量分析一般先将矿物分解并制备待测液，然后分别测定各矿质元素的含量，也有将土壤与溶剂制成溶片，用 X 射线荧光光谱分析测定的。常规方法仍为碱熔（或酸熔）制备成待测液，再进行元素测定。碳酸钠熔融法是经典方法，分解土壤矿物最完全，一般的矿质全量分析多用此法。偏硼酸离子发射光谱分析的方法，可以在统一熔样的溶液中测定土壤中所有的矿质元素。

土壤烧失量的测定

土壤烧失量是指烘干土壤经高温（950℃）烧约 1 h 后，有机质、结合态水、碳酸盐受破坏而造成的质量损失。测定方法为灼烧减重法。

黏土矿物的鉴定

土壤的黏性部分含有各种矿物，有次生的层状硅酸盐矿物和硅、铝、铁、锰的氧化物，也有少量的原生矿物。鉴定黏性土矿物的常用方法为 X 射线衍射仪法，但此法只能获得定性或半定量的结果。由于每一矿物都有其特定的晶格类型和晶胞尺寸，晶胞中各结构基元的位置也是一定的，因此对某一矿物来说，在 X 射线衍射图上各线条的角度位置所确定的晶面间距以及它们的相对强度是独特的、不变的，可以根据黏土矿物的衍射图谱来鉴定其组成。

游离氧化铁的测定

游离氧化铁是指可被二亚硫酸钠-柠檬酸钠-重碳酸钠提取法（DCB 法）提取出来的氧化铁，常用 Fe_d 表示。用 DCB 法提取游离氧化铁时，铁离子与柠檬酸根形成络合物，将柠檬酸钠-重碳酸钠作为缓冲溶液，可以避免连二亚硫酸钠加入提取液后 pH 值的降低，不断提供氢氧根可使溶液的 pH 值保持在 7.3 左右。提取过程在 80℃水域中进行，持续 15 min，重复提取两次，铁的测定可采用比色法、原子吸收分光光度法或 ICP 法。

游离氧化铝的测定

参照游离氧化铁的分离方法，在用 DCB 法分离出的氧化铁提取液中也可测定铝。铝的测定可采用络合滴定法、原子吸收光光度法（一氧化二氮-乙炔焰或石墨炉）、IPC 法、铝试剂比色法或试铁灵铁铝联合比色法。

非晶质氧化铁的测定

非晶质氧化铁（FeO）是游离氧化铁中活性较高的一部分，亦称为活性铁。非晶质氧化铁的提取，可利用酸性草酸铵缓冲溶液（pH 值为 3.0~3.2）中草酸根的络合能力，将非晶质氧化铁中的铁络合成为水溶性的络合物进入提取液。提取时在加入待测样品的三角瓶里装入里红外黑的双层布袋，将土液比按 1∶50 加入草酸铵缓冲溶液，加塞，包扎好袋口以便遮光，防止光化学效应，保持在 25℃左右恒温条件下振荡 2h。铁可采用比色法、原子吸收分光光度法或 ICP 法测定。

无定形氧化铁的测定

参见“非晶质氧化铁的测定”。

非晶质氧化铝的测定

土壤中常见的非晶体（无定形）氧化铝是羟基铝及其聚合物，其化学区分方法尚不成系统。用于区分非晶质氧化铁的酸性草酸铵缓冲溶液，也被用于非晶质氧化铝的测定。

无定形氧化铝的测定

参见“非晶质氧化铝的测定”。

非晶质氧化硅的测定

土壤中非晶质（无定形）氧化硅以蛋白石为主，也包括氧化硅、水凝胶和干凝胶等，广泛存在于各种土壤中。土壤中非晶质氧化硅常用碳酸钠溶液提取，目前有用氢氧化钠溶液的。硅的测定可采用硅蓝比色法或 ICP 法。

无定形氧化硅的测定

参见“非晶质氧化硅的测定”。

络合态铁的测定

与有机质结合的铁铝络合物是非晶质物质，广泛存在于各种土壤中。在测定土壤中与有机质结合的络合态铁含量的方法中，焦磷酸钠提取法是较为成熟并被广泛应用的方法。焦磷酸钠对络合态铁有较好的专性，对各种含铁矿物的溶蚀也较轻。在碱性介质中，焦磷酸钠与土壤相互作用时，腐殖质及其铁衍生物与焦磷酸钠发生不可逆交换，腐殖质以可溶性钠盐形态进入溶液，而铁则以焦磷酸盐形态进入溶液。提取液中的铁可采用比色法、原子吸收分光光度法或 ICP 法测定。

络合态铝的测定

在测定土壤中与有机质结合的络合态铝含量时，常选择与络合态铁测定相同的焦磷酸钠提取法。虽然焦磷酸钠对于提取络合态铝的选择性较差，但仍可用此法。提取液中的铝可采用比色法、原子吸收分光光度法（一氧化二氮-乙炔焰或石墨炉）或 ICP 法测定。

土壤中还原性物质的测定

用硫酸铝（pH 值为 2.5）溶液浸提新鲜的还原性土壤，浸提液在适当的温度和酸性条件下，能被重铬酸钾氧化者统称为土壤还原性物质。硫酸铝浸提液在一定条件下与不同强度的氧化剂发生作用。

土壤中可溶性盐分析

土壤中易溶于水的盐类，如氯化物、硝酸盐、硫酸盐和重碳酸盐等，统称为可溶性盐。土壤中可溶性盐分析一般包括土壤可溶盐总量、阴离子（CO_3^{2-}、HCO_3^-、Cl^-、SO_4^{2-}）和阳离子（Na^+、K^+、Ca^{2+}、Mg^{2+}）分析，有时还需要分析 NO_3^-和碱化度（ESP）。

土壤中碳酸钙的测定

干旱及半干旱地区土壤及石灰岩发育的土壤母质层中常含有碳酸钙等碳酸盐，其测定多用气量法，即先使土壤中的碳酸盐（主要是碳酸钙）与盐酸作用产生二氧化碳气体，再在量气管中测量二氧化碳的量，进而计算碳酸钙的量。该测定方法较粗放。

土壤中石膏的测定

在干旱半干旱地区的土壤剖面中，常有石膏积淀层，甚至裸露地表形成石膏结晶。石膏的测定步骤一般是先用乙醇洗出可溶性硫酸盐，再用盐酸把石膏溶提出来，用质量法或 EDTA 间接滴定法滴定硫酸根，然后计算石膏含量。

土壤中有机质的测定

土壤中的有机质包括各种动植物残体、微生物及其生命活动的各种有机产物。土壤有机质的测定是用测定其有机碳的结果再乘以换算系数（1.724）实现的。测定土壤有机碳的方法有两种，一种是将土壤中有机碳高温氧化后测定释放出的二氧化碳的量，此方法所得的结果中也包括了土壤中以碳酸盐形式存在的无机碳和以高度缩合的、几乎为元素态碳（碳、石墨、煤）。另一种是用氧化剂在一定温度下氧化有机碳后测定消耗氧化剂的量，再换算为有机碳的量。这种方法不包括高度缩合的碳和碳酸盐形式的无机碳，快速简便且并不需要特殊的设备和操作技术，是通用的方法。

土壤腐殖质组成的测定

土壤腐殖质由胡敏酸、富啡酸等组成。一般采用含有磷酸氢钠和氢氧化钠的浸提剂提取腐殖质，在强碱性的介质中，这种浸提剂具有极强的络合能力，能将土壤中的难溶和易溶的结合态腐殖质一次结合成易溶的腐殖酸钠盐，从而比较完全地将腐殖质浸出。

土壤中全氮的测定

土壤中的全氮包括有机氮和无机氮，常用半微量凯式定氮法进行测定。土壤中的含氮化合物，利用浓硫酸及混合催化剂，在强热高温处理下水解氧化；使氮素转变为铵离子［主要形成 $NH_4SO_4^-$ 及 $(NH_4)_2SO_4$］，再在溶液中加入氢氧化钠进行蒸馏，蒸馏出的铵液经硼酸溶液吸收，再用酸标准溶液滴定（溴钾酚绿和甲基红作混合指示剂），由酸标准溶液的消耗量计算出全氮量。

土壤中水解性氮的测定

土壤水解性氮亦称土壤有效氮，包括铵态氮、硝态氮和部分有机物中易分解的、比较简单的氨基酸氮、酰胺以及易分解的蛋白质氮。测定方法有酸水解法和碱水解法。酸水解法一般是用稀硫酸在一定温度下水解，然后用铁粉（或其他还原剂，如戴氏合金）将硝态氮还原成铵，再用氧化剂将水解的有机氮氧化为铵，最后蒸馏定氮。

土壤中铵态氮的测定

土壤铵态氮包括水溶性和交换性铵态氮，常用氯化钾浸提制备待测液，用蒸馏法或靛酚蓝比色法测定。蒸馏法是在蒸馏器中加入氧化镁形成弱碱性环境，蒸馏出来的氨液用硼酸溶液吸收，最后用酸标准溶液滴定，从而计算出浸出液中的铵态氮。靛酚蓝比色法是将土壤浸出液中的铵在强碱性介质中与次氯酸盐和苯酚作用，生成水溶性染料靛酚蓝，可以用光度法测定或使用流动分析仪测定铵态氮含量。

土壤中硝态氮的测定

用水或中性盐溶液制备待测溶液，测定方法可用还原蒸馏法、镀铜镉柱还原-重氮化偶比色法等。还原蒸馏法适用于硝态氮含量较高的土壤，土壤浸提液中的硝酸根及亚硝酸根在氧化镁存在的情况下，用硫酸亚铁和锌粉或者戴氏合金粉末还原为铵态氮，蒸馏出的铵液被硼酸溶液吸收，用盐酸标准溶液滴定，进而计算出硝态氮和亚硝态氮的含量。土壤中亚硝态氮一般含量较少，可以忽略其对硝态氮测定结果的影响，如果亚硝态氮含量较高，则需另外测定亚硝态氮含量，再从结果中将其扣除。镀铜镉柱还原-重氮化偶合比色法是将土壤浸出液中的硝酸根，以氯化铵溶液（pH 值为 5～10）为基质，通过镀铜镉柱还原成亚硝酸根，亚硝酸根与重氮化试剂同硝态氮含量成正比，该法适用于硝态氮含量较低的土壤。也可以使用硫酸肼将硝态氮还原为亚硝态氮，再进行重氮化偶合比色法，该法适用于硝态氮含量较高的土壤。重氮化偶合比色法通常测得的是硝基氮和亚硝基氮的总量，若只测定硝态氮含量时，可将土壤浸出液直接进行重氮化偶合比色，不经还原处理，即可测得亚硝态氮含量，然后将其从总量中扣除即可。硝态氮的测定也常用酚二磺酸比色法、紫外分光光度法进行。

土壤中全磷的测定

将土壤中的磷用碱熔法或酸熔法转化为可溶态正磷酸盐的待测溶液，再对溶液中的磷用钼蓝比色法进行定量分析。

土壤中有机磷的测定

土壤有机磷是土壤全磷的重要组成部分，主要是植素、核酸等含有磷的有机物中的磷。通常采用间接测定法进行测定，包括烧灼法和浸提法。烧灼法是用高温（550℃）或低温（250℃）烧灼，使有机磷矿化，然后用酸溶解，酸液中的磷来自于有机磷和无机磷两部分；未经灼烧的土壤用同浓度酸浸提，酸液中的磷只来源于无机部分；两者相减即为土壤有机磷的含量。浸提法是先用硫酸再用氢氧化钠浸提出酸溶及碱溶有机和无机磷，减去其中无机磷就可得到有机磷含量。

土壤中有效磷的测定

土壤中有效磷含量是指当季作物吸收的磷量，土壤有效磷测定用生物的方法是最直接的，用同位素 ^{32}P 稀释法测得的“A”值被认为是标准方法，也可用同位素“E”值法进行，但应用过程中有一定限制。到目前为止，由于不清楚各形态磷对土壤有效磷贡献的大小，很难真正地测定土壤有效磷的“绝对含量”。通常所谓的土壤有效磷只是指某一特定化学浸提方法所得出土壤中与作物生长状况有显著相关的磷量，而不是指土壤中某一特定形态的磷，所以同一土壤用不同的化学浸提剂提取可以得到不同的有效磷结果，使用土壤有效磷数据时应标出测定方法。土壤有效磷测定的方法常根据土壤的特性选用。

土壤中全钾的测定

土壤全钾的测定需要对土壤样品进行彻底的分解，以保证土壤原生矿物（钾长石等）和次生矿物（蒙脱石等）中所有的钾都能够以可检测的形态进入溶液。土壤样品的分解可分为碱熔融和酸熔解两大类。碱熔融法包括碳酸钠熔融（920℃）法、氢氧化钠半熔（720℃）法和偏硼酸锂熔融法，分别在铂坩埚、银（镍）坩埚和石墨坩埚中进行熔融，制得的待测液可以同时测定全磷和全钾等。酸溶解方法采用氢氟酸-高氯酸法，在铂坩埚或聚四氟乙烯坩埚中进行消化，制得的待测液中钾的测定一般采用火焰光度法，有条件时也可用原子吸收光分光度法或者 ICP 法测定多种元素。

土壤中缓效钾的测定

土壤中缓效钾主要指存在于层状硅酸盐矿物层间的一部分。土壤缓效钾是速效钾的储备，当土壤中速效钾由于作物吸收而减少时，缓效钾就会释放出来以补充速效钾的缺失。现在最通用的提取方法是硝酸煮沸法。

土壤中速效钾的测定

土壤速效钾包括水溶性钾和交换性钾，测定时常用的提取剂是中性乙酸铵。乙酸铵作提取剂是利用铵离子和钾离子的水化半径相近、水化能相似的性质，将交换性钾交换下来，且不至于使矿物层间的非交换性钾释放出来；而且乙酸铵有较强的 pH 缓冲性，不致引起浸提交换性钾量的差异，浸提结果稳定，不随提取时间和淋洗次数的增加而显著增加。待测液中钾的测定用火焰光度法、原子吸收分光光度法或 ICP 法进行。

土壤中全硫的测定

土壤全硫测定有两种方法，一是将硫氧化成 SO_4^{2-} 或 SO_2，另一种方法是将它转化成 S^{2-} 进行测定。较早的方法是在铂坩埚中用碳酸钠和过氧化钠熔融土壤，然后用质量法或比浊法测定硫含量，此法优点是适合于所有土壤，但手续较繁。燃烧碘量法是将土壤样品在管式高温电炉中经 1250℃ 燃烧，使样品中有机硫和无机硫均转化为二氧化硫逸出，用稀盐酸吸收二氧化硫形成亚硫酸，用碘酸钾标准溶液滴定，从而计算硫的含量，此法准确快速，尤其适用于大批试样的分析，但管式高温电炉不易购置。目前，一般实验室用硝酸镁氧化-硫酸钡比浊法测定，即先将土样用硝酸镁消化，然后用硝酸在水浴上消煮，氧化成硫酸根，再加氯化钡晶粒，生成的硫酸钡悬浊液用比浊法测定，此法操作较简便，再现性好。

土壤中有效硫的测定

土壤中有效硫包括易溶硫、吸附性硫和部分有机态硫。酸性土壤常用磷酸二氢钙-乙酸溶液提取，除能提取酸溶性硫酸盐以外，磷酸二氢根还能置换出吸附性硫酸根，而钙离子能抑制土壤有机质的浸出，可获得清亮的浸出液；石灰性土壤使用氯化钙溶液浸提。浸出液用过氧化氢去除少量有机质并将有机硫转化成硫酸根后，用硫酸钡比浊法测定。

土壤中有效硅的测定

土壤有效硅通常用弱酸、弱碱提取。浸提剂有酸性草酸-草酸铵溶液、pH 值为 4.0 的乙酸-乙酸钠缓冲溶液、柠檬酸溶液和硫酸溶液等。浸出液中的硅一般采用硅钼蓝比色法或硅钼黄比色法测定。硅钼蓝比色法是将提取的硅在一定酸性溶液中，与钼酸铵反应生成可溶性的黄色硅钼杂多酸，再被硫酸亚铁铵还原剂还原成硅钼蓝，其蓝色的深浅在一定范围内与硅含量成正比。硫酸亚铁铵还原法稳定时间达 6h，若用 1，2，4-氨基萘酚磺酸还原剂稳定时间达 24h。硅钼蓝比色法的灵敏度较硅钼黄比色法高 5 倍，而且硅钼黄比色法仅在 30min 内稳定。浸出液也可以直接用 ICP 法测定硅。

土壤中有效铁的测定

中性和石灰性土壤中有效铁的测定一般用 pH 值为 7.3 的 DTPA-$CaCl_2$-TEA 溶液作为土壤浸提液，用乙炔-空气火焰的原子吸收分光光度法或 ICP 法直接测定铁，待测液可同时测定锌、铜、锰，也可以用邻菲罗啉比色法测定，用盐酸羟胺将三价铁还原为二价铁，邻菲罗啉在微酸性条件下与二价铁生成深红色的螯合物，其颜色深浅与铁的含量成正比，以此来测定有效铁的含量，对于酸性土壤还没有令人满意的测定有效铁的方法。

土壤中有效锰的测定

土壤中有效锰包括水溶态锰、交换态锰和易还原态锰。测定土壤不同形态的锰，则应分别以水（水溶态锰）、中性乙酸铵（交换态锰）、中性乙酸铵加对苯二酚（易还原态锰）及 DTPA 溶液（有效锰）提取，其中 DTPA 溶液仅作为中性和石灰性土壤有效锰的浸提剂。浸出液中的锰一般用原子吸收分光光度法或 ICP 法测定。

土壤中有效铜的测定

土壤有效铜包括水溶态铜和交换态铜，前者含量甚微。交换态铜是土壤胶体所吸附的铜离子和含铜配合离子，主要被土壤的有机部分所吸附，不易被其他离子交换出来，必须用强酸或螯合剂提取才能使其释放出来。酸性土壤常用盐酸溶液提取，石灰性土壤常用 EDTA 或 DPTA 溶液提取，对于酸性水稻土用 EDTA 提取更为适宜。测定铜常用原子吸收分光光度法或 ICP 法。

土壤中有效锌的测定

土壤有效锌包括水溶态锌和交换态锌，但水溶态锌含量极少，对植物有效的锌主要是交换态锌。测定土壤有效锌常用的浸提剂有稀酸、缓冲溶液或中性盐溶液、螯合剂等。目前测定酸性土壤有效锌常用的浸提剂是盐酸溶液，石灰性土壤和中性土壤常用 DTPA 浸提剂。浸提液中锌的测定常用原子吸收分光光度法 ICP 法。

土壤中有效硼的测定

土壤有效硼常用沸水提取，其他的提取剂还有 $CaCl_2$ 溶液、甘露糖醇-$CaCl_2$ 溶液。浸出液中的硼常用姜黄素或甲亚胺比色法测定。姜黄素比色法是在无水条件下姜黄素与硼配合形成玫瑰花青苷，用有机溶剂溶解后比色测定，检测范围为 0.0014～0.06mg/L，但显色影响因素较多，再现性不理想。一般实验室常用甲亚胺比色法，甲亚胺试剂为 H 酸（8 氨基-1-萘酚-3，6-二磺酸）和水杨醛的缩合物，硼与甲亚胺在 pH 值为 5.1～5.8 的乙酸铵-乙酸缓冲溶液中，配合形成棕黄色配合物。测定范围为 0.05～1.0mg/L，操作简便。硼的测定可用 ICP 法进行。

土壤中有效钼的测定

土壤中能被植物吸收的钼，是能被草酸-草酸铵溶液浸提的水溶态和交换态钼。待测液中钼的测定，以往用硫氰酸钾（铵）比色法测定，因要经蒸干、灼烧、显色、萃取等操作，过程烦琐且不灵敏。现在多用催化极谱法，在硫酸-苦杏仁酸（苯羟乙酸）-$HClO_3$ 体系中，钼与苦杏仁酸形成的配合物被强烈地吸附于电极表面，产生电极反应，Mo^{6+} 被还原成 Mo^{5+}；与此同时，在溶液中产生化学反应，ClO_3^- 将 Mo^{5+} 氧化为 Mo^{6+}。反应中 Mo^{5+} 为催化剂，整个反应中 Mo^{6+} 的实际浓度没有变化，消耗的物质是 ClO_3^-。所以极限催化电流比 Mo^{6+} 的极限扩散电流高得多，催化电流为扩散电流的 1.5×10^3～3.0×10^4 倍，使钼的检测下限达到 0.06μg/L 左右，而且干扰元素少，不需要除氧，该法为测定钼最灵敏的方法。有条件的实验室也可用石墨炉原子吸收分光光度法或 ICP 法测定。

土壤中铜的测定

可用王水-高氯酸法消化土壤，但该法不能全部分解土壤，因受土壤磨细度的影响，测定的结果偏低，尤其对测定背景值影响较大。一般测定土壤背景值时采用氢氟酸-高氯酸-硝酸法，测定污染土壤采用王水-高氯酸法。消化液除用于测定铜以外，还可以用于锌、镉、铅、镍的测定。消化液中铜的测定方法有原子吸收分光光度法、比色法和 ICP 法。原子吸收分光光度法具有灵敏度高、选择性好，操作简便，快速的特点，是测定土壤重金属元素的主要方法之一。根据含量的高低可分别采用火焰法或石墨炉法进行测定。比色法干扰因素较多，操作较烦琐，在没有原子吸收分光光度计时可采用它。

土壤中锌的测定

参见“土壤中铜的测定”。

土壤中镉的测定

参见“土壤中铜的测定”。

土壤中铬的测定

采用酸分解法（氢氟酸-硝酸-硫酸法）或者碱熔融法消化样品。消化方法参见“土壤中铜的测定”。

土壤中铅的测定

参见“土壤中铜的测定”。

土壤中镍的测定

参见“土壤中铜的测定”。

土壤中汞的测定

测定汞时，试样的预处理方法有硫酸-高锰酸钾消解法、硝酸-硫酸-五氧化二钒消解法和硝酸-硫酸-亚硝酸钠法。由于汞容易挥发，消化时应注意，有条件的实验室可用密闭微波消化法进行待测液制备。消化液中汞的测定方法主要有冷原子吸收分光光度法及分光光度法等。冷原子吸收分光光度法利用汞蒸气对波长为 253.7nm 的紫外光具有强烈吸收作用的特征进行测定。试样经过适当的预处理后，汞转变为汞离子，再用氯化亚锡将汞离子还原成元素汞，以氮气或干燥的清洁空气作为载气，将汞吹出，进行测定。

土壤中砷的测定

土壤中的砷可用盐酸-硝酸在沸水浴上消煮进行预处理。消化液中的砷可用氢化物-原子荧光光谱法或二乙基二硫代氨基甲酸银比色法测定。氢化物-原子荧光光谱法是将砷的酸性溶液在发生器中与还原剂发生氢化反应并生成砷的氢化物，砷的氢化物进入原子化器即解离而成为砷原子，砷原子受到光源特征辐射线的照射后产生砷原子荧光，荧光信号到达检测器转变为电信号，经电子放大器放大后由读数装置读出结果。二乙基二硫代氨基甲酸银比色法是在酸性溶液中使用碘化钾与氯化亚锡将五价砷还原为三价砷，与新生态氢生成 AsH_3 气体，除去硫化物后，吸收于二乙基二硫代氨基甲酸银（AgDDTC）-三乙醇胺-三氯甲烷溶液中，生成红色络合物，然后比色测定消化液中砷的含量。

土壤中硒的测定

土壤中的硒多用溴化氢蒸馏法和荧光法测定，或者使用干扰因素少的氢化物发生原子吸收光谱法测定。荧光法是将四价硒在酸性条件下，与2，3-二氨基萘（DAN）生成有强荧光的4，5-苯并芘硒脑，其荧光强度因硒量多少而异。氢化物发生原子吸收光谱法是将消煮液转入氢化物发生器中，以硼氢化钠作为还原剂，使硒转化成硒化氢（H_2Se）而由载气导入原子化器中，进而测定硒的含量。

土壤中氟的测定

土壤中的氟一般分为水溶性氟、速效性氟和总氟。水溶性氟通常用水浸提，速效性氟用 NaOH 或 EDTA 浸提，总氟可用碱熔融后经热水浸提。土壤氟测定方法一般有离子选择电极法和氟试剂比色法。离子选择电极法测定范围宽，干扰少。氟试剂比色法是在乙酸盐缓冲介质（pH 值为 4.0~4.6）和丙酮存在的情况下，氟离子与氟试剂及硝酸镧生成蓝色三元络合物，颜色的强弱与氟离子浓度成正比，在波长 610~620nm 处测定吸光度。氟试剂比色法属于增色法，测定灵敏度高，色泽稳定，重现性好。

水样的采集及其化学性质的分析

水样的采集与保存

农田生态系统中的水样一般有雨水、灌溉水、径流水和土壤渗漏水等，应根据研究的要求按规定进行采样与保存。雨水的采集可从气象站量雨筒中取样，或用容器放置于露天，待降雨时接收水样；灌溉水的采集宜在灌水沟渠中进行，或在水库、山塘、河流、水井等水源处取样，注意不要在施过肥的稻田中取样；径流水可取自测量径流量设施的出水口；土壤渗漏水可以通过埋设地下排水管或建立排水采集器来采集。采集水样时，采样瓶应该洗干净，使用具磨口塞的玻璃瓶或者螺口塑料瓶，当水样需要测定时，必须采用塑料瓶。采样时先用水样洗涤样瓶 2~3 次，不要装满样瓶，留出 5~10mL 空间，以免温度升高时顶开瓶塞；采样后塞紧瓶塞避免漏水。带回实验室的水样，对于易变化的成分和性质，如铵态氮、硝态氮、亚硝态氮和 pH 值等应尽快分析；如不能及时分析，应将样品放置于5℃以下的阴暗处保存，并根据分析的要求有选择地向样品中添加防腐剂（三氯甲烷、硫酸铜、氯化汞等）或者加入酸、碱调整 pH 值，以抑制微生物活动。

水样 pH 值的测定

水样 pH 值的测定常用电位法，以玻璃电极为指示电极，饱和甘汞电极为参比电极，插入溶液中组成原电池。在 25℃时，每单位 pH 值相当于 59.1mV 电位差变化值，可在仪器上直接读出 pH 值，温度差异在仪器上有补偿装置。pH 值是水样最易变化的指标之一，样品采集后应尽快测定。

水样中全氮的测定

测定水样中全氮的方法有凯氏定氮法和紫外分光光度法，凯氏定氮法为经典方法，也是常规方法，紫外分光光度法需要高压消煮设备及紫外分光光度计。凯氏定氮法是在酸性条件下，将水样浓缩蒸干，先用高锰酸钾氧化有机物，再用铁粉将亚硝态氮和硝态氮还原为铵，加入浓硫酸及混合催化剂消煮，使有机氮全部转化为铵，在强碱性条件下蒸馏，蒸馏出的氨吸收于硼酸溶液中，再用硫酸标准溶液滴定被吸收的铵。过硫酸钾氧化-紫外分光光度法是在碱性条件下，水样在过硫酸钾存在的条件下，经高压消煮，将亚硝酸根、铵以及有机态氮均转化成硝酸根，在紫外分光光度计上于 220nm 和 275nm 处分别测出吸光度 A_{220}和 A_{275}，用其校正吸光度 A（$A=A_{220}-2A_{275}$），在工作曲线上查出硝酸根浓度，从而计算出水样中全氮。

水样中铵离子的测定

纳氏试剂法是测定铵离子的经典方法，被很多国家列为标准分析方法。但由于该方法灵敏度不够高，渐渐被灵敏且稳定的靛酚蓝比色法替代。靛酚蓝比色法是将水中的铵离子在强碱性介质中与次氯酸盐和苯酚作用，生成水溶性染料靛酚蓝，用比色法测定。

水样中亚硝酸根的测定

重氮化偶合分光光度法适用于测定较清洁的水中亚硝酸盐氮的含量，是将待测水样中的亚硝酸根与对氨基苯磺酸及α-萘胺乙酸溶液作用，生成红色偶氮染料进行比色。由于亚硝酸盐很不稳定，水样采集后应立即测定。

水样中硝酸根的测定

测定水中硝酸根的方法有酚二磺酸比色法、还原比色法、还原蒸馏法、紫外分光光度法和离子色谱法。酚二磺酸比色法是经典方法，样品处理虽较麻烦，但测量范围宽、显色稳定、灵敏度高；这种方法是将硝酸根在无水情况下与酚二磺酸作用生成硝基酚二磺酸，在碱性条件下显稳定的黄色，使用可见光分光光度计可以测定硝酸根浓度。紫外分光光度法利用硝酸根在紫外波段（220nm）的吸收峰，清洁的水样可不经任何处理在紫外分光光度计上于 220nm 和 275nm 处分别测出吸光度 A_{220}和 A_{275}，用其校正吸光度 A（$A=A_{220}-2A_{275}$），在工作曲线上查得硝酸根浓度。水样中硝酸根含量较低时，可以采用离子色谱法测定。

水样中全磷的测定

磷多用磷钼蓝比色法测定，但水样中有机磷需经氧化分解转化成正磷酸盐才能显色。有机磷的氧化是先将水样蒸干，加入硫酸、高氯酸（或过氧化氢）加热，将各种形态的磷转化成正磷酸盐。溶液中的正磷酸根在适当的酸度和还原剂存在下与钼酸形成磷钼杂多酸而显蓝色，用比色法可测定磷的浓度。有机磷的氧化还可以在水样中加入过硫酸钾，在密闭容器中高温高压下，将水中有机磷转化成正磷酸盐，正磷酸盐同样适用钼蓝比色法测定，此法可以同时测定水样的全氮和全磷。

水样中磷酸根的测定

水样中的磷酸根含量较高时可直接用钼锑抗比色法测定，若含量太低，可用异丁醇萃取于有机相中比色或采用离子色谱法测定。

水样中钾离子的测定

水样可不经处理，直接用火焰光度法、原子吸收分光光度法或 ICP 法测定钾离子含量。火焰光度法最为简便，是将水样喷入高温火焰中，水样中的钾被激发产生其特征光谱，透过干涉滤光片，经光电管（或光电池）转化成电信号，测量电信号大小，并与标准系列比较，可以计算水样中钾离子的浓度。原子吸收分光光度计测定水样中的钾离子多用发射方式测定，也可用原子吸收的方式测定。基于同样的原理，也可以使用火焰光度法、原子吸收分光光度法或 ICP 法测定水样中的钠离子。

水样中钠离子的测定

参见“水样中钾离子的测定”。

水样中钙离子的测定

水样可直接或加少量盐酸进行处理，以往常用 EDTA 络合滴定法，现多用原子吸收分光光度法或 ICP 法测定钙离子含量。镁离子也可以使用与钙离子相同的方法进行测定，测定原理相同。EDTA 络合滴定法简单快速，不需使用分析仪器；原子吸收分光光度法和 ICP 法则灵敏、快速、准确，干扰易于消除。EDTA 络合滴定法是在 pH 值为 10 的条件下，钙、镁离子与酸性铬蓝 K 指示剂络合成紫红色的络合物，用 EDTA 滴定时，钙、镁离子则与 EDTA 络合，当达到滴定终点时，指示剂游离出来重新显蓝色，以此计算钙离子和镁离子总量；在 pH 值为 12 的条件下，镁离子形成氢氧化镁沉淀，可用 EDTA 滴定钙离子，两者相减得到镁离子含量。原子吸收分光光度法是将试样喷入火焰，使钙、镁原子化，在火焰中形成的基态原子对阴极空心灯产生的钙、镁特征谱线产生选择性吸收，由此测得的吸光度与标准溶液吸光度比较而确定样品中钙离子或镁离子的浓度。钙离子选用 422.7nm，镁离子选用 285.2nm 共振线测定。

水样中镁离子的测定

参见“水样中钙离子的测定”。

水样中硫酸根的测定

水样可直接或加少量盐酸处理，用重量法、比浊法、比色法或离子色谱法测定硫酸根含量。重量法是经典方法，在盐酸溶液中，硫酸根与加入的氯化钡反应形成硫酸钡沉淀，沉淀反应在接近沸腾的温度下进行，并在陈化一段时间之后过滤，用水洗到无氯离子，烘干或灼烧沉淀，称硫酸钡的质量，该法操作烦琐且不适于硫酸根含量低的水样的测定。硫酸钡比浊法是在微酸性条件下，水中硫酸根与氯化钡生成细微的硫酸钡沉淀悬浊液，在一定范围内其浊度可用分光光度计测定，该法适用于水样中硫酸根含量较低时，但必须严格控制操作条件。铬酸钡比色法是在微酸性条件下，向水样中加入铬酸钡悬浮液，生成硫酸钡沉淀从而释放出铬酸根；溶液中和后，多余的铬酸钡及生成的硫酸钡仍是沉淀状态，过滤除去沉淀；在碱性条件下铬酸根呈黄色，可使用分光光度计进行测定；此法操作简便，准确度和精密度都较高，在高浓度和低浓度硫酸根含量的水样中都得到较好的结果。离子色谱法快速灵敏，适用于清洁水样，可同时测定其他多种阴离子。

水样中硫化物的测定

水中硫化物一般指硫化氢，也包括含硫有机物分解及水中硫酸盐经细菌还原生成的低价硫化合物，可用比色法、碘量法、气相色谱法测定，其中碘量法快速简便，比较常用。碘量法是将水样中的硫化物（或硫化氢）在酸性溶液中加热蒸馏生成硫化氢气体，用锌的氨性溶液吸收生成硫化锌沉淀，加酸酸化，以淀粉作指示剂用碘或碘酸钾标准溶液滴定至浅蓝色不褪为止，根据碘或碘酸钾标准溶液的用量可以计算出水样中硫化物的浓度。

水样中二氧化硅的测定

水溶液中硅酸盐即可溶的胶体二氧化硅，在酸性溶液中，与钼酸铵生成可溶性的黄色硅钼杂多酸，当加入硫酸亚铁铵时，硅钼黄被还原为硅钼蓝，进行比色可以计算出二氧化硅的浓度。测定时磷酸根对此法有干扰，一般可用酒石酸或草酸加以络合掩蔽。

植物样品分析

植物样品的采集与制备

植物样品主要包括植株茎叶组织、籽粒、蔬菜、瓜果和牧草饲料等样品。植物组织样品多用于营养诊断和生态学等研究；籽粒、蔬菜、瓜果和牧草饲料等样品则多用于品质分析。各类样品的采集和处理方法，须根据分析项目、分析目的和精度要求，以及植物种类和生长条件等而定。植物样品的采集要保证样株有充分的代表性和典型性，而且采样时间和部位要统一。测定易变化的成分应用新鲜样品，采集的样品若分不同器官测定，则应立即将其剪开，以免养分转运；样品常带有泥土、灰尘或沾有肥料、农药等，需要对样品在尚未萎蔫时进行适当洗涤；分析时将洗净的鲜样剪碎混匀后，立即用称量瓶等称样。对于其他成分的测定，应将新鲜样品尽快干燥，以减少化学和生物的变化；杀酶和干燥要快，并要有足够的高温，但烘干的温度又不能太高，以防止组织外部结成干壳而阻碍内部水分的蒸发和可能引起组织的热分解或焦化。干燥的样品可以用研钵或带刀片的磨样机进行粉碎，并使其全部过筛，保存于广口瓶中；但对于油料作物的籽粒，只能在瓷研钵中用杵击碎，不能研磨，以免损失油分。

植物中水分和干物质的测定

测定植物水分的方法很多，应根据植物样品成分的性质、对分析精度的要求和实验室设备条件等情况适当选择。常用的方法有常压恒温干燥法、减压干燥法和蒸馏法（甲苯或二甲苯）。常压恒温干燥法是将植物样品置于100~105℃烘箱中烘干，由样品的烘干失重计算水分含量，该法适用于不含易热解和易挥发成分的样品，常作为植物水分测定的标准方法。减压干燥法是在减压（80kPa，70℃）条件下，使植物样品中的水分在较低温度下几乎完全蒸发，以干燥前后质量之差计算样品的水分含量，此法虽适用于含有易热解成分的样品，但仍不适用于含有挥发性成分的样品。蒸馏法是将植物样品中水分与甲苯（或二甲苯）一起蒸馏，此混合物沸点低于甲苯（110.8℃）和水（100℃）的沸点，因此，在较低温度下，样品中的水分能被迅速蒸馏出来，收集馏出液于接收管中，由馏出水的体积或质量计算样品中水分含量，此法适用于含有挥发性油或干性油等易氧化的油质样品，但因需要特殊的蒸馏设备，其使用受到限制。新鲜植物体除去水分的剩余部分即为干物质，它包括有机质和矿物质部分，因此以100%减去测定的植物水分含量百分数就得植物干物质含量。

植物中粗灰分的测定

测定植物粗灰分的方法常采用简单、快速、经济的干灰化方法（525±25℃）。植物样品经低温炭化和高温灼烧，除尽水分和有机质，剩下不可燃烧部分为灰分元素的氧化物等，称量后即可计算粗灰分质量分数。由于灼烧得到的灰分中难免带有极少量未燃尽的炭粒和不易洗净的尘土，而且灼烧后灰分的组成已有改变（如碳酸盐增加，氯化物和硝酸盐损失，有机磷、有机硫转变为磷酸盐和硫酸盐，质量都有改变），所以，用干灰化法测得的灰分只能称为粗灰分，一般农业化学分析中只需要测定粗灰分即可。

植物中全氮的测定

植物全氮的测定包括样品分解和待测液中氮的定量。硫酸-混合加速剂-蒸馏法被公认是定氮的标准方法，植物样品经硫酸-混合加速剂消煮分解，消煮液中的铵盐在碱化后成为氨气，经蒸馏用硼酸溶液吸收，酸标准溶液滴定；该法由于消煮液中有大量铜和硒存在，待测液不能用比色法测定氮或磷，也不能用于测定钾。硫酸-过氧化氢消煮法是用浓硫酸和过氧化氢氧化剂消煮植物样品，其中的有机物经脱水碳化，氧化分解，变成二氧化碳和水，使有机氮和磷转化为铵盐和正磷酸盐，可在同一份消煮液中分别测定全氮、全磷、全钾等，所以在植物营养常规分析中被广泛采用。上述两种消化方法均不包括硝态氮，如需包括硝态氮可在样品消化前，先用含有水杨酸的浓硫酸处理，使硝态氮在室温下与水杨酸生成硝基水杨酸，再用硫代硫酸钠或锌粉将硝基水杨酸还原为氨基水杨酸，然后继续进行如上消化。待测液中的氮可以用蒸馏法、纳氏比色法、靛酚蓝比色法或扩散法等进行，也可用基于比色法的流动分析仪自动化测定。因靛酚蓝比色法过于灵敏，测定的稀释误差很大，与之相比，纳氏比色法测定植物全氮更为方便。

植物中全磷的测定

植物样品经硫酸-过氧化氢消煮，将有机磷转化成正磷酸盐，待测液中的磷通常选用钼锑抗比色法（钼蓝法，参见“土壤中全磷的测定”）或钒钼黄比色法。钒钼黄比色法是待测液中正磷酸盐与偏钒酸和钼酸生成黄色的杂多酸，溶液的黄色深度与含磷量成正比，从而测定磷的含量。钼锑抗比色法的优点是灵敏度高、简便、快速、准确，尤其适合含磷量较低的样品；钒钼黄比色法虽然灵敏度较低，但显色浓度范围及允许的酸度范围都较宽，对于含磷量较高的植物籽粒样品宜选用此法。

植物中全钾的测定

一般将干灰化法得到的粗灰分用稀酸溶解或者使用硫酸-过氧化氢消化法制备待测溶液，溶液中的钾可用火焰光度计、原子吸收分光光度计或者ICP测定。由于植物中的钾和钠以离子态存在，单独测定植物样品中的钾和钠时，可采用简易的乙酸铵溶液、盐酸溶液或用水煮沸提取，测定结果与用湿法消化植物样品相近。

植物中全钙的测定

测定植物钙、镁全量的方法可分为干灰化法和湿灰化法。干灰化法是把植物样品在550℃下灼烧，使有机质氧化成二氧化碳和水等挥发，剩下的为钙、镁等不可燃烧的灰分元素的氧化物；然后用稀盐酸溶解，最后定量溶液中的钙、镁含量。湿灰化法一般是用硝酸-高氯酸、硫酸-过氧化氢或硝酸-硫酸-高氯酸消煮植物样品，消煮液中钙、镁离子的含量使用EDTA络合滴定法、原子吸收分光光度法或ICP法测定。由于溶液中硫酸浓度较高时，对原子吸收分光光度法和EDTA络合滴定法测定钙都会带来干扰，故钙、镁的测定宜采用干灰化法或者不含硫酸的湿灰化法制备待测液，可同时测定磷、钾、钠、铁、锰、铜、锌等元素。

植物中全镁的测定

参见“植物中全钙的测定”。

植物中全硫的测定

植物中的硫多以有机硫的形式存在，一般用硝酸-高氯酸消煮或硝酸镁灰化法将有机硫转化成硫酸盐，用硫酸钡比浊法、EDTA反滴定法或ICP法测定硫酸盐含量。还可以使用元素分析仪直接测定植物样品中的全硫。

植物中全硼的测定

植物样品经干灰化后，用稀盐酸溶解灰分。溶液中的硼用姜黄素或甲亚胺比色法测定，也可使用石墨炉原子吸收分光光度法或ICP法。

植物中全钼的测定

植物样品经干灰化后，用稀盐酸溶解灰分。溶液中的钼可以用极谱催化波测定，钼-苯羟乙酸-氯酸盐体系催化波极谱法是所有测钼方法中最灵敏的方法，干扰元素少、方法简便、稳定性好、准确度高；原子吸收分光光度法可用石墨炉无火焰法；ICP法与原子吸收分光光度法相比，具有精密度高、检出限低、动态范围宽、基体效应小、可同时测定多种元素等优点；当没有这些仪器设备时可使用硫氰酸钾（铵）比色法进行测定。

植物中全锰的测定

植物样品通常采用湿灰化法（硝酸-硫酸-高氯酸，或硝酸-高氯酸，或硫酸-过氧化氢消煮）或高温灼烧的干灰化法进行分解。湿灰化法的优点是样品灰化完全，但要消耗大量酸液，致使空白值较高，操作过程较烦琐；干灰化法不需要加入试剂，受污染少，但由于炉温不均匀，有些组织致密的植物样品不易灰化完全，或者高温下挥发损失，或者形成的硅酸盐难以再溶解，从而引起负误差。溶液中锰的测定一般采用原子吸收分光光度法或ICP法。

植物中全铁的测定

植物样品经干灰化法分解（也可用硝酸-高氯酸消煮），用盐酸溶解灰分。溶液中的铁直接用原子吸收分光光度法或ICP法测定。

植物中全铜的测定

植物样品经干灰化法分解（也可用硝酸-高氯酸消煮），用盐酸溶解灰分。溶液中的铜直接用原子吸收分光光度法或ICP法测定。

植物中全锌的测定

植物样品经干灰化法分解（也可用硝酸-高氯酸消煮），用盐酸溶解灰分；还可以用更简便的稀盐酸浸提法。溶液中的锌直接用原子吸收分光光度法或ICP法测定。

肥料样品分析

肥料样品的采集与制备

肥料分化肥和有机肥。化肥样品的采集和制备是化肥检测中的一个重要环节。从化肥总体中采取有代表性的样品，是对化肥取样和样品制备的基本要求。首先要确定足够的取样袋数，10 袋以下全部取样，11~49 袋时取 11 袋，50 袋以上时按 $n=3N^{1/3}$ 计算，其中 n 为取样袋数，N 为每批化肥总袋数，当 $3N^{1/3}$ 为整数，则 n 为该整数，若为小数则 n 为其整数部分再加 1。取完样品后，应将样品充分混合，使用四分法进行缩分，也可以使用机械方法缩分。堆肥应在堆肥的各部位均匀采样，然后用四分法缩分。肥料样品的制备因其种类和分析的要求不同，在制样时有所不同，一般均匀性较好的小粒状或粉状化肥（硫酸铵、氯化铵、尿素、氯化钾、硫酸钾等）可充分混合均匀后直接称样分析；块状磷肥研磨过 100 目筛；复混肥磨碎时由于吸潮现象严重，难以过更细的筛孔，一般只磨碎过 0.5~1mm 筛孔。样品应密闭避光，在阴凉处保存。

肥料中水分的测定

肥料中所含的水分包括游离水和吸湿水，但不包括某些化肥中的结晶水。由于肥料种类繁多，成分复杂，应严格按照国家标准的规定选用测定水分含量的方法。不含挥发性成分的肥料，如过磷酸钙、硝酸钾、硫酸铵等，其中游离水的测定方法一般用烘干法（105±2℃），有条件的最好选用真空干燥法（80kPa，70℃）；对含易挥发成分的肥料，如尿素、硝酸铵、碳酸氢铵等，水分含量的测定宜选用卡尔·费歇尔滴定法或电石（碳化钙）气量法。

化学氮肥含氮量的测定

化学氮肥的形态主要有总氮、铵态氮、硝酸态氮、酰胺态氮、氰氨态氮以及缩二脲态氮等，一般只分析总氮量，有时根据需要也按形态进行测定。肥料氮测定的方法均需严格按该肥料的国家标准或行业标准进行。在肥料氮测定的众多方法中，与凯氏定氮法相类似的消化-蒸馏滴定法被列为仲裁法，该法是在样品中加入硫酸、催化剂、铬粉等进行消化，通过一系列化学反应将肥料中各种形态的氮全部转化成铵态氮，然后在定氮仪中加碱蒸馏，用标准硫酸溶液吸收馏出的氨液，然后用标准碱溶液进行滴定，进而计算全氮量。在肥料生产的日常检验中有时也用一些快速的测定方法，以加快检测的速度，如碳酸氢铵和氨水肥料可用中和滴定法，强酸型铵态肥料（如氯化铵、硫酸铵等）用甲醛法，硝态氮肥用氮试剂［$C_2HN_4(C_6H_5)_3$］质量法或者加入锌粉-硫酸亚铁还原剂在碱性条件下进行还原蒸馏测定含氮量。缩二脲态氮是尿素生产或用尿素生产复合肥过程中，经高温加热的副产物，缩二脲对作物的生长有害，有时需要分析其含量，其测定可用铜复盐分光光度法，在碱性条件下，缩二脲基团与硫酸铜、酒石酸钾钠试剂生成紫红色络合物，可用比色法测定。

化学磷肥含磷量的测定

化学磷肥中的磷可分为有效态磷（水溶性磷和枸溶性磷）及难溶性磷，用柠檬酸溶液或柠檬酸铵溶液浸提的磷称为枸溶性磷，而包括难溶性磷在内的全磷则用硝酸消化。化学磷肥含磷量通常只测定有效态磷，有效态磷的提取剂和提取方法因磷肥种类而异，一般先把水溶性磷提取出来，残渣再用柠檬酸或柠檬酸铵提取枸溶性磷。对于枸溶性磷的提取，过磷酸钙等酸性磷肥一般用微碱性的柠檬酸铵，钙镁磷肥等碱性热制磷肥用柠檬酸，复混肥则要根据其中所含的磷肥种类严格区别对待。提取液的磷用磷钼酸喹啉质量法（仲裁法）、磷钼酸喹啉容量法或钒钼黄比色法测定。

化学钾肥含钾量的测定

化学钾肥中的钾一般为水溶性钾，可用沸水或稀酸提取。溶液中钾测定的方法是四苯硼质量法。因光谱法过于灵敏，测定的误差很大，一般不用火焰光度计、原子吸收分光光度计和 ICP 测定肥料钾含量。

复混肥料养分分析

对复混肥料中的各种养分所进行的分析。氮的测定参见“化学氮肥含氮量的测定”，磷的测定参见“化学磷肥含磷量的测定”，钾的测定参见“化学钾肥含钾量的测定”。

有机肥料养分分析

有机肥料或有机-无机复合肥料中的氮、磷大多以有机态存在，钾以离子态存在，其氮、磷和钾等养分分析的方法与植物分析类似，用硫酸-过氧化氢法消煮样品，使之转化为铵盐、正磷酸盐和钾盐，同一消煮液可同时测定氮、磷、钾。其中氮用蒸馏法测定，磷用钒钼黄比色法测定，钾用火焰光度法、原子吸收分光光度法或 ICP 法直接测定。

仪器分析

光谱分析

利用光谱学原理和试验方法以确定物质的结构和组成的一类分析方法。根据物质相互作用（或交换能量）的机制不同，可将光谱分为发射光谱和吸收光谱。物质的原子或分子从处于较高能级的激发状态到较低能级的状态，伴随着电磁波的发射，产生发射光谱；物质的原子或分子吸收入射光的光子变成激发态，产生吸收光谱。通过测量物质发射光谱的波长和强度来进行定性和定量的分析方法叫发射光谱分析法；利用物质的特征吸收光谱进行分析的方法叫吸收光谱分析法。根据吸收光谱所在的光谱区不同，吸收光谱可分为分子光谱（如紫外和可见光谱、红外光谱、荧光光谱等）和原子光谱（如核磁共振、X 射线衍射、原子荧光等）。光谱分析法的特点是准确、灵敏、快速和简便。光谱分析法在农业化学分析及土壤学研究中已普遍采用，如测定土壤养分、重金属、矿物、有机物等。

紫外-可见光谱仪

根据物质分子对波长为 200~760nm 的电磁波的吸收特性所建立起来的一种进行定性、定量和结构分析的仪器。具有操作简单、准确度高和重现性好等特点。分光光度测量是关于物质分子对不同波长和特定波长处辐射吸收程度的测量。对应 200~400nm 波长的称紫外光，400~760nm 的称可见光。仪器由五个部件组成：光源、单色器、样品池、检测器和记录仪；可分为单光束直读式分光光度计和双光束自动记录式分光光度计。该仪器广泛用于土壤中各种微量和常量的无机和有机物质的测定、无机矿物和有机物质的定性和结构分析以及土壤化学过程（络合-解析、溶解沉淀、酸碱离解常数等），也用于植物营养诊断和营养品质分析，如蛋白质、淀粉、可溶性糖、维生素 C 和铁、锰、铜、锌、硼等元素的分析以及根系活力和多种酶活性的测定。

荧光光谱仪

分子吸收电磁辐射后被激发再返回基态而发出的光称为光致发光，包括荧光和磷光。根据荧光或磷光建立起来的定性、定量分析的分子光谱仪器就是荧光光谱仪。荧光光谱仪由激发光源、单色器、样品池和检测器组成。荧光光谱法的优点是灵敏度高，选择性好，其测定下限比一般分光光度法低 2~4 个数量级，特别是用激光作激发源时性能更佳，但不如分光光度法应用广泛，因为只有有限的化合物才能产生荧光。产生荧光的第一个必要条件是该物质的分子必须具有吸收激发光的结构，通常是共轭双键结构；第二个必要条件是该分子必须具有一定程度的荧光效率。荧光激发光谱和发射光谱可用来鉴定有机化合物，还可以采用同步荧光扫描法来鉴别多组分的荧光物质。荧光光谱仪在农业化学方面广泛用于测定蛋白质、酶、核酸、氨基酸、维生素、微量元素、农药及农作物中硼的测定。

红外分光光谱仪

通过测定物质的波长在红外光区范围内光的吸收度，对物质进行定性和定量分析的仪器。红外光谱仪由光源、单色器、样品池、检测器和记录仪组成。红外光谱主要来源于分子振动，由于每种物质的结构不同，会出现不同的吸收频率，因此产生具有一定特征的红外光谱，由此可以进行定性、定量分析和结构剖析。由于光区的不同，红外光谱法分为近红外光谱、中红外光谱和远红外光谱，其中分子振动的基频主要位于中红外区，因此中红外区在定性与定量分析方面准确性更高。根据信号的采集方式红外光谱可分为透射光谱、反射光谱和光声光谱，这些光谱都是吸收光谱，但具有不同的特点，如透射光谱多用于定性分析，很难用于定量分析，而反射光谱和光声光谱均可以用于定性和定量分析。红外光谱法具有快速、样品需要量少、测定方便和不破坏样品等特点，因而在土壤学研究中具有广泛应用，如测定土壤有机质和矿物的结构与组成。

近红外分光光谱仪

通过测定物质在近红外光区范围（800~2500nm）内光的吸收度，对物质进行定性和定量分析的仪器。通过扫描样品的近红外光谱，可以得到样品中有机分子含氢基团信息，主要是C-H、O-H、N-H、S-H等含氢基团振动光谱的倍频及合频吸收。近红外光谱仪鉴定有机物质十分有效，具有高信息量，但近红外区的吸收多是泛频、倍频、叠频和合频等，很难像基频一样直接进行分析和鉴定；需要运用化学计量学的手段，建立样本与信息之间的数学模型；运用该模型即可以对未知样品进行鉴别分析。该方法为非破坏性方法，可实现产品的无损检测，具有检测速度快、操作简单、所需样品少、不消耗化学试剂、不污染环境、适宜于液体和固体等分析及过程控制等优点，因此近红外光谱广泛应用于土壤信息的快速获取，在精准农业中具有重要作用。

原子吸收光谱仪

基于气态的基态原子外层电子对紫外光和可见光范围的相对应原子共振辐射线产生吸收，并符合朗伯-比尔定律来定量测定元素含量的分析仪器。原子吸收光谱仪由光源、原子化器、分光器、检测系统和记录系统等几部分组成。被测元素需要选择对应的元素光源，常用的光源是空心阴极灯。根据原子化方法的不同可分为火焰原子化法和非火焰原子化法，后者应用最广的是石墨炉原子化法。火焰原子吸收光谱仪（FAAS）主要用于分析浓度为mg/L级别的元素，如大量元素（K、Na、Ca、Mg、Fe、Mn等）及微量元素（Cu、Zn、Cr、Ni等）。对于高原子化温度的元素（Al、Mo等），需要配备高温燃烧头及氧化亚氮-乙炔燃烧装置。石墨炉原子吸收光谱仪（GFAAS）主要用于分析浓度为μg/L级别的元素，如Cd、Pb等。由于土壤消化液基体较为复杂，为了保证测定的准确性和稳定性，测定过程中需要添加基体改进剂，不同元素选用的基体改进剂也有所不同，常用的基体改进剂有正磷酸、二价磷酸盐、氯化钯+维生素C、硝酸镁等。

电感耦合等离子发射光谱仪

指以电感耦合等离子体作为激发光源，根据处于激发态的待测元素原子回到基态时发射的特征谱线对待测元素进行分析的仪器。待测元素原子的能级结构不同，发射谱线的特征也不同，据此可对样品进行定性分析；而待测元素原子的浓度不同，发射强度也不同，可实现元素的定量测定。ICP-AES可同时测定周期表中多数元素（金属元素及磷、硅、砷、硼等非金属元素），且均有较好的检出限。检测器线性范围可达到4~5个数量级。由于氢氟酸会腐蚀玻璃进样系统，所以在样品测定时必须保证待测液中不含氟离子或者使用耐氢氟酸的进样系统。由于高盐分会带来盐效应，一般要求待测液含盐量（TDS）不超过1%，超过时需使用高盐雾化器，最高不超过4%，若盐分组成为碱金属的盐，则耐受能力更低。由于土壤样品基体比较复杂，会产生基体效应，导致检测能力降低，误差加大，测定时可采用内标法、基体匹配法、标准加入法，也可以使用化学分离和加入抑制剂的方法降低基体的干扰。

原子荧光光谱仪

利用原子退激时产生的荧光发射强度进行元素分析的光谱分析仪器。其工作原理是基态的气态原子受到特征波长的光源照射后，其中一些自由原子吸收光能后被激发跃迁至高能态，然后又回到某一较低能态（常常是基态）时而发射出特征波长的共振荧光光谱和非共振荧光光谱，其中共振荧光光谱强度最大，它与试样中待测元素含量在低浓度时成正比。原子荧光光谱仪由激发光源、原子化器、分光系统和记录仪组成。由于大多数原子光谱分析仪器均设计在可见光范围内，而As、Sb、Bi、Ge、Sn、Pb、Se、Te、Cd、Zn、Hg等元素激发谱线大都落在紫外区间，因此测量的灵敏度较低，另外，常规火焰产生的强烈背景干扰也会导致测量信噪比变坏，火焰、石墨炉甚至ICP测定上述元素，不论是灵敏度、检出限、重现性等都无法满足样品测量的需要。因此，原子荧光光谱仪利用氢化物发生系统，将试样中的待测元素与还原剂反应生成气态氢化物或气态组分，再由载气导入原子化器中进行原子化反应分解成原子态，然后进行定量光谱测量。原子荧光光谱仪具有光谱干扰少、进样效率高、谱线简单、灵敏度高，在低浓度时校准曲线的线性范围宽达3~5个数量级，还可进行价态分析等优势。在农业与环境检测中，可以进行土壤、水、动植物组织中某些金属元素和非金属元素如Hg、As、Se等元素的微量、痕量分析。

火焰光度计

指以发射光谱法为基本原理的一种分析仪器，以火焰作为激发光源，并应用光电检测系统来测量被激发元素由激发态回到基态时发射的辐射强度，根据其特征光谱及光波强度判断元素类别及其含量。它包括气体和火焰燃烧部分、光学部分、光电转换器及检测记录部分。火焰的温度比较低，只能激发少数的元素，而且所得的光谱比较简单，干扰较小。火焰光度法特别适用于较易激发的碱金属及碱土金属元素的测定。

色谱分析

色谱分析法

一种利用混合物中诸组分在两相间的分配性质不同进行分离的分析方法。即待分离物质在固定相和流动相之间分配平衡的过程，不同的物质在两相之间的分配会不同，使其随流动相运动速度各不相同，随着流动相的运动，混合物中不同的物质会以不同的速度沿固定相移动，最终达到分离的效果。利用色谱法原理设计的仪器有气相色谱仪、高效液相色谱仪、薄层色谱扫描仪、凝胶渗透色谱仪、超临界流体色谱仪、毛细管电泳仪、离子色谱仪及氨基酸分析仪等，配置相应的检测器可分析鉴定化合物的组成和含量。为了分离和鉴定一个复杂有机物，常把色谱法的高效分离能力和质谱、光谱等高灵敏度、高选择性的鉴定能力结合，研发出气相色谱-质谱联用、气相色谱-红外光谱联用、高效液相色谱-质谱联用、毛细管电泳-质谱联用、气相色谱-等离子发射光谱等联用技术，使色谱法在分析化学领域的应用范围更为广泛。色谱分析法在农业生态和土壤环境研究中可用于土壤、水体、植物中有机化合物、农药及土壤中气体的分析等。

气相色谱仪

用气体作为流动相的色谱分析仪器。其原理主要是利用物质的沸点、极性及吸附性质的差异实现混合物的分离。待分析样品在气化室气化后被惰性气体（即载气，亦称流动相）带入色谱柱内，柱内含有液体或固体固定相，样品中各组分都倾向于在流动相和固定相之间形成分配或吸附平衡。随着载气的流动，样品组分在运动中进行反复多次的分配或吸附/解吸，在载气中分配浓度大的组分先流出色谱柱，而在固定相中分配浓度大的组分后流出。组分流出色谱柱后进入检测器被测定，常用的检测器有电子捕获检测器（ECD）、氢火焰检测器（FID）、火焰光度检测器（FPD）及热导检测器（TCD）等。气相色谱仪通常可用于分析土壤中热稳定且沸点不超过500℃的有机物，如挥发性有机物、有机氯、有机磷、多环芳烃、酞酸酯等，具有快速、有效、灵敏度高等优点，在土壤有机物研究中发挥着重要作用。能直接用于气相色谱分析的样品必须是气体或液体，因此土壤样品在分析前需要通过一定的前处理方法将待测物提取到某种溶剂中。常用的前处理方法有索氏提取法、超声提取法、振荡提取法、微波提取法等，此外，一些新兴的前处理方法，如固相萃取法、固相微萃取法、加速溶剂萃取法及超临界萃取法等，目前也得到广泛使用。

高效液相色谱仪

指流动相为高压液体的色谱分析仪器。基本原理是利用物质的极性、吸附性及溶解性等差异进行多次分配实现混合物的分离。样品混合物由高压流动相带入粒径≤5μm填料填充的色谱柱中，经色谱柱分离后随流动相依次流出色谱柱，先后到达高灵敏度的检测器中，根据各组分的流出时间和浓度而得到不同的检测信号，最终由计算机得到色谱图及进行数据处理。高效液相色谱仪由高压泵、进样装置、色谱柱和检测器等部件组成。依据目标化合物的性质，可选择不同的检测器，常用的有紫外、荧光、电导、示差折光检测器等。高效液相色谱仪具有分离效能高、选择性高、检测灵敏度高和分析速度快等优点；可以分离不可挥发而具有一定溶解性的物质或热不稳定物质，这类物质在已知化合物中占有相当大的比例。据统计，在已知有机化合物中能用气相色谱分析的约占 20%，而能用液相色谱分析的占 70%~80%。按分离机制分类，有液固吸附色谱、液液分配色谱、离子色谱交换、离子对色谱和凝胶色谱等。液相色谱仪通常可用于分析土壤或植物中热不稳定等气相色谱难以分析的有机物，如农业环境样品中的有机污染物、农药、糖类和有机酸等。直接用于液相色谱分析的样品必须是液体，因此、土壤等固体样品在分析前需要通过一定的前处理方法将待测物提取到某种溶剂中。常用的前处理方法既有经典的索氏提取法、超声提取法、振荡提取法、微波提取法等，还有固相萃取、固相微萃取、加速溶剂萃取及超临界萃取等新的方法。

离子色谱仪

亦称高效离子色谱仪（HPIC），是分析离子型化合物的一种液相色谱仪。按分离原理，离子色谱主要有三种类型：离子交换色谱、离子排斥色谱和离子对色谱。离子交换色谱分离的原理是基于离子交换树脂上的离子与流动相中具有相同电荷的溶质离子之间进行的可逆交换，依据流动相中被分析物溶质对交换剂亲和力的差别而分离。适用于亲水性离子化合物的分离，如土壤、水质、酸沉降物和大气颗粒物等样品中的阴、阳离子等。离子排斥色谱主要根据唐南膜排斥效应。其固定相为高交换容量的磺化 H^+ 型阳离子交换树脂，流动相为淋洗液。完全离解的酸受到唐南排斥不被固定相保留而流出，而未离解的酸不受唐南排斥，能进入树脂的内微孔，基于溶质和固定相之间的排斥作用而分离。主要用于分离无机弱酸和有机酸，如硼酸、氢碘酸、碳酸、草酸等。离子对色谱的固定相为疏水型的中性填料，如苯乙烯、二乙烯苯树脂等，流动相为离子对试剂和有机溶剂的混合溶液。其分离原理主要有三种理论：离子对形成、动态离子交换、离子相互作用。主要用于高氯酸盐、柠檬酸盐、硫的含氧阴离子和金属络合物、烷基磺酸、烷基硫酸、烷基苯磺酸、季铵类化合物等的分析。离子色谱联用技术发展很快。有关离子色谱与原子荧光（AFS）、原子吸收（AAS）、电感耦合等离子体（ICP）、质谱（MS）的联用已有不少研究。联用技术的发展，使得离子色谱分析技术的应用范围和检测灵敏度得到提高。

氨基酸分析仪

指用于测定蛋白质、肽及其他药物制剂的氨基酸组成或含量的仪器。进行氨基酸分析前，必须将蛋白质及肽水解成单个氨基酸。它是基于阳离子交换柱分离、柱后茚三酮衍生、光度法测定的离子交换色谱仪。氨基酸分析仪由色谱柱、自动进样器、检测器、数据记录和处理系统组成。氨基酸分析仪的基本原理为流动相（缓冲溶液）推动氨基酸混合物流经装有阳离子交换树脂的色谱柱，各氨基酸与树脂中的交换基团进行离子交换，当用不同的 pH 缓冲溶液进行洗脱时，因交换能力的不同而将氨基酸混合物分离，分离出的单个氨基酸组分与茚三酮试剂反应，生成紫色化合物或黄色化合物，用可见光检测器检测其在 570nm、440nm 的吸光度。这些有色产物对应的吸收强度与洗脱出来的各氨基酸浓度之间的关系符合朗伯-比尔定律。据此，可对氨基酸各组分进行定性、定量分析。氨基酸分析仪也可利用阴离子交换分离后经积分脉冲安培法检测，该检测方法无须将待测氨基酸进行柱前或柱后衍生。

质谱分析

质谱分析法

用电场和磁场将运动的离子（带电荷的原子、分子或分子碎片）按质荷比（m/z）分离后形成质谱图，检测和解析物质的质谱图，对样品进行定性和定量分析的方法称为质谱分析法。可用于同位素分析、原子和分子质量精确测量、有机及无机物分析、复杂化合物的结构分析及固体表面的结构和组成分析等。利用质谱学原理设计的仪器称为质谱仪，其基本组成包括进样系统、离子源、质量分析器、离子检测器和真空系统。将不同类型的质量分析器与不同形式的进样系统相结合，可以构成多种通用的或专用的质谱仪器。根据使用范围，质谱仪器可分为同位素比值质谱、无机质谱、有机质谱、生物质谱和残余气体分析质谱等。在质谱分析法中，同位素质谱最为经典，而有机质谱是当前最活跃的方面。特别在质谱中作为高灵敏度的检测器使用，与其他有分离能力的仪器相组合，实现了多种联用分析技术，使质谱分析法发生了飞跃变化，使其技术更加成熟，应用领域更加宽广。在农业生态和土壤环境研究中，目前应用较多的质谱仪有：①稳定性同位素比值质谱仪，测定同位素示踪试验样品中几种轻元素稳定性同位素（如^{13}C、^{18}O和^{15}N）的比值；②有机质谱，如气相色谱-质谱联用仪和液相色谱-质谱联用仪等，主要对环境样品中的有机质进行定性和定量分析，包括未知物的鉴定；③无机质谱，使用较多的是电感耦合等离子光谱-质谱联用仪，可测定样品中微量和痕量元素的含量及一些元素的同位素比值。

气相色谱-质谱联用仪

将气相色谱仪的高效分离能力与质谱仪独特的选择性、灵敏度、相对分子质量和分子结构鉴定能力相结合的仪器。其原理是多组分混合物经气相色谱气化、分离，各组分按保留时间顺序依次进入质谱仪，各组分的气体分子在离子源中被电离，生成不同质荷比的带正电荷的离子，经加速电场的作用形成离子束，进入质量分析器后按质荷比的大小进行分离，最后由检测器检测离子束流转变成的电信号，并被送入计算机内，这些信号经计算机处理后可以得到色谱图、质谱图及其他多种信息。组分的质量谱图的分子离子峰、同位素峰和特征碎片离子峰与该组分的分子结构有关，通过与标准质量谱图库的对比可对该组分定性并确定其结构。而组分的浓度与其质谱图中基峰的离子流强度成正比，据此可对该组分进行定量分析。气相色谱-质谱联用仪由气相色谱、色谱-质谱接口、质谱仪和数据处理系统几个部分组成。根据不同的研究领域，气相色谱仪可选择合适的质谱仪进行联用，组成多种通用或专用的仪器以满足各领域的检测需求。联用的质谱计依据其质量分析器的不同，分为磁质谱仪、四级杆质谱仪、离子阱质谱仪、飞行时间质谱仪、傅里叶变换质谱仪、多级串联质谱仪等。气相色谱-质谱联用仪可用于土壤等环境样品中易挥发、半挥发性的热稳定的有机小分子化合物定性、定量检测或判定环境样品中未知有机组分的分子结构。

液相色谱-质谱联用仪

其工作原理是，样品中各组分经高效液相色谱仪分离后先后经适用的接口导入质谱仪中，被离子源电离成具有一定质荷比（m/z）的碎片离子，由质量分析器分离而被检测，最后由计算机处理得到碎片离子组成的单一组分的质谱图，再由质谱图鉴定出该组分的结构组成。液相色谱和质谱联机的关键是选用适合的接口，即要将大气压条件下的色谱分离和气化与质谱高真空条件下的电离完美连接。该连接技术主要有大气压离子化（API）技术，如电喷雾电离（ESI）、大气压化学电离（APCI）、大气压光电离（APPI）和基体辅助激光解吸电离技术（MALDI）等。其中ESI和APCI接口是现有液相色谱-质谱联用仪器中最为普遍的接口。接口技术的成功开发使液相色谱-质谱联用仪在生物、医药、化工、农业和环境等领域中得以广泛应用。液相色谱-质谱联用结合了液相色谱仪有效分离热不稳性及高沸点化合物的分离能力与质谱仪很强的组分鉴定能力，其应用范围极广。但液相色谱-质谱联用的缺点是试样组分在进入离子源前必须去除溶剂，故沸点与溶剂相近或比溶剂低的组分不能检测；由于溶剂很难挥发干净，本底效应较高，不利于分辨；没有商品化的谱库可对比查询，只能自建谱库或自己解析谱图。液相色谱-质谱联用仪主要用于非挥发性化合物、极性化合物、热不稳定化合物和大相对分子质量化合物（包括蛋白、多肽、多聚物等）等的分析测定。在土壤科学研究中主要应用于农药兽药的残留物、环境污染物及化感物质等有机物的定性和定量分析。

稳定性同位素质谱仪

一种专门测定C、H、O、N和S等稳定性同位素比值的质谱仪器（IRMS）。在轻元素的稳定性同位素分析时，均以气体形式进行质谱测定，因此，首先要将被分析的样品转化为气体（如CO_2、N_2、SO_2或H_2）。在离子源中，气体分子被电离成带正电荷的离子，并经电场和磁场的作用将离子按照它们的质荷比分开，然后根据不同离子束流的强度测定稳定性同位素比值。稳定性同位素质谱测定可采用单路测量，或采用双路（样品路和标准路）测量的方式。单路测量是气体样品从进样系统的一路进入质谱中，即可测得所需离子束的强度，并由比值计算出样品中同位素的原子百分数；而采用双路测量时，样品气体必须与工作标准气体进行交替比较测量，得出气体样品相对于标准气体的某种同位素的丰度比。在农业、土壤以及生物医学研究中，进行同位素示踪的土壤、植物和水体样品的^{15}N和^{13}C的原子百分数一般都采用单路测定；测定自然物质中轻元素稳定性的自然丰度变异则应采用双路法。虽然稳定同位素质谱分析精确度比较高，但必须注意由于实验过程和仪器工作条件的变化所引起的测量误差。

电感耦合等离子发射光谱-质谱联用仪

以电感耦合等离子体作为离子源，将无机元素电离成带电离子后通过接口部分将离子束从等离子体中提取进入质量分析器，再根据质荷比（m/z）不同，通过质谱仪进行检测的无机多元素分析仪器。ICP-MS可进行多元素浓度快速分析和同位素分析，且具有高灵敏度、低检出限、线性范围宽、谱线简单、干扰少、分析精密度高、可分析元素范围广等特点。标准的ICP-MS仪器分为电感耦合等离子体、质谱计、接口三个基本部分。由于质谱和等离子体之间存在温度、压力和浓度的巨大差异，前者要求在高真空和常温条件下工作，而后者则是在常压下工作，所以接口是整个ICP-MS系统最关键的部分。ICP-MS仪器灵敏度特别高，因此在样品制备期间需要特别注意避免污染问题，待测液制备时用酸要考虑到可能引起的多原子离子干扰问题，ICP-MS分析最好的酸介质是硝酸。由于氢氟酸会腐蚀玻璃进样系统，所以在样品测定时必须保证待测液中不含氟离子或者使用耐氢氟酸的进样系统。由于含盐量过高会引起接口锥严重堵塞和基体抑制效应，所以对待测液中含盐量（TDS）有限制，一般控制在2‰以下。

元素分析-同位素比值质谱联用仪

通常是一种碳、氮自动分析仪，经过接口与同位素比值质谱仪相连接的联用仪器。仪器运行时，自动进样器中装有样品的锡杯落入高温的氧化炉中，使样品中的氮化物和碳化物生成N_2和CO_2及一些氮、碳氧化物，然后通过铜还原炉将氮、碳氧化物完全还原成N_2和CO_2。在去除水分后，N_2和CO_2气体随氦气流经恒温色谱柱分离进入质谱仪，进行总碳和总氮百分含量、$^{13}C/^{12}C$和$^{15}N/^{14}N$同位素比值的连续测试，也可以直接进入热导检测器（TCD）单独进行总碳和总氮的百分含量测定。元素分析-同位素质谱联用仪主要具有测定快速准确，所用样品量少等特点。此仪器同时结合了元素分析仪和同位素比值质谱仪的性能，既可以用于单一测定土壤和植株等固体样品中总氮百分含量和氮同位素比值以及总碳百分含量和碳同位素比值，也可以同时进行氮、碳双元素的含量和稳定性同位素比值分析。仪器广泛应用于土壤学、植物学、环境科学、海洋学、湖泊生物学和食品及药品的真假鉴别等研究中。

微量气体预浓缩装置-同位素比值质谱联用仪

一种测定大气和土壤气体中一些微量和痕量气体（N_2O、CH_4和CO_2）中$^{13}C/^{12}C$、$^{15}N/^{14}N$和$^{18}O/^{16}O$稳定性同位素比值的联用仪器。主机是同位素比值质谱仪，与一套采用阀自动切换、低温冷阱和色谱柱分离的全自动微量气体预浓缩装置相连接，专门用于分析10^{-6}（体积比）级的CH_4和CO_2

及 10^{-9}（体积比）级的 N_2O。在有关土壤与全球气候变化以及土壤碳、氮循环研究中已广泛应用，也可用于大气化学、环境科学、地球化学和海洋中的 C、N 循环等研究。

显微分析

显微分析法

利用光学系统或电子光学系统显微镜，将肉眼不能分辨的微小物体或物体的微细部分高倍放大，以期观测和研究其结构和特性的方法。显微镜按用途可分为体视显微镜和生物显微镜两大类。体视显微镜操作简便，对标本要求不高，工作距离长，观察时有较强的立体感，不需要对标本进行切片处理，因此体视显微镜在微电子、精密仪器仪表装配与维修、微雕等领域有广泛应用。生物显微镜由于用途不同、要求不同，又产生了许多新品种：显微镜检法由传统的明视野、暗视野发展出相差法、偏光方法；荧光方法也由透射光激发发展为落射光激发，使荧光效率大为提高；微分干涉相衬方法基于偏光方法，利用微分干涉棱镜，能应用于医学与生物学的样品分析与检验。显微分析法为细胞学和组织学的研究奠定了基础，也是土壤黏土矿物的有效观测方法，并对生物学、遗传学、微生物学、病理学、医学和检验学的发展起了极大的促进作用，是现代科研工作中重要的分析方法之一。此外，在卫生防疫、环境保护、中草药鉴定、石油探矿和地层鉴定、木材鉴定、法医学、考古学、矿物学以及其他工业材料和工业产品的质量检查等方面，都有广泛的应用。

荧光显微镜

一种研究自发荧光和激发荧光物质的显微镜。其原理是利用高压汞灯或类似光源，发出短波长的激发光照射经荧光染料标记的被检物体，使之受激发后产生长波长的荧光，观察标本的荧光图像。荧光显微镜用于研究细胞内物质的吸收、运输、分布及定位等，通过荧光的有无和色调比较，进行物质判别、荧光量测定。其优势在于检出能力高，对细胞的刺激小，能进行多重染色。荧光显微镜可应用于活体和非活体有机材料或无机材料的显微分析，其可视化程度可拓展到纳米水平，在土壤微生物可视化研究中有着很大的应用，能够真实、客观地展示被观察样品的微结构形态、构成及分布状况，为土壤微生物的物种数量、组成比例、时空分布、种群特征和群落结构等方面的研究提供了帮助。近来，也涌现出大量利用荧光探针监测活体细胞中快速变化的生理离子浓度和 pH 值的研究报道。

偏光显微镜

在光学显微镜的光学系统中插入了起偏振镜和检偏振镜，用以检测样品的单折射性（各向同性）或双折射性（各向异性）的显微镜。起偏振镜和检偏振镜都是由偏光棱镜或偏光板的尼科耳（Nicol）棱镜制成的。前者安装在光源与样品之间，作用是将来自光源的自然光变成线偏振光，后者安装在观察镜筒内，作用是分辨线偏振光照射样品后出射光的偏振状态。偏光显微镜多应用于矿物结构分析中，对物质细微结构光学性质进行鉴定，分单偏光观察、正交偏光观察、锥光观察。此外，在生物学中，用来检测生物体内某些有序结构、晶体的存在及其折射光学性质，淀粉粒、染色体和纺锤体等具有双折射性，因此用于组织细胞的化学研究；在植物学方面，用于鉴别纤维、染色体、纺锤丝、淀粉粒、细胞壁以及细胞质与组织中是否含有晶体等；在植物病理上，病菌的入侵常引起组织内化学性质的改变，也可用偏光显微术进行鉴别。

激光扫描共聚焦显微镜

用激光作为荧光灯激发光源，通过扫描装置对样品进行逐点、逐行、逐面快速扫描，并通过空间共轭光阑（针孔）阻挡离焦平面光线而成像的一种显微镜。即通过电子摄像和计算机图像处理系统分析和模拟，得到细胞或组织内部细微结构立体图像的显微镜。它由显微镜光学系统、扫描装置、激光光源和检测系统四部分组成。由于激光束的单色性强、波长短、光束细，共焦激光扫描显微镜从根本上消除了色差，分辨力大约是普通光学显微镜的三倍。采用共聚焦技术在物镜的焦平面上放置一个设有小孔的挡板，将焦平面以外的杂散光挡住，消除了球差。扫描的激光与荧光收集共用一个物镜，物镜的焦点即为扫描激光的聚焦点，也是瞬时成像的物点。系统经一次调焦，扫描限制在样品的一个平面内。调焦深度不一样时，就可以获得样品不同深度层次的图像，从而显示样品的立体结构。

倒置荧光显微镜

与一般显微镜相比，倒置荧光显微镜的物镜、聚光镜和光源的位置都颠倒过来，由荧光附件与显微镜有机结合构成的显微镜。激发光从物镜向下落射到标本表面，被反射到物镜中并聚集在样品上，样品所产生的荧光以及由物镜透镜表面、盖玻片表面反射的激发光同时进入物镜，经双色束分离器使激发光和荧光分开而成像。物镜和聚光镜的工作距离很长，能直接对培养皿中的被检物体进行显微观察和研究。适用于土壤微生物培养实验，具有在培养瓶或培养皿内进行显微观察的特点，可以观察不经染色的透明活体。特别适用于对活体细胞和细胞离体培养等的显微观察。

体视显微镜

亦称实体显微镜或解剖镜。一种具有正像立体感的目视仪器，从不同角度观察物体，使双眼引起立体感觉的双目显微镜。对被观察体无须加工制作，直接放入镜头下配合照明即可观察，像是直立的，便于操作和解剖。视场直径大，放大倍率在200倍以下。体视显微镜的特点如下：双目镜筒中的左右两光束不是平行的，而是具有一定的夹角——体视角一般为12°~15°，因此成像具有立体感，这是在目镜下方的棱镜把像倒转过来的缘故；虽然放大倍率不如常规显微镜，但其工作距离很长，焦深大，便于观察被检物体的全层，视场直径大。

实体显微镜

即“体视显微镜”。

解剖镜

即“体视显微镜”。

电子探针X射线显微分析仪

简称电子探针。以聚焦的高速电子来激发出试样表面组成元素的特征X射线，并根据X射线的波长和强度，对微区成分进行定性或定量分析的一种材料物理仪器。电子探针分析的原理是以电子束轰击试样表面，击出表面组成元素的原子内层电子，使原子电离，此时外层电子迅速填补空位而释放能量，从而产生特征X射线。不同的元素有不同的X射线特征波长和能量。通过鉴别其特征波长或特征能量就可以确定所分析的元素。电子探针有三种基本工作方式：一是点分析，用于选定点的全谱定性分析或定量分析；二是线分析，用于显示元素沿选定直线方向上的浓度变化；三是面分析，用于观察元素在选定微区内浓度分布。电子探针可以对试样中微小区域微米的化学组成进行定性或定量分析，除做微区成分分析外，还能观察和研究微观形貌、晶体结构等。电子探针技术具有操作迅速简便、实验结果的解释直截了当、分析过程不损坏样品、测量准确度较高等优点，在冶金、地质、土壤、生物、医学、考古以及其他领域中得到日益广泛的应用，是土壤和矿物测试分析和样品成分分析的重要工具。

电子探针

“电子探针X射线显微分析仪”的简称。

电子显微镜

根据电子光学原理，用电子束和电子透镜代替光束和光学透镜，使物质的细微结构在非常高的放大倍数下成像，以展示物体的内部或表面的显微镜。电子显微镜的分辨率可达0.1nm。常用的电子显微镜有透射电子显微镜和扫描电子显微镜等。电子显微镜的主要组成部分包括电子源、电子透镜、真空系统、样品架和探测器。电子源包括一个释放自由电子的阴极和一个加速电子的环状阳极。阴极和阳极之间的电压差一般在数千伏和3MV之间。电子透镜用来聚焦电子，一般使用的是磁透镜，也有使用静电透镜的。真空系统用以保障显微镜内的真空状态，这样电子在其路径上不会偏向或被吸收。样品架使样品可以稳定放置，此外还可以用来改变样品（如移动、转动、加热、降温、拉长等）的位置。探测器用来收集电子的信号或次级信号。

透射电子显微镜

一种高分辨率、高放大倍数，能提供极微细材料的组织结构、晶体结构和化学成分等方面信息的显微镜。透射电镜的分辨率为0.1~0.2nm，放大倍率超过30万倍，所以通过电子显微镜就能直接观察到某些重金属的原子和晶体中排列整齐的原子点阵。透射电子显微镜由以下几大部分组成：照明系统、成像光学系统、记录系统、真空系统和电气系统。透射电镜的成像原理是，由照明部分提供的有一定孔径角和强度的电子束平行地投影到处于物镜物平面处的样品上，通过样品和物镜的电子束在物镜后焦面上形成衍射振幅极大值，即第一幅衍射谱。这些衍射束在物镜的像平面上相互干涉形成第一幅反映试样微区特征的电子图像。通过聚焦（调节物镜激磁电流），使物镜的像平面与中间镜的物平面相一致，投影镜的像平面与荧光屏相一致，这样在荧光屏上就观察到一幅经物镜、中间镜和投影镜放大后有一定衬度和放大倍数的电子图像。由于试样各微区的厚度、原子序数、晶体结构或晶体取向不同，通过试样和物镜的电子束强度产生差异，在荧光屏上显现出由明暗差别所反映出的试样微区特征的电子显微图像。电子图像的放大倍数为物镜、中间镜和投影镜放大倍数的乘积。透射电子显微镜增加附件后，其功能可以从原来的样品内部组织形貌观察（TEM）、原位的电子衍射分析（DIFF），扩展到可以进行原位的成分分析［能谱仪（EDS）、电子能量损失谱（EELS）］和扫描透射像（STEM）。结合样品台设计成高温台、低温台和拉伸台，更可以针对同一微区位置进行形貌、晶体结构、成分和价态的全面分析。

扫描电子显微镜

当一束高能的入射电子轰击物质表面时，被激发的区域将产生二次电子、俄歇电子、特征X射线、背散射电子、透射电子，以及在可见、紫外、红外光区域产生的电磁辐射，也可产生电子一空穴对、晶格振动（声子）、电子振荡（等离子体）。根据这一原理，利用电子和物质的相互作用，获取被测样品本身的多种物理、化学性质的信息，如形貌、组成、晶体结构等。扫描电子显微镜由真空系统、电子束系统以及成像系统组成。扫描电子显微镜根据上述不同信息产生的机制，可采用不同的信息检测器，如对二次电子、背散射电子的采集，可得到有关物质微观形貌的信息；对X射线的采集，可得到物质化学成分的信息。扫描电子显微镜除了用于显微结构分析外，其最主要的组合分析功能有X射线显微分析系统，即能谱仪，主要用于元素的定性和定量分析并可分析样品微区的化学成分等信息；电子背散射系统，即结晶学分析系统，主要用于晶体和矿物的研究。

环境扫描电子显微镜

环境扫描电子显微镜除了像普通扫描电镜的样品室和镜筒内设为高真空（约为1×10^{-6}Pa），检验导电导热或经导电处理的干燥固体样品以外，还可以作为低真空扫描电镜直接检测非导电导热样品，无须进行处理，但是低真空状态下只能获得背散射电子像。环境扫描电镜样品室内的气压可大于水在常温下的饱和蒸气压，可以在-20~+20℃范围内观察样品的溶解、凝固、结晶等相变动态过程。环境扫描电镜可以对各种固体和液体样品进行形态观察和元素（C-U）定性定量分析，对部分溶液进行相变过程观察。对于生物样品、含水样品、含油样品，既不需要脱水，也不必进行喷碳或金等导电处理，可在自然的状态下直接观察二次电子图像并分析元素成分。还可分析生物样品和非导电样品（背散射和二次电子像）、分析液体样品以及±20℃内的固液相变过程观察。

核磁共振波谱仪

研究原子核对射频辐射的吸收，是对各种有机和无机物的成分、结构进行定性分析的最强有力的工具之一，有时也可进行定量分析。其工作原理是，在强磁场中，原子核发生能级分裂，当吸收外来电磁辐射时，将发生核能级的跃迁，即产生NMR（核磁共振）现象。当外加射频场的频率与原子核自旋进动的频率相同时，射频场的能量才能够有效地被原子核吸收，为能级跃迁提供助力。因此某种特定的原子核，在给定的外加磁场中，只吸收某一特定频率射频场提供的能量，这样就形成了一个核磁共振信号。NMR研究的对象是处于强磁场中的原子核对射频辐射的吸收。核磁共振谱仪有两大类：高分辨核磁共振谱仪和宽谱线核磁共振谱仪。前者只能测液体样品，主要用于有机分析。后者可直接测量固体样品，在物理学领域用的较多。按谱仪的工作方式可分连续波核磁共振谱仪（普通谱仪）和傅里叶变换核磁共振谱仪。连续波核磁共振谱仪是改变磁场或频率记谱，按这种方式测谱，对同位素丰度低的核（如C等），必须多次累加才能获得可观察的信号。应用核磁共振仪研究有机化合物结构时，一般根据化学位移鉴定化合物的基团；由耦合分裂峰数、偶合常数确定基团连接关系；根据各H峰积分面积定出各基团质子比。核磁共振谱可用于化学动力学方面的研究，如分子内旋转、化学交换等。核磁共振还用于研究聚合反应机制和高聚物序列结构。H谱、C谱是应用最广泛的核磁共振谱，较常用的还有F、P、N等核磁共振谱。

电化学分析

电化学分析法

根据溶液中物质的电化学性质及其变化规律，建立在以电位、电导、电流和电量等电学量与被测物质某些量之间计量关系的基础之上，对组分进行定性和定量的仪器分析方法。电化学分析法的基础是在电化学池中所发生的电化学反应。电化学池由电解质溶液和浸入其中的两个电极组成，两电极用外电路接通。在两个电极上发生氧化还原反应，电子通过连接两电极的外电路从一个电极流到另一个电极。根据溶液的电化学性质（如电极电位、电流、电导、电量等）与被测物质的化学或物理性质（如电解质溶液的化学组成、浓度、氧化态与还原态的比率等）之间的关系，将被测定物质的浓度转化为一种电学参量加以测量。电化学分析法可分为三大类：第一类是通过试液的浓度在特定实验条件下与化学电池某一电参数之间的关系求得分析结果的方法。这是电化学分析法的主要类型。电导分析法、库仑分析法、电位法、伏安分析法和极谱分析法等均属于此类型。第二类是利用电参数的变化来指示容量分析终点的方法。这类方法仍然以容量分析为基础，根据所用标准溶液的浓度和消耗的体积求出分析结果。根据所测定的电参数不同而分为电导滴定法、电位滴定法和电流滴定法。第三类是电重量法或称电解分析法。这类方法将直流电流通过试液，使被测组分在电极上还原沉积析出、与共存组分分离，然后再对电极上的析出物进行质量分析以求出被测组分的含量。电化学分析法是研究土壤中带电质点之间相互作用及其化学表现的必不可少的方法。

电位分析

一种通过测量电极电位来测定物质含量的分析方法。电位分析使用一指示电极和一参比电极与试液组成化学电池，在零电流条件下测定电池的电动势，依此进行分析。如果能测定出电极电位，则可求出该物质的活度或浓度。电极电位的测量需要构成一个化学电池，一个电池有两个电极，在电位分析中，将电极电位随被测物质活度变化的电极称为指示电极，将另一个与被测物质无关的、提供测量电位参考的电极称为参比电极。电解质溶液由被测试样及其他组分组成。电位分析方法还可分为直接电位法和电位滴定法。

伏安分析

利用电解过程中测得的电流与电压关系曲线（伏安曲线）进行分析的方法。使用滴汞电极的伏安分析称为极谱分析法。

库仑分析

测定电解过程中所消耗的电量，按法拉第定律求出待测物质含量的分析方法。库仑分析还可分为控制电位库仑分析和恒电流库仑滴定法。

极谱分析

通过测定电解过程中所得到的极化电极的电流-电位（或电位-时间）曲线来确定溶液中被测物质浓度的一类电化学分析方法。极谱分析和伏安分析的区别在于极化电极的不同。极谱分析是用滴汞电极或其他表面能够周期性更新的液体电极为极化电极；伏安分析是用表面静止的液体或固体电极作为极化电极。在极谱仪的基本配置中极化电极（滴汞电极）通常和极化电压的负端相连，参比电极

（甘汞电极）和极化电压的正端相连。当施加于两电极上的外加直流电压达到足以使被测的活性物质在滴汞电极上还原的分解电压之前，通过电解池的电流一直很小（此微小电流成为残余电流），达到分解电压时，被测物质开始在滴汞电极上还原，产生极谱电流，此后极谱电流随外加电压的增高而急剧增大，逐渐达到极限值（极限电流），此时电流不再随外加电压的增高而增大。这样得到的电流-电位曲线，称为极谱波。极谱波的半波电位是被测物质的特征值，可用来进行定性分析。扩散电流依赖于被测物质从溶液本体向滴汞电极表面扩散的速度，其大小由溶液中被测物质的浓度决定，据此可进行定量分析。

电渗析

一种以电位差为推动力，利用离子交换膜的选择透性，从溶液中脱除或富集电解质的膜分离操作。电渗析是电解质离子在两股液流间的传递，其中一股液流失去电解质，成为淡化液；另一股液流接受电解质，成为浓缩液。电渗析的功能主要取决于离子交换膜。交换膜是以高分子材料为基体，接上可电离的活性基团。阴离子交换膜简称阴膜，它的活性基团是铵基，电离后的固定离子基团带正电荷。阳离子交换膜简称阳膜，它的活性基团通常是磺酸基，电离后的固定离子基团带负电荷。离子交换膜具有选择透性是由于膜上的固定离子基团吸引膜外溶液中异种电荷离子，使它能在电位差或同时在浓度差的推动下透过膜体，同时排斥同种电荷的离子，阻拦它进入膜内。用于电渗析的离子交换膜要求膜的电阻低、选择性高、机械强度和化学稳定性好。电渗析器是进行电渗析操作的设备，由离子交换膜、隔板和电极组成。片状的阴膜和阳膜交替排列，隔板放置其间，构成一系列相间的淡化室和浓缩室。膜组的两端设电极室，室中置电极，并有电极水在电极旁流过。制造电极的材料有不锈钢、石墨、涂钌的钛等。其分离原理可以氯化钠水溶液为例来说明：在直流电场内，钠离子向阴极迁移，淡化室中的钠离子透过阳膜进入浓缩室。但浓缩室中的钠离子受阻于阴膜而留下。同时，氯离子向阳极迁移，淡化室中的氯离子透过阴膜进入浓缩室，但浓缩室中的氯离子受阻于阳膜而留下。因此，可从淡化室和浓缩室分别得到脱盐水和卤水。

pH 值计

用来测定溶液酸碱度值的仪器。pH 值计是利用原电池的原理工作的，原电池的两个电极间的电动势依据能斯特定律，既与电极的自身属性有关，还与溶液里的氢离子浓度有关。原电池的电动势和氢离子浓度之间存在对应关系，氢离子浓度的负对数即为 pH 值。pH 值计是一种常见的分析仪器，广泛应用在农业、环保和工业等领域。土壤 pH 值是土壤重要的基本性质之一。在 pH 值测定过程中，应考虑待测溶液温度及离子强度等因素。

电导仪

以电化学测量方法测定电解质溶液的电导的仪器。它的测量原理是将两块平行的极板放到被测溶液中，在极板的两端加上一定的电势（通常为正弦波电压），然后测量极板间流过的电流，根据欧姆定律，当已知电极常数（J），并测出溶液电阻（R）或电导（G）时，即可求出电导率。电导率是电解质溶液导电能力的表现，在多数情况下和溶液中离子的浓度成正比，因此通过电导的测定可以确定溶液中离子的总浓度或含盐量。用电导仪可比较快速和准确地测定土壤中可溶盐分总量，特别适宜于含盐量较低的土壤。

毛细管电泳

毛细管电泳亦称高效毛细管、电泳，是近年发展速度最快的分离技术之一。分离过程中离子或带电粒子以石英毛细管为分离通道，以高压电场为驱动力，基于样品中各组分之间淌度和分配行为上的差异而实现分离。其优点是高灵敏度、高分辨率、高速度、样品用量少。毛细管电泳仪可对无机离子、生物大分子和超分子，甚至整个细胞进行分离检测。凡能配成溶液的样品均能用毛细管电泳仪进行分离和分析，如土壤、食品、水质样品经浸提或溶解或萃取等预处理后可用毛细管电泳仪对其中的阴、阳离子等进行分析测定。毛细管电泳联用技术正在发展中，如毛细管电泳-核磁共振（CE-NIVIR）和毛细管电泳-电感耦合等离子体光谱（CE-ICP）等。

高效毛细管电泳

参见“毛细管电泳”。

生物分析

聚合酶链式反应热循环仪

能够快速升温和降温并控制时间，为 PCR 反应提供精确反应温度的仪器。利用 DNA 聚合酶进行专一性的连锁复制，对特定基因做体外或试管内体外的大量扩增，其反应过程分为变性、复性、延伸三个阶段。PCR 仪为基因扩增分析的首选仪器设备，直接从研究样品中提取 DNA，利用 PCR 技术对复杂微生物生态系统进行研究，对复杂微生物的群落多样性和动态性、特殊基因的跟踪与表达进行分析，适合对不同的土壤内微生物的组成分析。同时利用 PCR 技术可以快速、准确地鉴定微生物个体种属及特定功能。

显微成像系统

显微镜下观察样品拍照成像的系统。通过调节物镜成像的位置（成像介于目镜的一倍焦距与两倍焦距之间），使物镜所成的像位于目镜前焦点的外侧，经目镜放大得到一个经二次放大的正立实像，当光源足够强时，相机或摄像机的光电元件感光成像。显微成像系统是显微镜与摄像技术相结合的产物，可对人眼无法看到的微生物进行观察拍照，在显微镜上加接专用连接镜头，接上 CCD 摄录镜头，再把动态的图像传送到计算机，获得动态图像，从而观察生物不同生长阶段的发育形态。可对昆虫细胞和病菌孢子高倍放大进行观察，并可远程进行图像采集储存处理。

高分辨率凝胶成像系统

对染色（EB、考马斯亮蓝、银染、SYBR Green）的 DNA/RNA/蛋白质等凝胶电泳条带及微孔板、平皿等非化学发光成像检测分析的系统。样品在电泳凝胶或者其他载体上的迁移率不一样，对投射或者反射光有部分的吸收，照相所得图像上样品条带的光密度就会有差异。光密度与样品的浓度或者质量呈线性关系。通过与已知浓度的样品条带的光密度值相比较得到未知样品的浓度或者质量。常用于对基因片段和蛋白条带的检测，与标准相对分子质量的标记物同时电泳，经高分辨率凝胶成像系统成像后，通过与标记物迁移距离的比较，对基因片段和蛋白条带的相对分子质量大小及浓度进行一般定性分析。

双向电泳

等电聚焦电泳和聚丙烯酰胺凝胶（SDS-PAGE）的组合，即先进行等电聚焦电泳（按照 pI 分离），再进行 SDS-PAGE（按照分子大小），经染色得到的电泳图是二维分布的蛋白质图谱。先将蛋白质根据其等电点不同在 pH 梯度胶内进行等电聚焦，即按照它们的等电点的不同进行分离；然后进行 SDS-PAGE，按照它们的相对分子质量进行 SDS-PAGE 第二次电泳。双向电泳是大多数蛋白质组研究中分离复杂蛋白质混合物的首选技术，能够将来自全细胞、组织或生物体中所包含的多达几千种混合蛋白进行分离、检测和分离。适用于分析单菌在不同逆境或处理下的表达差异，分析菌株对环境的响应，构建其表达调控网络。样品中的蛋白经过等电点和相对分子质量的二次分离后，可以同时得到蛋白分子的等电点、分子质量和表达量信息，具有设备简单和分辨率高的特征。

核酸蛋白测定仪

利用样品对紫外光有显著吸收的特征，实现对物质定性、定量和分离分析检测的仪器。可以简捷地检测蛋白、核酸的成分含量，分析微生物的代谢产物或对某些物质的降解程度以及对降解产物进行分析；可用于 PCR 前的鉴定实验及 PCR 扩增成功性的评估；DNA 克隆及测序，蛋白分析及细胞生长和菌数检测；能够直接读出核苷酸的浓度并进行纯度定性判断。

变性梯度凝胶电泳

一种根据 DNA 片段的熔解性质而使之分离的凝胶电泳系统。在聚丙烯酰胺凝胶基础上，加入变性剂使凝胶产生变性梯度，同样长度但序列不同的 DNA 片段会在凝胶的不同位置达到各自最低解链区域的解链浓度，导致迁移速率显著降低，而在凝胶中被区分开来，通过对条带的序列分析或与特异性探针杂交分析鉴定群落组成。理论上，DGGE 可以检测出 DNA 片段中的单个碱基差异，但检测 DNA 片段扩增时引物通常需带有 GC 夹，扩增长度不超过 600bp。DGGE 广泛用于分析自然环境中微生物群落的生物多样性，能够提供群落中优势种类信息并分析多个样品，适合于调查种群的时空变化。具有可重复和操作简单等特点。

核酸提取仪

使用磁珠破碎细胞结合配套的核酸提取试剂以自动完成样品核酸提取工作的仪器。采用涡旋式振荡方式，能够快速高效地破碎细胞，获取大量及高质量的核酸分子。具有振荡速度和破碎时间可控，能够保证不同批次样品间具有较好的重复性特点。它是土壤生物学研究的必备仪器。

基因芯片杂交系统

用于完成基因芯片杂交过程，在杂交过程中能够精确控制反应浴槽温度，使恒温的密封舱内待杂交样品在磁极作用下往复混匀，保证与芯片探针充分杂交的系统。包括预杂交、杂交、洗脱、干燥和信号扫描等流程。待检测样品荧光标记后与基因芯片杂交，与对应的探针产生互补匹配，通过确定荧光强度和探针位置检测样品中特定基因的有无及丰度，分析微生物的群落多样性、组成及功能活性潜力。适用于不同处理间的比较，分析处理对群落组成、多样性和功能的影响及相关性。具有高通量的特点。

微生物鉴定仪

对微生物培养后的生化条自动判读，然后通过仪器内部软件结合已有数据库自动查阅，给出一个菌株种属最接近结果的仪器。组成包括生化反应板、仪器、鉴定数据库和判读软件，核心在于软件部分，通过数以万次的实验数据积累和统计学分析整理，配以现代人工智能和电子工程学技术才可以实现鉴定仪的功能。一般用于病原菌或纯培养菌株的鉴定，在生化反应板上培养 24h 或 48h 后，根据对已知底物的代谢活性，结合数据库判读出最接近的微生物物种，只能辅助完成部分工作，结合其他分子生物学手段，如特定的分子标记，可进行物种鉴定。

荧光定量 PCR 检测仪

通过荧光染料或荧光标记的特异性探针，对 PCR 产物进行标记跟踪，实时监测反应过程的仪器。结合相应的软件可以对产物进行定性和定量分析，计算待测样品模板的初始浓度。

DNA 连接仪

用来提供 DNA 片段连接反应的合适温度环境的仪器，通常是一个小型的低温水浴箱。

流动注射分析仪

根据丹麦技术大学的 J. Ruzicka 和 E. H. Hansen 提出的流动注射的概念而设计的一种分析仪器。近年来，通过用空气气泡隔开各反应液体以阻止样品之间扩散的改进技术，相继出现了连续流动分析仪（continuous flow analyzer，CFA）和间隔流动分析仪（substance flow analyzer，SFA）。流动注射分析仪由进样器、蠕动泵、化学反应单元、检测器及 A/D 转换器等组成。按照连续流动的方法，通过蠕动泵压缩不同管径的泵管，将反应试剂和待测样品按比例注入一个密闭、连续的流动载流中，在化学反应单元中发生显色反应，在检测器中测得其信号值，按照标准曲线法测定待测样品的浓度。在土壤分析中主要用于测定土壤铵态氮、硝态氮、亚硝态氮等；在水质分析中主要应用于测定水质的铵态氮、硝态氮、亚硝态氮、总氮、磷酸盐、总磷、碳酸盐、碳酸氢盐、氯化物、硫酸盐、高锰酸盐指数、总氰化物、表面活性剂、硫化物、硅酸盐和硼酸盐等。

元素分析仪

指同时或单独实现样品中几种元素（C、H、O、N、S）的分析的仪器。各类元素分析仪虽结构和性能不同，但均基于色谱原理设计。其工作原理是在复合催化剂的作用下，样品经高温氧化燃烧生成氮气、氮的氧化物、二氧化碳、二氧化硫和水，并在载气的推动下，进入分离检测单元。在吸附柱将非氮元素的化合物吸附保留后，氮的氧化物经还原变成氮气后被检测器测定。其他元素的氧化物再经吸附-脱附柱的吸附解析作用，按照 C、H、S 的顺序被分离测定。样品中氟、磷酸盐及重金属物质的存在会对分析结果产生负效应，而强酸、强碱及能产生爆炸性气体的物质禁止使用元素分析仪进行测定。由于土壤样品矿物质成分、晶型结构比较复杂，为保证测定结果的准确性和稳定性，在使用元素分析仪时样品颗粒必须充分均匀。

总有机碳分析仪

用于测定溶液中的总有机碳（TOC）含量的仪器。其测定原理是溶液中有机碳经氧化转化为二氧化碳，在消除干扰物质后由检测器测得二氧化碳含量。利用二氧化碳与总有机碳之间碳含量的对应关系，对溶液中的总有机碳进行定量测定。总有机碳分析仪的测定方式主要有三种类型。湿法氧化-非色散红外检测，该方式是在样品经过酸性过硫酸钾氧化之前先经磷酸处理，去除无机碳后再测定 TOC 的浓度。但湿法氧化对于含腐殖酸等高相对分子质量化合物的水体氧化不充分。紫外-湿法氧化-非色散红外检测，该方式是紫外氧化和湿法氧化两者的协同作用，针对紫外氧化法无法用于高含量 TOC 的复杂水体，两者的协同可以测量污染较重的水体。高温催化燃烧氧化-非色散红外检测，样品中有机碳在高温催化氧化条件下转化为二氧化碳后经非色散红外（NDIR）检测，因高温燃烧相对彻底，适用于污染较重的水体或复杂水体，但需考虑样品的高盐分对于测定结果的影响问题。此外，紫外氧化-非色散红外检测、电阻法、紫外吸收光谱、电导法等方式均因稳定性差或对颗粒状、高相对分子质量有机物氧化不完全而未能用于土壤学领域。将土壤、沉积物样品处理成为溶液样品时需要考虑一定粒度的漂浮物或可沉固体物质的处理问题。

液态水氢、氧同位素分析仪

采用偏轴整合积分腔光谱输出技术，精确测量液态水中氢、氧稳定性同位素比值的专用分析仪器。它由激光发生器、高反射光透镜、棱镜以及数据采集和分析系统组成。其基本原理是，在测量光衰荡时间的同时，也测量目标气体通过光腔的光强积分时间，衰荡时差与气体浓度呈线性相关，符合朗伯-比尔定律。以 1μL 液态水进样，既测量$^{18}O/^{16}O$ 和 D/H 同位素比值，还可测量样品中水分子的物质的量，即可得到样品的同位素绝对丰度。仪器具有测量精度高、操作简便、直接测量、样品无须转换和运行成本低等特点。可用于研究水在植物和土壤中的迁移与传输，以及土壤水分的移动和平衡，也广泛应用于水文学、气象学、地质学、生态学和生命科学等研究中。

X 射线衍射仪

利用 X 射线在晶态或非晶态物质中的衍射和散射效应进行物质微观结构分析的仪器，有单晶衍射和多晶（粉末）衍射。现代 X 射线衍射仪以布拉格实验装置为原型，融合了机械与电子技术等多方面的成果。X 射线衍射仪由 X 射线发生器、X 射线测角仪、辐射探测器和辐射探测电路四个基本部分组成。

同位素示踪

同位素示踪法

与某原子质子数（Z）相同而质量数（A）不同的原子，称为该原子的同位素，如^{11}C、^{12}C、^{13}C和^{14}C 都是碳的同位素。同位素示踪法是利用放射性核素或稳定性核素作为示踪剂（tracer），用以追踪研究对象中某元素或某物质运行和变化的一种方法。该方法的依据是，认为一种元素的同位素在物理、化学和生物学方面的性质是相同的，只是具有不同的核物理性质。改变元素原有同位素组成（加入放射性同位素或改变稳定性同位素相对比值）成为该元素的标记物，它与正常组成的化合物一样参与各种反应。利用一定的核子仪器测定标记放射性同位素的辐射特性或稳定性同位素的比值变化，即可追踪该元素在生物体及其环境介质中迁移、积累及其转化规律等。同位素有放射性核素和稳定性核素之分。农业科学研究中常用的示踪放射性核素有^{14}C、^{32}P、^{35}S 和^{86}Rb 等。例如，在$^{14}CO_2$ 光合室内进行绿色植物光合代谢产物的分配和运输的研究。但由于放射性核素会放出具一定能量的射线，使用高剂量时会对生物产生辐射效应。此外，要求有专门的放射性同位素实验室，试验过程中操作人员的防护和放射性残留物的处理都较困难，因此要谨慎使用放射性同位素示踪法。用稳定性同位素做示踪剂具有很多优点。首先，它无放射性危害，对生物体没有辐射效应。其次，它们不会随时间发生核衰变，试验时间不受限制。再次，利用稳定性同位素不会污染环境。稳定性同位素示踪法正在越来越多的研究领域代替放射性同位素示踪法。在生命科学和土壤学的同位素示踪试验中，常用的稳定性核素有^{2}H、^{15}N、^{13}C 和^{18}O 四种。稳定性核素^{15}N 在农业科学和生物学中的应用极为广泛。

同位素丰度

指一种元素的同位素混合物中，某特定核素的原子在该元素总原子数中所占的百分率。元素的同位素组成常用同位素丰度表示。例如，在天然物质的氮元素中，含有^{14}N 和^{15}N 两种氮稳定性核素，而核素^{15}N 的原子数仅占总的氮原子（$^{14}N+^{15}N$）的 0.3665%，所以在自然界的氮元素中核素^{15}N 的同位素丰度为 0.3665%（原子百分数）。

富集同位素物质

一般指某种稳定性核素的同位素丰度高于自然丰度的化合物。根据稳定性核素质量上存在的差异，采用高速离心、化学交换、气体扩散和低温精馏等物理和化学的方法使轻、重同位素分离，即可生产出富集某种核素的物质，然后用化学合成法和生物合成法制备成各种稳定性同位素示踪剂。

稳定性同位素标准物质

同位素标准物质具有量值传递和量值溯源的特性，在测量方法评价、实验室认证、技术仲裁和仪器校正中得到广泛使用。为了使不同实验室和研究人员能相对于同一参考点报道其数据，以便相互比对所测定的稳定性同位素比值结果，必须选取适宜的同位素标准物质。稳定性同位素标准物质分为两类：一类是国际或国家有证标准物质，这是目前中国具有最高计量特性的同位素标准物质。国际通用的同位素标准物质是由国际原子能组织（IAEA）和美国国家标准局（NBS）提供。中国同位素标准物质由国家计量司提供，其一级标准物质代号为 GBW。它是工作标准物质，是经国际或国家级标准进行严格而精确对比测量后，满足实验室长期使用要求的物质。这对于监控同位素样品制备装置和分析仪器工作稳定性及数据可靠性具有重要意义。常用的有机碳的碳同位素标准物质有 GBW 04407 和 GBW 04408 两种炭黑。氮、碳稳定性同位素标准物质通常可以从国际原子能组织（IAEA）购得，常用的有硫酸铵、硝酸钾和多种具有碳、氮双标记的氨基酸。对于轻元素稳定性同位素比值的测定，一般选取高纯的二氧化碳、氧化亚氮和氮气作为碳、氮和氧稳定性同位素的工作标准气体。

稳定性同位素自然丰度变异

在自然界中，元素的核素在参与生物、化学和物理反应过程时，由于核素间的质量差异引起同位素分馏效应（isotope fractionation），亦称质量歧视效应（mass discrimination），即轻质量的同位素比重质量的同位素优先参与反应过程，使反应生成物偏于富含轻同位素，而反应的起始物中偏于富集重同位素，这是一种核特性效应。同位素分馏效应使同位素自然丰度发生了变异。由于轻元素同位素间的相对质量差较大，同位素分馏效应比较明显，故目前有关同位素自然丰度变异的研究主要集中在轻元素上，如碳、氢、氧、氮和硫等。

稳定性同位素比值的测定

通常把稳定性同位素的测定方法分为专一性和非专一性两类。非专一性的方法是利用元素的同位素之间物理特性（密度、黏度、热导性、电导性、蒸气压、折射系数和熔点）的差异进行测量，方法包括密度计法、黏度计法、热导析气法、流体压力计法、折射计法和低温法等。专一性方法分两种，一是根据稳定性核素的原子或分子发射出的不同信号分别进行光谱测量；二是根据原子核质量的差异可彼此分开的特性，用质谱法或气相色谱法加以测量。专一性方法的优点是在定量测定时很少或几乎不受试验条件的影响。质谱分析法是稳定性同位素分析中最通用和最精确的方法，它不仅用于气体样品，也可用于固体样品的分析，质谱仪几乎能用于所有稳定性同位素的分析。

下　卷

本卷主编　化党领

第八章　我国土壤地理分布概况

平原地区的半水成土

半水成土包括潮土、砂姜黑土、草甸土等土类。

潮土

潮土是我国黄淮海平原、长江中下游平原及山间盆地等河流冲积母质土发育的，受地下潜水毛管影响的半水成土，土壤腐殖积累过程较弱。具有腐殖质层（耕作层）、氧化还原层及母质层等剖面层次。潮土颗粒组成因河流沉积物的来源及沉积相而异，一般来源于花岗岩山区者粗；来源于黄土高原的黄河沉积物多为沙壤及粉沙质，长江与淮河沿岸物质较细，且质地层次分异不明显。在原近河床沉积者，物质粗；原牛轭湖沉积者，物质细。

潮土中的黏土矿物一般以水云母为主，蒙脱石、蛭石、高岭石次之。蒙脱石含量与流域物质来源有关，黄河流域沉积物蒙脱石明显高于漳河和沁河。黄河流域潮土黏粒（<0.001mm）硅铝率（3.5~4.0）较高，长江流域较低（3.0 或稍高）。

pH 值及碳酸钙：发育在黄河沉积母质土的潮土碳酸钙含量高，多变化在 5%~15%，沙质土偏少，黏质土偏高，土壤呈中性—微碱性反应，pH 值为 7.2~8.5，碱化潮土 pH 值高达 9.0 或更高。长江中下游钙质沉积母质发育的潮土，碳酸钙较低，为 20~90g/kg，pH 值为 7.0~8.0，发育在酸性岩山区河流沉积母质土的潮土，不含碳酸钙，土壤呈酸性反应，pH 值为 5.8~6.5。

根据沉积物来源不同，潮土可分为石灰性潮土和无石灰性潮土。黄河冲积平原的潮土（曾称黄潮土），属于石灰性潮土，其物质来源是西北的黄土。土壤有强石灰性，多呈微碱性反应，在排水不良和耕作管理粗放的情况下，易于盐化或碱化（特别是沙壤质和轻壤质潮土）。山区河谷平原的潮土，其物质来源是邻近山地母岩的风化物，除石灰岩山区外，土壤一般都没有石灰性，呈微酸性至中性反应，即使在排水不良和耕作管理粗放的情况下，也不易盐化和碱化。长江冲积平原的潮土（曾称灰潮土），与上述石灰性潮土的性质相近，不过石灰性较弱，有机质含量稍高，基本上没有盐化和碱化现象。潮土的亚类划分及其特征：潮土分为黄潮土、湿潮土、脱潮土、盐化潮土、碱化潮土、灰潮土及灌淤潮土等 7 个亚类。

黄潮土

黄潮土是潮土土类中面积最大的亚类，主要分布在黄淮海平原及汾、渭河河谷平原。潮土母质起源于西北黄土高原，多系富含碳酸钙的黄土性沉积物，故又称为黄潮土或石灰性潮土。根据沉积物的成因及属性特点，人们将黄潮土分沙质潮土、壤质潮土及黏质潮土三个土属。

湿潮土

湿潮土是潮土土类与沼泽土之间的过渡性亚类。主要分布在平原洼地，母质为河湖相静水黏质沉积物，质地黏重，细粉沙（0.001~0.005mm）含量高，一般无粗沙（0.1~1mm）。心土层常见锈色斑纹，其下往往有潜育现象。有机质含量较黄潮土、盐化潮土及碱化潮土高。

脱潮土

脱潮土主要是潮土土类向褐土过渡的亚类，故又称褐土化潮土。多分布在平原区各种高地上，表土质地多为壤质土。碳酸盐有轻度淋溶淀积现象，心土层有碳酸钙假菌丝体并有黏化现象（褐土化特征），与黄潮土有较显著的区别。仍残存锈色斑纹（潮土特征）。

盐化潮土

盐化潮土是潮土与盐土之间的过渡性亚类。主要分布在平原地区中的微斜平地（或缓平坡地）及洼地边缘，微地貌中的高处也常有分布，表土层有盐积现象，0~20cm 含盐量上限与盐分组成有关，分别低于 0.6%或 0.8%。每年春、秋旱季土壤表层积盐，雨季脱盐。

碱化潮土

碱化潮土面积小，是潮土与瓦碱土之间的过渡性亚类。零星分布于浅平洼地或槽状洼地的边缘。多为脱盐或碱质水灌溉所引起，盐分化学组成以重碳酸钠为主，呈碱性反应，pH 值高达 9.0 以上。表土有碱化特征，土表有 0.5~3cm 厚的片状结壳，结壳表面有 1mm 厚的红棕色结皮，结壳下有蜂窝状孔隙，含有游离苏打。亚表土层有碱化层或碱化的块状结构。碱化度在 5%~15%，矿质颗粒高度分散。

灰潮土

灰潮土主要分布在长江中下游平原，是江南的主要旱作土壤，表土颜色灰暗，发育在碳酸盐母质土的灰潮土，呈中性至微碱性反应，碳酸钙有明显的淋溶淀积现象。发育在酸性岩风化的河流沉积物土的灰潮土呈中性至微酸性反应。

灌淤潮土

灌淤潮土主要分布于干旱、半干旱地区，人为引水淤灌而成。

潮土与盐土的区别：潮土以表土层（0~20cm）可溶性盐含量<6g/kg 或 8g/kg（根据区域和盐分组成而定）而区别于盐土。

砂姜黑土

砂姜黑土主要分布于淮北平原、鲁中南山地丘陵周围的山麓平原洼地、南阳盆地及太行山山麓平原的部分地区，为我国北方暖温带半湿润区的一种非地带性的半水成土壤。本区地势低洼，多为河湖相沉积。宏观地貌上来说，是一种冲积扇平原的扇缘洼地。砂姜黑土与潮褐土、潮棕壤在洪积扇区往往形成土链式复域。据^{14}C 断代测定，黑土层形成于距今 3200~7000 年（中全新世），未发生沼泽化，黑土层无泥炭积累。从地球化学角度看，砂姜黑土分布区是重碳酸盐的富集区，地下水富含碳酸盐。砂姜黑土多呈中性-微碱性反应。碱化砂姜黑土，pH 值高达 9.0 以上。砂姜按其形态可分为面砂姜、硬砂姜和砂姜磐 3 种。面砂姜性脆软，未完全硬化，一般在 70cm 深处出现；硬砂礓性坚硬，一般在 1~2m 深度内出现，越往下越多（在地下水以上的深度内）；砂姜盘是坚硬的盘层，一般在 3m 左右的深处出现。砂姜的形成显然受地下水位和水质（富含重碳酸钙）的影响，不过面砂礓的形成，还与土体中碳酸钙的淋溶淀积有密切关系。它们在剖面中分布的部位和形成时间不同。面砂姜多分布于剖面中上部，是砂姜形成的早期阶段，^{14}C 断代年龄为 2000~6000 年（全新世中晚期）。黑土层或称残余黑土层湿时多呈腐泥状。湿态颜色呈黑棕-黑色（10YR4/2），呈柱状结构，干时易碎裂成核块状。质地黏重，多为重壤土或黏土，少数为中壤土。除石灰性砂姜黑土外，一般无或有微弱石灰反应，可见少量铁锰结核及小形硬砂姜。黏土矿物组成：砂姜黑土不仅黏粒含量高，而且黏土矿物以交换量大的蒙脱石为主。耕作层和砂姜层蒙脱石偏少（400~500g/kg），水云母有所增加（300~400g/kg）。黑土层黏土矿物多以蒙脱石为主（500g/kg），水云母次之（200~300g/kg）。黑土层质地黏重，黏粒含量多在 30%左右，高者达 50%以上。变性特征：由于黏粒含量高，蒙脱石相对密度大，故砂姜黑土具有明显的胀缩性和变性特征。线性膨胀系数一般>0.09，累积线性膨胀势可达 9.65cm/m。砂姜黑土的亚类划分及其特征：根据土壤剖面特征及其性状特点可分为砂姜黑土、石灰性砂姜黑土、盐化砂姜黑土、碱化砂姜黑土等四个亚类。

典型砂姜黑土

砂姜黑土亚类分布面积大，范围广，地形部位低。与其他亚类的主要区别是：耕作层、黑土层无或仅有微量石灰，呈中性-微碱性反应，pH 值为 7.2~8.5，黑土层蒙脱石含量较其他亚类高。

石灰性砂姜黑土

石灰性砂姜黑土一般分布在具有碳酸盐母质来源的扇缘洼地。主要特征是全剖面具有较强烈的石灰反应，碳酸钙含量在 5%~15%，pH 值略高于砂姜黑土亚类，质地亦偏轻。

盐化砂姜黑土

盐化砂姜黑土主要分布在苏北滨海平原，面积小，地下水埋深不足 1m，土壤含盐量 1~6g/kg，盐分组成以氯化钠为主。

碱化砂姜黑土

碱化砂姜黑土零星分布在安徽淮北平原颖河以东蝶形洼地上，地下水矿化度 0.5~1.5g/L，以碳酸钠和重碳酸钠为主。具有灰白色的碱化表层，碱化度多在 7%~15%，pH 值为 9.0~9.5。

草甸土

草甸土是直接受地下毛管水影响，在草甸植被下发育而成的一种半水成土壤，主要分布于我国东北松嫩平原、辽河下游平原、三江平原西部、内蒙古呼盟海拉尔河谷平原及西北地区的河谷平原或湖盆地区。分布区地势低平，排水不畅，地下水位浅。草甸土区的热量条件差，年平均气温 0~10℃。自然植被因地而异，有湿生型的草甸植物，如小叶樟、沼柳、苔草等；草甸草原区的植物有羊草、狼尾草、狼尾拂子茅、鸢尾等；局部低洼处有三棱草、芦苇等湿生及沼泽植物。母质多为近代河湖相冲积、沉积物，地区性差异明显。草甸土形成过程的特点是具有明显的腐殖质积累过程和潴育过程。腐殖质含量较高。腐殖质以胡敏酸为主，多以胡敏酸钙盐形式存在。自然植被多由中生的草甸植物组成。土壤具有明显的有机质积累。草甸土的有机质主要集中于表层，向下便锐减，这与黑土腐殖质在剖面中积累较深的特点有显著不同。由于地下水埋藏浅，升降频繁，从而引起土体中氧化还原作用交替进行，铁锰氧化物随之迁移，并在局部聚积。因此土壤剖面中出现具有锈纹、锈斑和铁锰结核的氧化还原层。在该层之下，有的还出现还原作用较强的潜育层。

草甸土与沼泽土的区别在于草甸土表层无泥炭化层次，而沼泽土表层有泥炭化层次，沼泽土为潜育化，草甸土为潴育化。草甸土与潮土的区别在于潮土受地下潜水的毛管水影响，但因气温较高和耕作影响，潮土腐殖质含量一般在 10g/kg 左右，草甸土的腐殖质含量一般在 20g/kg 以上。

草甸土的亚类划分及其特征：由于气候及地形、水文等条件的差异。草甸土除主导形成过程外，尚有盐化、碱化、潜育化及白浆化等附加的成土过程，致使草甸土边界概念范围较大，性状有很大差异。

草甸土分为普通草甸土、暗色草甸土、石灰性草甸土、盐化草甸土、碱化草甸土、潜育草甸土及白浆化草甸土 7 个亚类。草甸土的腐殖质组成中，活性腐殖质含量较低。经分析结果表明，草甸土和石灰性草甸土的性状相近，活性腐殖质的平均含量不高，胡敏酸与富里酸的比值均小于 1，光密度 E4/E6 的比值也较低，表明土壤腐殖质移动性小，对矿物质分解的影响也很小。胡敏酸含量小于富里酸，胡敏酸的芳构化程度较低。而潜育草甸土的活性腐殖质所占比例较大，多数胡敏酸含量大于富里酸，光密度 E4/E6 平均值也高，表明潜育草甸土的活性腐殖质移动性稍大，腐殖化程度较高，腐殖质组成多数以胡敏酸为主，其芳构化程度也略高。盐化草甸土和碱化草甸土的活性腐殖质含量所占比例最低，富里酸占绝对优势，光密度 E4/E6 比值最小，这可能与特殊的耐盐碱植物残体的有机质腐殖化较弱有关。草甸土受潜水位升降及氧化还原交替影响，氧化铁在土体内明显移动和富集形成晶质氧化铁。多数草甸土的游离铁、晶化铁含量及其游离度和晶化度在剖面中从上向下有增加的趋势。氧化铁的游离度、晶化度的高低变化及其最大值的出现部位，与土壤干湿交替状况和潜水位等有密切关系，因而各亚类间差异颇大。草甸土和潜育草甸土的游离铁量及其游离度明显高于石灰性草甸土，而草甸土和石灰性草甸土的结晶度又明显高于潜育草甸土。

暗色草甸土

暗色草甸土主要分布于温带湿润半湿润地区，如松嫩平原、三江平原、兴凯湖两岸河滩地与低阶地上。分布在暗棕壤和黑土地区的河滩地、低阶地和平原低平处，它的特点是土色较暗，多呈暗棕色或暗色，土壤质地较黏重，结构较好，底层灰棕色，有小型铁、锰结核。腐殖质和养分含量均较高，无盐化现象。常与黑土呈复区分布。表土颜色较暗，呈暗灰-暗棕灰色。土壤呈中性或酸性反应，盐基饱和度饱和或不饱和，不含游离石灰。表层有机质含量多在30~60g/kg，高者大于100g/kg。

普通草甸土

普通草甸土主要分布于暖温带湿润半湿润区，分布在棕壤地区和辽河平原东部的河滩及阶地上，成土母质主要是无石灰性河流淤积物，底层常有砂层或砾石层，这类土壤与暗色草甸土的主要区别是土壤腐殖质含量较低，颜色较浅，表层为灰棕色。与暗色草甸土的主要区别是腐殖质含量较低（15~25g/kg），颜色较浅。交换性氢、铝含量较少，氢略大于铝。

石灰性草甸土

石灰性草甸土主要分布在栗钙土和棕钙土地区，如毛乌素和小腾格里沙漠中的低湿地（甸子地）较为普遍。东北嫩江平原、辽河平原北部也有分布，常与盐化、碱化草甸土呈复区分布。气候较暗色草甸土温暖干燥，有机质矿化度高，腐殖质含量低，颜色呈灰色或棕灰色，也称为灰色草甸土。全剖面有石灰反应，富含碳酸钙，呈中性至微碱性反应，pH值为7.0~8.5。

盐化草甸土及碱化草甸土

盐化草甸土及碱化草甸土主要分布在东北、内蒙古、宁夏草甸、草原及荒漠草原地区，亦常与石灰性草甸土及盐碱土呈复区存在。一般具有石灰反应，呈中性至碱性，但苏打盐化草甸土及碱化草甸土pH值可达9.0~9.5。盐化草甸土含盐量在1~6g/kg，碱化草甸土不但有游离苏打，亚表层尚有碱化层或碱化的棱块状结构，腐殖质含量低且层薄。

潜育草甸土

潜育草甸土主要分布在湿润、半湿润地区，如东北穆棱河流域及辽河下游等地形低洼处。地下水位高达1~1.5m，地表时有积水，有附加的潜育化过程，是草甸土向沼泽土过渡的亚类。表层腐殖质含量可高达80g/kg，但腐殖化程度较差，有轻度泥炭化。腐殖质层以下有锈斑，水面处可见蓝灰色潜育层。

白浆化草甸土

白浆化草甸土主要分布在东北平原低平处。白浆化草甸土质地黏重，通透性不良，且腐殖质层薄，其下白浆层养分贫乏，作物根系发育不良，属低产土壤，治涝和改良白浆层是提高单产的根本途径。

温暖湿润地区的淋溶土

淋溶土

淋溶土是中国长江以北温暖湿润地区几类森林土壤的统称，主要分布于江苏、安徽（不包括皖南）、山东、辽宁、吉林、黑龙江等省的丘陵山地。与半淋溶土相比，其分布区域偏东和偏南。由于这里绝大部分属于暖温带和温带，而且靠近海洋，所以气候条件的特点是温暖湿润。自然植被主要是落叶阔叶林，但在不同气候带林分组成的差异很大，从而形成不同的土类。在北亚热带杂生有常绿阔叶树种的落叶阔叶林下，形成黄棕壤；在暖温带落叶阔叶林或针阔混交林下，形成棕壤；在温带针阔叶混交林下，形成暗棕壤；在寒温带明亮针叶林或暗针叶林下，形成漂灰土；在向草原过渡的针阔叶混交林下，形成灰色森林土。

淋溶土在酸性环境条件下进行着腐殖质积累，淋溶作用和淀积黏化作用一般都比较明显。所谓“淋溶作用”，就是指土壤渗透水对可溶性盐类的溶解下移，对土壤胶粒的悬浮下移，以及对细小土粒的推动下移。所谓“淀积黏化作用”，就是风化和成土作用所形成的黏土产物，自剖面上部向下淋溶淀积，从而在底土形成淀积黏粒胶膜，这种淀积黏粒胶膜的存在是淋溶土的重要特征。淋溶土的可溶性盐类均已淋失，当然更不会含游离的碳酸钙，一般呈酸性至微酸性反应。

淋溶土常有一定程度的白浆化作用，即在季节性还原条件下，土壤表层（或亚表层）的铁锰和黏粒，随水流失或下移的作用，结果在土壤剖面上部形成白色土层，通称“白浆层”或“白土层”。这种作用在棕壤和暗棕壤反映最明显，黄棕壤和漂灰土也有反映，只有灰色森林土不太明显。

淋溶土是很重要的森林土壤资源，为中国主要的林业生产基地。目前不仅有较大面积的森林可供采伐利用，而且相当大面积用于发展农业，尤其是山前洪积扇和丘陵地区的棕壤和黄棕壤农用价值更大，大部分已开垦为农田和果园。

棕壤

棕壤也称棕色森林土，是暖温带落叶阔叶林和针阔混交林下形成的土壤，棕壤在中国的分布，纵跨辽东与山东半岛，带幅大致呈南北方向。另外，在半湿润半干旱地区的山地，如燕山、太行山、嵩山、秦岭、伏牛山、吕梁山和中条山的垂直带谱的褐土或淋溶土之上以及南部黄棕壤地区的山地上部有棕壤分布。棕壤所处地形多属低山、丘陵、低岗和高地，成土母质有各种岩石残积物及坡积物，黄土状物质等。棕壤地区气候条件的特点是，夏季暖热多雨，冬季寒冷干旱，年平均气温为 5~14℃，≥10℃的积温为 3400~4500℃，季节性冻层深可达 50~100cm，年降水量为 500~1000cm，干燥度在 0.5~1.0。棕壤所处地形主要为低山丘陵，成土母质多为花岗岩、片麻岩及砂页岩的残积-坡积物、厚层洪积物。棕壤地区由于夏季气温高、雨量多，不但土壤中的黏化作用强烈，而且还产生较明显的淋溶作用，使得易溶盐分和游离碳酸钙都被淋失，黏粒也沿剖面向下移动，并发生淀积。由于落叶阔叶林凋落物的灰分含量高，从而阻止了土壤灰化作用的发展，但白浆化作用却常有发生，在丘陵和山地都可见到。棕壤是在暖温带湿润半湿润大陆季风气候、落叶阔叶林下，发生较强淋溶作用和黏化作用形成的土壤，土壤剖面通体无石灰反应，呈微酸性，具有明显黏化特征。这里的原生森林早已破坏，目前多为次生针叶林和针阔混交林。自然植被是以辽东栎为代表的中生型落叶阔叶林，间有针阔叶混交林，但原生植被多不复存在，而为天然次生林和人工林所代替，以栎属和松属为主，其中有辽东栎、蒙古栎、麻栎、油松、赤松等，也有人工栽培的落叶松和红松等。许多地区已垦为农田或建成果园。剖面通体呈不同程度的棕色。交换性盐基以 Ca^{2+} 为主，其次为 Mg^{2+}，而 Na^{+}、K^{+} 甚少。

土壤机械组成：土壤质地因母质类型不同而变化较大，发育于片岩、花岗岩等岩石风化残积物上的棕壤质地较粗，表土层多为沙壤土或壤质沙土，而坡积物或黄土状母质发育的棕壤，质地较细，表层为粉质壤土。矿物分析：棕壤的黏土矿物以水云母为主，还有一定量的蒙脱石、高岭石和少量的蛭石与绿泥石。黏粒（<0.001mm 的 SiO_2/Al_2O_3 一般为 2.33，全量铁锰（Fet、Mnt），游离铁锰（Fed、Mnd）和活性铁锰（Feo、Mno）均有明显淋溶淀积现象，即其含量有随深度而增加的趋势。铁锰的游离度较高，Fed/Fet 在 25%~35%，Mnd/Mnt 为 50%~70%；铁的活化度（Feo/Fed）多低于 15%，个别可达 16%~18%，而锰的活化度（Mno/Mnd）则甚高，可达 100%。

棕壤的一般性质是：①在森林植被下，表层有机质含量可达 5%~9%，向下急剧降低；②表层呈微酸性反应，向下过渡到酸性反应；③盐基饱和度较高，表层在 80%以上，下部各层稍低；④剖面中部黏粒含量较上下各层均高；⑤硅铝率在 2.5~3.4，平均值为 3.03，略高于黄棕壤，但显著低于褐土。上述性态特征系指在森林植被下的普通棕壤而言。实际上，由于所处地形条件、人为影响以及母质等不同，其性态特征常有某些差异。

棕壤与褐土的区别：褐土分布于暖温带半湿润地区，在剖面中有明显的 $CaCO_3$ 积聚；褐土 pH 值中性到微碱性，SiO_2/Al_2O_3 等分子比例都大于棕壤，而铁锰的游离度和活化度明显低于棕壤。

棕壤与暗棕壤的区别：暗棕壤多分布于温带湿润地区，腐殖质层厚，土壤颜色暗；黏化系数低于棕壤。

棕壤与黄棕壤的区别：黄棕壤处于北亚热带湿润地区，土壤有机质含量低；矿物质化学风化和淋溶、淋移作用强烈，土壤具有弱富铝化特点、黏粒硅铁铝率低于棕壤，游离铁的含量比较高（大于 20g/kg）。

棕壤的亚类划分及其特征：棕壤根据其主要成土过程所表现的程度和有关附加成土过程的影响可划分为普通棕壤、酸性棕壤、白浆化棕壤、潮棕壤和棕壤性土五个亚类。

普通棕壤

普通棕壤分布于山麓和丘陵缓坡地带，为典型棕壤。也多用于农业，其中一部分水土流失较重，水肥条件较差。

酸性棕壤

酸性棕壤分布于山地中，多处于林地中，有的还是荒山。酸性棕壤是一种盐基不饱和、具有较强的酸性、但又无灰化特征的棕壤，多发育在花岗岩、片麻岩、混合岩、石英岩、非钙质沙页岩的残积、坡积物上，常含有较多的石块和沙砾，质地偏沙，且不均一，多为壤质沙土至沙壤土。黏土矿物以高岭石、蛭石和绿泥石为主，有一定量的水云母和少量蒙脱石。黏粒的化学组成中，SiO_2 的含量低于普通棕壤，而 Al_2O_3 和 Fe_2O_3 略高于普通棕壤，故硅铁率和硅铝率都明显小于普通棕壤。B 层发育不强，没有明显的黏粒和铁锰淀积。水解性酸和交换性酸含量均较棕壤其他各亚类高，分别为 3.7~20cmol/kg 和 0.1~4.3cmol/kg。交换性铝大于交换性氢。土壤呈酸性至微酸性，pH 值多在 4.5~6.0，是棕壤地区酸性最强的土壤。

白浆化棕壤

白浆化棕壤主要分布于低山丘陵、岗地的缓坡及波状平原，并与普通棕壤呈镶嵌状分布。成土母质为坡积物、洪积物、黄土状沉积物和冲积坡积物。在腐殖质层或耕层以下有一个白浆层，有的分布于剥蚀堆积丘陵，多用于农业，肥力甚低，需要改良；有的分布于山地。腐殖质层或耕层以下具有“白浆层”，这是区别于棕壤其他各亚类最重要特征。白浆层结构不明显或略呈片状结构，多无铁子；淀积层多呈棕色，质地黏重，棱块状结构，结构面有明显的铁锰胶膜和 SiO_2 粉末。黏粒硅铝率 2.50~3.00。

潮棕壤

潮棕壤分布于丘陵坡地的坡脚和山前倾斜平原，地形平坦，地势较低，用于农业大都旱涝保收。主要特征与普通棕壤相同，底土层产生潴育化过程，常有锈纹锈斑和铁锰结核。有机质含量较高，达 15~20g/kg，甚至更高，全氮和全磷均大于 1g/kg，全钾大于 20g/kg，阳离子交换量也超过 20cmol（+）/kg。

棕壤性土（粗骨棕壤）

棕壤性土处于弱度发育阶段，剖面分化不明显，土层薄，具石质性、粗骨性。分布于低丘陵，多用于种植花生和柞岚（养柞蚕用）；分布于高丘陵和山地，多为荒山疏林，水土流失很严重，亟应采取水土保持措施。

黄棕壤与黄褐土

黄棕壤与黄褐土是北亚热带湿润的常绿与落叶阔叶林下的淋溶土壤，广泛分布于我国黄河以南和长江两侧及其以北的广大地区，北纬 27°~33°的东西窄长地带，北自秦岭、淮河，南至巴山和长江；西自青藏高原东南边缘，东至长江中下游地带，包括苏、皖长江两侧及浙北、赣北、鄂北海拔 1100~1800m 的中山上部及川、滇、黔、桂等地的中山垂直地带。

黄棕壤

黄棕壤为亚热带湿润的落叶、常绿阔叶林下的淋溶土壤，通体无石灰反应，呈微酸性。黄棕壤是黄红壤与棕壤之间过渡性土类。其分布范围大致为：北起秦岭、淮河，南到大巴山和长江，西自青藏高原东南边缘，东至长江下游地带，主要分布于苏、皖及浙北的丘陵、阶地等排水条件较好的地区。黄棕壤分布于亚热带北缘。这里夏季高温，具有亚热带特点；冬季寒冷，具有暖温带特点。年平均气温为 15~18℃，超过 10℃的积温为 4500~5300℃，无霜期 210~250 天，年降水量为 750~1000mm，山区大于 1000mm。成土母质在山地多为花岗岩、千枚岩、砂页岩风化物，可有花岗岩、片麻岩、玄武岩等风化物的残积物和坡积物，在岗地为下蜀黄土。黄棕壤的形成过程，既具有黄壤与红壤富铝化作用的特点，又具有棕壤黏化作用的特点。这可从两方面来说明：

（1）黏粒部分的硅铝率在 2.5~3.0，大于黄壤和红壤，但低于棕壤；

（2）剖面中、下部有黏粒淀积胶膜（在程度上不如棕壤）。地带性植被是落叶阔叶林，但杂生有常绿阔叶树种，自然植被常为常绿或落叶阔叶林，主要成分有槭属、枫杨属及栎属等阔叶树种，也有南方树种的水青岗栎、女贞、石楠等。并广泛栽培有杉木、水杉、毛竹、油茶、油桐等人工林。农业利用以旱作与水稻为主，是我国主要粮食、茶叶与蚕桑的重要生产基地。pH 值为 5.0~6.7，盐基饱和度 30%~75%，一般铁的游离度（Fed/Fet）≥40%。

颗粒组成及交换性能：一般为壤土-粉沙黏壤土。由黏粒矿物所决定的交换量一般为 30~50cmol（+）/kg 黏粒。有效阳离子交换量与黏粒之比，即 ECEC/clay≥0.25 或 CEC/clay≥0.4。交换性盐基以钙、镁为主，含有 1~13cmol（+）/kg 的交换性氢、铝。

矿物分析：黏粒指示矿物为水云母、蛭石、高岭石等，充分反映了这种风化的过渡特征。但因母质不同，矿物组合也有差异；花岗岩、辉长岩发育者高岭石含量增加，水云母有所减少；沙页岩所发育的水云母含量最多，高岭石次之；而下蜀黄土上发育者除水云母、蛭石、高岭石外，也有一些蒙脱石和绿泥石。此种矿物组成决定其黏粒硅铝率，一般为 2.4~3.0。

微形态特征：土壤中存在凝团和无定形凝聚物等新生体，物质组成多是铁质-有机质-黏粒混合物。骨骼颗粒以石英、长石、云母为主，细粒物质以黏粒矿物占优势，亦有无定形和晶形铁、铝、锰等氧化物和氢氧化物，腐殖质和小于 2μm 的原生矿物。

黄棕壤与棕壤的区别：棕壤为暖温带落叶阔叶林下的淋溶土壤，与黄棕壤相比，它的表层腐殖质积累较强，而黏化层较薄，铁的风化移动性较差，一般其游离铁含量<20g/kg，铁的游离度<40%，而黏粒的 SiO_2/Al_2O_3 较高，为 2.92~3.43。

黄棕壤与黄褐土的区别：黄褐土为第四纪晚更新世（Q3）的下蜀黄土母质上发育的土壤，黄褐土的淋溶作用较弱，pH 值为 6.8~7.5，盐基饱和度>75%，且常有少量的 $CaCO_3$ 物质，SiO_2/Al_2O_3>3.0。

黄棕壤与褐土的区别：褐土为暖温带半淋溶土纲，土壤的黏化层薄，全剖面的盐基饱和度>80%，常有一定的 $CaCO_3$ 新生体，pH 值一般为 7.0~8.5，铁的游离度<40%。

黄棕壤与红壤、黄壤的区别：红壤与黄壤为中亚热带的湿润铁铝土纲，它们由于富铝化作用而形成较多的 1∶1 的高岭石类矿物和铁铝氧化物，SiO_2/Al_2O_3 为 2.0~2.5，pH 值为弱酸性和强酸性，盐基饱和度<35%，黏粒交换量<30~50cmol（+）/kg。

黄棕壤的亚类划分及其特征：土类以下的亚类划分主要根据具有附加过程的特性和是否具有母质残留特性而划分为普通黄棕壤、黏磐黄棕壤、暗黄棕壤和黄棕壤性土。由于成土母质不同，剖面形态特征有较大差异。

普通黄棕壤

普通黄棕壤集中分布于江苏、安徽两省的长江两岸及鄂北、豫南和陕南的低山丘陵区。母质为岩石风化物，pH 值为 5.5~6.0，盐基饱和度为 30%~75%，不含游离碳酸盐，含少量交换性铝。黏土矿物为水云母、蛭石、绿泥石和高岭石，也有少量蒙脱石。

黏磐黄棕壤

黏磐黄棕壤主要分布于苏、皖、赣三省的长江两侧及浙北、鄂北、豫南的第四纪黄土丘岗、阶地。剖面中部一般都有一个紧实的呈棱柱状结构的“黏磐层”。土体深厚，通体具有均质黄土层、黏磐层和网纹层等三个阶段。pH 值为 5.5~6.7，黏粒部分硅铝率 2.6~3.3。黏土矿物为蛭石、绿泥石、水云母、高岭石和蒙脱石。黏磐黄棕壤剖面上部呈酸性反应（pH 值为 5.2~6.3），盐基中度饱和，而剖面下部则呈中性反应（pH 值为 7.0~7.6），盐基高度饱和。普通黄棕壤有所不同，全剖面均呈酸性反应（pH 值为 4.6~5.8），盐基中度饱和。但它们也有共同之处，即铁锰都有淋溶淀积现象，剖面的中下部可以见到铁锰胶膜和铁锰结核等新生体。由于黏磐黄棕壤具有渗水力弱的黏磐层，容易产生临时性的上层滞水现象，更有利于铁锰的还原与累积，因此，铁锰胶膜和铁锰结核常较普通黄棕壤为多。

暗黄棕壤

暗黄棕壤分布于皖南、赣北海拔1100~1800m的中山上部，以及川、滇、黔、湘、鄂、桂海拔1100~2700m的中山区，属垂直带谱中黄壤至棕壤的过渡类型，土体较薄，一般为40cm左右。表层暗灰黄（2.5Y5/2~4/2）或黑棕色（5YR2/1~2/2），质地偏轻。pH值为5~5.6，阳离子交换量9~30cmol（+）/kg，盐基不饱和。硅铝率（<0.001mm黏粒）变幅为1.9~3.0，黏土矿物以高岭石为主，有较多的伊利石、蛭石、绿泥石，还有少量的针铁矿、皂石及蒙脱石。

黄褐土

黄褐土是北亚热带半湿润常绿阔叶、落叶阔叶混交林下发育于第四纪更新统黄土母质上的淋溶土，淀积层中具有棕黑色的铁锰斑块或结核，母质中常有石灰结核，pH值为6.8~7.5。黄褐土分布于我国的北亚热带黄棕壤的西部，黄褐土处于北亚热带，但土壤的风化仍以硅铁铝化的黏化为主，铁和铝的氧化物 R_2O_3 没有明显的剖面分异，细黏粒与总黏粒之比（<0.2μm/<2μm）在层次间分异不明显。微形态薄片中仅有少量老化淀积黏粒体。铁锰的淋淀在土体中淀积下来，其形态各异，有的铁锰结核为绿豆状软铁子，有的为比较坚实的硬铁子。此外，因低价铁锰多沿裂隙下移，失水后形成凝胶，紧贴在结构面上，表现出暗棕色或红褐色的胶膜。表层呈棕色（7.5YR4/3）或红棕色（5YR4/2），碎块状结构，质地为壤土-粉沙黏壤土。有少量铁锰结核。表层质地一般为壤土-粉沙黏壤土。

矿物分析：黏土矿物组成以2：1型水云母为主，相对含量在40%以上，1：1型高岭石一般为15%~25%，还有一定量的蛭石及少量蒙脱石，黏粒部分硅铝率>3.0。

黄褐土与黄棕壤的区别：黄棕壤为北亚热带湿润森林下的淋溶土壤，pH值为5.0~6.7，盐基饱和度<75%，无石灰结核存在。

黄褐土与褐土的区别：褐土是暖温带的半淋溶土，土体中有明显的石灰质形成物，且pH值可以大于7，其B层铁的游离度<30%。

黄褐土与黄壤的区别：黄壤为中亚热带湿润淋溶的铁铝土，pH值为4.5~5.5，为强酸性，且 SiO_2 与 Al_2O_3 比值为2.0~2.5，黏土矿物中有三水铝石出现。

黄褐土亚类划分及其特性：黄褐土、白浆化黄褐土、黏磐黄褐土与黄褐土性土等。

白浆化黄褐土

白浆化黄褐土以安徽、河南所占面积较大，江苏也有分布。一般分布在丘岗地顶部或缓坡地段。白浆化黄褐土具有板结、贫瘠的白浆层，群众称此种土壤为白散土（河南、湖北）、岗白土（江苏）、澄白土（安徽）。表土和亚表土层（白土层）是灰白色或灰色。

黏磐黄褐土

黏磐黄褐土以河南和江苏面积较大。黏磐黄褐土在1m土体内具有比黏化层更僵实的黏磐层（黏粒与铁锰胶结体），其厚度大于30cm，黏磐层具有醒目的暗棕褐色，土体黏重坚实，棱块状结构发达。pH>6.8，盐基饱和度>80%，且剖面下部无明显的网纹层，可偶见沙姜。其他性质同黏磐黄棕壤。

棕色针叶林土

棕色针叶林土曾被命名为山地灰化土、棕色灰化土、灰化土。棕色针叶林土是我国寒温带的主要森林土壤。棕色针叶林土主要分布于大兴安岭的北段和中段山地、青藏高原东缘的高山和亚高山垂直带谱中。棕色针叶林土属寒温带湿润的针叶林下的淋溶土。棕色针叶林土在东北地区分布在大兴安岭北纬46°30′~53°30′，集中分布在北段，以楔形向南段延伸，最后以岛状退到中山顶部，分布在海拔800~1700m范围内。北靠黑龙江畔，隔江与东西伯利亚针叶林相邻，南达牛汾台与索伦-阿尔山地区，西北部到额尔古纳河，东北部约至呼玛；在长白山、小兴安岭，棕色针叶林分布于800m和1200m以上的山地土壤垂直带土壤中。总面积中，内蒙古48.52%，黑龙江37.86%，四川、云南有少量分布。大兴安岭棕色针叶林土区的气候属于寒湿带大陆性季风气候，年平均温低于-4℃。平均气温在0℃以下，可长达5~7个月。超过10℃积温在1400~1800℃，年降水量450~750mm。土壤冻结期长，冻层深厚，可达2.5~3m，并有岛状永冻层。主要植被为明亮针叶林，局部有暗针叶林。明亮针叶林的主要树种为兴安落叶松、樟子松，地被灌草层有兴安杜鹃、杜香、越桔和各种藓类，混有少量的桦、山杨等阔叶树。暗针叶林的建群树种是云杉和冷杉。草本植物主要有大叶樟、红花鹿蹄草等。植被组成较单纯，属于达呼里植物区系。树叶灰分组成：针叶含硅量较高，盐基含量较低。母质多为岩石碎块，地形一般为中山、低山和丘陵组成，坡度较缓。棕色针叶林土区几乎全部是原始森林区，以兴安落叶松面积最大，其次为樟子松。由于所处地势起伏，土层浅薄，仅适于发展林业。棕色针叶林土的成土过程主要是针叶林毡状凋落物层和粗腐殖质层的形成，针叶林及其树冠下的灌木和藓类，每年以大量枯枝落叶等植物残体凋落于地表，凋落物主要靠真菌的活动而分解，形成富里酸，而且冻层本身又阻碍水分自凋落物中把分解产物排走。在一年中只有6~8月份的较短时期的真菌活动，不能使每年的凋落物全部分解，年复一年的积累，便形成毡状凋落物层。在凋落物层之下，则形成分解不完全的粗腐殖质层，甚至积累成为半泥炭化的毡状层。有机酸的络合淋溶、含有富里酸类的下渗水流导致土壤盐基及矿物质Fe、Al的络合淋溶，使土壤盐基饱和度降低，土壤呈稳定酸性。但由于气候寒冷，淋溶时间短，淋溶物质受冻层的阻隔，这种酸性淋溶作用下不能有显著的发展，与此同时，淀积作用也不明显。

铁铝的回流与聚积：当冬季到来时，表层首先冻结，上下土层产生温差，本已下移的可溶性铁铝锰化合物等又随上升水流回流，重返被淋出部位，在土壤中冻结脱水析出，成为稳定的铁铝锰化合物聚积在土壤表层，把土壤染成棕色，并在剖面上层的石块底面及侧面有大量暗棕色至棕褐色胶膜的淀积，活性铁铝在剖面上层的聚积尤为明显。另外，存在于棕色针叶林中的嫌气细菌，还能导致部分铁、锰还原。形成针叶林毡状凋落物层和粗腐殖质层，多木质粗根及局部白色菌丝体。

土壤pH值与盐基饱和度：土壤呈酸性反应，各层水浸pH值为4.5~5.5；表层交换性Ca^{2+}、Mg^{2+}较高，盐基饱和度为20%~60%。

土壤矿物全量组成：表层、亚表层SiO_2明显聚积。黏土矿物在剖面上的分布，上层以高岭石、蒙脱石为主。

棕色针叶林土与暗棕壤的区别：棕色针叶林土没有明显的淋溶过程，腐殖质组成以富里酸为主，表层的盐基饱和度较暗棕壤的低，土壤呈微酸性反应。

棕色针叶林土与灰化土的区别：灰化土是寒温带或温带针叶林下，于酸性母质上产生酸性络合淋溶的土壤，其剖面构型为O-Ah（有时无）-E-Bhs-C（E为灰白色富硅的灰化淋溶层），具有暗棕色Fe、Al的腐殖质结合的灰化淀积层。棕色针叶林土在剖面上与灰化土有些相似，但灰化过程弱，灰化层仅有灰色，有SiO_2粉末，但灰化淀积层不明显，且土壤盐基饱和度也较高。

灰化棕色针叶林土

灰化棕色针叶林土分布在大兴安岭北段地势偏高、土层浅薄的残积物母质上。在剖面形态上，有灰白色的灰化层或斑块。土层浅薄，一般只有30~40cm，含有砾石和岩屑，具有厚5~20cm清晰的灰白色灰化层。土壤呈强酸性，水浸pH值为4.0~4.5；盐基离子受腐殖酸的影响大量淋溶，交换性阳离子组成中的Al^{3+}和H^+较高，水解酸度显著增高，盐基高度不饱和，盐基饱和度只有21%~32%。SiO_2在灰化层明显富集，表层SiO_2/R_2O_3比值为7~8；黏粒的SiO_2/R_2O_3率在表层、亚表层达3.5~4，表层有机质含量达200~300g/kg，多呈半腐解状态，C/N比宽达20~30，腐殖质组成以富里酸为主，H/F为0.08~0.61。黏土矿物在强酸性有机螯合物淋溶下，发生强蚀变，底层以蛭石、水云母、绿泥石为主，灰化层以高岭石、蒙脱石、次生石英为主。

表潜棕色针叶林土

表潜棕色针叶林土主要分布在山间低平洼地。表潜棕色针叶林土与棕色针叶林土在形态上的差别，主要是前者有潜育化作用，呈现蓝灰色。底土层亦因铁的水化程度较高而显黄色，铁、铝在下部有增高趋势，而锰则明显减少。

暗棕壤

暗棕壤也称暗棕色森林土，是温带针阔叶混交林下形成的土壤，主要分布在我国东北地区。在我国其他山区的垂直带谱中棕壤之上广泛分布，即在西南横断山区一带及其他亚热带山地的垂直带谱中，也有少量分布。在东北地区，暗棕壤是面积最大的一个土类，是东北地区面积最大的森林土壤之一。分布于大兴安岭东坡、小兴安岭、张广才岭和长白山等地，主要分布在黑龙江、吉林、内蒙古。暗棕壤分布广，向北（向上）过渡为棕色针叶林土，向南（向下）过渡为棕壤，其分布范围北起黑龙江，东到乌苏里江，西起大兴安岭中部，南到辽宁省的铁岭、清源一带。具体分布于大兴安岭东坡海拔 800m 以下，小兴安岭海拔 900m 以下，完达山脉和长白山海拔 1100m 以下的区域。暗棕壤是在温带湿润季风气候和针阔混交林下发育形成的，表层腐殖质积聚，全剖面呈中至微酸性反应，盐基饱和度 60%~80%，剖面中部黏粒和铁锰含量均高于其上下两层的淋溶土。自然植被主要是以红松为主的针阔叶混交林。因气候湿润，植物种类繁多，共有 2000 余种。针叶树种主要有红松、沙松、鱼鳞云杉和红皮冷杉等阴性和半阴性树种。落叶阔叶树种种类很多，主要有白桦、黑桦、枫桦、蒙古柞、春榆、胡桃楸、黄菠萝及水曲柳等。林下灌木及草本繁茂，常见的灌木有毛榛子、山梅花、刺五加、卫茅和丁香等植物。常见的草本植物有木贼、轮叶百合、银线草以及苔原属等。目前，虽然次生林的密度在逐渐加大，但仍然是东北地区的主要林区。该区的地形主要为山区。暗棕壤分布的地形，多为中山、低山和丘陵。成土母质主要为花岗岩、安山岩、片麻岩以及玄武岩的风化物的残积物和坡积物，部分地区为洪积物和冲积物。也有少量的第四纪黄土性沉积物。表层腐殖质中胡敏酸含量较多，H/F>1.5。pH 值在表层可达 6.0 左右。土体中的铁和黏粒有比较明显的移动过程，而铝移动则不明显。表层黏粒部分的 SiO_2/R_2O_3 多在 2.2 以上。SiO_2/Al_2O_3 在 3.0 以上，只略高于棕壤。暗棕壤的黏土矿物主要以水化云母为主，并且含有一定量的蛭石、高岭石。暗棕壤的形成特点，主要表现为弱酸性腐殖质作用。它与棕壤比较，腐殖质的积累量多，有时甚至还有泥炭化。典型的暗棕壤剖面，自上而下具有下列层次：枯枝落叶层，厚 3~5cm 或更厚，由木本凋落物和草本残体组成，下部呈半分解状态，有较多的白色菌丝；腐殖质层厚 8~15cm，棕灰色，粒状至团块状结构，根系密集，有蚯蚓聚居；以下逐渐过渡到淀积层，厚 25~30cm 或更厚，棕色或暗棕色，质地黏重，呈不明显的块状结构，结构面上常有黏粒胶膜和不甚明显的铁锰胶膜；最下为母质层，近于母岩颜色，有较多的石砾，在石砾表面有时也可见铁锰胶膜。暗棕壤是比较肥沃的森林土壤，森林生长繁茂，是我国重要的林业基地，是红松的中心产地，红松树高达 24~28m，胸径达 32~36cm。

暗棕壤与棕色针叶林土的区别：棕色针叶林土中酸性淋溶比暗棕壤强，因此，暗棕壤在剖面中的灰化现象较弱，如 SiO_2 粉末及灰化淀积现象等均不如棕色针叶林土明显。

暗棕壤与棕壤的区别：棕壤主要分布于暖温带。与棕壤相比，暗棕壤表层有机质含量较高，淋溶作用较弱。具体表现为淀积层中没有明显的黏化现象，但有铁锰胶膜和较多的 SiO_2 粉末。

暗棕壤的亚类划分及其特征：根据暗棕壤的发生学特点、诊断学特征，可将其分成典型暗棕壤、草甸暗棕壤白浆化暗棕壤、潜育暗棕壤等几个亚类。

典型暗棕壤

典型暗棕壤主要分布于山地的缓坡顶部及山腰处，面积较大，具有暗棕壤的典型特征。

草甸暗棕壤

草甸暗棕壤主要分布于平缓的地形上，多为坡脚或河谷阶地。植被多为次生阔叶林或疏林草甸植被。表层为富含腐殖质的暗灰色黏壤土，略有团粒结构。有机质含量较高，呈微酸性反应，盐基饱和度较高。棕黄色的 B 层中常有铁锈、铁锰结核或灰色条纹，具有草甸的特征。腐殖质层较厚，有机质含量较高，呈微酸性反应，盐基饱和度较高，铁的还原淋溶较强，但黏粒移动弱，黏粒在剖面中分化不明显。

白浆化暗棕壤

白浆化暗棕壤主要分布于暗棕壤地区的平缓阶地、平顶山或漫岗顶部的排水较差处，多为坡脚或河谷阶地。植被多为针阔叶混交林，母质较黏，多为洪积、残积和洪残积物，也有部分黄土状沉积物，属暗棕壤向白浆土的过渡类型。表层以下有一明显的呈黄白或黄白相间的白浆化层。

潜育暗棕壤

潜育暗棕壤主要分布于河谷、坡麓、高阶地中的低平处。多生长红皮云杉、臭冷杉、赤杨和林下草甸植被。土壤含水较多，排水不良，甚至部分地区有岛状永冻层，以致表层有明显的潜育现象，常形成腐殖质泥炭层。表层以下的土层中常有水渗出，有潜育斑块，呈酸性反应，盐基饱和度较低，质地较黏。

漂灰土

漂灰土过去曾称棕色针叶林土、森林泥炭潜育土、森林灰白土和棕色泰加林土等，是中国寒温带湿润地区明亮针叶林或暗针叶林下形成的，具有灰白色亚表土的土壤。主要分布在内蒙古大兴安岭北段山地垂直带上部，北面宽南面窄，像一个楔子自北向南延伸。青藏高原东南边缘的亚高山、高山垂直带上也有分布。其相邻关系是，在大兴安岭的东坡与暗棕壤组成垂直带谱，西坡与灰色森林土组成垂直带谱；在青藏高原东南边缘山地，位于垂直带山地棕壤的上部，亚高山草甸土的下部，有时还与酸性棕壤呈组合分布。自然植被以针叶林为主。大兴安岭地区的主要树种为兴安落叶松和樟子松，青藏高原边缘山区为冷杉和落叶松。地面生长着大量苔藓。大兴安岭地区年平均气温为-5℃，超过10℃的积温 1400~1800℃，年降水量 450~550mm。青藏高原边缘山地的气温略高，年降水量也较高，可达 800mm 以上。冬季土壤普遍结冻，冻层深度 2~3m，在大兴安岭北端，甚至出现岛状永久冻层。在上述生物气候条件下，土壤进行着比较特殊的漂灰作用，实际包括水漂作用和灰化作用两个方面。前者是指土壤亚表层在冻层影响下，氧化铁被还原随侧向水流失的漂洗作用；后者是指雨季解冻后，土壤亚表层的铁、铝氧化物与腐殖酸形成螯合物，向下淋溶并淀积于心土或底土的作用。这两种作用所占的比重因地区不同而有差异，有的是水漂作用占优势，有的是灰化作用占优势。漂灰土的剖面分化比较明显，自上而下可分为苔藓枯枝落叶层、腐殖质层、漂灰层、淀积层和母质层。

灰化土

灰化土是指具有灰化淀积层的土壤。我国没有典型的灰化土，只有与美国灰土纲中冷冻典型灰土相近似的漂灰土。灰化土广泛分布在北半球的北部，在欧亚大陆北部和北美洲北部，呈南北向绵延展布，其中包括欧洲的挪威、瑞典、芬兰、波兰和俄罗斯欧洲部分，北美的加拿大和美国中北部都有分布。在南半球，由于相应的纬度地带为水域所占据，缺乏广阔的灰化土发育地区，因而没有灰化土分布。我国灰化土面积较小，只在大兴安岭北端与青藏高原某些高山、亚高山垂直带中有所发现。

灰化土分布在寒温带湿润气候区，其南界大致与北纬 50°线相当。气候的特点是冬季漫长而寒冷，气温的季节变化很大，降雨集中在夏季。寒温带虽然降水量不多，但低温冬冻，积雪很厚，大大降低了水分蒸发作用，永冻层广布，地表水分充足，利于淋溶和潜育作用的进行。

灰化土的植被以针叶林为主，主要树种如云杉属、冷杉属、松属、落叶松属等。在欧亚大陆，西欧的森林成分比较单一，以云杉和松构成单一的景观，向东则被西伯利亚松、云杉、落叶松、矮小的西伯利亚松等替代。在北美，针叶林比较复杂。排水良好的地带有云杉、冷杉等；排水不良的地带则以黑冷杉、杰克氏松、落叶松和美洲落叶松为主。

在我国，大兴安岭北端的针叶林区，以杜鹃、落叶松或樟子松为主，西南高山、亚高山地带则以杜鹃、冷杉及云杉为主，灰化土南部，阔叶树种成分增多，构成混交林亚带。由于灰化土区的土壤冻结期比较长，结冻和解冻时对植物根系的影响，加上在针叶林下光线不充足，致使林下草本植被稀少，地被植物多数是苔藓、地衣或蕨类等低等植物生长，林下亦常常引起沼泽化现象。灰化土分布区的地形多为山地、丘陵或平原，一般坡度较平缓，成土母质多为更新世冰川沉积物，还有砂岩、泥岩、黏土以及石灰岩风化物，在我国亦有母质为火山灰的。一般在渗透性强的砂性母质上灰化土发育最快。

灰化土最大的特点是具有灰化淀积层，因此其成土过程主要是灰化层形成过程和淀积层形成过程。在冷湿针叶林下，微生物对有机质的分解缓慢，凋落物层逐年增厚，加之泥炭层发育，其含水量可高出其本身重量的两倍以上，从而创造了还原淋溶作用的有利条件。针叶林凋落物中含单宁、树脂、蜡质等较难分解的物质较多，导致半腐解凋落物在地表积累，而这些物质盐基含量很少，凋落物分解所形成的有机酸不能完全被盐基中和，造成很强的酸性环境，适于真菌生活。在以真菌为主的微生物作用下，一方面使有机质矿质化，释放出各种盐基，同时产生富里酸，这是灰化淀积过程的主要条件。富里酸的酸性很强、离解度大、亲水性强，溶液渗入土体，由于氢离子的代换，使盐基被代替并淋失。在低温潮湿条件下，有机质分解缓慢，释放的盐基不足以中和富里酸，游离的氢离子随着下渗的水分大量进入矿质土层中，从而引起灰化过程的进行。由于不断进行酸性淋溶，表层细颗粒被淋溶造成土壤质地逐渐变粗，在铁锰不断还原淋溶的同时，因土壤胶体逐步为氢所饱和，并使高岭石被破坏，形成可溶性的铁、铝、硅等富里酸络合盐，以胶体溶液或真溶液的状态下淋，并析出非晶质粉末状的二氧化硅，形成白色片状结构或无结构的灰化淋溶层。从灰化层下淋的富里酸钙、镁、铁、锰等盐类和少部分无机酸的盐类以及铁、铝、硅酸胶体等到了下层，由于酸性溶液受到愈来愈丰富的盐基的中和而使盐类淀积，由于上层真菌分解过程中消耗了大量的氧气及灰化层潮湿状态造成的不透气性，在其下土层中氧气不足，厌气微生物的活动以及溶胶物质的凝聚而使淀积下来的各种盐类形成红棕色或红褐色的淀积层，甚至形成铁磐或黏磐层。在淀积层以下，由于通气不良，可能有带灰白色或灰绿色的潜育层形成。

典型灰化土

典型灰化土具有灰化土的典型特征。

生草灰化土

生草灰化土分布在森林变稀疏、草本植物发展的地带。其特点是在50cm深度内缺水，土壤有机质含量增加，胡敏酸增多，代换量较大，盐基饱和度提高，酸性降低。

潜育灰化土

潜育灰化土土壤上层有潜育化特征，在灰化淀积层中或在其上缺少薄铁磐。

棕色灰化土

棕色灰化土灰化过程较弱，无明显灰白色层次，呈浅棕色，铁铝淀积较明显，腐殖质的淀积不明显，分布于海拔与纬度较低的地区。

白浆土

白浆土是在温带半湿润及湿润区森林、草甸植被下，在微度倾斜岗地的上轻下黏母质上，经过白浆化等成土过程形成的具有暗色腐殖质表层、灰白色的亚表层–白浆层及暗棕色的黏化淀积层的土壤。白浆土的白浆层含有大量的SiO_2粉末及下层的铁锰结核。白浆土成土母质主要是第四纪河湖相黏土沉积物，质地黏重，一般为轻黏土，有的可达中至重黏土。白浆土在20世纪50年代中期以前，被认为是灰化土或生草灰化土。后来经研究，它是由于土壤上层季节性滞水引起铁锰还原淋失或就地形成铁锰结核，从而形成灰白色亚表层，但铝和腐殖质都无淋溶淀积现象，这是白浆土和灰化土的重大差别。白浆土是温带湿润或半湿润地区具有灰白色亚表层的一类土壤，主要分布在我国东北，多见于黑龙江、乌苏里江和松花江下游谷地，小兴安岭、完达山、长白山及大兴安岭东坡的山间盆地和山前台地。北起黑龙江省的黑河，南到辽宁省的丹东–沈阳铁路线附近；东起乌苏里江沿岸，西到小兴安岭及长白山等山地的西坡，局部抵达大兴安岭东坡。垂直分布高度，最低为海拔40~50m的三江平原；最高在长白山，可达700~900m，大抵南部较高，北部较低。白浆土发育的地形部位主要为丘陵漫岗至低平原，主要类型有低平原、河谷阶地、山间盆地和山间谷地、熔岩台地和山前洪积台地。地下水埋藏较深，地下水对白浆土的形成和发育影响不大。白浆土的初始植被为针阔混交林（岗地），由于人为砍伐和林火，逐渐为次生杂木林、草甸及沼泽化草甸植被代替，主要植被类型有：红松阔叶林；

兴安落叶松—白桦混交林；山杨、白桦、柞树等次生林；杂类草的五花草塘与小叶樟、苔原等沼生植被。目前，除低地外，大部分已垦为农田，是吉林、黑龙江两省的主要耕地土壤之一。白浆土质地比较黏重，表层 Ah 及 E 层多为重壤土，个别可达轻黏土，Bt 层以下多为轻黏土，有些可达中黏土和重黏土。机械组成以粗粉粒（0.05~0.01mm）和黏粒（<0.001mm）为最多。腐殖质组成在 Ah 层以胡敏酸，H/F>1；E 层与 Bt 层 H/F<1。pH 值及交换性能：pH 值在 6.0~6.5。盐基饱和度较高，表层 70%~90%。白浆土黏土矿物以水云母为主，伴有少量高岭石、蒙脱石和绿泥石。白浆土在东北的东部分布很广，但大部分是低产土壤，主要原因是白浆层养分含量低，全氮和速效磷缺乏，盐基饱和度较低，其下的淀积层又有托水作用，以致土壤上层滞水，旱季却又缺水。

白浆土与棕色针叶林土的区别：白浆土在 SiO_2 粉末富集的漂白层之下有明显黏粒淀积层，而棕色针叶林土的淀积层是铁、铝、腐殖质淀积，黏粒增加不明显。

白浆土与棕壤、暗棕壤的区别：在黏化层之上有明显的白浆层，而后两者则无。

白浆土的亚类划分及其特征：土类之下分为三个亚类，即岗地白浆土、草甸白浆土及潜育白浆土。

岗地白浆土

岗地白浆土分布在地势起伏的漫岗地上，地下水位在 20m 以下，植被多为柞、桦、椴、山杨等落叶阔叶树次生杂木林，剖面上有铁锰结核而无锈斑。

草甸白浆土

草甸白浆土也称平地白浆土。分布在平坦地形部位，植被为丛桦、柳毛子等灌木丛及小叶樟等草甸杂类草，草甸过程有一定发展。表层腐殖质积累较白浆土多，E 层厚 20cm，Bt 层可见到铁锈斑，黏粒淋淀指数 Bt/E 为 1.33。

潜育白浆土

潜育白浆土又称低地白浆土。分布在低平地形部位，雨后地表有积水，地下水较该高。植被为小叶樟、柳毛子、三棱草等草甸沼泽植物。有机质含量在三个亚类中最高。E 层薄，一般为 15cm 左右，有锈斑。Bt 层多呈暗灰色（10YR4/1），小核块状或近似粒状结构，是由矿质胶结而成，表面淀积黏土膜，有锈斑，并具有蓝灰色（5Y6/1）潜育斑。往下有明显的潜育层。

林灌地区的半淋溶土

半淋溶土

半淋溶土属中国北方几类既有淋溶又有碳酸钙淀积的土壤的统称。因它地处湿润森林淋溶土壤和半干旱草原钙层土壤的过渡地带，土壤性状兼有淋溶土和草原土的某些特点。半淋溶土主要分布在河北、山西、陕西、甘肃、宁夏、河南、山东等省区交接的丘陵地区，新疆、青海、四川的部分河谷山地上也有少量分布。这些土壤，除部分山地上还保存森林外，其余绝大部分都已开辟成农田，耕种的历史相当悠久。这些地区是世界上最大的黄土分布区之一，而中国的半淋溶土绝大部分发育于这种黄土母质。这类土壤的淋溶作用不很强烈，特别是与湿润森林地区的淋溶土相比较，淋溶作用就相对较弱。尽管这里也生长森林，但树种都是一些旱生或中旱生类型的，如杨树、桦树、栎树、油松、云杉和灌木酸枣、黄荆条等，不需要太多水分就能长得很好。形成的土壤与典型的森林土壤（如棕壤、黄棕壤）不一样。它除了淋溶程度较弱一些外，还具有干旱草原土壤的某些特征。如在土层中下部出现碳酸钙聚积层，土壤性质都不是酸性的，而是中性到微碱性反应。因此，半淋溶土形成过程的共同特点，是在中性、微碱性森林灌木条件下进行的腐殖质累积，碳酸钙的淋溶和淀积作用明显，黏化现象有不同程度的表现。由于区域和人为生产活动的不同，这些特点表现的程度也不完全一样。如腐殖质积累表现出由东向西随着水热条件的下降而增多，黏化现象则相对减弱，碳酸钙淀积的部位升高；土层厚度和肥力状况表现出自南而北随着耕作管理的变差而变薄和降低等，反映出半淋溶土在形成上尚有比较大的差异。

褐土

褐土是在暖温带半湿润季风气候条件，干旱森林与灌木草原植被下，经过黏化过程和钙积过程发育而成的土壤，具有黏化 B 层的土壤。剖面中某些部位有 $CaCO_3$ 积聚，中性或微碱性，属半淋溶土。褐土分布于北纬 34°~40°，东经 103°~122°，即北起燕山、太行山山前地带，东抵泰山、沂山山地的西北部和西南部的山前低丘，西至晋东南和陕西关中盆地，南抵秦岭北麓及黄河一线，一般分布在海拔 500m 以下，地下潜水位在 3m 以下，母质多样，有各种岩石的风化物，但仍以黄土状物质为主。年平均气温 10~14℃，降水量 500~800mm，蒸发量 1500~2000mm，属于暖温带半湿润的大陆季风性气候，其自然植被以辽东栎、洋槐、柏树等为代表的干旱明亮森林以及酸枣、荆条、茅草为代表的灌木草原。一般全剖面的盐基饱和度>80%，pH 值为 7.0~8.2，根据不同亚类特征，$CaCO_3$ 出现于不同土壤层中。其黏土矿物以水化云母和水云母层钾离子释放而形成的蛭石（含量 20%~70%）为主，蒙脱石次之（10%~50%）。

褐土与棕壤的区别：棕壤为暖温带湿润森林下的淋溶土，因此，在剖面形态方面，棕壤的淋溶黏化明显。黏化的层次出现的层位稍低，层次厚度较大，黏粒系数 Bt/A>1.4，SiO_2/R_2O_3 一般小于 2.5，pH 值为 6.0~6.5，且剖面中无 $CaCO_3$ 积聚，这也是淋溶褐土与棕壤的主要区别。此外，在过渡地带的同一地区内，土壤剖面中的 $CaCO_3$ 的有无往往与母质关系较大，如钙质母质者多发育为褐土；反之，则发育为棕壤，所以往往在过渡地带形成褐土与棕壤的相嵌分布。

褐土的亚类划分及其特征：普通褐土、淋溶褐土、石灰性褐土、潮褐土、燥褐土与灰褐土等。

普通褐土

普通褐土是最接近中心概念的亚类，剖面中的 Bt 层有 $CaCO_3$ 新生体出现，即 A-Btk-C 剖面构型。

淋溶褐土

淋溶褐土是黏粒淋溶淀积比较明显，具有明显黏化层，石灰遭到强度淋溶，只有在下部底土层中才可以看到碳酸钙淀积的褐土亚类。全剖面呈中性，没有石灰反应。淋溶褐土主要特征是全剖面没有 $CaCO_3$ 出现，或在 C 层有少量石灰残余，形成 A-Bt-Ck 剖面构型。淋溶褐土主要分布于燕山、太行山东南部；在垂直带上分布在海拔较高的地方，淋溶褐土地区一般气候相对湿润，年降水量在 600~800mm。在褐土土类中淋溶褐土分布区一般是降水量偏高之处（如>650mm）。土壤中矿物风化的脱钙作用比较快；另一是母质因素，在相同气候条件下，非碳酸盐母质和弱碳酸盐母质，如花岗岩、片麻岩风化物及 Q3 老黄土等，往往易于发育为淋溶褐土甚至棕壤。因而在与棕壤过渡区形成一种镶嵌分布模式。淋溶褐土的黏化层具有一定的淋移黏化特征，所以与褐土的其他亚类相比往往是黏化层的层位较低，而且黏化层的厚度较大，并有黏粒胶膜出现，即使是在岩石风化残片的下方也可看到胶膜出现，这是其他亚类所少见的。淋溶褐土以黏壤土与壤质黏土为主，黏化层比较深厚，可达 70cm 以上。土壤盐基饱和。

石灰性褐土

石灰性褐土主要形成于较新沉积的黄土层中，所处地区较干燥。主要分布于燕山及太行山西北麓。全剖面均含有较高的碳酸钙，石灰反应强烈，土壤风化的脱钙过程处于初始阶段。表层腐殖质含量较弱，pH 值近弱碱性，一般在 7.8~8.5。黏化现象较弱，例如黏化层颜色的鲜艳程度，黏化层的核状结构等与普通褐土相比均较弱，但是黏化层与 A、C 层相比均有一定的分异。石灰性褐土的淋溶作用与黏化特征比普通褐土弱，全剖面颗粒组成比较单一，黏化层较薄。因土壤母质类型不同，土壤质地也不同。剖面层次分异不明显。石灰性褐土是褐土中发育较弱的亚类。

潮褐土

潮褐土主要分布于山麓冲积平原，地形平坦，开阔，土体深厚，地下水位 3m 左右。土体上部具有褐土特征，但由于地下水升降活动参与成土过程，在剖面的底部有锈色斑纹层。潮褐土在北京、河北、河南境内较多。土壤质地适中，以黏壤土及壤质黏土为主，有时也有砂黏夹层，水分条件好，pH 适中（7~8），其有机质含量及矿质养分含量中等以上，是水分、养分及理化性质均较优良的土壤类型。雨季期间有可能短期使地下水位抬高到 3m 以上，或者土体下层短时间水分饱和，因而在底土中具有潴育化现象，表层有机质含量较为丰富，黏化层表现较弱。

燥褐土

燥褐土分布于川西岷江、大渡河、金沙江上游，海拔 1000~2600m 的山地土壤垂直带结构中。平均气温在 12~15℃，但冬季比较温暖，在 0℃以上，年降水量 400~600mm，自然植被为狼牙刺、仙人掌、高山栎，土壤表层为淡色腐殖质表层，B 层有一定黏化度，呈黄棕色（7.5YR4/4）；Bt/A>1.2，全剖面石灰质反应强烈，pH 值为 7.0~8.0，栽培植物有石榴、枣、花椒、苹果等，一年一熟或一年两熟。

灰褐土

灰褐土也可叫灰褐色森林土，过去曾称为森林棕钙土和森林栗钙土。20 世纪 50 年代，有些地区曾把它当成褐色森林土，后经研究，认为其性状虽与褐土有些相似，但并不完全相同。如淋溶作用比褐土弱，黏化作用不及褐土明显，土壤颜色比褐土灰暗，腐殖质积累作用比褐土强一些等。有人说它是褐土和灰色森林土之间的过渡类型。实际成土条件与褐土有很大不同，它是温带干旱半干旱地区山地旱生森林条件下形成的土壤，主要零星或稍大片状分布在内蒙古的大青山，宁夏的贺兰山、六盘山，甘肃的祁连山、兴隆山，青海的日月山、唐古拉山，新疆的天山、帕米尔、西昆仑山等山地的阴坡、半阴坡部位，海拔高度大体在 1500~3000m。灰褐土分布的范围虽广，但实际面积不大，在半淋溶土中只占第三位。在相邻关系上，它的下部有的连接黄绵土和黑垆土，有的连接栗钙土和灰钙土；上部有的是山地草甸土，有的是亚高山草甸土。灰褐土地区的气候比褐土地区温凉、干旱。年平均气温 2~3℃，年降水量 300~600mm，属温带半湿润大陆性气候类型。地面覆盖的枯枝落叶层厚 5~10cm，下部多呈暗褐色半分解的粗腐殖质状态，有较多白色霉菌丝，松软像沙发样，下面的腐殖质层厚 20~40cm，颜色呈黑褐色，有机质含量为 10%~20%，比褐土高 1~2 倍。黏化层厚 25~70cm，比褐土稍薄，颜色也不如褐土鲜艳，为暗棕带褐，并夹有黑褐色腐殖质斑块在内，块状或核块状结构面上，无明显褐色光性定向黏粒胶膜淀积，粒径小于 0.001cm 的黏粒含量仅比上下土层中的高 0.5~1 倍。碳酸钙淀积的部位升高，有的在 25cm 深处就开始出现。形状开始呈白色假菌丝，向下渐增多呈斑块，最后聚积成层。在帕米尔高原、昆仑山和唐古拉山等较干旱的山谷地段，碳酸钙聚积层更为明显，不少石块完全被碳酸钙薄膜包裹起来，碳酸钙含量 4%~20% 不等。土壤性质与褐土差不多，也是中性至微碱性反应，pH 值为 7.0~8.5，部分淋溶强烈的土层上部可出现微酸性，pH 值稍低，约为 6.5。土壤的养分比褐土高，但因分布于山地，土层一般较薄，气温也比较低，发展农业生产的条件不如褐土地区。目前绝大部分保留着较多的森林，是干旱地区发展林业生产的重要土壤资源。

灰色森林土

灰色森林土又叫灰黑土，是在温带森林植被下形成的土壤，因具有颜色灰暗的深厚灰色土层而得名。在淋溶土类型中，它的淋溶程度最弱，分布的面积也最小，属森林土壤向草原土壤的过渡类型。在我国主要分布在内蒙古大兴安岭北段山地的西坡及南坡山地垂直带上部，在新疆阿尔泰山与准噶尔盆地以西的萨乌尔山和巴尔雷克山也有分布。在相邻关系上，它常与草原植被下的黑钙土组成复区，占有山地的阴坡或半阴坡。在垂直分布上，因地区不同而有差别。

热带和亚热带地区的富铝土

富铝土

在热带和亚热带湿润气候条件下，土体中的铝硅酸盐矿物彻底分解，钾、钠、钙、镁、硅等成分不断淋失，而铁、铝、锰、钛等成分相对富集，其中铝的稳定性最强，土壤学上把这类土壤称为“富铝土”。由于土壤中氧化铁的含量高，颜色多为红色，而且呈酸性反应，所以也称它为“红壤”。不过这里所说的红壤是广义的红壤，不仅包括砖红壤、赤红壤、红壤和燥红土等红色土壤，而且还包括酸性的黄色土壤——黄壤。在我国，富铝土的分布范围大致北起长江，南至南海诸岛，东起台湾、澎湖列岛，西至云贵高原、横断山脉以及藏南的察隅地区。其中以广东、广西、海南、福建、台湾、浙江、江西、湖南、贵州、云南等地分布广，四川、湖北、安徽等省也有一定分布。它是中国分布最广的土壤类型之一。由于分布地区辽阔，随着热量从北向南增加，土壤中铝的富集作用和生物积累作用不断加强，土壤则由红壤向赤红壤，由赤红壤向砖红壤发展。另外，由于干热和湿温的气候条件对铝的富集作用有影响，因此，在某些地区又形成了燥红土和黄壤。富铝土呈酸性至强酸性反应，盐基高度不饱和，磷的有效性低，这是由于在湿热条件下，风化作用和淋溶作用都很强烈。但是湿热条件对植物生长十分有利，在季雨林或常绿阔叶林下，生物积累作用非常旺盛。

红壤

红壤是在中亚热带湿热气候常绿阔叶林植被条件下，发生脱硅富铝过程和生物富集作用，发育成的红色、铁铝聚集、酸性、盐基高度不饱和的铁铝土。红壤是我国铁铝土纲中分布面积最广的土类，多在北纬25°~31°的中亚热带广大低山丘陵地区。红壤在中国分布范围广阔，大体包括湖南、江西、浙江三省的大部分，云南、广西、广东、福建、台湾五省区的北部，以及湖北、安徽、贵州三省的南部。红壤形成于中亚热带的生物气候条件下。气候温暖，雨量充沛，无霜期长（240~280天），年平均气温16~26℃，超过10℃的积温5000~7500℃，年降水量1500mm左右。原生植被为亚热带常绿阔叶林，其中壳斗科的栲属、石栎属和冈栎属占优势。其代表性植被为常绿阔叶林，主要由壳斗科、樟科、茶科、冬青、山矾科、木兰科等构成，此外尚有竹类、藤本、蕨类植物。一般低山浅丘多稀树灌丛及禾本科草类，少量为马尾松、杉木和云南松组成的次生林。湘、赣、黔东南有成片人工油茶林分布。红壤的地形条件一般为低山丘陵，但在云南为高原。成土母质在低丘陵多为第四纪红色黏土，高丘陵和低山多为千枚岩、花岗岩、砂页岩等。成土母质主要有第四纪红色黏土，第三纪红沙岩、花岗岩、千枚岩、石灰岩、玄武岩等风化物，且较深厚。

红壤与黄棕壤的区别：黄棕壤系北亚热带地带性淋溶土，淋溶黏化作用较红壤明显，但富铝化作用不如红壤强。

红壤与黄壤的区别：黄壤比红壤年平均气温低而潮湿，故水化氧化铁和铁活化度较高（10%~25%），土呈黄色（2.5Y8/6）或橙黄色（2.5Y7/8），黏土矿物因风化度低，故以蛭石为主，高岭石、水云母次之，有较多的针铁矿、褐铁矿。且有机质含量亦较高（50~100g/kg）。

红壤的亚类：普通红壤、棕红壤、黄红壤、山原红壤等。

普通红壤

普通红壤大部分已开垦利用，是红壤地带重要的农林垦殖基地。本亚类在本土类中面积分布较大，主要分布在江西、湖南、湖北、福建和浙江南部低山丘陵及滇中、黔西南高原。具有本土类的典型特征。质地黏重。pH值在4.5~5.2。

棕红壤

棕红壤分布于中亚热带北部，气候温暖湿润，干湿交替，四季分明，是红壤向黄棕壤过渡的一个红壤亚类。黏土矿物以高岭石为主伴生水云母；黏粒硅铝率SiO_2/Al_2O_3为2.8~3.0，SiO_2/R_2O_3为2.0~2.3，风化淋溶系数（ba值）0.2~0.4（红壤<0.2）；pH值为6.0左右；铁的活化度30%~70%，盐基饱和度40%~60%；故而棕红壤的富铝化作用强度不如红壤，但比黄棕壤强。

黄红壤

黄红壤亚类是红壤向黄壤过渡的类型，主要分布在鄂东、皖南、湘西、黔东等地。红壤带边缘低山丘陵区亦有分布。山地垂直带，上与黄壤相接，下与红壤相连，水分状况比红壤湿润，其分布区湿度比红壤亚类分布区大，而热量略低，土壤受到水化作用，呈棕色，但因干湿季分明，水化作用又不及黄壤那么强，生物积累比红壤亚类略强，而富铝化作用略弱。土体中铁铝含量稍低，硅的含量稍高，黏粒硅铝率较红壤亚类高。在较湿热条件下，盐基易淋失，氢铝累积，土呈酸性，pH 值为 4.9~5.8，比红壤略低；黄红壤的富铝化发育程度较红壤弱，土体中铁铝量稍低，硅量稍高，黏粒的硅铝率为 2.5~3.5；黏粒矿物除高岭石、水云母外，尚有少量蒙脱石，黏粒较红壤低；盐基饱和度和交换性钙镁较红壤低；剖面呈棕色或黄棕色。

山原红壤

山原红壤分布于云贵高原 1800~2000m 的高原上，有别于江南丘陵上的红壤。山原红壤土体干燥，土色暗红，土体内常见铁磐；黏土矿物以高岭石为主，伴有三水铝石；pH 值为 5.5~6.0，盐基饱和度 70%左右；铁的活化度 60%~65%，富铝化程度不如红壤。

黄壤

黄壤是在亚热带暖热阴湿常绿阔叶林和常绿落叶阔叶混交林下，氧化铁高度水化而形成的土壤。黄化过程明显，富铝化过程相对较弱。黄壤广泛分布于中国热带、亚热带的山地和高原，以四川盆地周围的山地和贵州高原为多，广西的十万大山、广东的六万大山也是重点分布区，此外，湖南、江西、浙江、福建、台湾等地的山地均有分布。在山地的垂直带谱中，黄壤下部一般是红壤，上部以黄棕壤为多。大部分黄壤与红壤同属一个纬度带，生物气候条件也大体相近。唯黄壤区的水湿条件较好，雾日比红壤地区多一半以上，日照比红壤地区少 30%~40%，干湿季不明显。黄壤广泛分布于我国北纬 30°附近亚热带、热带山地、高原。此区年降水量为 2000mm 左右，年降水日数长达 180~300 天，日照少（仅 1000~1400 时/年），云雾大，相对湿度 70%~80%，属暖热阴湿季风气候；成土母质为沙岩等风化物及第四纪红色风化壳；植被主要为亚热带湿润常绿阔叶林与湿润常绿-落叶阔叶混交林。次生植被一般为马尾松、杉木、栓皮栎和麻栎等。黄壤的黄化过程是黄壤独具的特殊成土过程。

黄壤与红壤的区别：红壤比黄壤年平均气温高而排水好，故含水氧化铁与铁的活化度均较黄壤低，以赤铁矿为主，土壤通体呈红色-棕红色，但矿物风化度较黄壤深而富铝化过程较强，故黏土矿物以高岭石为主，伴有蛭石和三水铝石，而较少褐铁矿和针铁矿。

黄壤与黄棕壤的区别：黄棕壤属淋溶土纲，其淋溶黏化较黄壤明显，而矿物风化度不如黄壤深而具有弱脱硅富铝化过程，故黏土矿物既有高岭石、伊利石，也有少量蒙脱石。盐基饱和度为 30%~75%；pH 值为 5~6，较黄壤高。黄壤可分为典型黄壤、表潜黄壤、漂洗黄壤和黄壤性土等四个亚类。

砖红壤

砖红壤是在热带雨林或季雨林热带季风气候下，发生富铝化和生物富集作用而发育成的土壤。具有枯枝落叶层、暗红棕色表层和棕红色（10R5/6）铁铝残积 B 层，强酸性铁铝土。我国砖红壤主要分布在海南岛、雷州半岛台地、西双版纳和台湾岛南部及云南南部低丘谷地西双版纳热带区。地处热带，年均温 24~26℃，大于 10℃积温 7500~9200℃，年降水量 1600~2000mm，属高温高湿、干湿季节明显的热带季风气候。一般分布在低山、丘陵和阶地上，母质为各种火成岩、沉积岩的风化物和老的沉积物。因经长期高温高湿的风化，有的已形成厚达几米甚至几十米的红色风化壳。因而成土母质多为数米至十几米的酸性富铝风化壳。具体岩性为花岗岩、玄武岩和浅海沉积物等。自然植被为热带雨林、季雨林，树冠茂密，常见老茎生花和板根现象，主要树种有黄枝木、荔枝、黄桐、木麻黄、桉树、橡胶、桃金娘、岗松等。

砖红壤是中国发展热带生物资源的重要基地，是橡胶的主要产区，并可种植咖啡、可可、香蕉、菠萝、油桐、剑麻、胡椒等热带经济作物。砖红壤以土壤颜色类似烧的红砖而得名，但中国雷州半岛和海南岛北部由玄武岩母质发育的砖红壤呈暗红色。土层深厚，质地黏重，黏粒含量高达 60%以上，呈酸性至强酸性反应。黏土矿物组成中，高岭石占 60%以上，氧化铁近 20%，并含有较多的三水铝矿。砖红壤发生脱硅富铝化过程，热带风化作用极强，砖红壤中原生矿物分解彻底，盐基淋失多，硅迁移量高，铁铝聚集明显。砖红壤黏粒的硅铝率、硅铁铝率较小（为 1.5~1.8，1.1~1.5），黏土矿物 80%为高岭石，其余为三水铝石和赤铁矿。土壤质地黏重，黏粒含量多在 50%以上，且红色风化层可达数米乃至十几米。强酸性反应，pH 值为 4.5~5.0，土中铁铝氧化物增加，交换性盐基只有

0.34~2.6cmol（+）/kg，盐基饱和度多在20%以下。表土由于生物积累作用强，呈灰棕色，厚度可在15~30cm，有机质含量达8%~10%，但矿化作用强烈，形成的腐殖质，分子结构比较简单，大部分为富铝酸型和简单形态的胡敏酸。其特点是分散性大，絮固作用小，形成的团聚体不稳固。

砖红壤的亚类划分及其特征：根据砖红壤成土条件、成土过程和过渡性特征，可分为砖红壤、黄色砖红壤。黄色砖红壤主要分布在云南东南部及海南东南部，受季风影响，这些区域雨量比砖红壤区高500mm左右，黏粒中矿物以高岭石及针铁矿为主，其针铁矿含量较砖红壤多15%，而赤铁矿含量少20%，有黄化特征。

砖红壤与红壤的区别：红壤位于砖红壤北部的中亚热带，其水热条件、富铝化、生物富集以及矿物风化度均较砖红壤低，故红壤的硅铝率较高（2.0~2.5）、铁的活化度较低（10%左右），黏土矿物以高岭石为主，而少三水铝石与赤铁矿，且阳离子交换量、盐基饱和度均较砖红壤高。

砖红壤与燥红土的区别：燥红土呈现热带稀树草原成土环境与成土作用，由于干旱，淋溶作用弱，矿物风化度低，脱硅富铝化作用不明显，有蛭石、蒙脱石，不含三水铝石，阳离子交换量大于20cmol（+）/kg，盐基饱和度80%左右，pH值为6~7，较砖红壤明显增高。

赤红壤

赤红壤分布于热带与中亚热带之间的南亚热带常绿季雨林，其富铝化与生物富集较红壤强而低于或接近于砖红壤的发育过程，过去称之为砖红壤性红壤。赤红壤是我国南亚热带常绿季雨林地带性土壤。主要分布在中国南亚热带地区，水平分布在北纬22°~25°，即滇南的大部，广西、广东的南部，福建的东南部，台湾的中南部，以及云南西南低山丘陵和阶地区。垂直分布在450m以下。属湿热季风气候。成土母质以花岗岩风化物及第四纪红色风化壳为主，其他多石灰岩及浅海沉积物。自然植被主要有荷木、榕树、杜英、云白木香、厚朴树等。草本有野古草、白茅等。常见有铁锰结核和网纹层。全剖面呈较强的酸性反应。赤红壤除了能种中亚热带经济林木和果树，如油茶、茶叶、柑橘等外，还能种热带果木，如木瓜、芒果、菠萝、香蕉、洋桃、荔枝等。木棉也能生长。云南的赤红壤上还栽植有经济植物紫胶树和重要药材三七等。橡胶树和咖啡等热带经济植物只能在局部向阳静风环境的赤红壤上生长。

赤红壤与砖红壤的区别：赤红壤位于红壤与砖红壤之间，因水热差异使富铝化、矿物风化度、生物富集量比红壤高而低于砖红壤。故黏粒硅铝率为1.7~2.0、铁活化度40%~58%、黏土矿物以高岭石、埃洛石为主，其矿物风化度高于红壤低于砖红壤；阳离子交换量10~25cmol（+）kg^{-1}；盐基饱和度30%左右；pH值为5.0左右，低于红壤但高于砖红壤。

燥红土

燥红土是发育于热带和南亚热带干旱的稀树草原性植被下的土壤，燥红土过去曾称为热带稀树草原土、红褐色土等。具有灰棕色的腐殖质A层和红褐色、块状结构的深厚B层，黏土矿物以水云母和高岭石为主，黏粒硅铝率为2.1~3.3，盐基饱和度高，pH值为6.0~6.5，甚至是有石灰反应的半淋溶土。分布于我国热带与南亚热带相对干旱地区的主要土壤，如海南岛的西南部及滇南的元江河谷等地，前者主要是由于五指山形成的雨影区，后者主要是由于焚风效应。地形多为平原与河谷。这些地区年均温24~25℃，超过10℃的积温达8700~9000℃，年降水量750~1000mm，年蒸发量为降水量的2~3倍。干湿季节明显，旱季长达6~7个月。这种气候条件下，适合生长热带干旱稀树草原植被。在海南岛的西南部，由于五指山阻挡了东南湿润季风的进入，形成了干热的生物气候条件。分布于海南省西南部及滇南的元江河谷等地。在云南南部，由于红河的切割，形成高山峡谷地形，相对高差在2000m以上，产生了干热的焚风。这些地区的气候具有热量高、酷热期长、降水量少、蒸发量大、旱季长的特点，生长着热带干旱稀树草原植被，草本植物高达1m，禾本科以旱生的扭黄矛为主，灌丛树种主要有刺篱木、刺针林、长韧木、酒饼勒、仙人掌、刺毒木等。植物的共同特点是具有多刺、富蜡质、具茸毛等耐旱特征。成土母质有花岗岩、沙页岩、安山岩、以及古老河流沉积物和浅海沉积物（海南岛西南部）。地形多为平原与河谷。虽然气候比较干热，但有明显的雨季，所以矿物风化强烈，有明显的碱土金属淋溶过程，在淋溶基础上产生了铁红化过程。铁红化也可称为富铁化，矿物全面化学分析表明有脱钾；钙镁有移动，脱硅不明显，而 Fe_2O_3 在 A、B 层产生明显富集。矿物组成以水云母和高岭石为主，有石英和少量蒙脱石。上述两项都充分说明矿物风化的脱硅富铝化不甚明显。土壤的盐基饱和度高，可达 70%～100%。pH 值为 6.0～7.5，高者可达 8.0。燥红土的富铝化作用远不如铁铝土明显。元江燥红土黏粒的硅铝率为 2.1～2.4，K_2O 的含量为 2.62%。黏土矿物以水云母为主，其次为高岭石、石英和少量蒙脱石。海南省三亚市燥红土的硅铝率高达 2.6～3.3，说明富铝化作用更弱。黏粒部分的氧化铁在表层相对积累，反映干热气候条件下的土壤特征。土壤阳离子交换量较高。由于淋溶作用弱，又受到旱季水分蒸发的影响，盐基有向表层聚积的趋势。

燥红土与红壤和砖红壤的区别：红壤与砖红壤系亚热带与热带的铁铝土，具有明显的脱硅富铝化过程，土壤黏土矿物以高岭石为主，呈酸性至弱酸性，因此，它们与燥红土的区别甚为明显。

燥红土的亚类划分：典型燥红土和褐红土。

典型燥红土

典型燥红土有暗色弱腐殖质表土层，1m 土体内无淋淀黏化层，分布于海南省西南的燥红土亚类曾称褐色砖红壤。

褐红土

褐红土分布于云贵高原腹地及其边缘金沙江深切河谷和残丘。褐红土亚类分布区较典型燥红土区更为干旱，剖面下部可出现石灰反应。剖面中钙、镁有向表层聚积的趋势，盐基饱和度 80%以上。心土层核块状结构面上有老化胶膜淀积，并可出现铁质结核。黏土矿物以伊利石、绿泥石为主，伴少量高岭石。全剖面氧化铁移动不明显，黏粒硅铁率变化不大。一般无石灰反应，土壤 pH 值为 6.5～7.5。在燥红土上宜种耐旱热带作物，如剑麻、番麻等。水源充足的地方可种植水稻、甘蔗、木瓜、西瓜、花生等。

东北和内蒙古千里草原的草原土

钙层土

钙层土是中国北方具有灰白色石灰聚积层的土壤，人们一般把石灰聚积层称作钙积层。在土壤科学分类上，把这种具有钙积层的不同土壤归并为一个大的土纲，统称钙层土。钙层土主要分布在中国内蒙古高原的中东部，及内蒙古自治区与宁夏、甘肃、青海、陕西等省区的交界地段。黑龙江省的松辽平原，新疆的昭苏盆地、天山、阿尔泰山、昆仑山等山地上也有一部分。松辽平原开垦较早，从事农业为主外，其余地区基本上都是牧业用的广阔大草原。因此，有人又把这类土壤称作草原土壤，区内除最东部稍感湿润外，其余都属半干旱和干旱的少雨区，年降水量 150～450mm。土壤腐殖质积累的厚度为 20～100cm，最厚的可接近 2m。腐殖质的含量高的可达 12%以上，低的仅 0.5%。钙层土的另一基本形成过程是钙化过程，即碳酸钙在土壤剖面中的淋溶和淀积的过程。这是由于土壤处在干旱、半干旱条件下，成土母质风化释放出来的钙和植物残体水解释放出来的钙未遭到充分淋洗，而只在雨季以重碳酸钙形式向土壤下层移动，到达一定深度后。因湿度降低，便以碳酸钙的形式沉淀于土层中，日积月累，就形成钙积层。钙积层在土体中出现的部位，随着区内由东向西降水量减少，气候干旱程度的增加而变浅，大体在 9～15cm 范围内开始，碳酸钙聚积层的厚度，一般在 20～60cm。聚积的形态有层状、眼斑状、结核状、假菌丝状、粉末斑点状等。人们把结核状聚积的碳酸钙叫砂姜或料礓石，说明它的硬度是比较大的。碳酸钙含量一般为 10%～30%，高的可达 40%，个别更高达 70%～80%，整层都是白色石灰状，可能其不是土壤钙化过程的产物，而与地球化学沉积过程有密切关系。从以上两个基本土壤形成过程可以清楚地看出，草原土壤钙层土的共同特点是土壤上部为颜色较暗的腐殖质层，下部为颜色较淡的钙积层，再下就是各种不同的母质，整个土层都呈中性到强碱性反应。但是由于分布的范围很宽，无论水热气候条件、草原的类型和植被组成，都有很大的不同，土壤自然也就会出现很大差别。自东而西依次有黑钙土、栗钙土、棕钙土、黑垆土与灰钙土等 5 个土类。黑土、黑钙土、栗钙土与黑垆土等从广义的范围来说，基本上都属于腐殖质的钙质土壤。在景观上属于温带和暖温带及半湿润与半干旱草甸草原与灌木草原类型，包括东北平原、内蒙古高原与黄土高原，行政区包括黑、吉、蒙、陕、晋、陇、疆等广大地区。

黑土

黑土被《中国土壤》归为半水成土，1998 年《中国土壤》又将其分类为半淋溶土。鉴于地理位置原因，现放到东北区土壤中。黑土是温带湿润、半湿润地区的黑色土壤，在我国仅见于黑龙江和吉林两省，主要分布在小兴安岭两侧，大兴安岭中北部的东坡以及张广才岭山地西缘的山前坡状起伏的台地（漫岗），在三江平原和兴凯平原的高阶地也有分布。中国黑土集中分布于北纬 44°~49°，东经 125°~127°，以黑龙江、吉林两省中部较多。多见于滨北、滨长铁路两侧。东部、东北至长白山、小兴安岭山麓地带，南部至吉林省公主岭市，西部与黑钙土接壤，是温带半湿润季风气候中森林草甸或草原化草甸植被条件下，具有暗色松软表层，黏化 B 层及风化 B 层的土壤。自然土壤腐殖质含量 50~80g/kg，耕种化土壤 20~40g/kg，黑土为微酸性至中性反应，pH 值为 6.5~7.0，全剖面无石灰反应，盐基饱和度>70%。地貌多为洪积冲积台地，海拔 200~250m，地下水潜水位多在 5m 以下。成土母质多为黄土状冲积物或冲积—洪积物。年平均气温-0.5~6℃，降水量 500~600mm，干燥度≤1，为温带半湿润季风气候。自然植被为林间杂类草草甸，被称为“五花草塘”。自然植被为森林草甸或草甸，其组成主要有小叶樟、野火球、唐枯草、早熟禾、问荆、委陵菜、地榆等。黑土的地下水埋藏深度多在 10m 以下，并不影响土壤形成过程。但黑土因为母质和土壤质地较黏，底层透水不良，在土壤融冻水和降水集中的季节，土壤水分过多，往往在 50~70cm 或 150~200cm 深处形成临时性的支持重力水层，能不断向土层上部补给水分，保证草甸植被得以繁茂生长，为积累有机质创造了条件；另外，这层支持重力水又在土层下部造成厌气环境，使铁质还原淋溶和淀积。

黑土在形态上突出的特点是：

（1）有一个深厚的黑色腐殖质层，从上而下逐渐过渡到淀积层和母质层。腐殖质层的厚度，一般在 70cm 上下，个别漫岗的下部可达 1m 以上，坡度较大的部位却不足 30cm。

（2）土壤结构性好，腐殖质层中大部分为粒状及团块状结构，水稳性团聚体可达 70%~80%，土体疏松多孔。

（3）剖面中无钙积层，也无石灰性，但在淀积层有锈纹、锈斑和铁锰结核，这是黑土不同于黑钙土的重要特征。表层呈黑色，潮湿松软，黏壤土，团粒结构，黑土为微酸性至中性反应，pH 值为 6.5~7.0，无石灰反应。

黑土矿物组成中次生矿物以蒙脱石、伊利石为主，含有少量绿泥石、赤铁矿、褐铁矿。不同粒级次生黏土矿物组成比例有所差别。黑土腐殖质组成中以胡敏酸为主，H/F 多在 1 以上，胡敏酸钙结合态比例较大，通常可占 30%~40%。硅铁铝率为 2.6~2.8。黑土的质地比较黏重，大部分为重壤土至轻黏土，但土层下部以轻黏土为主。一般呈微酸性至中性反应。表层有机质含量多为 3%~6%，最高可达 15%，而且分布比较深。黑土的自然肥力很高，是中国最肥沃土壤之一。

黑土与暗棕壤的区别：暗棕壤的降水量多>600mm，属温带湿润气候，土体受淋溶强度大。暗棕壤表层、淋溶层酸度比黑土大，pH 值为 6.0~6.5，三氧化物、黏粒有一定分异，且 B 层黏化明显，Bt/A>1.2，而且盐基饱和度比黑土略低。

黑土与白浆土的区别：白浆土属半水成土纲，A 层下可见由漂洗作用形成的白浆层。该层酸度偏大，pH 值为 5.5~6.0，盐基饱和度偏低。B 层有黏化淀积现象。白浆土 A 层薄，向下呈水平过渡。

黑土与黑钙土的区别：黑钙土土体淋溶度弱，土层内有 $CaCO_3$ 淀积或钙积层，属钙层土纲。黑钙土 pH 值为 7.0~8.0，呈中性及微碱性，盐基饱和度高达 90%以上。

黑土的亚类划分及其特征：根据黑土的成土条件、成土过程和属性，可将其划分为典型黑土、白浆化黑土、草甸黑土、表潜黑土四个亚类。

典型黑土

典型黑土主要分布于台地（漫岗地）的上中部，地形部位较高，排水条件较好，表土易遭侵蚀，局部侵蚀严重地带，黑土层剥蚀，黄土底露出地表，形成黄黑土（俗称破皮黄）。

白浆化黑土

白浆化黑土为黑土向白浆土过渡类型，主要分布于长白山低山丘陵区向松辽平原过渡的山麓台地地带。我国东北的阿城、滨县、榆树、双阳等市县均有分布。白浆化黑土的主要特征是在腐殖质层以下可见到发育不好的白浆层，干时近于灰白色，湿时灰黄色，轻壤，呈片状结构或鳞片状结构，pH 值为 6.5 左右，盐基饱和度较黑土的其他亚类低，具有白浆层的某些特征，说明受到了一定的还原漂洗淋溶作用。此外，由于受到的淋溶作用较强，黏化淀积层发育明显，并可见大量铁、锰淀积物。

草甸黑土

草甸黑土为黑土向草甸土过渡类型，广泛分布于台地向河谷平原过渡的坡麓地带及台地间局部低平地带。人们习称其为“二洼地”。草甸黑土地势平坦，地下水位适中，水分条件充足，自然植被生长繁茂，腐殖质层深厚，多大于 50cm，个别可达 100cm 以上。分布于坡麓、沟口地带的草甸黑土，由于受坡积、淤积的影响，上层经常可见厚度不一且具有黏性的淤土层。该亚类土层上部具有黑土特征，土体受到一定的淋溶作用，腐殖质和可溶性物质有下移现象，并在下部有淀积。土体下部由于受地下水毛管上升的作用，经常处于氧化还原交替状态，有锈斑、潜育斑，具有半水成土壤的特征。

表潜黑土

表潜黑土为黑土向沼泽土过渡类型，分布于台地间局部地势低洼地带或洪积扇扇缘间的局部低洼地。质地黏重，滞水层位较高，亚表层内有潜育化现象。

黑钙土

黑钙土是钙层土中较湿润的类型，它以土色深暗发黑而得名，位于草原的最东部。主要分布在内蒙古自治区大兴安岭中南段山地的东西两侧，东北松嫩平原的中部和松花江、辽河的分水岭地区，向西可延伸到河北的燕山北坡和内蒙古阴山山地的上部。黑钙土分布于北纬 43°~48°，东经 119°~126°，多集中分布于松嫩平原、大兴安岭两侧和松辽分水岭地区。东北以呼兰河为界，西达大兴安岭西侧，北至齐齐哈尔以北地区，南达西辽河南岸。在新疆、甘肃、青海地区，多出现在山地上，如天山北坡、阿尔泰山南坡、祁连山东部的北坡、西倾山北坡等，平地仅昭苏盆地有一部分。

黑钙土的西边、南边都被栗钙土所包围，东北面与湿润草甸形成的黑土带连接，向上常与阴坡的森林土壤渐次过渡为灰色森林土或暗棕色森林土。在新疆、青海地区，它的下边也是栗钙土，而向上则先与阴坡的森林灰褐土参差；然后逐渐过渡到亚高山草甸土。从这种相邻关系来看，黑钙土所处的环境条件是比较湿润的。黑钙土区是温带半湿润气候，在草甸草原植被条件下，发育了具有暗色松软表层，下部具有钙积层或石灰反应的土壤。地貌属于冲积、洪积平原，母质各异，以洪积物为主，冲积湖积物、风积物次之。年平均气温 4~5℃，降水量 350~500mm，蒸发量 800~900mm，属温带半湿润半干旱季风气候；黑钙土处于温带湿润气候向半干旱气候过渡区，自然植被为具有旱生特点的草甸草原，以大针茅、兔毛蒿、碱草等为主。表层即腐殖质层厚度 30~50cm，黑色或暗灰色，黏壤土，多富含细沙，粒状或团粒状，不显或微显石灰反应，pH 值为 7.0~7.5，盐基交换量较高，多在 20~40cmol（+）/kg，盐基饱和度在 90%以上，以钙、镁为主，次生黏土矿物以蒙脱石为主。腐殖质在土壤剖面中，从上到下逐渐减少，并以舌状下伸，有的黑黄相间土层中还可见到白色二氧化硅粉末。这两者是它区别于其他钙层土的特殊标志。因淋溶作用较强，钙积层部位较深，一般距地面 60cm 以下，有的甚至在 1.5m 以下。钙积层厚度 30~50cm，内蒙古地区碳酸钙含量为 8%~20%，新疆地区为 13%~30%。土壤反应为中性至微碱性，pH 值为 6.5~8.5，从上到下逐渐增加。黑钙土分布的我国主要农区，盛产玉米、大豆、小麦、甜菜、向日葵等，一年一熟，是宜农宜牧土壤资源，发展森林也有一定条件，以三河牛、三河马大牲畜著称。

黑钙土与黑土的区别：黑土土体内碳酸盐遭到淋失，全剖面无石灰反应，土壤呈中性至微酸性。

一般黑土的腐殖质层的厚度与腐殖质含量均大于黑钙土。

黑钙土与栗钙土的区别：栗钙土处于温带半干旱地区，地区降水量比黑钙土地区少，蒸发量比黑钙土地区大，腐殖质含量比黑土低，多小于20g/kg，呈栗色；栗钙土表层pH值为8.0左右。

黑钙土的亚类划分及其特征：黑钙土可分为普通黑钙土、淋溶黑钙土、石灰性黑钙土、草甸黑钙土等四个亚类。

普通黑钙土

普通黑钙土为黑钙土的典型亚类，主要分布在大兴安岭东、西麓山麓台地，东麓比较集中，北起甘南，南抵白城，形成一条狭长的带状。松嫩平原的平岗地上也有零星分布。$CaCO_3$遭到一定程度淋溶，通常在B层60~100cm深处可见到石灰淀积物。

淋溶黑钙土

淋溶黑钙土主要分布于大兴安岭东西两侧山麓剥蚀坡积平原的森林草原地区。该地区气候较湿润，坡度较大，土壤遭淋溶作用较强。通常在B层内可能出现铁锰结核，这一点与黑土相似，说明铁锰有下移现象。淋溶黑钙土不同于普通黑钙土之处，在于其有机质含量较高，1m或1.5m土层内几乎不含$CaCO_3$，交换性阳离子中有少量的氢离子，土壤呈微酸性。

石灰性黑钙土

石灰性黑钙土主要分布于松嫩平原西南部松辽分水岭地带，为黑钙土向栗钙土过渡地区。此区由于降水量减少，蒸发量加大，逐渐向半干旱气候过渡，土体受淋溶作用弱，自地表开始就有$CaCO_3$淀积，有明显的石灰反应，土壤呈微碱性，盐基饱和。下部$CaCO_3$淀积层发育明显，有的形成石灰富集层，人们称其为白干或火性黑土。

草甸黑钙土

草甸黑钙土广泛分布于松嫩平原的冲积湖积平原地区，是黑钙土向草甸土的过渡类型。本区地势低平，多为闭流、半闭流区，地下水位高，草甸草原植被生长繁茂，土壤表层累积腐殖质较多，其含量在40g/kg以上。由于地势低平，气候干旱，受淋溶作用较弱，$CaCO_3$淀积部位较高，多见于50cm土层内。并含有少量可溶性钠盐，土壤呈微碱性，pH值为8.0左右。下部土层由于受毛管上升水作用，可见到锈斑、潜育斑，具有一定的水成土壤特征。

栗钙土

栗钙土是在温带半干旱气候地区，干草原自然植被下发育而成的土壤，具有松软表层，并在1m内的某个部位出现钙积层。全剖面盐基饱和，pH值为7.5~9.0。栗钙土是钙层土的典型性土类，因颜色有些像板栗的外壳而得名，分布的范围很广，面积也很大。中国栗钙土主要分布在内蒙古高原东部和中南部、呼伦贝尔高原西部、大兴安岭东南麓丘陵平原，以及新疆准噶尔盆地西部等温带干草原地区的地带性土壤。在内蒙古自治区的广大草原地区，其差不多占据面积的1/2，成为内蒙古草原土壤的主体。在新疆，以天山、婆罗科奴山、塔尔巴哈台山、阿尔泰山等山地中上部分布较多。在青海、甘肃两省，以阿尔金山、祁连山、哈梅尔达坂、库库诺尔岭、日月山、西倾山等山地中上部较多。在相邻关系上，它的东面或上面均连接黑钙土；在西北面或下面则与棕钙土相连。

栗钙土地区气候比黑钙土地区干些、暖些，属于温带半干旱大陆性气候类型。年平均气温-2~6℃，年降水量250~350mm，水分条件不能完全满足旱作农业的要求。草场为典型的干草原，植物没有黑钙土区茂密，为我国北方主要的放牧场。目前已有部分土地开垦，主要是一年一熟的雨养农耕地。草原植被所吸收的灰分元素中除硅外，钙和钾也占优势，表层暗棕色至灰黄棕色，沙壤至沙质黏壤，pH值在表层为7.5~8.5。盐化、碱化亚类可达8.5~9.5。黏土矿物以蒙脱石为主，其次是伊利石和蛭石，受母质影响有一定差别。黏粒部分SiO_2/R_2O_3在2.5~3.0，SiO_2/Al_2O_3为3.1~3.4，表明矿物风化蚀变微弱，铁、铝无移动。腐殖质层厚度一般为25~45cm，含量多数在1.5%~6.0%，颜色以栗色为主，但色度深浅程度不同。东部或山地上部腐殖质层厚一些，含量多一些，为暗栗色；西部或山地下部腐殖质层薄一些，含量少一些，为淡栗色；中间部分厚度、含量均居中等，颜色为典型的栗色。腐殖质下渗短促，层面整齐或略呈波浪状，没有黑钙土那样的下渗特点。钙积层出现的部位比黑钙土的浅得多，也紧密得多，一般在剖面30~60cm深处开始出现。厚度30~70cm，碳酸钙含量10%~30%，高的可达60%以上，有的甚至出现完全白色的石灰盘，地区之间差异较大。大兴安岭东麓和鄂尔多斯高原碳酸钙含量普遍较高，平均为20%~28%，厚度也大些；内蒙古高原碳酸钙含量普遍较低，一般为10%~15%，厚度较薄；新疆地区介于两者之间，一般含量为14%~20%，同时在底土1m左右处还可见到纤维状、粒状石膏和其他盐分，这与所在地区的不同水热条件及地质历史特点有密切关系。

栗钙土易溶盐基本淋失，内蒙古地区栗钙土中石膏也基本淋失，但在新疆的栗钙土1m以下底土石膏聚集现象相当普遍。土层从上到下呈弱碱至碱性反应，pH值为7.5~9.0，局部地区还有碱化现象发生。土壤质地以细沙和粉沙为主。这里既是中国主要的牧业基地，又有不少旱作农业。二者都因水分不足，经营粗放单一，产量很不稳定。干草原栗钙土地带是我国北方主要的草场，历来以牧为主，作为天然放牧和割草场。近百年来渐有较大规模的农垦区，在内蒙古目前垦殖率为12%~13%，而90%以上分布在水肥条件较好的暗栗钙土、栗钙土、草甸栗钙土三个亚类中。以一年一熟的雨养农业为主。

栗钙土与黑钙土的区别：黑钙土的表层厚度及有机质含量较栗钙土大，Bk层出现深度较深，$CaCO_3$含量也少于栗钙土，在两者的过渡地区，往往因地形引起的水分差异而相互镶嵌分布，如阴坡发育黑钙土，而阳坡发育为栗钙土。

栗钙土与棕钙土的区别：棕钙土A层较薄，有机质也少，Bk层层位更高，常见石化钙积层。棕钙土的亚表层具有铁质染色的棕色特征，剖面下部有石膏聚集，而栗钙土中一般没有。

栗钙土的亚类划分及其特征：暗栗钙土、淡栗钙土、草甸栗钙土、盐化栗钙土、碱化栗钙土、栗钙土性土。

暗栗钙土

在栗钙土土类中，本亚类所处的环境温度较低，降水较多（年均温-2℃，年降水量350~400mm）。在内蒙古，它分布在栗钙土亚类以东，与黑钙土毗邻。暗栗钙土的地上、地下生物量比栗钙土亚类高，其A+AB层厚35~55cm，有机质含量在内蒙古高原为15~45g/kg，AB层呈渐变状态，与黑钙土有舌状延伸的特点明显不同。钙积层20~40cm。$CaCO_3$含量平均140g/kg，东部季风区多于西部。pH值为7.5~9.0，有随深度的增加而增高的趋势。

淡栗钙土

淡栗钙土是栗钙土与棕钙土间的过渡亚类，气候更加温暖而干旱，年均温2~7℃，年降水量200~300mm，具有轻度荒漠化生境的特点。淡栗钙土植被的生物量比栗钙土亚类低。A层有机质含量10~20g/kg。地表常有轻度风蚀沙化特征。钙积层出现部位及石灰质含量均高于其他亚类，时有石化钙积层。石膏及易溶盐在新疆的淡栗钙土C层（有时B层）普遍出现，但东部季风区的淡栗钙土则几乎无此特征。

草甸栗钙土

草甸栗钙土是栗钙土向草甸土的过渡性亚类。地下潜水3~4m，底土短期水分饱和引起潴育过程。剖面构型为A_{hk}-B_k-C_g。A层有机质含量20~50g/kg。

盐化栗钙土

盐化栗钙土分布在栗钙土、淡栗钙土地带中地形低洼、易溶盐在土体和地下潜水中聚集的部位，如湖泊外围、封闭或半封闭洼地、河流低阶地、洪积扇缘等，常与草甸栗钙土、盐渍土构成环状、条带状复域或复区。

碱化栗钙土

碱化栗钙土主要分布在内蒙古高原、呼伦贝尔高原上小型碟形洼地、黏质干湖盆、河流高阶地，以及母质为第三纪灰绿色泥页岩、白垩纪杂色沙岩的地区，其形成多与母质或底下潜水的苏打有关。

常与栗钙土、暗栗钙土及碱土构成复区。碱化层 pH 值为 9~10。

栗钙土性土

栗钙土性土的形成和分布与贫钙的沙性母质有关，多见于暗栗钙土地带中。少量的钙质在较强淋溶条件及透水性良好的沙性母质中很难形成钙积层。

栗褐土

栗褐土是褐土向栗钙土过渡性的土壤。以前称黄绵土、灰褐土。分布在晋、冀、蒙三省（区）交界地带，在晋西北、冀北山间盆地和内蒙古的黄土丘陵平川地带，是华北半干旱半湿润暖温带森林草原向西北温带干草原的过渡带。具体指黄河中游峡谷带以东，山西吕梁山、河北黄羊山以西，恒山以北，内蒙古大青山、蛮汉山以南地区。此地带与我国东南季风方向垂直，大致呈弧状，从东北向西南延伸，其东南与褐土带相接，西北以栗钙土为邻，处于温带与暖温带过渡区，是我国东北–西北草原土壤系列和东南–西北森林土壤系列的交错地段，也是我国华北暖温带半湿润森林草原向西北温带干旱草原、荒漠草原的过渡带。土层深厚，层次过渡较明显，A 层有弱腐殖化，B 层有弱黏化，剖面中下部有霜状、点状少量假菌丝状的弱钙积，通体呈强石灰反应。

淡栗褐土

淡栗褐土主要分布于内蒙古的哲里木盟、赤峰市、乌兰察布盟南部和山西西北部，即吕梁山以西，紫金山和黑茶山以北风蚀、水蚀较严重的黄土丘陵、石质丘陵、山前倾斜平原及丘间盆地。淡栗褐土所处生境条件很差，气温低，风沙大，风蚀严重。群众称“一年一场风，从春刮到冬”，“六月雨过山头雪，狂风遍地起黄沙”。自然植被为旱生灌丛草原，覆盖率低。淡栗褐土的质地轻粗，母质特征较明显，表土层有机质含量低，心、底土层的含量更少。通体强石灰反应，碳酸钙含量较高，为 70~120g/kg，土壤阳离于交换量较低，为 7~10mg/100g。全剖面中二氧化硅、三氧化铁、铝的含量一致，氧化钙则以心、底土层中为高。主要剖面的黏粒化学组成分析表明，二氧化硅、三氧化二铁、三氧化二铝的含量全剖面也接近，硅铝率 3.7~4.1，硅铁铝率 2.9~3.2，土壤风化度较低。以上主要剖面的形态及理化性状，进一步确证了淡栗褐土是栗褐土土类中发育较差和肥力较低的一个亚类。

黑垆土

黑垆土是我国西北黄土高原的一种古老耕种土壤，也是暖温带的一种草原土壤类型。它以具有深厚的黑色垆土层而得名。黑垆土主要分布在陕西、宁夏、甘肃三地的交界地区。往东穿过黄河，顺着吕梁山山脚向西北沿着长城一线延伸到内蒙古的赤峰附近，断续分散，长约 1500km，常出现在土壤侵蚀较轻，地形较平坦的黄土塬区。如六盘山东边的董志塬和洛川塬，分布得比较集中，面积也比较大。也有少量出现在河流两岸的高阶地及个别残丘顶部的。其西、北部与灰钙土为邻，东界栗褐土，南部与褐土相接，并在分布区内与黄土母质形成的初育土即黄绵土等交错分布。黑垆土的形成过程表现为有弱腐殖质积累，弱黏化（残积黏化）和较强的碳酸钙淋溶淀积。长期耕种的黑垆土剖面，一般由耕种熟化层、腐殖质层、石灰淀积层和母质层组成。黑垆土是钙层土中面积最小的类型，零星夹在侵蚀非常严重的黄绵土中间，以其有灰暗色、好像烧过的炉灰颜色土层而得名，也是由黄土母质形成的。

在相邻关系上，西面与灰钙土连接，东面和南面都是暖温带的褐土，北面与栗钙土犬牙交错。黑垆土地区气候暖和，年平均气温 8~10℃，比较接近暖温带；年降水量 300~500mm，与黑钙土地区差不多，但由于气温较高，相对湿度就小一些，属于暖温带半干旱大陆性气候。虽可进行旱作农业，但春旱现象比较普遍。

草的类型与栗钙土地区差别不大，是由针茅（包括本氏、短花、克氏）等组成的干草原，覆盖度 30%~50%，但绝大部分都已被开垦为农田。腐殖质层上层受耕作影响的部分称为古（老）耕层，厚约 15cm，颜色比下层浅，菌丝状和霜粉状石灰淀积比上层多，腐殖质层为暗灰带褐色，厚 50~80（100）cm，质地较细，又称黑垆土层，常见霜粉状和菌丝状石灰淀积，也有少量的小石灰结核，钙积层一般出现在 1.5m 以下，厚约 1m，呈淡棕色，霜粉状和菌丝状石灰淀积比上层少，但石灰结核较上层多，母质层为黄土状物质，其全剖面呈强石灰反应。黑垆土具有独特的剖面形态，最显著的特征是具有疏松、深厚的腐殖质层，这一点与黑钙土相似，但其有机质含量却比黑钙土低得多。黑垆土具有较强的碳酸钙淋溶淀积作用，碳酸钙多呈菌丝状或霜粉状淀积，分布于腐殖质层及其以下的土层中，可以认为它们是成土过程中新的形成物。黑垆土的有机质含量不高，在熟化层和腐殖质层中的含量仅为10~15g/kg，往下更少；腐殖质组成中的胡敏酸与富里酸之比常大于2；黑垆土中，碳酸钙的含量较高，典型的黑垆土一般为50~170g/kg，碳酸钙在剖面中有自上往下增高的分布特点，与栗钙土颇相似，但其淀积形态则有所不同。土壤pH值为7.5~8.5，呈微碱性至碱性反应，一般无盐化和碱化特征。腐殖质的积累有些像灰钙土，下渗厚度较大，一般都在60~70cm，最深可达2m；有机质含量不高，表土层也不过1%~3%，从上到下逐渐减少，但腐殖质的颜色和上下之间的差别比灰钙土明显多。上半段为暗灰带褐色，下半段为灰带褐色，而且常有较多灰白色碳酸钙假菌丝和粉末。经过较长时间的耕种后，耕作层30~40cm深处的颜色就减退为黄棕灰色，碳酸钙麻点基本上没有了，钙积层多在1m以下出现，有的就在腐殖质层下半段开始聚积，厚度一般为50~60cm，有的可达1m厚。灰白色不明显，斑斑点点地夹在浅黄灰色的土层中，形状像豆粒大小的砂姜瘤子，菌丝、粉末状的也有一些，但没有腐殖质层中那样多。含碳酸钙12%~20%，碱性比灰钙土小，pH值为7.5~8.5。易溶性盐大多被淋洗出去，没有盐碱危害。加上土层深厚，热量条件又较好，故绝大部分的黑垆土都被开垦为农田，种植小麦、玉米、糜子、谷子、大豆、花生等庄稼，耕种的历史很悠久。但由于没有及早注意水土保持工作，黄土本身又比较疏松，所以土壤侵蚀现象非常严重。地面到处都是大大小小的冲沟，绝大部分土壤都被侵蚀变成母质特征明显的黄绵土。

西北内陆的干旱土

棕钙土

人们过去把棕钙土归为钙层土，但它比钙层土干旱，是向漠境地带过渡的一种土壤，因它的棕色而得名。分布的范围较大，在钙层土中面积仅次于栗钙土，主要分布在内蒙古高原的中西部、鄂尔多斯高原的西部，新疆准噶尔盆地的北部、塔城盆地的外缘、天山北麓山前洪积扇的上部，在甘肃、青海两省，多分布在祁连山、阿尔金山、昆仑山等山地的中下部。在内蒙古地区，它的东南面连接栗钙土，西面与漠境地区的灰漠土相连，南面与灰钙土相接；在新疆地区，它的上面连接山地栗钙土，下面连接灰漠土或灰棕漠土；在甘肃、青海地区，上面也连接山地栗钙土，有的直接过渡到高山草原土，下面连接灰棕漠土。

棕钙土是温带干草原地带的栗钙土向荒漠地带的灰漠土过渡的一种干旱土壤，它具有很薄的腐殖质松软表层，其下为棕色的过渡层，在0.5m深度内出现钙积层，并有石膏（有时还有易溶盐）在底部聚集。分布区为温带干旱大陆性气候，棕钙土地区的气候比栗钙土地区更干、更暖，大陆性特点更强。年平均温度2~7℃，超过10℃积温2200~3000℃，年降水量150~250（300）mm，受东南季风影响的内蒙古地区的降水70%集中于夏季和秋初；受西风影响的北疆地区四季降水较平均。没有灌溉就难以生长庄稼。草长得很不好，类型为草丛戈壁针茅、沙生针茅、小针茅和旱生小灌木组成的荒漠草原和草原化荒漠。棕钙土的植被具有草原向荒漠过渡的特征，分为邻近干草原的荒漠草原和向荒漠草原过渡的草原化荒漠两个亚带。在内蒙古的荒漠草原常为小针茅、沙生针茅、伴生冷蒿、狭叶锦鸡儿；草原化荒漠则以超旱生的藏鸡儿、红砂与小针茅、冷蒿等构成的群落。在北疆除超旱生小半灌木蒿属、假木贼以及沙生针茅、新疆针茅等小禾草外，还有春季短生植物。

棕钙土地带是我国西北主要的天然牧场，表层棕色，质地较粗，多为砾质沙壤土。在干旱气候下土壤有机质积累量很少，且腐殖质结构比较简单，以富里酸为主。腐殖质C/N为7~12，H/F为0.6~0.9，E4/E6为4.0~4.5，显示了荒漠化的特征。腐殖质的颜色以棕色为主，但程度不一样。向西或向下，含量减少，渐由棕色变为淡棕色。腐殖质向土层下边延伸比栗钙土更为短促整齐。钙积层部位比栗钙土浅一些，也松一些。一般在土层 15（20）~30cm 深处，厚 20~30cm，碳酸钙含量 10%~40%，变化也是向西或向下厚度变薄，含量减少，出现的部位变浅。石膏出现的部位升高，以新疆地区最显著，在 35~70cm 深处就开始出现。底土层普遍有硫酸盐等盐分，含盐量东部不超过 0.2%，西部在 80~100cm，深处常达 0.5%~1.5%，碱化现象也较普遍。土壤通体呈碱性反应，pH 值 8.0~9.5。此外，地面多砾石和沙，有的还有不明显的龟裂状薄层结皮，上面附生着较多黑色的地衣，这是它区别于其他钙层土的特色。棕钙土基本上都是牧业用地，由于干旱，草矮小稀疏。

棕钙土与灰漠土的区别：灰漠土属漠土纲，无明显腐殖质层，地表有荒漠土壤的特征——龟裂的多孔结皮，石灰质仅微弱淋溶，从表层起就有强石灰反应，但无明显聚集特点而有别于棕钙土。

棕钙土的亚类：普通棕钙土、淡棕钙土、草甸棕钙土、盐化棕钙土与碱化棕钙土。

普通棕钙土

普通棕钙土分布在与干草原栗钙土毗邻地区。年均温 2~6℃。年降水量 200~250（300）mm。荒漠草原仍以草原为主。

淡棕钙土

淡棕钙土是向灰漠土过渡地带性亚类。淡棕钙土地区年均温 3~8℃，年降水量 150~200mm。草原化荒漠植被，旱生禾草明显减少，而超旱生灌木、半灌木增加并呈主导趋势。地面多沙化、砾质化，局部为砾幂覆盖，土质地面有 0.3~0.5cm 的假结皮，并有微小裂缝。

表层一般有石灰反应。钙积层出现在 20~50cm，较棕钙土亚类升高约 10cm，$CaCO_3$ 含量约 100g/kg，少有石化钙积层。C 层普遍出现石膏，且有 3~10g/kg 的易溶盐聚集。

草甸棕钙土

草甸棕钙土零星分布在地下潜水埋深 3~4m 的河谷低阶地、洪积扇缘等部位，植被组成中有草甸成分（如芨芨草）。受低矿化度潜水影响，在 C 层有锈纹、锈斑，这是其不同于其他亚类的典型特征。腐殖质层较其他亚类厚（30~40cm），有机质也较其他亚类多。钙积层在 30~70cm，$CaCO_3$ 含量少于地带性亚类，且其上下界过渡和缓。

盐化棕钙土与碱化棕钙土

盐化棕钙土与碱化棕钙土多分布在淡棕钙土地区，与低洼地形、含盐母质及弱矿化潜水、盐生植物对盐分的聚积有关，分别有盐化和碱化附加过程。盐化棕钙土剖面构型为 $A_z-B_{kz}-C_{gz}$，含有 3~10g/kg 易溶盐。碱化棕钙土剖面构型为 $A_h-B_{tn}-B_k-C_{yz}$，其碱化层 B_{tn}有柱状、棱块状结构，有褐棕色黏粒胶膜，碱化度 10%~30%，易溶盐一般小于 5g/kg。碱化棕钙土在北疆分布较内蒙古广。

灰钙土

人们过去把灰钙土归为钙层土之中。灰钙土是钙层土中继棕钙土后向漠境地区过渡的另一种土壤，因颜色浅淡略显灰色而得名。它是由黄土母质形成的土壤。中国灰钙土分布不是连续的，它有东（即甘肃东部）、西（新疆伊犁谷地）两个分布区，其间为荒漠土壤所间断。分布范围不广，主要集中在黄土高原西部、甘肃河西走廊乌鞘岭以东的银川平原、兰州等地区。新疆的伊犁谷地及宁夏的贺兰山山地上也有一部分。在相邻关系上，它的东北面连接棕钙土，东南边与黑垆土及黄绵土相连，西北与漠境土壤灰漠土和风沙土相接，西南紧靠栗钙土山地。灰钙土一般认为是发育于暖温带荒漠草原黄土母质上，腐殖质含量不高，但染色较深，土壤剖面为分化不甚明显的干旱型土壤。

其自然植被东区为蒿属-多中草类与蒿属-猪毛菜等群落；而西区为蒿属-短生植物（因春季降水较多）群落。灰钙土分布地区的地形为起伏的丘陵，以及由洪积-冲积扇组成的河谷山前平原及河流高阶地等。成土母质以黄土状物质为主。腐殖质组成特点是 H/F<1，这点显著区别于棕钙土与栗钙土，pH 值在 8.5~9.5。盐基饱和，但阳离子交换量一般不高，表层在 5~11cmol/kg。$CaCO_3$ 含量为 120~250g/kg。黏粒的 SiO_2/R_2O_3 为 2.8~3.2，黏土矿物以水云母为主，夹有少量蒙脱石、绿泥石、蛭石与高岭石，表明土体的风化程度较低。

灰钙土地区气候为温带半干旱和干旱大陆性类型。年平均气温 6~9℃，热量更接近暖温带；年降水量 150~300（350）mm，比棕钙土地区稍多一些。部分地区已垦为旱作农区，但仍要进行灌溉。草长得不好，类型与棕钙土基本上相似，也属于旱生丛生禾草及灌木、半灌木组成的荒漠草原。土壤腐殖质的积累也比较弱，含量最多的表土层不过 3%，但腐殖质层的厚度比棕钙土大得多，一般都在 30~50cm，厚的可达 70cm，而且土层之间的差异也不及其他钙层土明显，颜色变化非常缓和。这主要是由于黄土母质深厚、疏松、不紧密，小孔隙多、腐殖质容易下渗的结果。灰钙土剖面层次分化比较微弱，这是它与其他钙层土的主要区别，几乎看不到白色钙积层。通常只在 15~30cm 以下见到一些像菌丝或点状的白色碳酸钙斑点，厚度 20~30cm，含碳酸钙 12%~25%，这也是它不同于其他钙层土的地方。石膏和盐分不像棕钙土那样普遍，出现的部位也深一些，多数在 90cm 以下才能见到（新疆地区）。石膏含量在 6%左右，易溶盐为 1%~2%，成分以硫酸盐为主，土壤也是碱性反应，pH 值 8.0~9.5，少数也有碱化现象，但土壤质地以轻壤、中壤土为主。地面也有细小的裂缝和很薄的假结皮，上面生着较多黑色的地衣和藻类。在北部风蚀严重地段，常盖着不同厚度的黄沙，有的还堆成稀疏的小沙包，这是它向更干旱荒漠过渡的表现。这里的生产方式历来是一半农业，一半牧业，驰名中外的白兰瓜和宁夏滩羊就出产在这个地区，但由于干旱缺水，放牧和耕作都很粗放，生产水平低。

灰钙土的亚类划分：普通灰钙土、淡灰钙土与草甸灰钙土。

灰钙土与棕钙土的区别：棕钙土为温带荒漠草原的地带性土壤，棕钙土地带平均温度及积温均较低，冬季寒冷，但草原成土过程仍清晰可见，即具有 $CaCO_3$ 聚集及腐殖质积聚过程。

灰钙土与荒漠土壤的区别：灰钙土为荒漠草原性土壤，其表层具有明显的淡色腐殖质层而缺乏荒漠化的表层。

干旱漠境地区的石膏-盐层土

石膏-盐层土，是对中国西北干旱地区一些具有石膏和盐分的土壤的统称。因为这些土壤所处的地理环境都是我国最干旱的漠境地带，所以土壤的名称几乎都带有一个“漠”字，如灰漠土、棕漠土等。石膏-盐层土分布在我国新疆、甘肃、青海、内蒙古、宁夏等省区，面积很大，差不多要占全国总面积的 1/5。因远离海洋，气候非常干旱，属欧亚大陆的干旱中心。一年的降水量，大部分地区达不到 100mm，最少的若羌、罗布泊，仅 10mm 左右。农业生产完全要靠引用冰雪水和地下水进行灌溉才能种植（属于无灌溉即无农业的极端干旱地区）。野生的草也很少，偶尔可见非常耐旱的肉汁半灌木，覆盖度很小，一般仅 1%~3%。只有在最东部邻近荒漠草原地段，覆盖度才可达 10%以上。土壤基本上没有或很少有草原土壤那样明显的腐殖质层，而是以漠境地区特有的砾质化、碳酸钙表聚、石膏和盐分的聚积等为该类土壤形成的主要特点。

砾质化

干旱漠境地区绝大部分地面都满布大大小小的砾石，由于久经风蚀暴晒，砾石表面粗糙，黑油油地在阳光下闪闪发光，称为黑戈壁，一部分混有细土不发光的，则叫土戈壁或假戈壁。“戈壁”是蒙古族语言，在自然科学名词上，称作“砾漠”或“砾幂”。砾石直径一般为 0.5~5cm 或稍大一些，厚度 1~3cm。土层中的砾石也不少，含量由百分之十几到百分之五十以上。这是由于昼夜温差大，露在地表的岩石产生裂缝崩解，不断由大变小。强劲的西北风把细土粒全部吹走，砾石残留，就逐渐形成了戈壁滩。弱铁质化，指在土壤表层下端的亚表层中，有一层比上下土壤都紧实的浅红棕色或褐棕色土层，含黏土较多，含氧化铁也较多。在干旱气候条件下，这个土层的水分、温度状况，比其他土层相对稳定一些，岩石风化和成土过程产生的黏土和铁的化合物在这一层中的聚积也就相对多一些，这些铁的化合物以红棕或褐棕色薄膜的形式涂染在土粒外面，使整个土层显得比较鲜艳。母质含铁矿物愈多，铁质化作用愈明显，且随着气温的增高而逐渐加强。

碳酸钙表聚

碳酸钙表聚指在非常干旱的气候条件下，岩石风化和成土过程中产生的碳酸钙，由于降水稀少，不被淋洗，常在表土的气孔状结皮和薄片层中聚积起来，这是漠土不同于一般钙层土的碳酸钙聚积方式。

石膏和盐分的聚积

在极端干旱条件下，即使很容易溶解的氯化物、硫酸盐等盐分也很少淋洗出去，次溶性的石膏当然更淋洗不出去了。它们聚积在土壤剖面的中部或下部，盐分的位置通常在石膏层的下面，或者与之结合在同一土层中。石膏和盐分的聚积与碳酸钙表聚的特点一样，也是随着干旱程度的增强而增加，同时出现的部位也逐渐变浅。从这些特点中可以看到，石膏-盐层土剖面发生土层的共同形态是表土具有含碳酸钙较多的孔状结皮与薄片层，上面大多有砾石；其下为含铁和黏土的红棕色紧实层；紧实层之下，就是各式各样的石膏和盐分聚积层；再下就是母质。由于它们分布的范围东西长达 2600 多千米，南北又穿过两个不同气候带（北面为温带，南面为暖温带），以及土壤形成时间的长短等差异，因而这些形态在不同地段的土壤上，表现形式很不一致。

荒漠土壤

荒漠土壤的基本性状可归纳为：土壤组成与母质非常近似，腐殖质含量很少，通常在 5g/kg 或 3g/kg 以下；地表多砾石，表层有海绵状孔隙的结皮，心土层为具有土体风化的“黏化” 和 “铁质化” 的红棕色紧实层；普遍含有石膏和较多的易溶盐。中国的荒漠区分布于内蒙古、宁夏的西部，甘肃的河西走廊、新疆的平原地区。

根据水热条件的不同，我国荒漠分为两个地带：极端干旱的暖温带荒漠，它分布于塔里木盆地；干旱的暖温带，它分布于准噶尔盆地、河西走廊及阿拉善地区。三个荒漠地带性土类包括灰漠土、灰棕漠土和棕漠土。

灰漠土

灰漠土是我国温带漠境边缘棕钙土向灰棕漠土过渡的土壤，过去曾称荒漠灰钙土，它主要分布在新疆天山北麓和甘肃河西走廊一带，内蒙古西部和宁夏也有分布，其分布区东西长达 1000~2000km。具体分布在漠境边缘地带内蒙古河套平原、宁夏银川平原的西北角，新疆准噶尔盆地到沙漠的南北两边山前倾斜平原、古老冲积平原和剥蚀高原地区，甘肃河西走廊的西段也有一部分，面积不大。灰漠土地区的气候特点是冬季寒冷，夏季较热，干旱而大陆性气候显著。年均温 5~8℃，超过 10℃ 积温 2800~3600℃，年降水量 100~200mm，蒸发量为降水量的 10 倍左右。植被是以琵琶柴、梭梭和蒿属为主所组成的旱生、超旱生小半灌木和灌木荒漠类型，植被覆盖度一般在 10%左右，高者可达 20%~30%，地表生长着少量的黑色地衣和藻类，成土母质的种类多，但共同特点是富含碳酸钙，且细土部分的含量高于其他两类漠土，由此可见，灰漠土的形成条件具有向荒漠草原过渡的特点。灰漠土是石膏-盐层土中稍微湿润的类型。在相邻关系上，东面北段连接荒漠草原的棕钙土，南段连接灰钙土，西边和南边与灰棕漠土和风沙土连接，北边直抵国界；新疆准噶尔盆地的北边、南边均与棕钙土连接，中心部分为固定、半固定风沙土组成的古尔班通古特沙漠。灰漠土是在温带荒漠气候条件下形成的。年平均气温为 5~8℃，热量接近暖温带，与邻近的灰钙土差不多。年降水量 100~150mm，比其他漠土湿润。正是这种稍微湿润的水分状况，使得以旱生灌木为主的荒漠植被中增加了针茅、闭穗、旱熟禾等少量草原的成分，覆盖度可达 10%，比其他漠土高 2~3 倍；有机质的含量也较多，达 0.6%~1%；碳酸钙表聚也有轻微的下淋现象。土壤的砾质化程度很弱，这主要是因为它的成土母质大多数是黄土。砂砾石母质也有一部分，但含砾石比较少。在草长得比较多的地段，还可见到少量鼠类活动的洞隙和小土包，这在其他漠土上是很少有的。表土孔状结皮发育得很好，上边具有不规则或多角形的裂纹，沿纹生长一些黑色地衣、藻类低等植物，使附近形成粗糙的黑色薄皮；下边的孔隙像蜂窝，从上到下减少。结皮厚度 1~4cm 不等，浅灰或棕灰色，干燥松脆，易顺着上边的裂纹开裂散碎。下面的薄片或鳞片状结构厚 1~5cm，孔隙更少，松散易碎。在沙性大和积沙较多地段，这种结皮发育不好，甚至没有。紧实层厚 5~15cm，呈褐棕色或黄棕色，结构为块状或柱状，黏粒含量达 20%~28%，比上下土层多 5%~10%，中、下部常有斑点状、假菌丝状或斑块状不明显的钙积层，碳酸钙含量为10%~20%，比上部孔状结皮中的多1倍左右，说明它具有轻微淋溶作用。石膏和盐分聚积在40或60cm以下，以80~100cm深处较多，有的还出现几层石膏。石膏一般呈白色小结晶或晶簇状态，含量高低不一。内蒙古地区的偏低，不足1%；新疆地区的偏高，达2%~8%，最高的可达14%。盐分呈脉纹状乳白色结晶，含量为0.5%~2%，也是内蒙古地区偏低。盐分组成多属氯化物为主或硫酸盐为主的混合类型，但含重碳酸盐较多，一般为0.03%~0.08%。包括表土孔状结皮在内，都有一定碱化现象，碱化度10%~20%。土壤呈强碱性反应，pH值为8.5~10，以紧实层为最高。区内因干旱少水，灰漠土大部分用来放牧。

灰棕漠土

灰棕漠土系温带极端干旱气候条件下由粗骨性母质发育的漠土类型。在我国，灰棕漠土有很大的面积，广泛分布于内蒙古的西部和甘肃北部的阿拉善-鄂济纳高原，河西走廊中，西段北山的山前砾质戈壁，新疆准噶尔盆地西部山前平凉和东部戈壁，青海柴达木盆地的西部山前戈壁，以及这些地区的部分干旱山区。主要分布在新疆的天山山脉、甘肃省的北山、祁连山一线以北和宁夏贺兰山以西的广大戈壁平原地区，青海柴达木盆地的东北面山前洪积扇戈壁以及上述地区的部分干旱山地上，也有不少分布。灰棕漠土区的气候是夏季暖热少雨，冬季寒冷少雪，年均温7~9℃，1月均温-16~10℃，7月均温24~28℃，年降水量大部分在100mm以下，植被为耐旱、深根、肉质的灌木和小灌木荒漠类型，以假木贼、梭梭和木本猪毛菜等为主，呈单个丛状分布，覆盖度小，一般为5%~10%，成土母质以粗骨性的石砾和砂为主，细土物质甚少。灰棕漠土是石膏-盐层土中分布面积较大的类型，仅比棕漠土略少一些。在相邻关系上，东面连接灰漠土和腾格里沙漠，北面与邻国蒙古连接，西边依着棕钙土或栗钙土山地，南边与棕漠土连接；在青海地区，上接棕钙土山地，下连棕漠土与盐土。主要分布地带呈西北-东南走向，西半部比较狭窄，东半部比较宽敞。其间分布有两个大沙漠，西边的古尔班通古特沙漠，多属固定、半固定风沙土；东边的巴丹吉林沙漠，80%都是流动风沙土。气候非常干旱，年降水量大都在100mm以下，蒸发量比它大30~40倍。年平均气温7~10℃，更接近暖温带，与灰漠土比较起来，它的水分状况就差得多了。除中部弱水河有一点祁连山雪水补给的地表水流外，广大平原都呈现一片沉寂酷旱的石漠景色。植物非常稀少，偶尔见到稀疏的假木贼、麻黄、梭梭、红砂、霸王、优若藜、猪毛菜等小灌木，覆盖度仅3%~5%，多数地面是不毛之地。它的生物积累就更加微弱，有机质含量仅0.3%~0.5%，而砾质化和碳酸钙表聚却有明显增强。灰棕漠土形成过程中的生物作用极为微弱，荒漠植被地上部分的产量（干物质量）不足1.5t/hm^2，而且每年只有地上部分总量1%以下的干物质成为凋落物。

植物根系虽然发达，每年有一部分细根死亡，但数量也很有限，同时，在干热条件下，有机质的分解矿化较迅速，因而土壤中腐殖质的积累量很少。土壤淋溶作用也甚微，矿物风化释放的钙，镁以碳酸盐的形态就地积累下来。有特殊的碳酸钙表聚现象，较易移动的石膏和易溶性盐淋溶也不深，多淀积在剖面的中、上部。

灰棕漠土的一般形态特征是地表为一片砾幂，其上有黑褐色的漠境漆皮。土壤表层为发育良好的面包状结皮，呈灰色或浅灰色，厚2~3cm。其下为褐棕色或红棕色的紧实层，厚度变化大，一般为5~10cm，有时可见浅灰黄色的碳酸钙斑块，再下即为石膏和易溶性盐聚积层，一般出现于10~40cm处，石膏呈白色或玫瑰红色的粒状或纤维状结晶，多夹于砾石之间或附着在砾石背面。通体具有极强的石灰反应。灰棕漠土的地面，普遍都有一层黑亮的砾幂，砾幂下的结皮呈浅灰或黄灰色，蜂窝状孔隙发育较好，厚度1~3cm，细土中也混有碎石，下边的片状-鳞片状结构常因砾石太多不很明显，甚至缺少。碳酸钙含量为7%~11%，比下面土层高1倍左右。这一点既与灰漠土上少下多的分布状况显然不同，又是漠境土壤典型特征碳酸钙表聚的重要表现。紧实层厚3~8cm，呈暗褐或浅红棕色，含黏粒19%~23%，比上、下土层多4%~13%，与灰漠土相仿。氧化铁（Fe_2O_3）含量占灼烧土重的4%~6%，比上、下土层多0.5%~1.5%，铁质比灰漠土明显多。石膏和盐分出现的部位比灰漠土也高得多，一般在10~40cm深处，有的部位更高，揭开结皮就有大量石膏聚积，这种状况多出现在丘陵低山石质残积母质地段。石膏的颜色有肉红色、白色、灰色几种，形状有簇状、纤维状结晶，有的在砾石的背面形成钟乳状结晶，有的呈蜂窝状与砂砾石胶结在一起形成石膏磐。石膏的含量变化较大，一般属成土年龄较老，石质残积母质发育的含量较多，最高可达30%以上；沙质或新近洪积—冲积母质发育的含量较少，低的不足1%。盐分含量在0.3%~1.5%，与石膏的含量关系密切，石膏多时，盐分的含量也多。盐分类型以硫酸盐为主，也有一些氯化物。有的含重碳酸盐0.04%~0.07%，有一定的碱化现象，但没有灰漠土那样普遍。土壤反应为碱性，pH值为8.0~9.5，比灰漠土偏低。灰棕漠土的面积虽很大，但由于含砾石太多，而且非常干旱，发展农业比较困难。目前主要用来放牧，是中国西北地区重要的养骆驼基地。

棕漠土

棕漠土过去曾称棕色荒漠土，是我国暖温带极端干旱条件下具有明显盐盘层的漠土类型，常与砾质戈壁相联系，广泛分布在新疆天山山脉，甘肃的北山一线以南、嘉峪关以西、昆仑山以北的广大戈壁平原地区。以河西走廊的西半段，新疆东部的吐鲁番、哈密盆地和噶顺戈壁地区最为集中。塔里木盆地周围山前的洪积戈壁，青海柴达木盆地的西南大半部戈壁，以及这些地区的部分干旱山地上也有分布。棕漠土地处暖温带，夏季极端干旱而炎热，冬季较为温和而无雪被，年均温多为10~12℃，超过10℃积温3600~4500℃（吐鲁番盆地最高达5500℃）。年降水量极少，大部分低于50mm。植被属于半灌木-灌木荒漠类型，种类简单，常见的有膜果麻黄，泡果白刺和霸王、梭梭等植物，生长极为稀疏，覆盖度一般低于5%，有些地段甚至全无高等植物生长。棕漠土是石膏-盐层土中面积最大的类型，在相邻关系上，东北面与灰棕漠土连接，其余外围基本上都是背靠着棕钙土山地，西部地区分布着中国最大的沙漠——塔克拉玛干沙漠，以流动风沙土为主。气候非常干旱，年降水量大部分地区不超过50mm，若羌、罗布泊地段仅有10mm，吐鲁番盆地甚至有全年无雨的地方，是世界上很少有的干旱地区。年平均气温10~12℃，吐鲁番盆地因地形低洼，气温更高，年平均气温可达12~14℃，是全区气温最高的地方，属于暖温带极端干旱的大陆性气候类型。在整个西北干旱地区，它的热量和干旱情况都占第一位。因此，棕漠土上的植被比灰棕漠土地区更为稀少，绝大多数地面都是寸草不生的裸露戈壁滩。偶尔见到部分膜果麻黄、伊林藜、合头草、泡果白刺、霸王、红砂等小灌木，覆盖度不到1%，少数达1%~3%。土壤的生物积累作用几乎没有，有机质含量仅0.1%~0.3%，比灰棕漠土少一半以上。但是碳酸钙的表聚，石膏和盐分的聚积，铁质化的程度却较灰棕漠土更为明显、强烈。棕漠土的地表完全是一片漆黑的砾幂，比灰棕漠土的还要暗一些。下面的结皮为浅灰或乳黄色，厚度多不超过1cm，混有小砾石，蜂窝状孔隙已不很明显，片状-鳞片状结构基本没有，并且容易破碎。在风蚀较严重地段，几乎没有这一层，而下边的红棕色紧实层或石膏层直接露于地面。碳酸钙以这一层为最多，向下逐渐减少，含量为10%~16%，是石膏-盐层土中含量最多的。红棕色或玫瑰红的紧实层厚2~10cm，也混有较多砾石，有的还有少量石膏。含黏粒14%~20%，比下边土层含量常高2~3倍；氧化铁的含量占灼烧土重5%~6%，也比下边土层高1~2倍，铁质化比灰棕漠土明显增高。石膏层出现部位普遍升高，有的从表层就开始有，多数在2~5cm以下，厚度10~40cm，含量多数在20%~30%，最高可达55%，少的仅2%~3%。石膏的颜色有白色、红棕色、肉红色，形状多为蜂窝状、纤维条状结晶，有的以小簇结晶与砂砾石胶结在一起。盐分含量为1%~2%，盐分组成也以硫酸盐为主。但在一部分土壤中，石膏层的下面还出现一或二层与砂砾胶结在一起的坚硬盐磐，厚度10~30cm，含盐量为30%~40%，最多的达50%以上，成分主要是氯化钠。这种情况一般出现在洪积扇地形的中下部位，是长期洪积、坡积积盐形成的，而且只有在极端干旱的地区才能见到。土壤的碱性普遍比灰棕漠土弱，一般没有碱化现象，pH值为7.5~8.5，呈微碱性到碱性反应。广大的土壤资源因砾石太多，气候干旱，与灰棕漠土一样只能用来放牧非常耐旱的骆驼。

龟裂土

龟裂土是石膏-盐层土中最年幼和面积最小的类型，它因土壤表面具有像龟背的裂纹而得名。分布范围广而零散，单独成片分布的很少，常与盐土或沙土包呈复区存在。主要分布在新疆塔里木盆地塔克拉玛干沙漠的北沿，准噶尔盆地古尔班通古特沙漠的西沿和南沿，甘肃河西走廊的疏勒河两岸，宁夏银川平原的西北角上。所处地形大都是山前洪积-冲积扇的下部，古老冲积平原、沙丘及剥蚀高原中的低平洼地边缘，地面因风蚀影响，使顺风方向形成破碎的风蚀低地和“雅丹”土墙。

在相邻关系上，上连灰漠土、灰棕漠土、棕漠土，下接受地下水影响形成的草甸土或盐碱土，由此也可看出，龟裂土的形成或多或少与过去水流的影响有一定关系。成土母质也与棕漠土等有很大不同，它主要由细土物质形成。尽管土壤的下部也可出现粗沙砾石层，但上部的主要土层都是比较黏重的细土。这种状况，通常只有在比较缓慢的静水条件下才能够形成。事实上从土壤所在地区的具体位置（如分布在塔里木河北岸，奎屯河南岸和玛拉斯河右岸，黄河左岸），也证实了它们大多数是河流冲积母质形成的，而且前身多经过草甸土等半水成土阶段，以后水位下降，土体变干才逐渐向荒漠土壤方向发展。目前地下水位一般在 7m 以下，少数古老冲积平原中，底土为砂砾石的，水位稍高，为 5~6m，土壤的形成完全与地下水失去了联系，仅与短暂的地表水流关系密切。土壤很干，基本上没有植物生长，地衣、藻类低等植物在短暂地表水流湿润的时候可以出现，一旦水分干后就很快死亡，在地面形成粉红色极薄卷皮，同时表土逐渐收缩裂开形成平坦而坚硬的裂板，这种湿胀干缩的裂开现象，是龟裂土很重要的发生特点。所以龟裂土的地面普遍被网格状的裂纹切割成不规则的多角形裂片，直径 7~13cm 不等，好像镶嵌在地面上的龟背状图案，非常坚硬。裂缝宽 1~5mm，中间常常填有沙粒。裂片厚 1~4cm，边缘稍向上拱曲，中部微凹，有点像一个浅盘。表面平坦光滑，有粉红色卷皮，反面与灰漠土一样，有良好的蜂窝状孔隙，含碳酸钙 6%~23%。下边的片状-鳞片状结构发育很好，颜色有灰色的，褐棕色的，浅红棕色的等，并有少量铁锈斑，厚 5~10cm。有的比较疏松，碳酸钙含量比上边孔状结皮稍多，为 8%~24%，有微弱淋溶，但强度不及灰漠土明显。铁质化的紧实层还未来得及发育，通常在片状层下边见到的具有锈斑的板状或块状结构的紧实土层，仅是过去沉积的细土物质干后造成的，与棕漠土等具有紧实层有很大的差别。石膏和盐分的聚积也较微弱，一般仅在结皮以下至 50cm 见到少量斑点状结晶，而且地区之间的差别较大。石膏含量在棕漠土区内一般在 1.5%~3.0%，其他多小于 0.5%。盐分含量为 0.3%~2%，也以分布在棕漠土区内的偏高一些，类型多为氯化物或硫酸盐-氯化物，也有以硫酸盐为主的。重碳酸盐含量为 0.02%~0.09%，土壤普遍具有碱化现象，碱化度 8%~20%，pH 值为 8.2~10，呈碱性反应，但碱化程度强的已不在棕漠土地区，而是在灰漠土及灰棕漠土地区。

山地垂直带和“世界屋脊”上的高山土

“世界屋脊”上的高山土

青藏高原是一块十分独特的自然区域。耸立在高原边缘和横亘在高原面上的大山脉，海拔高度多在六七千米以上。在高原的南缘和东部地区的河谷中，由于印度洋的暖湿气流可以到达，所以分布有较茂密的森林。但随着海拔高度上升，气温不断下降，到一定高度后，热量就满足不了森林生长的需要，逐渐转变为稀疏的矮树和灌木，最终为草本植被所取代。茂密森林所能达到的最高处，称为森林郁闭线。在不同地区，由于各种环境条件的差别，森林郁闭线的海拔高度不同。在青藏高原，一般是在 3900~4100m。取代森林的草本植被，是由莎草科的嵩草和苔草等组成的亚高山草甸和高山草甸植被，但向西北方向延伸后，由于暖湿气流不能伸入高原内部，湿度大为下降，草甸植被又依次为亚高山草原或高山草原植被、亚高山荒漠或高山荒漠植被所取代。在垂直方向上，则是高山寒漠植被。凡是在森林郁闭线以上或相当于这个高度以上的无林地带的各种土壤，都称为高山土壤。高山土壤可进一步划分为亚高山草甸土、高山草甸土、亚高山草原土、高山草原土、高山漠土、高山寒漠土 6 个土类。高山土壤虽然主要分布在青藏高原，但在其他地区的高山上也可见到，不过类型没有这样齐全，分布也没有这样集中。

高山寒漠土

高山寒漠土是青藏高原土壤垂直带谱中位置最高的土壤，在其他高山上也有分布。这是一种在长期寒冻下形成的土壤。该土带的海拔高度范围，因地区不同而有差异。仅就青藏高原而言，在藏南大致是5300～5600m；藏北则为5200～5600m。高山寒漠土带寒冻风化强烈，地面多是杂乱的岩屑、滚石、融冻石流，或为陡峭的岩壁。在接近现代冰川的谷地，常有冰舌伸入。气候特点是全年严寒，冰冻期在半年以上，夏季仍可降雪，年平均气温在-10℃上下，年降水量400mm左右，比高山漠土带湿润。地面遍布大小不等的岩石碎块。土中未曾见有任何动物或其活动迹象，飞禽走兽亦极罕见。

土壤有如下特征：质地轻、粗，含砾量大。表层有机质含量仅0.5%左右。剖面厚度小，很少超过50cm，其下即为粗大石块。土壤呈微碱性反应，pH值在7.5左右。高山寒漠土专指山岳冰川或高原冰盖雪线以下刚刚脱离冰川掩盖地区所形成的新成土。

高山寒漠土区气候寒冷，多大风，年平均气温-12～4℃，年降水量400～700mm，寒冻风化严重，山体陡峭。岩石坠落，融冻石流发育，基岩裸露。平缓低洼处，岩屑、冰漂砾、岩石堆、石流体广布。细粒物质甚少，仅存在冰川运动过程中因腐蚀作用形成的黏粒，所以土壤主要在地形部位较平缓低洼的分水岭、冰斗、U谷及冰蚀平台地区的冰碛、残积坡积物上发育，因而不能形成连片的土被。由于特定的生态条件，成土母质稳定性差。高山寒漠土带的植被，一般由特别耐寒和比较耐旱的十几种植物组成，常见的有三指凤毛菊、垫状点地梅、苔状蚤缀、垫状紫云英和苔类、地衣等。高等植物大都成垫状或莲座状贴伏地面，多有一些冷生壳状地衣生长在地表稳定的岩表和砾石的背风面，在背风向阳低洼的间歇性流水沟边或石缝中，生长着高等植物如垫状点滴梅、垫状金蜡梅、高山毛茛、风毛菊等，但覆盖度不足1%～2%。土壤中少见原生动物及其活动迹象。从而在上述寒凉风化的残坡积物上开始了地表有限的有机质合成与分解的原始成土过程。因而土壤发育微弱，有机质含量极少。化学分解度低，腐殖质组分中的H/F比值为0.1，活性酸的含量极低。土壤阳离子交换量为10cmol（+）/kg左右；中性至微碱性反应，pH值为7.0～8.5；土壤质地较粗，砾石含量很高。土壤矿物的化学分解程度很低，最易分解的黑云母、角闪石等以原生矿物出现，且含量高，黏土矿物以水化程度低的水化云母为主，伴有高岭土、蒙脱石和绿泥石等。高山寒漠土因气候严酷，土壤本身过于瘠薄，从农林牧业经营的角度来看，目前没有利用价值。

高山漠土

高山漠土分布于藏北高原的西北部，并延伸至昆仑山脉和帕米尔高原，海拔高度范围在4200～5200m。高山漠土带的地形，主要是高原面和高原上的低山。成土母质主要是各种岩石风化的残积物和坡积物，也有一些冰碛物。由于物理风化起主导作用，所以风化产物高度石质化。气候特点是干燥而寒冷，年平均气温-10℃左右，冬季最低气温可达-40℃，年降水量低于100mm。高山荒漠植被的覆盖度不足10%，以藜科和菊科植物为主。高山漠土的土层薄，石砾多，细土少；有机质含量仅0.6%上下；碱性反应，pH值在8.5左右；含碳酸钙约5%，石膏0.5%～1.0%。高山漠土基本上没有利用价值，仅在接近高山草原土带的地段，水、草稍多，只宜牧养山羊。

高山草甸土

高山草甸土是高原亚寒带蒿草草甸植被下形成的土壤。高山草甸土主要分布于青藏高原东部和东南部，在阿尔泰山东南部、准噶尔盆地以西山地和天山上部也可见到。其分布高度的下限，在青藏高原是4400（4700）m，阿尔泰山东南部和天山等处的分布下限还略低一些。其分布高度的上限，在青藏高原为5200m左右，上接高山寒漠土带。高山草甸土带的下部，在多数情况下是与亚高山草甸土带相连接的。但它不会与森林土壤带相邻。这是它在形成和分布上的重要特点，也是将它与亚高山草甸土带区别开来的重要依据之一。

高山草甸土带的地形，除平缓的分水岭和山坡外，还有比较陡峭的坡地。其成土母质，在青藏高原多是砂岩、板岩和千枚岩风化的残积或坡积物，局部尚有石灰岩风化产物或第四纪冰碛-洪积物；在天山北坡，可见有黄土状物质。

气候特点与亚高山草甸土带相较显得更加寒冷，也比较干燥。年平均气温-2℃左右，甚至更低一些，大于5℃的日数不足120天，最热月也可出现小于0℃的低温，没有稳定的无霜期，年降水量400mm左右。年平均气温为负值，是高山草甸土与亚高山草甸土在形成条件上的区别之一，也是高山草甸土带只宜牧用的根本原因。高山草甸植被在组成上虽也以嵩草为主，但组成单纯得多，基本上没有灌木，偶尔见到单株也极矮小，但垫状点地梅、苔状蚤缀等植物却明显增多，外观比较单调。高山草甸土的形态特征为：剖面由草皮层、腐殖质层、过渡层和母质层组成。草皮层厚5~10cm，性质松脆，与气候寒冷和干燥有关。腐殖质层可厚10~20cm。剖面总厚度一般不超过50cm。草皮层呈浅灰棕色，腐殖质层灰棕色，而最暗的色泽（暗灰棕色）出现在过渡层，至母质颜色才转淡。在过渡层不出现棕红色或黄棕色的矿物胶膜，而呈现出比腐殖质层还要暗的颜色，这是高山草甸土的显著特征。它可能是由于每年有长达半年的冻结期，土壤通气不良有还原性物质形成所引起的。土壤剖面中各层次间的过渡不甚明显。剖面上部的土壤结构为粒状—扁核状，下部以扁核状—小块状结构居多。由于冰冻作用，在大的结构体上常常可以见到呈片状的层理。土壤表层的有机质含量在10%左右，分布于藏南者的有机质含量一般较藏北及其他地区为高。高山草甸土带的降水量虽然不多，但除发育于石灰岩和黄土上的土壤外，都没有碳酸钙残留。土壤呈中性反应，盐基饱和度较高。在湿润度相对较大的藏南地区及中部天山，pH值多在5.8~6.5；而在气候较干旱的藏北高原，pH值较高，多为6.5~7.0。由于高山草甸土带更加寒冷和冰冻时期长，所以在土壤中未曾见有蚯蚓及其活动痕迹，其他土壤动物也很难见到。高山草甸土带的气候寒冷，发展高寒种植业很困难，因此历来唯有经营牧业。高山草甸土草场虽然草的种类少得多，但对牲畜有害的毒草也少得多。牧草植株虽然比较矮小，可是密度大、草质好、适口性强，营养成分高，草皮层的耐牧性也好。所以，高山草甸土草场绝大多数是优良的放牧场。由于高寒，土壤有机质不易分解，故有更明显的泥炭化有机质累积过程和冻融滞水氧化还原过程，这种土壤表现出土壤发育的幼年性、粗骨性和薄层性。因高寒而腐殖化较弱，腐殖层较薄（只有10~20cm）。表层土色较黑毡土（亚高山草甸土）稍淡，呈浅灰棕或棕褐色（10YR6/4或10YR5/6）故称草毡土。表层有机质含量约10%，H/F比值1.0左右；一般均已淋洗脱钙；pH值为6.0~7.0，呈中性反应，盐基饱和度较高；土壤黏粒仅5%~10%。气温低，风化度低，黏土矿物仍以水云母为主，少高岭石和蛭石，且剖面上部土壤矿物晶形较差。

亚高山草甸土

亚高山草甸土主要分布在青藏高原的东部和东南部，阿尔泰山、准噶尔盆地以西山地和天山山脉上也有分布。分布的海拔高度各地很不相同，在青藏高原内也有一定差别。例如，在比较湿润的西藏南部和雅鲁藏布江下游，分布高度是4100（3900）~4500m；在比较干旱的喜马拉雅山北坡，则是4200~4700m；西藏东部是4300（4100）~4600m；再往东至横断山脉中部为3700（3800）~4200m；阿尔泰山可见于1800（2100）~2500m的高度；准噶尔盆地以西山地为2300~2900m；天山则是2500（2700）~3000（3300）m。亚高山草甸土分布地带的地形，大多是比较平缓的分水岭和平坦开阔的高原面。成土母质主要是岩石风化的残积物和坡积物，也有一些土壤形成于冰碛物。在天山北坡，还有黄土状母质的。气候特点温凉而较湿润，年平均气温在1℃左右，一般都是正值，这是不同于高山草甸土带的一个很重要的特征。年降水量350~750mm，无霜期不足90天。亚高山草甸植被的组成以嵩草和多种草类为主，外观绚丽，而且还有灌木加入，越接近森林郁闭线，灌木种类和数量也越多。这是亚高山草甸植被与高山草甸植被的重要区别。亚高山草甸土最主要的特征是土壤表层有5~10cm厚且富有弹性的草皮层。它是冷湿气候条件下有机物残体不易分解的明显标志。但在土壤剖面的中上部，水热条件比较好一些，可以形成厚15cm左右的灰棕色腐殖质层，可见到蚯蚓或其排泄物，土壤剖面的中下部比较紧实，大多都是黄棕色，在核状或块状结构的表面，常可见到灰色并有光泽的腐殖质胶膜。平坦地段的剖面中还可见到棕红色的矿物胶膜。这些都是土壤溶液有从上向下移动的迹象。剖面下部是岩石风化的碎块，色泽因岩性而异。由于气温低，土壤表层有机质含量可高达10%~15%或更多，但随深度的增加而迅速降低。土壤的酸碱度和盐基饱和度，在不同地区可有明显差异。在青藏高原、阿尔泰山和西部天山，这类土壤 pH 值一般为 5.0~7.0，盐基不饱和或饱和度较低；在中部天山和祁连山，则 pH 值在 7.0~8.5，盐基高度饱和。除在石灰岩或黄土上形成的土壤外，一般都没有碳酸钙残存于土壤中。亚高山草甸土历来是优良的高山牧场，特别适于牧养牦牛、藏羊等牲畜，是重要的畜产品生产基地。亚高山草甸土带可以发展高寒种植业，但宜选择在向阳避风的地段，以避免霜害。此外，在土壤上还生长有许多特有的药材，如虫草、贝母等，也是亚高山草甸土带的资源特点之一。亚高山草甸土是在寒冷、冻融、多雨、多风、草被盖度大、蒸发较弱、地势和缓的高山自然环境中形成的，土体上部进行着草毡泥炭状的腐殖质累积过程，下部进行着滞水冻融氧化还原交替的潴育化过程。在高山草甸土的土壤带以下，所生植被均为喜湿耐寒低矮密实的草类，除以蒿草为主外，还有苔草，特别是有阔叶性草类如珠芽蓼、兰花棘豆、扁芒草等，高原边缘材限附近常见大片杜鹃灌丛（阴坡），松科、枯水、小叶拘子等，盖度多在 90%以上；气温较高山草甸土高，能保证多种动物活动。除可见到较多的旱獭和啼兔外，还可见到蚯蚓活动痕迹。蒿草草甸植被下，发育成具有冻土草丘的暗色草毡层、腐殖质潴育层。全剖面无石灰反应，但盐基饱和，pH 值为 5.0~6.6。亚高山草甸土的表层为明显的草毡层，腐殖化较好而腐殖层较厚，30~40cm，色暗棕（10YR2/2），因比高山草甸土色暗而称黑毡土。结构为粒状或团块状，常见蚯蚓粪，质地较细，只在坡度较大的山坡呈粗骨性。剖面过渡明显，颜色由暗褐（10YR3/4）-灰棕（10YR5/6）过渡到棕色（10YR5/8）。

高山草原土

高山草原土主要分布于青海南部昆仑山以南至藏北高原中部的广大高原面上，往东至青藏公路附近逐渐过渡到高山草甸土带；往西则与高山漠土带相连接。此外，在藏南冈底斯山和定日以西喜马拉雅山北侧的高原面上也有分布。主要分布在藏北中部和定日以西喜马拉雅山麓山前及宽谷湖盐区、长江河源准平原化高原面上。高山草原土分布区的地形主要是山地和湖盆平地，是高原亚寒带半干旱草原植被条件下形成具有腐殖质表层和明显积钙 B 层的土壤。

成土母质，在山地以花岗岩、灰岩、砂岩、砾岩等风化的残积和坡积物为主；平地则为湖积、洪积和冰碛物，多含碳酸盐或易溶性盐类。母质多含有大量石砾。海拔一般 4400~5200m。气候寒冷而干旱，年平均气温-2℃左右，年降水 300mm 上下，年蒸发量却在 1500mm 以上。

高山草原土有以下特征：土壤表层没有草皮层，只有不连续的成簇状的草根层，地表常有黑色的地衣壳状结皮，或有碎石、沙粒覆盖。腐殖质层厚度一般不超过 10cm，粒状结构为主，下部间有团块状结构，有机质含量在 1.5%左右，剖面中部（20cm 左右）出现不太明显的厚约 20cm 的钙积层，碳酸钙含量约 15%。土壤呈碱性反应，pH 值为 8.0 左右。土壤质地多属砾质沙壤土。

高山草原土只宜牧业利用，但禾本科牧草的适口性不高，不宜放牧牦牛，主要放牧绵羊。除产草量不高外，淡水缺乏也限制了畜群的发展。此外，高山草原土带的风蚀也比较严重。在干寒的气候条件生长着芨芨草、固沙草、羊茅、异针茅、魏氏蒿、唐古拉紫云英等灰绿色的矮生稀疏草丛，以紫花针茅、狐茅为主的高山草原植被，覆盖度 30%~50%。母质多为冰碛物，坡积-残积物或湖相沉积物，质粗多砾石。高山草原土属高山土纲，半湿寒高山土亚纲。高山草原土是高山亚寒带半干旱稀疏草原植被条件发育成无草毡、草皮层有浅薄的灰棕色（10YR5/2）腐殖层，土中的 $CaCO_3$ 小于 100g/kg，pH 值为 8~9，呈碱性反应，它与高山草甸土的区别在于具有 B 层及碱性。表层为暗棕色（10YR5/3）或灰棕色（10YR5/2）的腐殖层，全剖面呈碱性反应，在剖面中部微显钙积；剖面质地为沙质壤土，黏粒少而砾石多，表层甚至有风化砾石覆盖；化学风化弱，黏土矿物以水云母为主，伴有高岭土、蒙脱石和蛭石。

亚高山草原土

亚高山草原土在青藏高原仅形成和分布在藏南喜马拉雅山北侧，在凉温半干旱气候的所谓“雨影区”中。由于越向东部越趋湿润，故羊卓雍湖以西的高原宽谷湖盆区，才是亚高山草原土集中分布的地方。此外，在帕米尔高原、昆仑山、阿尔金山和祁连山西部的高山带下部也有分布。它所处的海拔高度范围，在青藏高原是 4200~4700m，其他地区则要低得多，为 3300~4200m 或 3500~4500m。亚高山草原土分布区的气候特点是冷和干旱，年平均气温约 1.2℃，年降水量约 250mm，多集中在 6～8 月，常带有冰雹，加之无霜期不稳定，又多大风，故农业生产常有严重灾害。

在亚高山草原土带，栖居有大量啮齿类动物，土壤中洞穴相当多，对草原有破坏作用。

亚高山草原土的特征表现为：在土壤剖面上部有腐殖质积累，土壤有机质含量大多为 5%左右，表层可见簇状草根层。腐殖质层厚 10～20cm，粒状结构，颜色为灰棕色或棕色，土壤常有受土壤动物扰动的痕迹。在剖面的中下部，即 30cm 或 50cm 的深度上，可见比较明显的钙积层。碳酸钙的淀积形态主要是斑点状或脉纹状，含量可达 10%～35%。土壤呈微碱性至碱性反应，pH 值为 7.5～8.5。土壤质地较轻，大部分含有石砾。

亚高山草原土多数用于放牧，但草质、草量均较差。在背风向阳的山麓洪积扇和滨湖平原，气温较高，如引水方便可发展高寒种植业。是高原温带干旱草原植被下形成具有明显腐殖质表层和积钙 B 层的土壤。此区气候温凉，土壤较长时间处于干燥情况下，因为地处高原山前湖盆周围、冰水平原和冲洪积平原，所以成土母质多为残积坡积物、洪积物、水积物、湖积物或为几种叠加的堆积物。植被以干草原固沙草、白草、针茅、孤茅、羽茅为主，伴生锦鸡儿、金蜡梅等灌丛，覆盖度 30%～60%。因气候温旱，啮齿类动物数量繁多，洞穴群集，土壤发育时间较长，人类活动干扰也较大。亚高山草原土属高山土纲、半干寒高山土亚纲。它的成土条件与过程和高山草原土近似，唯因海拔较低，气候温旱，腐殖质累积过程和钙化过程相对增强。其剖面构型为：$A_h-AB_k-BC_k-C-R$ 型。

与高山草原土比较：腐殖质稍厚，约 20cm。因气候温旱，土壤冻融过程较弱，淋溶作用较差，通体有石灰反应，A 层下有明显钙积，碳酸钙多以斑点或弧状存在。亚高山草原土表层有机质含量可达 20g/kg，C/N 8～10；pH 值为 7.5～8.5，土壤呈微碱性反应；阳离子交换量每百克土 6～10cmol（+）/kg，$CaCO_3$ 在下层淀积，含量 150～350g/kg；多沙质壤土质地；黏土矿物以水云母为主，伴有高岭石、蛭石和绿泥石等。

山地草甸土

山地草甸土是在高、中山地土壤垂直带中寒温带温暖湿润气候草甸植被条件下形成的土壤。主要分布在中山山地森林带和山地草原带之上，而在亚高山草甸土之下或复域并存。即在气温低、水分条件好，直接受土壤冻融滞水浸润的高、中山草甸草原带上，且多在山顶剥夷面或泥流阶地上发育，地势较前平缓。如五台山分布于 2400m 以上山顶剥夷面和背阴缓坡。气候温凉冷湿多雨，年均气温 0～4℃，年降水量 600～800mm，无霜期 60～90 天，以草甸草本为主，有苔草、蒿草、兰花棘豆、萎陵菜，铃铃香、金莲花、野罂粟、小秦艽、高山蒲公英、珠芽寥等并间杂鬼见愁、金蜡梅灌丛，属五花草甸植物。比亚高山草甸土植物种类增多，且阔叶性草类增多，草体增高，动物定居和活动也增强。山地草甸土属半水成土纲。山地草甸土在温凉湿润条件下，使土体上部进行腐殖化，中部潴育化，下部冻融交替的物理化学风化，底部多为渗水较好的含砾母质层或半风化层。与亚高山草甸土相比，只是草甸化和冻融作用较弱而腐殖化、潴育化作用增强。通体无石灰反应，但土壤盐基饱和，具微酸性或中性反应，pH 值为 5.8～6.5；阳离子代换量较高，多在 20～30 毫克当量/100 克；心土黏粒有淋溶淀积。

低洼地的水成土

沼泽土与泥炭土

沼泽土与泥炭土常成复区广泛分布于全国各地的积水低地，属水成土壤。它主要分布在东北地区的三江平原，川西北高原的松潘草地及西藏高原的部分地区，其特点是地下水位较高、气候冷湿。沼泽土是指地表长期积水或季节性积水，地下水位高（在 1m 以上），具有明显时生草层或泥炭层和潜育层，且全剖面均有潜育特征的土壤，它常与草甸土成复区。泥炭土则是指在潜育层以上具有泥炭层的土壤。它与沼泽土的区别是泥炭层厚度在 50cm 以上，不足 50cm 的为沼泽土。沼生植被一般是低位沼泽植被，如芦苇、菖蒲、沼柳、莎芦等，但在湿润地区也有高位沼泽植被，其代表为水藓、灰藓等藓类植被。

潜育化使铁锰氧化物由不溶态变成可溶态的亚铁和亚锰，亚铁或亚锰如不流失者，其亚锰为无色，亚铁为绿色。它们可使土壤呈青灰色或灰绿色。同时在沼泽土中还会形成蓝铁矿［$Fe_3(PO_4)_2 \cdot 8H_2O$］及菱铁矿（$FeCO_3$）。土层上部可能变干而出现氧化状态，这些亚铁化合物氧化后，前者呈蓝色，后者呈棕色。从而使土壤呈青灰色或灰蓝色，有时还有黄棕色锈纹。泥炭常由半分解或未分解的有机残体组成，其中有的还保持着根、茎、叶等原形，颜色有黄棕色、棕褐色甚至黑色。

难长庄稼的盐碱土

盐碱土

盐土与碱土通常合称盐碱土，即一定的可溶性盐类或碱性盐类的土壤总称。它在地球表面分布相当广泛，但集中分布于降水量明显小于蒸发量的干旱、半干旱以及滨海地区。其分布区域广，从东北平原的苏打盐渍土到青藏高原的湖积、沼泽盐土，从西北内陆的干旱盐碱土到东部沿海温带、亚热带的滨海盐土和酸性盐渍土（咸酸田）。但从全国大范围看，盐渍土仍然大面积成片集中在我国北方干旱、半干旱和半湿润地区，这些地区年蒸发量大于年降水量的气候特点为土壤积盐创造了有利条件。它们是东北的松嫩平原、内蒙古哲盟、呼盟一部分、黄淮平原、内蒙古河套平原、晋陕各河谷平原和盆地、宁夏银川平原、甘肃河西走廊、青海柴达木盆地、新疆和辽、冀、鲁、苏、沪、浙、闽、粤、桂等省滨海滩涂区。其成土条件复杂，类型多。我国地域辽阔，盐碱土形成的地球化学条件复杂，所以盐碱土的类型多，既有现代积盐过程所产生的盐渍土，也有过去地质历史时期形成的残积盐土；既有大陆性盐土，也有滨海盐土。从盐碱化学成分看，既有以氯化物、硫酸盐或苏打积累的各种盐碱土，也有反映欧亚大陆干旱中心的某些特殊盐渍土，如新疆吐鲁番和哈密盆地的硝酸盐盐土（硝酸盐含量达2~17cmol/kg）、甘肃河西及新疆焉耆盆地的镁质碱化土和镁盐土（交换性镁占阳离子交换量的80%以上）、柴达木盆地西部的硼酸盐盐土等。地理分布规律性强，它首先服从于气候规律，即蒸发大于降水的半湿润、半干旱以及干旱区和荒漠区；其次是这些地区的地势较低，而地下潜水较高，如洪积扇的扇缘洼地，地上河的自然堤外侧洼地，内陆湖泊周围洼地等地貌类型区。

盐渍土

盐渍土是盐土和碱土以及各种盐化、碱化土壤的总称。除海滨地区以外，盐渍土分布区的气候多为干旱或半干旱气候，降水量小，蒸发量大，年降水量不足以淋洗掉土壤表层累积的盐分。在中国，受季风气候影响，盐渍土的盐分状况具有季节性变化。盐渍土所处地形多为低平地、内陆盆地、局部洼地以及沿海低地，这是由于盐分随地面、地下径流而由高处向低处汇集，使洼地成为水盐汇集中心。但从小地形看，积盐中心则是在积水区的边缘或局部高处。由于各种盐分的溶解度不同，在不同地形区表现出土壤盐分组成的地球化学分异，即由山麓平原、冲积平原到滨海平原，土壤和地下水的盐分一般是由重碳酸盐、硫酸盐逐渐过渡到氯化物。水文地质条件也是影响土壤盐渍化的重要因素。地下水位越浅、矿化度越高、土壤积盐越强。盐渍土的成土母质一般是近代或古代的沉积物。在不含盐母质上，须具备一定的气候、地形和水文地质条件才能发育盐土；对于含盐母质（如含盐沉积岩的风化物和滨海地区含盐的沉积物），盐渍土的发育则不一定要同时具备上述三个条件。常见的盐土植物有海莲子、砂藜、碱蓬、猪毛菜、白滨藜等，常见的碱土植物有茴蒿、剪刀股及碱蓬等。

盐土

盐土是盐碱土中面积最大的类型，主要分布在中国新疆、甘肃、青海、内蒙古、宁夏等省、自治区地势低平的盆地、平原中，其次在华北平原、松辽平原、大同盆地以及青藏高原的一些湖盆洼地中也都有分布。滨海地区的辽东湾、渤海湾、莱州湾、海州湾、杭州湾，包括台湾在内的诸海岛沿岸，也有相当面积存在。盐土是指表土层含可溶性盐0.6%~2%的一类土壤。盐土，即土壤中可溶性盐类的含量足以使作物不能生长的土壤。一般具有积盐的表层，其表层积盐的形态可以是盐土表层结壳和蓬松状。盐土中可溶性盐类主要由 Cl^-、HCO_3^-、SO_4^{2-}、CO_3^{2-} 与 Na^+、K^+、Ca^{2+}、Mg^{2+} 等，在土壤中相互化合而形成有 $NaCl$、Na_2SO_4（芒硝、皮硝）、$NaHCO_3$（小苏打）、Na_2CO_3（苏打）、$CaCl_2$、$CaSO_4$（石膏）、$CaCO_3$（石灰）、$Ca(HCO_3)_2$、$MgCl_2$（盐卤）、$MgSO_4$（泻盐）、$Mg(HCO_3)_2$、$MgCO_3$（白云石）等。表层盐分积聚层，一般表层有 0.5cm 左右的盐分积聚的结皮、脆壳盐斑或蓬松的盐晶层；其下即为 A 层，灰棕（7.5YR4/6）色。以氯化物为主的盐土毒性较大，含盐量的下限为 0.6%；以硫酸盐为主的盐土毒性较小，含盐量的下限为 2%；氯化物—硫酸盐或硫酸盐—氯化物组成的混合盐土毒性居中，含盐量下限为 1%。含盐量小于这个指标的，就不列入盐土范围，而列为某种土壤的盐化类型，如盐化棕钙土、盐化草甸土等。

中国盐土不仅地区之间的差别较大，而且同一地区积盐状况也有很大不同。所有盐土不经过土壤改良，将有害的盐类冲洗出去，就不能从事农业生产。

滨海盐土

滨海地区的盐土通称滨海盐土。它的最大特点，一是土壤和地下水的盐分组成与海水一致，都是以氯化钠为主，因此又称为氯化物盐土。二是含盐量除表土稍多外，以下土层都比较均匀，这两点是它区别于其他盐土最主要的地方。滨海盐土积盐状况有如下几种：一种是距海稍远地段，草甸植被较多，土壤积盐程度较轻，含盐量表层为 2%~3%，以下至 150cm 差不多在 1%左右，土壤有机质和锈斑较多，这种类型叫滨海草甸盐土。一种是距海较近，经常受海潮侵袭的海陆交界地段，地面植物很少或仅有少量耐盐的，土壤发育很差，积盐程度较重，表土含盐量为 7%~8%，以下土层至 100cm 含量为 2%~4%，这种类型是典型的滨海盐土。还有一种盐土在南海沿岸，地形低洼，土壤水分较多，潜育特征比较明显，生长芦苇、茳芏（咸水草）等植物，表土含盐量 1%~2%，以下土层含盐 0.6%~1.5%的，叫滨海草甸沼泽盐土；在静风浅水海湾，以红树林群落为主，表土含盐量 1%~2%，以下土层含盐 0.8%~1.5%的，叫滨海红树林沼泽盐土；在岛周咸水湖边间歇积水地段，以海马齿苋等耐盐植被为主，表土含盐量 4%左右，以下土层含盐 0.5%~1.5%的，叫滨海沼泽盐土。除滨海草甸盐土和滨海盐土两种沿海岸呈大面积的带状分布外，其他的多呈斑点状或窄条状断续分布。

黄淮海平原草甸盐土

在黄淮海平原地区，盐土一般呈斑块状插花分布，地形为小型洼地和大型洼地的边缘地段。植被很少，多为光板地，或仅有稀疏柽柳、盐蒿、盐吸等耐盐植物。表土有 1~5cm 厚的盐结皮，上边多白色盐霜，含盐量 1%~3.5%，以下土层至 150cm，除个别含盐超出 1%外，多在 0.1%~0.9%范围内，属草甸盐土类型，盐分组成不太一致。在部分河流两岸的背河洼地中，有少数含苏打较多的碱化草甸盐土存在。

东北松辽平原苏打盐土

苏打盐土在东北松辽平原地区，盐土零星分布在暗色草甸土、灌淤土或沙丘间低平甸子地中，生长少量碱蓬、芦草、西伯利亚蓼、碱蒿等。表土为 1~3cm 盐结皮或松散盐粉末，含盐量 1%~8%不等，盐分组成以碳酸钠和碳酸氢钠为主。以下至 100cm，含盐量 0.1%~0.8%，盐分组成以碳酸氢钠和碳酸钠为主，整个剖面的碱性都比较高，pH 值为 9.5~10.5。通常称作碱化草甸盐土或苏打草甸盐土。主要原因是土壤下部的岩层和地下水都含有一定数量的苏打，在积盐过程中逐步形成苏打盐土。

碱化沼泽盐土

碱化沼泽盐土是在内蒙古河套平原及宁夏银川平原地区，分布在低湿积水边缘的盐土，积盐过程与沼泽过程交替进行，表层形成盐结皮，心土、底土中的潜育现象明显。盐分组成：银川平原表土以硫酸钠为主，以下土层为氯化物-硫酸钠类型；河套平原既有全以氯化钠为主的，又有全以氯化物-硫酸钠为主的。这类盐土差不多都含有较多碳酸氢钠，土壤碱性一般较大，可叫碱化沼泽盐土。

西北内陆典型盐土

在甘肃河西走廊、青海柴达木、新疆塔里木等地区，盐土呈大面积分布。这里气候干旱，降水稀少，土壤常年处在积盐过程中。不仅积盐的程度深，形态多，盐分组成变化复杂，积盐途径也多样。面积最大、分布最广的代表性类型是典型盐土，它广泛分布在洪积、冲积扇形地边缘溢出带的中下部，干三角洲的中下部，以及湖滨平原，超河漫滩阶地上。地下水位 1.5~4m，矿化度 5~30g/L，高的达 40~50g/L。聚盐层厚度一般在 10cm 以上，最厚的可达 50cm。积盐的形态，有以盐结皮为主、结皮疏松层为主、疏松层为主和盐结壳为主等不同状况。

结皮盐土、碱化结皮盐土

结皮盐土、碱化结皮盐土是在内蒙古河套平原及宁夏银川平原地区，盐土比较大片地与耕地灌淤土交错分布，这里处在向干旱漠境过渡的交接地段，土壤积盐程度比上述几个平原地区都要重一些。它是以结皮为主的盐土，表土形成较脆硬的盐结皮，厚 10cm 左右，表层含盐量多在 3%~10%，个别高的可达 30%甚至 50%。以下土层至 50cm，深的达 100cm，含盐量也在 1%~10%。盐分组成多数都是氯化钠或镁钠和硫酸盐-氯化钠或镁钠类型，部分还有一定数量的苏打。盐分类型除个别与结皮层相同外，大多自上而下依次由氯化物→硫酸盐-氯化物→氯化物-硫酸盐→硫酸盐有规律地逐渐变化。这种盐土叫结皮盐土，含苏打较多的叫碱化结皮盐土。积盐状况有下列几种：分布在洼地边缘的，生长稀疏盐爪爪、白茨、芦草、碱蓬等耐盐植物，表层有薄层盐结皮，盐分组成以氯化镁-氯化钠为主。这种盐土叫结皮盐土。有的结皮中含较多碳酸氢钠，碱性较大，可叫碱化结皮盐土。

结皮疏松盐土

以结皮疏松层为主的盐土，常位于地形部位稍高并微有起伏的地段。生长的植物以海蓬子、芨芨草为主。与结皮盐土的差别是，结皮聚盐层下面还有一层厚 2~5cm 粉末状上盐混合的疏松聚盐层。结皮层厚一般 8~20cm，薄的仅 3~6cm。含盐量多在 10%~30%，高的可达 70%以上。由于硫酸盐被蒸干失水后，体积缩小，使土内产生空隙，形成粉末疏松聚盐层。盐分组成为氯化钠或镁-钠和硫酸盐-氯化钠或镁-钠类型，也有部分为氯化钙-镁和硫酸盐-氯化钙-钠类型，个别含苏打的量稍高（新疆哈密西部）。疏松聚盐层的厚度 15~30cm，部分不足 10cm。含盐量 6%~20%，少数高达 30%，低的不足 5%。盐分组成有硫酸钠，硫酸钙，氯化物-硫酸钠，氯化物-硫酸钙-镁，硫酸盐-氯化钠，硫酸盐-氯化钙-镁等多种类型，部分含稍多苏打。以下土层含盐量显著减少，一般仅 1%~2%，盐分组成多为氯化物-硫酸钠或镁-钠类型，也有个别属硫酸盐-氯化镁-钠或氯化钠类型的，这种盐土叫结皮疏松盐土。

碱化结皮疏松盐土

含苏打稍高的盐土叫碱化结皮疏松盐土。以疏松聚盐层为主的盐土，常分布在排泄条件较好的地段。它的结盐特点是疏松粉末状聚盐层从表土开始，向下可达 40~60cm，部分不足 30cm，地面或多或少具有不完整的雏型结皮，盐分呈粉末，部分与土粒结成不稳固的小结核。

疏松盐土

土壤含盐量以疏松层的上部较多，一般在 10%~30%，盐分组成多为氯化钠或硫酸盐-氯化钠类型；疏松层下部较少，仅 2%~3%，盐分组成有氯化物-硫酸钙类型，又有硫酸盐-氯化钙类型的。以下土层盐量均在 1%以下，盐分组成基本上与疏松层下部近似，这种盐土叫疏松盐土。

结壳盐土

结壳盐土是以结壳聚盐层为主的盐土，常分布在排泄条件较差的浅平低洼地段或浅水湖泊的周围。积盐特点是形成坚硬的盐结壳，外表坎状隆起，群众称其为“碱门坎”。反面盐分呈乳白、灰棕蜂窝状、针状结晶，比较松脆。结壳层厚一般为 8~15cm，厚的达 20~35cm，含盐量为 20%~50%，高的达 60%~70%，是典型盐土中含盐量最多的一种。盐分组成多为氯化钠或硫酸盐-氯化钠类型，有的结壳下半部为氯化物-硫酸盐-钙-镁或硫酸盐-氯化物-钙-镁类型。以下土层含盐量下降到 1.5%~8%，盐分组成与结壳上层差不多，这种盐土叫结壳盐土。部分结壳盐土表层被 5~15cm 风沙覆盖，故人们称它为埋藏盐土。上述各种盐土，有些在结皮或疏松聚盐层的下面，还可见到较坚硬的盐磐。

草甸盐土、碱化草甸盐土

在部分洪积-冲积扇边缘溢出带的上中部，干三角洲的上部和河流两岸低阶地上，有一种与盐化草甸土插花分布积盐较轻的盐土，地下水位1~2m，矿化度1~5g/L。植物比典型盐土茂密，覆盖度30%~60%，兼有积盐过程和草甸有机质积累过程。有机质层厚10~20cm，下部土层多锈斑。积盐特点是表土形成草、盐相互胶结的盐结皮，表面有灰白色盐霜，反面有松散的盐晶。结皮厚3~8cm，少数达10~15cm，含盐量5%~20%，个别达20%~30%，盐分组成多数为氯化物-硫酸钠和氯化钠类型。其他有硫酸钠，硫酸盐-氯化钠或镁-钠，氯化物-硫酸盐-镁-钠和氯化镁-钠，硫酸盐-氯化钙-镁和氯化钙-镁，氯化物-硫酸盐-钙-镁和硫酸盐-钙-镁等类型。以下土层含盐量逐渐由2%~3%降到0.1%，盐分组成与结皮层大同小异，这种盐土叫草甸盐土。部分含苏打稍高的可叫碱化草甸盐土。

沼泽盐土

在局部地形低洼泉水出露的沼泽地段，由于近年水位下降，在强烈蒸发作用下，盐分逐渐向地表聚积，形成兼有沼泽过程和积盐过程的另一盐土类型。积盐特点与草甸盐土相似，形成草、盐相互胶结的盐结皮，结皮硬度比草甸盐土的稍大，并呈小丘状隆起，下部土层蓝灰潜育化特征明显，有的还出现薄层泥炭。结皮厚5~10cm，含盐量3%~25%。盐分组成有氯化物-硫酸钠类型，有硫酸盐-氯化钙-镁类型，也有以氯化钠为主的。向下含盐量显著减少，除亚表层在1%~3%外，其余均小于1%，这种盐土叫沼泽盐土。

矿质化盐土

一种积盐很重的盐土，常分布在“碱门坎”中间碟形低地部位，由于地表水流的汇集，地下水位大多小于1m，矿化度很高，常在50~100g/L。地面完全没有植物生长，具有地质过程和积盐过程的双重特点。表层形成坚硬的盐结壳，为白色、乳白色蜂窝状、珊瑚枝状、片状等矿质化半透明盐结晶，厚5~30cm，下面为2~5cm薄层较松软的灰白色细粒土盐混合物。此层以下为比较潮湿的各种土层，部分夹有数厘米厚的透明颗粒状盐晶。结壳矿质化盐晶层含盐量高达60%~70%以上，盐分组成以氯化钠为主。下部土层含盐量为4%~11%，盐分组成有的与表土一致，有的为硫酸盐-氯化钙-钠类型，这种盐土叫矿质化盐土。

荒漠化盐土、残余盐土

这两种盐土，一种是由于地下水位下降到6m以下，土壤盐分上聚作用减缓；一种是下降的更深，根本停止了盐分向上聚积过程。二者的积盐特点基本上与典型盐土无多大差别，不同的是水分状况较典型盐土干燥。特别是后一种，差不多全剖面都是干的，同时地面出现开裂，结皮反面多荒漠气孔。这两种盐土，前面的叫荒漠化盐土，后面的叫残余盐土或干盐土。如果地下水位再下降，荒漠化盐土也就可以成为残余盐土。

结皮盐土、碱化结皮盐土

在青藏高原地区，盐土呈斑块状分布在半干旱高山草原和干旱高山荒漠带的湖泊周围，河流两岸及局部低地内，积盐情况比干旱地区轻得多和简单得多。积盐特点有两种：一种是表土形成1~3cm厚的盐结皮，含盐量在5%~10%，下部土层至50cm，深的达100cm，含盐量在1%~3%，盐分组成有的以氯化钠为主，有的以氯化物-硫酸钙-镁为主。以氯化钠为主的，盐分剖面从上到下多依次由氯化钠→硫酸盐-氯化钠→氯化物-硫酸钙-钠有规律逐渐变化，这种盐土叫结皮盐土。以氯化物-硫酸钙-镁为主的，结皮中多含有苏打，这种盐土叫碱化结皮盐土。

碱化草甸盐土

表土形成1~2cm具有马尿颜色的结皮，反面多蜂窝状气孔，结皮下面有较明显的腐殖质层，心土多锈斑，底土还有潜育蓝灰现象，含盐量结皮层为3%左右，以下土层都小于0.5%。盐分组成从上到下依次为氯化钠→硫酸盐-氯化钠→硫酸钠类型，全剖面的苏打含量都较高，这种盐土叫碱化草甸盐土。

碱土

碱土是由于土体中含有较多的苏打，使土壤呈强碱性（pH>9），吸收性复合土体中代换性钠的含量占代换总量（钠饱和度）的20%以上，小于这个指标的不属于碱土，只将它列入某种土壤的碱化类型。碱化度愈高，表示土壤的理化性状愈坏。湿时膨胀、分散、泥泞，干时收缩、板结、坚硬，通气透水适耕性能都非常差。具有暗色表层，灰白色的脱碱和被 Na^+ 分散的胶体聚集的碱化淀积层（Btn）。表层暗灰棕（10YR4/3），有机质含量10～30g/kg（草甸碱土可高达60g/kg），为淋溶状态，盐分不多（不超过5g/kg，但pH值为8.5～10）。碱土是盐碱土中面积很小的类型。零星分布在东北松辽平原、华北黄淮海平原、内蒙古草原及宁夏、甘肃、新疆等地的平原地区。它因土壤的碱性大而得名。

碱土的亚类划分及其特征：在我国的碱土亚类划分中一般可分为草甸碱土、草原碱土、龟裂碱土与镁质碱土。草甸碱土一般都受一定的地下水的影响，故表层有轻微的季节性的积盐与脱盐而发生碱化，故又称盐化碱土，又称"瓦碱""缸瓦碱""牛皮碱"，分布在黄淮海平原和汾渭河谷平原。多呈斑状插花分布。草甸构造碱土又称"暗碱土"或"碱格子土"。多分布于松辽平原，内蒙古东部和北部，山西境内沿长城内外各盆地的低阶地上。与苏打盐土成复区，插花分布于小地形较高处。草甸构造碱土由苏打盐土逐渐脱盐而成。草原碱土过去也称碱土，它主要分布在东北大兴安岭以西的内蒙古高原，呈斑块状与黑钙土、栗钙土组成复区。草原碱土与草甸构造碱土在发生上有密切联系。这是由于地质历史上的气候变迁和侵蚀基面下切，使草甸构造碱土的地下水位下降，逐渐变成草原碱土。龟裂碱土分布在漠境和半漠境地区，如新疆、甘肃、宁夏和内蒙古河套平原。龟裂碱土主要是通过地面间歇水的淋溶，使盐化土壤产生脱盐而形成的。龟裂碱土上几乎无高等植物，仅在春夏地面湿润时期，才生长一些斑状的藻类或地衣。

东北松辽平原草甸碱土

在东北松辽平原，碱土分散在盐化暗色草甸土中，常与碱化草甸盐土组成复区，分布在地形部位稍高地段。表层为数十厘米灰色片状或鳞片状淋溶层，表面胶结形成结皮，结皮反面多海绵状气孔。下面有不同厚度的柱状结构，结构上端浑圆，顶部多白色二氧化硅粉末。颜色为灰棕或暗褐灰色，呈舌条状向下延伸，非常紧实。它的下面由块状或核状结构盐分淀积层过渡到不同质地的母质。由于受地下水影响，土体中多黄棕色锈纹斑。土壤积盐状况，淋溶层不足0.5%，柱状层稍多，盐分淀积层为1%～2%，盐分组成以碳酸钠、碳酸氢钠为主。根据草甸碱土在地形部位上分布状况，地形由低到高，淋溶和柱状结构愈来愈厚和碱化度愈来愈减弱的变化规律，盐分含量的变化，也是由低处到高处逐渐减弱，与碱化度的变化规律一致。

深位柱状草甸碱土

深位柱状草甸碱土分布在缓坡上部，淋溶层厚15～20cm，柱状结构出现在15cm以下，厚约20cm，碱化度最高达30%，属于深位柱状草甸碱土。

中位柱状草甸碱土

中位柱状草甸碱土分布在缓坡中部，淋溶层厚10～15cm，柱状结构出现在10cm以下，厚约15cm，碱化度最高达50%，属于中位柱状草甸碱土。

结皮草甸碱土

结皮草甸碱土分布在缓坡下部，淋溶层厚3～5cm，柱状结构在地表出露，厚10cm左右，碱化度最高达70%，属于浅位柱状草甸碱土。再低处就形成只有结皮而无明显柱状结构向碱化草甸盐土过渡的类型，碱化度最高达90%，属于结皮草甸碱土。

黄淮海平原草甸碱土

在黄淮海平原，碱土零星分散在耕地潮土和砂姜黑土中，缺苗断垄现象严重，生长有少量芦草、卷地穷、扒根草等耐碱植物。地下水位1～2m，矿化度1.2～16g/L，多属重碳酸钠型水。此地区碱土的特点，主要表现在表层碱性很强的结皮上，缺少柱状结构。

瓦状结皮草甸碱土

瓦状结皮草甸碱土在潮土地段，常与草甸盐土组成复区，分布在低平地的缓平二坡处。结皮厚1cm，浅棕灰色，轻壤土，板结、平坦、坚硬，反面多针头大的海绵状气孔。干时裂呈瓦片状结构，群众称为“瓦碱土”或“缸瓦碱”。含代换性钠2~4毫克当量/100克土，碱化度为30%~40%。心土、底土多黄棕色锈斑和铁锰小结核，碱化度在20%以下，含盐量0.05%~0.2%，盐分组成以碳酸氢钠和碳酸钠为主，碱性很强，pH值为9.0~10.5。这种碱土多由草甸盐土或盐化潮土脱盐而形成，可称瓦状结皮草甸碱土。

白色结皮草甸碱土

白色结皮草甸碱土在砂礓黑土地段，常与碱化砂姜黑土组成复区，分布在低平洼地。结皮厚1cm，灰白色，轻壤土。表面平坦、光滑、反光，有微小裂缝，反面也多海绵状气孔，庄稼易死苗，群众称其为碱土，也有叫白碱土的。除亚表层颜色较浅外，其余与砂礓黑土差别不大，也具有黑土层和潜育性砂姜层，唯碱性强一些。白色结皮含代换性钠5~6毫克当量/100克土，碱化度达47%~65%，浅灰色亚表土含代换性钠3~5毫克当量/100克土，碱化度为25%~58%，黑土层和砂姜层碱化度稍低，变动在13%~30%范围内。含盐量比瓦碱土稍高，为0.05%~0.4%；盐分组成也以碳酸氢钠和碳酸钠为主。碱性很强，pH值为8.5~10.5。这种碱土可能是碱化砂姜黑土在苏打地下水作用下发展形成的，可称白色结皮草甸碱土。

内蒙古草甸碱土

在内蒙古地区，碱土呈斑块状分散在钙层土和低平阶地、丘间甸子地碱化草甸土或草甸盐土中。与钙层土一起的，常分布在地面高差约10cm的碟形凹地部位，羊草稀少低矮，面积占5%~10%。具有明显的腐殖质-淋溶层，柱状或块状结构的碱化层，以及与碳酸钙混合的积盐层等土层。

黑色草原碱土

黑色草原碱土在东部与黑钙土组成复区。黑色或灰黑色腐殖质-淋溶层厚5~15cm，层状片状结构不太明显，下部有二氧化硅粉末，含代换性钠2~3毫克当量/100克土，碱化度为8%~12%。下面的柱状结构碱化层厚10~50cm，上半段也呈黑色或灰黑色，下半段显褐色，并呈舌条状伸进下面的盐层。结构的顶端和外面都有二氧化硅粉末，里面夹较多干腐根。结构被敲打可散成碎块或粒状，下部有少量碳酸钙斑点。含代换性钠10~17毫克当量/100克土，碱化度达30%~80%，以下半段为高。土壤含盐量为0.06%~0.50%，以淋溶层中最少，柱状层下段和碳酸钙积盐层最多。盐分组成均以碳酸氢钠为主。土壤碱性除淋溶层稍弱外，其他都很强，pH值为8.0~10.5。这种碱土随着淋溶脱碱时间的增长和腐殖质的积累，可能发展成黑钙土。

栗色草原碱土

栗色草原碱土可与栗钙土组成复区，栗色或暗棕灰色腐殖质-淋溶层厚3~10cm，多呈粉末或屑粒状结构。含代换性钠0.5~3.5毫克当量/100克土，碱化度为4%~23%。下面的柱状结构碱化层厚10~60cm，上半段为暗棕褐色，下半段为棕褐色，结构面有发亮的胶膜，顶端和裂缝中有少量二氧化硅粉末，下部夹有碳酸钙条斑。含代换性钠5~18毫克当量/100克土，碱化度达35%~90%，甚至100%，也以下半段为高。土壤含盐量为0.1%~1.0%。盐分组成以碳酸氢钠和碳酸钠为主，但含有相当数量的氯化物或硫酸盐。土壤碱性很强，pH值为9.5~10.5。这种碱土随着淋洗脱碱和腐殖质积累，也可能发展成栗钙土类型。目前称栗色草原碱土。

深位、中位、浅位草甸碱土

深位、中位、浅位草甸碱土与碱化草甸土或草甸盐土呈复区分布的碱土，处在微地形高差10~30cm的凸起或斜坡地段，碱斑直径1~10m不等，圆形或长圆形。灰棕色腐殖质—淋溶层厚5~20cm，呈松散的屑粒状或无结构。下面紧实的短柱状或核块状碱化层厚10~20cm，棕褐色或灰褐色，结构面有胶膜，裂缝中有二氧化硅粉末。下面的土层比较湿润，多锈斑和潜育斑、球形铁子、碳酸钙斑等新生体。淋溶层或碱化层含代换性钠2~4毫克当量/100克土，碱化度30%~70%。其他土层碱化度很低，多在5%以下。盐分集中在碱化层，含盐量为0.2%~0.4%，盐分组成以碳酸氢钠和碳酸钠为主。这种碱土，根据柱状层出现的部位，也可像松辽平原一样，区分为深位、中位、浅位等各种柱状草甸碱土类型。

西北内陆碱土

在新疆、甘肃、宁夏、内蒙古西部省区干旱漠境、半漠境地区，碱土呈零星小块分散在几种土壤中，代表性的类型为荒漠碱土和盐渍龟裂草甸碱土。

荒漠碱土

荒漠碱土常与灰漠土或淡棕钙土组成复区，分布在微地形稍凸起部位，生长有少量红沙（琵琶柴）小灌丛，地面微有龟裂和砾石。表土为3~9cm厚的浅灰色结皮，结皮厚0.5~5cm，反面有海绵状气孔，有的好一些，有的差一些。含代换性钠2~3毫克当量/100克土，碱化度为25%~40%。下面的柱状或块状结构碱化层厚10~25cm，呈鲜艳的棕褐色或褐棕色，下部有少量白色碳酸钙斑，紧实，有垂直裂缝。与淡棕钙土一起分布的，下面连接着钙积层；与灰漠土一起分布的，仅见少量白色石膏和盐晶。柱状层含代换性钠3~6毫克当量/100克土，碱化度40%~60%；以下土层碱化状况与表层近似。土壤含盐量为0.2%~2%，以钙积层和聚盐层含量较高，碱化层以上都不足1%。盐分组成多以氯化物为主或硫酸盐为主的混合类型，唯柱状碱化层中含的碳酸氢钠较多。土壤通体呈碱性反应，pH值为8~10。这种碱土被《中国土壤》称为龟裂碱土。荒漠碱土中镁质碱土主要分布在河西走廊等地。其特点是表土、亚表土中含大量交换性镁，达6~7cmol/kg，毒性大。

盐渍龟裂草甸碱土

盐渍龟裂草甸碱土是与平原灌淤土呈复区分布的碱土，处在微地形相对低洼的古湖边缘或扇缘交接低地中的稍高部位，地下水位1~2.5m，矿化度0.5~2g/L，属氯化物-重碳酸钠型水。地面平坦光滑，不长植物，具多角形龟裂，裂隙宽度和深度小于1cm，每平方米有150~200个龟裂小块。龟裂结皮厚1~3cm，表面为灰白色，反面呈浅灰棕色，多蜂窝状气孔。结皮下面有1~2cm比较松散的鳞片状结构，有的还残存少量盐晶。含代换性钠0.04~0.4毫克当量/100克土，碱化度3%~8%。往下就是棱柱状或棱块状碱化层（部分呈短圆柱状），厚度15~40cm，棕褐色或红棕色，有黏质胶膜，非常坚硬。下边土层沉积层次明显，湿润并多锈斑，有的还有埋藏沼泽土层。棱柱状层含代换性钠2~3毫克当量/100克土，碱化度30%~50%。个别高的碱化度在60%~80%以上。土壤含盐量大多在0.3%以下，盐分组成以碳酸氢钠为主或硫酸钠为主的混合类型。这种碱土，群众称其为白僵土，按照发生特性，又称为龟裂草甸碱土。表层结皮中含盐达1%~2%以上的，可称盐渍龟裂草甸碱土。

草原碱土

在天山北坡山脚草原钙层土地段，有少量草原碱土，碱化状况与内蒙古地区的栗色草原碱土相仿，柱状结构层10~20cm，碱化度45%~60%。

碱土与苏打盐土的区别：苏打盐土虽然也含有较多的苏打和较高的pH值，但苏打盐土没有碱土的剖面形态，而地下水矿化度低，地下水位也较碱土为高。

碱土与碱化土壤的区别：二者主要是碱化度（也叫钠饱和度）的区别，一般碱化土壤均为其他类型的土壤具有附加的碱化过程，其碱化度多在5%~15%。

碱土与脱碱土的区别：脱碱土为由碱土进行脱碱化而成，虽然还残存剖面形态，但因上部E层受到强烈淋溶而使原B_{tn}层的钠饱和度降至5%以下。

生态脆弱地的幼年土

初育土壤与岩成土壤

指受多种因素的影响，剖面发育微弱的土壤，仅石灰（岩）土的某些情况属例外。它们都属于初育土纲。相据其母质特点，一般可分为疏松母质的土质初育土和基岩类的石质初育土，这些土壤所在地区，除冲积土外，也是生态条件比较脆弱的地区，如风沙、水土流失、干旱等的限制因素比较严重。

岩成土壤

岩成土壤是指那些发育于基岩风化的残积母质土，土壤剖面发育较弱，且受母岩岩性影响的一系列土壤。其特点是受母岩岩性的“继承性”影响较大：其中包括受基岩物理性状影响，如石质土与粗骨土；有受岩性的化学性质影响者，如石灰（岩）土、紫色土与火山灰土等。但含钙质的岩类，只有在湿润淋溶条件下才能显示其钙质母岩的特点，其中包括土壤形成与土壤肥力的特点，石灰（岩）土、紫色土与火山灰土等基本上都在湿润地区，因为在干旱地区钙质母岩不发生明显改变。

新积土

新积土是指新近冲积、洪积、坡积、塌积或人工堆积而成的幼年性土壤。由于成土时间短，土壤尚无明显的发育，其性状近于母质，但无特定的母质来源，并具有泛域性分布特点。新积土主要分布于河流两岸的河漫滩，超河漫滩，山丘沟谷的新洪积扇和坡积裙，以及广大农村的沟道两侧或沟坝地。新积土的土层厚薄不一，剖面无层次发育或仅有腐殖质层（A）发育，属 A-C 型，（A）-C 型或 C 型土。其基本性质如颗粒组成、化学组成、矿物组成和酸碱性等均因母质来源而异。河流沿岸的新积土，由近期冲积物形成，即习称的冲积土。受河流泛滥的影响，地表处于季节性淹没状态，地下水位随河水涨落而急剧变化，剖面无明显的腐殖质层发育，有时显沉积层理，或含有磨圆度不等的砾石（卵石）。洪积、坡积物形成的新积土，土层大多较厚，一般泥、砾混杂，无沉积层理，砾石未磨圆。

冲积土

冲积土是发育在河流泛滥地或河漫滩地冲积物土的一种非地带性泛域土，属于河漫滩相沉积，具有明显的河床相沉积与河漫滩相沉积的二元结构，尚没有脱离河流泛滥的冲积物覆盖的影响，表土层有明显的薄层沉积层理。生物作用极弱，基本无有机质表聚现象。冲积土广泛分布于平原和山间平原的河谷两岸的河漫滩上，目前可能被每年汛期洪水或多年一遇的洪水淹没，因此，尚伴有不同程度的现代地质沉积过程，常有新的冲积、洪积的物质覆盖于表层。如沉积母质时间短而未开垦者可能有少量的稀疏植被，甚至还有一定数量的木本植物。但大多数情况，在比较宽阔的高河漫滩上多已垦殖为林地，或为非永久性的农田。

pH 值及 $CaCO_3$：因河水一般富于 $Ca(HCO_3)_2$，故 pH 值在微酸性与微碱性之间，以中者居多，土壤中的 $CaCO_3$ 含量主要取决于河流上游的物质来源与土壤所在的地理条件，如黄泛平原的冲积土 $CaCO_3$ 含量多在 50~100g/kg，淮河流域冲积土的 $CaCO_3$ 含量较少，长江流域沉积物的 $CaCO_3$ 含量更少。

冲积土与潮土的区别：潮土具有明显的腐殖质层，虽然腐殖质含量不高，但明显高于心土层，这在冲积土剖面中不明显。

冲积土与草甸土的区别：草甸土的腐殖质积累过程更明显。因此，草甸土与冲积土易于区别。

冲积土的亚类划分及其特征：依据盐基饱和程度、碳酸钙含量及盐化特点等，将冲积土划分为饱和冲积土、不饱和冲积土、石灰性冲积土和盐化冲积土四个亚类。

饱和冲积土

饱和冲积土主要分布在北方地区非钙质岩地层流域范围内。土壤盐基饱和度≥50%，不含游离碳酸钙，呈中性反应，pH 值多变化在 6.5~7.0。

不饱和冲积土

不饱和冲积土主要分布在南方非钙质岩地层流域范围内。土壤盐基饱和度<50%，呈微酸性反应，pH 值多小于 6.0。

石灰性冲积土

石灰性冲积土主要分布于北方钙质岩地层或黄土分布的流域范围内。含有游离碳酸钙，多呈中性至微碱性反应。

盐化冲积土

盐化冲积土主要分布在我国北方地区，以黄泛平原、黄河三角洲面积最大。与盐化潮土、潮土或盐土呈复区分布。土壤盐分化学组成以氯化物和硫酸盐为主，表土层含盐量多数小于5g/kg。

风沙土

风沙土是干旱与半干旱地区在沙性母质上形成的仅具有AC层的幼年土，处于土壤发育的初始阶段，成土过程微弱。通体细沙，植被易受破坏，随风而移动。风沙土主要分布于我国北部的半干旱和干旱地区，大致位于北纬36°~49°。从东到西，有呼伦贝尔、西辽河、小腾格里、毛乌素、库布齐、乌兰布和、腾格里、巴丹吉林、柴达木、库姆塔格、古尔班通古特与塔克拉玛干等风沙土集中分布区。处于黑钙土、栗钙土、棕钙土和漠土地带内，跨黑龙江、辽宁、内蒙古、陕西、宁夏、甘肃、青海、新疆等省（区），构成我国著名的“三北”风沙区。风沙土主要处于温带半干旱、干旱、极端干旱的草原、荒漠草原及荒漠地带，部分处于海滨。大陆性气候明显，干旱少雨，年降水量<400mm，西部有些地区仅数十毫米，蒸发强烈。岩石以物理风化为主，风化产物为沙砾质。风沙土地区的自然植被为草原、荒漠草原和荒漠，以耐旱灌木或半灌木为主，还有少量耐旱、耐瘠的沙生植物。植物稀疏低矮，主要有沙柳、柠条、梭梭、沙拐枣、红柳、锦鸡儿、沙蓬、沙蒿、白茨、白草、沙米等，滨海风沙土上生长的植物主要有模柳、木麻黄等。风沙的来源有岩石就地风化的产物，也有河流冲积物、洪积物、海积物，在海积沙地中的沙粒为海生动物的壳骼风化粉碎而来。由于风力的分选作用，风沙土的颗粒组成十分均一，细沙粒（0.25~0.35mm）含量高达80%以上。腐殖质组成除东部草原地区外，以富里酸为主，胡敏酸与富里酸比值小于1。风沙土矿物组成中，石英、长石等轻矿物占80%以上，重矿物含量较少，但种类较多，主要是角闪石、绿帘石、石榴子石和云母类矿物。风沙土的亚类划分，主要考虑它由移动沙丘向固定沙丘发展的过程受区域成立条件影响较大，所以分为草原风沙土、荒漠风沙土与草甸风沙土。前两者有地带性差异，而草甸风沙土则主要发育在这些不同区域的受地下潜水影响的地点。

风沙土与栗钙土、棕钙土和荒漠土壤的区别：风沙土不具备特征层次，而仅表层有微弱的灰黄色结皮或生草层。

风沙土与流动沙丘的区别：流动沙丘均为地质体的非土壤形成物，地面均系干燥、松散的流动沙粒，没有植被和AC型土壤剖面构型。

黄绵土

黄绵土过去属半淋溶土。主要分布在陕西北部、宁夏南部、甘肃中东部和山西芦芽山、吕梁山以西的黄土丘陵地区。内蒙古中部的南边沿长城一线，也有一部分。在相邻关系上，东面、南面都与褐土、土娄土、黑垆土交叉相连，西边与灰钙土、黑垆土相接，北边为风沙土和栗钙土。它是黄土母质特征明显的幼年土壤，所以有人称它为黄土，有人叫它黄土性土壤。由于土质疏松绵软，容易翻耕，群众多用绵黄土、绵沙土、黄绵土等名字来称呼它。黄绵土是在不合理耕种与侵蚀共同作用下形成的，它的前身可能是黑垆土和褐土。由于长期广种薄收，粗放耕作，在暴雨的冲刷下，使原来的表土和心土层完全被侵蚀掉，而将底土（黄土母质）露在地面。它是在黄土或次生黄土母质上，发育微弱、剖面层次分化不明显、主体构型为A-C型的幼年土壤。黄绵土是初育性土壤，因不具深厚暗色的腐殖质层有别于黑垆土；没有明显的腐殖质层和钙积层而不同于栗钙土；无褐色黏化层区别于褐土、栗褐土；又因形成于黄土母质而不同于风沙土、冲积土等初育土。黄绵土分布于温带、暖温带的半干旱和干旱地区，广泛分布于黄土高原水土流失比较严重的地区，主要是陕西的北部和中部，甘肃的东部和中部，宁夏的南部以及山西的西南部，青海、内蒙古也有零星分布，与黑垆土、栗钙土、灰钙土、栗褐土、褐土等地带性土壤交错出现。黄绵土是黄土高原地区最大的土类和主要的旱作土壤。自然植被为森林草原和草原，乔木主要是阔叶树种，有栎、榆、洋槐，并间有油松、柏等，多为次生旱生中幼年林，林相残败；草本主要为禾本科草类和冷蒿、胡枝子、地椒、甘草等，生长较稀疏。地形为黄土丘陵地和台地等以及这些黄土地貌区的川台地、洞地等非地下水浸润区。母质为黄土性物质，疏松多孔。黄绵土地区地形支离破碎，坡度大。黄绵土的颗粒组成以细沙粒（0.25~0.35mm）和粉粒（0.005~0.05mm）为主，约占各级颗粒总数的60%，腐殖质组成以富里酸为主，胡敏酸与富里酸比值为0.3~0.9。黄绵土呈弱碱性反应，pH值为8~8.5。整个剖面呈石灰性。碳酸钙含量90~180g/kg，黄绵土的矿物组成与化学组成和黄土母质近似，矿物组成以石英石为主，各层变化不大；黏土矿物以水云母为主，其次是绿泥石和少量高岭石，黏粒硅铁铝率为2.8~2.9，硅铝率为3.5~3.7。由于黄绵土发育微弱，无发生诊断特征和诊断层的明显分异，暂将其划黄绵土一个亚类。

石质土与粗骨土

石质土与粗骨土在我国低山地与石质丘陵区占有较大面积，特别是自然植被遭到严重破坏的石质山地与丘陵区，尤以阳坡居多，它是目前山地与丘陵土壤保护的主要对象。粗骨土是由各种基岩风化残坡积物上形成的一类初育土。土体除表层有生物积累外，其下为厚度不一、含多量碎屑物质或半风化母质体。土体母岩含量>50%。剖面没有明显的分异特征。

粗骨土主要分布河谷阶地、丘陵、低山和中山等地貌单元和地形部位。只要地形陡峻，地面坡度大，强度切割和剥蚀地区，均有粗骨土的分布，其常与石质土或由基岩风化物发育的其他土壤呈组合分布。据统计，全国有23个省（区）均有粗骨土的分布。

石质土

石质土是指发育于基岩风化的残积母质上的薄层土壤，剖面厚度不超过25cm，剖面下的母岩的风化度很差，即A-R型。根据母岩及淋溶情况划分为酸性的、中性的和钙质的等亚类。

粗骨土

粗骨土母岩以物理的碎屑风化为主，A层可以>25cm，但多砾质，所以，其剖面构型为A-C。粗骨土由于地面坡度大，切割深，土体薄，加之风蚀、水蚀较严重，土壤中细颗粒物质较少，而残留的风化碎屑较多，表现出显著的粗骨特征。粗骨土是岩石碎屑或砾石含量很高的土壤，腐殖质表层之下即为多岩石风化碎屑或河流搬运砾石的松散土层，细土物质少，漏水露肥。石质山地上的粗骨土，岩石风化层之下即为基岩。河床或河漫滩上的粗骨土，上面有薄层细土物质，下面为砾石层。粗骨土不宜开垦，一般为林用或牧用，或为自然保护区。

火山灰土

火山灰土是指在一定的湿润条件下，火山灰水解风化，有较快的过程形成较富腐殖质的土壤。火山灰土是发育于第四纪以来火山喷发的火山灰土的土壤，主要分布在黑龙江省德都县五大连池和宁安市镜泊湖地区以及云南省腾冲地区。

火山灰的水解风化：火山灰母质的特征是多孔体，孔隙一般70%~80%，因而容重很低，为0.5~1.2cm/cm^2，平均在0.85cm/cm^2，颗粒粒级的60%为粉粒质、沙质或火山弹片，20%~25%为黏粒粒级，玻璃质。这种含钙、镁和钾的非晶质的铝硅酸盐，由于孔隙和比表面大，在湿热气候条件下，以水解的化学风化为主，很快变为水铝英石，而其中的无定形微晶型的铁、铝等氧化物也水解而均匀分布于主体中，母质的多孔性和土体中的水铝英石较多出现是火山灰土壤的两大独有特征。

富腐殖化过程：是腐殖质与水铝英石形成稳定的复合体，而且腐殖质含量高，与相同自然地带的土壤相比，腐殖质含量要高出1~2倍，如我国云南、辽宁等地的火山灰土有机质含量一般为190~370g/kg，因而颜色发暗。土壤的pH值一般为4.5~6.0，基性岩喷发物上发育的土壤为中性，它与自然条件有关。腐殖质A层，即表层腐殖质含量在100~200g/kg，腐殖质与Ca^{2+}结合较好，故颜色暗棕，其盐基饱和度可达80%左右。其下心土层一般分异不明显，称为过渡层。粒状或碎块状结构，质地比较均一，多为粉粒质，具有明显的涂污特性及触变特性等物理性能，它可以作为火山灰土的一个重要特性。

火山灰土的亚类：火山灰土、暗火山灰土及基性岩火山灰土等三个亚类。

紫色土

紫色土是发育于紫色沙页岩上、亚热带湿润地区的一种岩成初育土，主要分布于中国亚热带地区。四川盆地是紫色土分布最为集中的地方，其次为云贵高原、湘中和赣中丘陵，鄂、皖、浙、闽、粤、桂等省区也有零星分布。紫色土的母岩主要是紫色砂岩和紫色页岩。紫色砂岩主要由石英砂粒构成，组成物质较粗，组织疏松，易透水，所含盐类淋失较快，风化过程中常沿节理崩解成大块。紫色页岩组成物质较细，组织致密，透水难，所含盐类的淋失要慢得多，在风化过程中容易形成细碎的颗粒。紫砂页岩包括不同的地质年代，如三叠纪、志留纪、侏罗纪、白垩纪、第三纪等的岩石，由于成岩的地质年代不同，其岩石的粗细与矿物含量均有所差异。化学风化过程主要是溶解、淋溶。矿物风化度比较浅，新生黏土矿物以中度风化的水云母、蒙脱石、绿泥岩等 2：1 型的黏土矿物为主。由此可以看出，其土壤形成的初育性。剖面形态分化较差，整体为 AC 型或 ACR 型。表层浅灰紫红色（5YR6/2）。由各种岩层形成的紫色土都可以有酸性、中性、微碱性的土壤。凡母岩含有碳酸钙的，形成的紫色土也都含有游离碳酸钙，但含量变化较大，低者少于 1%，高者可大于 10%。土壤质地直接决定于母岩岩性，可以从沙壤土直到轻黏土，但以中壤土居多。

亚类的划分：分为酸性紫色土、中性紫色土和石灰性紫色土三个亚类。

酸性紫色土

酸性紫色土发育于志留纪，即侏罗纪前期的紫红色沙页岩和新第三纪的红色沙页岩上，多在丘陵上部。由于 $CaCO_3$ 的大量淋失，土壤呈酸性，pH<5.5。母岩多为紫色砂岩，碳酸钙较少。土体已彻底淋溶脱钙，不含碳酸钙，并有部分交换性盐基淋失，盐基饱和度在 70%以下。土壤铁的游离度多在 40%以上，黏土矿物一般以蛭石、水云母为主，有时可有高岭石出现。酸性紫色土是紫色土中风化淋溶程度最高的类型，剖面构型多为 A-（B）-C 型，其有机质和全氮含量高于其他紫色土亚类，而全磷和全钾量则较低。

中性紫色土

中性紫色土发育于老第三纪，即白垩纪、侏罗纪、二叠纪紫色沙贝岩上，一般为低丘和残丘地形，酸碱度中性，矿质全量养分比较丰富。母岩中碳酸钙较少或在成土过程中已明显淋溶。土壤中碳酸钙含量低于 30g/kg，但盐基饱和度在 70%以上，pH 值为 6.5~7.5，土壤铁的游离度较石灰性紫色土稍有增加，黏土矿物以蛭石、水云母、蒙脱石、水云母为主。种植作物广，是粮、棉、油、果、桑的较好土壤资源。

石灰性紫色土

石灰性紫色土发育于侏罗纪碱性棕紫色沙页岩上和紫色钙质泥岩上，多为丘陵。石灰含量较大，淋溶较弱，pH>7.5，母岩以钙质紫色泥（页）岩为主，可视为紫色土形成的起始阶段。剖面构型为 AC-R 或 A-C-R 型。土壤通体呈强石灰反应，碳酸钙含量大于 30g/kg，pH 值高于 7.5，其中，粗薄型石灰性紫色土占有很大的面积。土壤矿物风化微弱，铁的游高度多在 35%以下，黏土矿物以水云母或蒙脱石为主，与母岩的差别甚微。生物积累作用较弱。与其他紫色土亚类相比，其有机质和全氮含量较低，而全磷和全钾量则较高，以粮食、经济作物为主，适合种植柑橘、生姜、甘薯、玉米等。

石灰岩土

石灰岩土是指发育于石灰岩母质上的、分布于不同地理带的一组土壤类型，包括黑色石灰土、棕色石灰土、黄色石灰土与红色石灰土等。一般石灰岩的矿物组成主要是方解石（$CaCO_3$）、白云石（$MgCO_3$）与铁质氧化物，石灰岩的风化过程主要是 $CaCO_3$ 与 $MgCO_3$ 的淋溶而将一部分含 Fe、Al 的黏土矿物残留下来的过程，因而石灰岩土壤多为土质黏重、显红色的而富于铁质的黏土。石灰岩的矿物组成比较单一，而且又为沉积岩，所以物理风化微弱。土层薄，石砾含量较大。中国南方各地的石灰岩，大多是泥盆纪、三叠纪地质年代的沉积灰岩。其成分除有大量碳酸钙外，还有比例不等的其他物质，如黏土、二氧化硅等。在高温多雨条件下，以溶蚀的特有方式风化，无论是残积的或运积的石灰岩风化产物，都富含碳酸钙和黏土等细微物质，质地黏重，胶结力强。石灰岩区多为大面积的干旱缺水区。不同地区的石灰岩土壤，往往有其特有的一些天然的和人工的经济林群落以适应于它的钙质与干旱性，如热带的擎天树；南亚热带的青冈栎、黄檀；温带的柿子、花椒等。其他还有一些旱生的喜钙植物等。

黑色石灰土

黑色石灰土是中国南方石灰岩山地丘陵地区广泛分布的一种岩性土，大都形成于石灰岩山地的山麓坡地，以及山间各种微起伏地形的凹地中，故在当地常被称为“石卡拉”土。而在山地顶部，坡度较大处，以及凸形地形部位，则往往是没有任何土被和植被的裸露石灰岩。因此，黑色石灰土的分布只能是小片的和零星的。黑色石灰土主要分布于温带石灰岩山地，以及亚热带的2000m以上的石灰岩山地。一般起始于石灰岩风化成土的初始阶段。腐殖层棕黑色，可以有微弱的石灰反应。呈中性至碱性反应，pH值为7.2~8.5。黑色石灰土的矿物风化比较弱，保留了大量来自母岩的水云母，有少量的蒙脱石和蛭石等。石灰含量一般为10~50g/kg。盐基饱和度在80%以上，因其有较厚的腐殖层，形似黑土。黑色石灰土上的自然植被，如未经破坏则生长很茂密，多是喜钙的常绿阔叶树，或是灌丛草本植物，都能提供和积存大量有机物质。当有机物分解时，与土壤中丰富的碳酸钙的钙离子相结合，成为钙凝腐殖质。由于它比较稳定，所以在土壤中可以积累大量腐殖质，并使土壤呈现暗色。黑色石灰土的剖面形态特征是：腐殖质层明显，厚度差别很大，在一些岩石缝隙间，甚至可达80~100cm厚，呈暗灰棕至灰黑色，大多具有团粒结构，质地较黏重。心土是块状或棱块状的淀积层，紧实、黏重，呈棕色、红棕色或黄棕色，在结构体表面上可见发亮的胶膜。全剖面都有泡沫反应，并随深度而加强，有时在接近母质层处还可有碳酸钙淀积物，多呈粉末状或菌丝状，成为结核的较少。黑色石灰土一般都很浅薄，大多是40cm左右，淀积层往往缺失，暗色的腐殖质层仅经过色泽稍淡的过渡即直接达到母岩，土层与母岩分界清晰，也是黑色石灰土的特点之一。土壤所含碳酸钙的多少决定于母岩的组成和土壤发育状况，变化很大，可从1%到30%不等，在剖面上的分布是随深度的增加而增加。土壤呈中性至微碱性反应，盐基饱和度高，交换性阳离子组成以钙为主。盐基以钙、镁为主，盐基饱和度高。

棕色石灰土

棕色石灰土是岩溶区主要土壤类型之一。广泛分布于广西，云南、贵州、广东、湖南等省区也有一定分布。主要分布于峰丛、峰林及岩溶丘陵坡面上。剖面明显分化，有B层发育。表层颜色为棕色或暗棕色，块状结构，淋溶明显，$CaCO_3$含量多在1%以下，土体无或仅呈轻微石灰反应心土红棕色，重黏土，结构面有少量黏膜。土壤风化淋溶明显，黏粒硅铝率仅1.8左右。土壤呈中性反应，pH值为7.0~7.5。黏土矿物以蛭石为主，其次为高岭石。盐基组成钙镁占80%以上。盐基饱和度90%以上。

黄色石灰土

黄色石灰土分布在黄壤带的岩溶地区。海拔1000m以上，以贵州、四川面积较大，其次为云南和湖南。土壤剖面呈黄色。表土层为黄灰色至棕黄色。土壤pH值为7.5~8.0，表土石灰反应不明显，往下增强。阳离子交换量20cmol/kg土，交换性盐基以钙为主。黏土矿物以伊利石（如蛭石）为主，蒙脱石和高岭石均少。

红色石灰土

红色石灰土主要分布于南亚热带的石灰山地的中下部，以云南面积最广，其他省区也有分布，多数位于平缓地形中。碳酸钙大多淋失。红色石灰土是在老的石灰岩风化壳上发育的另一种岩性土。它以土色鲜红，但仍保持中性偏酸至中性反应为主要特征。红色石灰土主要形成于红壤地带的比较干燥的地区，例如，在云南高原边缘的下切河谷中，气候夏凉冬暖，年降水量虽不算低，但年蒸发量大，干湿季节变化明显。在干旱季节中土壤相当干燥，土壤中含水氧化铁常被脱水、结晶，形成赤铁矿，土壤呈鲜红色。土壤中的碳酸钙受到较强淋溶，剖面上部多已不再含有碳酸钙，表层可呈微酸性，心土层仍保持中性反应。未见有铁锰氧化物移动淀积现象，腐殖质累积作用也较微弱。在云南深厚的红色石灰土可能为古风化壳。但在中国热带、亚热带东部各省区石灰岩山丘地区，由于红色石灰土的形成时期久远，曾受干热和湿热古气候交替影响，因而不仅剖面上部的碳酸钙已被淋失，并且黏粒和铁锰氧化物也有移动和淀积，显示出心土层质地较上、下土层更为黏重，核块状结构面上有明显的胶膜，甚至还会出现粒状的铁锰结核。红色石灰土曾经遭受强烈的化学风化作用，土壤中的铁铝含量很高，而钙很低，土壤的脱钙过程已基本完成，有少量的脱硅过程，红色石灰土的脱硅作用已比较明显，出现较多的高岭石，甚至有少量的三水铝石。故土壤多为重黏土。腐殖层红棕色（2.5YR4/6），重黏土，结构性差，干燥，有些表现出明显的脱硅富铝化作用，已在风化发育上不同程度地接近红壤。阳离子交换量 20cmol/kg 以下，土壤矿物风化程度较深，呈中性至微酸性反应，pH 值为 6.5～7.5，黏土矿物以伊利石、高岭石为主。

磷质石灰土

磷质石灰土是在中国南海的东沙、西沙、中沙和南沙群岛上出现的一种特殊土壤类型。这些岛屿是由富含碳酸钙的珊瑚礁构成的，而且地处高温多雨的热带，植被以草本植物居多，也有一些生长繁茂的乔、灌木。因此成为海鸟栖息的良好场所，不断遗下和积存了大量鸟粪以及海鸟尸体。这是磷质石灰土形成的基本条件和土壤富含磷质和碳酸钙的根本原因。所以，过去有些研究者曾称为鸟粪土、磷黑土或石灰质腐殖土。土壤中碳酸钙含量达 95%以上。但在表层土壤中，含量可因有机质和磷酸盐的积累而相对减少。pH 值在 8.0～9.5。表土含有机质可达 5%～10%，个别可高至 30%。全氮量 0.4%～0.6%，高的可达 3%。它们在剖面中随深度增加而急剧减少。由于珊瑚、贝壳碎屑母质的化学组成比较单纯，因此，通常土壤中含量最多的硅铝铁在这种土壤中含量很少，而钙和磷的含量却是较高的。

人为形成的人为土

水稻土

水稻土是在长期种稻条件下，经人为的水耕熟化和自然成土因素的双重作用，产生水耕熟化和交替的氧化还原而形成具有水耕熟化层（W）–犁底层（A_{p2}）–渗育层（B_e）–水耕淀积层（B_{shg}）–潜育层（B_r）的特有的剖面构型的土壤。长江中下游平原、四川盆地、珠江三角洲和台湾西部面积较大。我国南方降水量大，既可利用河湖水灌溉，也可利用坑塘积蓄雨水灌溉，故不论平洼地或山坡地都有水田。除平洼地外，山坡地上的黄棕壤、红壤、黄壤、紫色土及石灰岩上的土壤等修筑梯田后，均可种植水稻，从而使土壤发育成水稻土。我国北方地区降水量小，大都利用河水或井水灌溉种稻，因而水稻土都是在草甸化、沼泽化或盐碱化土壤上发育而成的。在西北漠境地区，多利用高山上的融化雪水灌溉种植水稻，因而在绿洲土壤上也能发育成水稻土。水稻土有利于有机质积累，故有机质增加。但富里酸相对密度加大。在还原条件下，低价的铁、锰开始大量增加，特别与土壤有机质产生络合而下移，于淀积层开始淀积。黏粒矿物的蚀变：复合体上的盐基被氢取代，矿物晶格被破坏，出现硅粉；水稻土的黏土矿物一般同母土。表层多根系及根锈。水稻土可以根据水文状况分为淹育、渗育、潴育、潜育等亚类。根据其母土的表现特点，其可分为脱潜、漂洗、盐碱、咸酸等亚类。淹育水稻土分布在丘陵岗地坡麓及沟谷上部，不受地下水影响，水源不足，周年淹水时间短，为幼年型水稻土，晶胶率小于 2。渗育水稻土主要分布在平原中地势较高地区及丘陵缓坡地上，受地面季节性灌水影响或种稻时间短的旱改水地区。潴育水稻土分布在平原及丘陵沟谷中、下部，该地种稻历史长，排灌条件好，受地面灌溉水及地下水影响，晶胶率大于 2。潜育水稻土分布在平原洼地、丘陵河谷下部低洼积水处，地下水位高或接近地表。上层较浅处有明显青灰色的潜育层。该层活性铁高，铁的晶胶率小于 1。水稻土中铁的干燥老化过程，经历了游离铁 Fed–无定形铁 Feo–弱晶质铁–强晶质铁的老化演变。

菜园土

菜园土是长期种植蔬菜而形成的高度熟化的人工土壤。由于蔬菜特有的营养特点，如根系的高盐基代换量、高需氧量、高喜水喜肥性等，要求频繁地进行土壤耕作，大量施用动物性氮、磷肥料以及频繁灌溉，成为人工土壤中熟化度最高的土壤。菜园土的熟化发育过程是蔬菜集约栽培下的旱耕熟化及堆垫施肥影响下的腐殖质累积过程，人工腐殖质层、熟土层总厚度超过 50cm，故总称厚熟表土层。人工腐殖质层是长期种菜、堆垫施用动物性有机肥（包括人粪尿、厩肥、有机垃圾等），精耕细作、频繁灌溉、蚯蚓活动而形成的磷硫钙碳氢等积累较多的诊断表层。土色棕灰-黑灰色（2.5Y5/1），蚓穴及蚓类较多，炭渣、灰渣、砖瓦、陶片及人类生活用品残屑较多。诊断特征为大量的蚯蚓活动及蚯蚓粪、穴。有效磷含量>80mg/kg。有机质含量高达 25~40g/kg。

侦查中所获取的土壤物证多是包括土壤在内的岩石、矿物、化石等天然结合的复杂混合物，同时还包括其他天然的或人造的夹杂物，如玻璃、金属、毛发、纤维、涂料、塑料及其他种类的材料或物品等，这些往往表现出特异性成分的特点，具有较为显著的证据价值，有时凭借这些成分能够做出对涉案场所的准确判断。如果样品中出现上述组分，则应将其挑选出来并送给专业人员进行分析。此外，植物颗粒还具有重要的证据价值，对于样品中草、种子以及叶子等植物材料的种类鉴别也值得关注。

第九章　河南省土壤分布

土壤的区域性分布指在一定的空间范围内，地带性土壤和非地带性土壤的分布与组合状况。土壤的区域性和地带性是两个截然不同的概念，地带性只对地带性土壤而言；而区域性则包括地带性与非地带性土壤，二者的概念不同。土壤的区域性分布包括广域性、中域性、微域性三种情况，现分述如下。

土壤广域性分布

土壤广域性分布是指土壤在较广大的空间范围内，受一种以上大地貌的影响所形成的土壤类型组合分布规律，既有地带性土壤，也有非地带性土壤。河南省土壤的区域分布属广域性分布范畴，从三条广域性分布可明显看出以下几点规律：第一，山地草甸土、棕壤、黄棕壤、石质土与粗骨土主要分布在石质山地；黄褐土、褐土、红黏土、紫色土主要分布在低山丘陵；潮土、砂姜黑土、盐碱土、风沙土均分布在平原地区；水稻土则在山区、丘陵区与平原区均有分布。第二，伏牛山主脉东接沙河、汾泉河一线将河南省土壤分为南北两大区域，南区土壤主要有棕壤、黄棕壤、黄褐土、水稻土等。棕壤主要分布于1300m以上的中山地带，黄棕壤集中分布于桐柏山、大别山海拔150~1300m的区域及伏牛山南坡海拔400~1300m的山地丘陵；黄褐土分布于该区北部山前丘陵垄岗地区，水稻土集中分布于盆地、峡谷及丘陵垄岗的中下部。北区土壤主要有棕壤、褐土、红黏土、潮土、风沙土、盐碱土等。棕壤多分布在海拔800~1200m的山地；褐土多分布在石质低山丘陵与黄土丘陵区；红黏土则分布在黄土被剥蚀、古红土裸露的红土丘陵区，西部红黏土分布地带较高，东部分布地带较低；潮土集中分布在京广线以东的广大黄、淮、海冲积平原；黄河故道两侧及现黄河道两侧背河洼地多分布着盐碱土；黄河故道沙丘则分布着风沙土。第三，砂姜黑土集中分布于淮河北部低平原和南阳盆地的岗间与河间洼地。第四，各山区均有石质土与粗骨土分布，太行山区石质土分布尤为广泛。第五，紫色土较多地分布在伏牛山南坡山地卢氏、西峡一带，有紫色砂页岩出露的其他山区均有紫色土分布。第六，山地草甸土在河南省太行、伏牛、大别山地较高山峰的平坦处均有零星分布，其海拔高度因山体所处纬度及相对高差不同而有差异。

豫北土壤的广域性分布

豫北指黄河以北地区，如安阳、鹤壁、濮阳、焦作、新乡。区内由西向东包括山地、丘陵、冲积平原。主要土壤包括棕壤、褐土等地带性土壤及粗骨土、石质土、潮土、风沙土、盐碱土等非地带性土壤。较高山峰顶部平坦处零星分布小面积山地草甸土。海拔1200m以上为棕壤和棕壤性土；海拔1200m以下的山地丘陵为褐土；海拔较高、发育较好的为淋溶褐土；侵蚀较重、发育较差的即为褐土性土；黄土丘陵中上部多为石灰性褐土；而山前洪积倾斜平原多为普通褐土；沿京广线两侧有潮褐土出现；石质山地丘陵坡度较陡、植被覆盖度较差、水土流失严重地段，广泛分布着石质土和粗骨土；黄淮海冲积平原分布着潮土，局部低洼处有潮盐化土、潮碱化土及盐碱土分布；局部风积沙丘处有风沙土。

豫西土壤的广域性分布

本区包括三门峡、洛阳及平顶山市的西北部、郑州市的西部。区内山地和丘陵是构成本区地貌格局的主要大地貌类型。主要土壤类型有地带性棕壤、褐土和非地带性土壤粗骨土、红黏土、潮土等。海拔 1000m 以上山地广泛分布着棕壤与棕壤性土；海拔 1000m 以下石质低山丘陵区分布着褐土、粗骨土；大面积黄土丘陵区分布着褐土；红土丘陵区分布着红黏土。洛河、伊河、黄河沿岸分布着潮土。

豫西南土壤的广域性分布

豫西南指河南省伏牛山以南，桐柏山以西，即南阳。该区北、西、东部为山地、丘陵，中南部地势平坦低洼，是一个三面由山丘环绕，向南与江汉平原相连的外流盆地。区内大地貌单元有山地、丘陵垄岗和盆地等。主要土壤类型有棕壤、黄棕壤、黄褐土、粗骨土、石质土、砂姜黑土、灰潮土等。海拔 1300m 以上山地土壤以棕壤与棕壤性土为主；海拔 400~1300m 为黄棕壤与黄棕壤性土；中低山及石质丘陵坡度较陡，植被稀疏处有大面积粗骨土分布；海拔 400m 以下丘陵、垄岗处多分布着黄褐土；盆地中心低洼处广泛分布着砂姜黑土；河流沿岸分布着灰潮土。

淮河以南土壤的广域性分布

该区包括河南省淮河干流以南至省境，地势由南向北倾斜，大的地貌单元包括山地、丘陵垄岗与淮河沿岸带状平原。主要土壤类型有山地草甸土、棕壤、黄棕壤、黄褐土、粗骨土、石质土、水稻土和灰潮土等。黄棕壤与黄棕壤性土集中分布于该区南部海拔 150~1300m 的石质山地和丘陵，山间盆地与峡谷处有水稻土分布；棕壤和山地草甸土仅分布于海拔 1300m 以上的山地；坡度较陡，植被覆盖较差的石质低山与丘陵均有粗骨土与石质土分布，局部紫色砂页岩出露地区有紫色土出现；大别山北麓海拔 150m 以下的丘陵与垄岗，母质以第四纪下蜀黄土为主，其土壤组合以黄褐土与水稻土为主；黄褐土是该区主要的旱作土壤类型，主要分布于山前丘陵的缓坡及垄岗的顶部；水稻土集中分布于岗丘的中下部和沿河的一二级阶地；各大河流两岸分布着灰潮土。

土壤中域性分布

土壤的中域性分布，指在一个大的地貌单元内，受不同中地貌的影响所形成的土壤分布与组合规律，下面分山地、丘陵与平原三种情况加以说明。

山地土壤的中域性分布

在山地大地貌单元内，包括中山、低山、山间盆地、山间峡谷等不同的中地貌单元。各中地貌单元成土条件差异很大，往往分布着不同的土壤类型。另外，不同山区由于所处地理位置不同，所受成土因素的影响也多有差异，土壤中域性分布与组合规律亦有所不同。就河南省山地土壤的中域性分布来看，可分两种情况，其一是伏牛山北坡山地及太行山地以棕壤、褐土为主的土壤组合；二是伏牛山南坡山地及桐柏山、大别山以黄棕壤为主的土壤组合。现分别以太行山与大别山低山区土壤中域性分布为例加以说明。

1. 太行山区土壤中域性分布

太行山山势陡峻，母岩以石灰岩为多，母岩风化成土过程中其基本物质 $CaCO_3$ 类物质被大量淋失，岩石中少部分黏土等胶结物残留下来成为主要的成土物质，加之植被稀疏，水土流失严重，因而土层较薄，岩石出露面积大。海拔 1000m 以下的低山，褐土性土与石质土是主要的土壤类型，其中褐土性土多分布于缓平的山坡、山间峡谷和植被覆盖度较大的地段，石质土则多分布于陡峭的山脊及坡度较大、植被覆盖度较差的地段。由于洪积母质复杂，加之集水面积较大，山间盆地地表滞水时间较长，下渗淋溶作用较强，所以既有褐土性土、普通褐土分布，也有淋溶褐土的出现。

2. 大别山区土壤中域性分布

淮河以南大别山地除少数山体海拔在 1000m 以上外，多系低山地貌，山势低缓，山间峡谷多较开阔，成土母质以花岗岩、片麻岩的残坡积物为主。虽然气候较温暖，生物循环较旺盛，但土壤中石英、长石等难风化矿物多以粗砂粒或石砾状态存在。土壤质地较粗，黏化作用和铁锰淀积均不明显。

大别山的低山区土壤以黄棕壤性土和粗骨土为主，山脊和山顶有石质土分布；局部坡度较缓、植被覆盖度较大处，土层较厚，土壤有一定发育，多形成黄棕壤；山间峡谷分布有潜育型水稻土；较开阔的山间盆地和宽谷多分布着潴育型水稻土。

丘陵区土壤的中域性分布

河南省丘陵有两大类型，一为黄土丘陵，分布于豫西北地区；一为石质丘陵，在河南省四大山系的低山外缘分布较为广泛。

1. 黄土丘陵区土壤的中域分布

黄土丘陵大地貌单元内，常有黄土塬、墚、峁、黄土阶地缓岗、黄土冲沟、红土丘陵、河谷带状冲积平原等多种中地貌单元。不同中地貌单元由于地形差异较大，土壤侵蚀与堆积强弱不同，常分布不同的土壤类型。黄土丘陵的平缓地段多分布着普通褐土，丘陵中部多分布着石灰性褐土，而黄土丘陵上部水土流失严重处多分布着褐土性土，较大河流沿岸一二级阶地及带状冲积平原多分布着潮褐土和潮土。土壤侵蚀严重的黄土丘陵区，古红土出露，常出现红土丘陵地貌，其上即为红黏土。

2. 石质丘陵区土壤的中域性分布

石质丘陵地貌单元内，包括丘陵、山间沟谷、河流谷地及丘间盆地等中地貌单元。石质丘陵区由于岩性组成较为复杂，丘陵形态变化较大，风化作用强烈，植被覆盖度差，水土流失严重，加之石质丘陵分布广泛，所处生物气候带亦不一致，因此其土壤分布亦较为复杂。一般来说，地处北部暖温带的石质丘陵区土壤中域性分布以粗骨土与褐土为主，而地处南部北亚热带的石质丘陵区土壤中域性分布以粗骨土和黄褐土为主。鲁山南部石质丘陵土壤中域性分布为：丘陵的上部及坡度较大地段多分布着粗骨土；丘间洼地及缓坡多分布黄褐土、黄褐土性土。

平原区土壤中域性分布

河南东部平原，系由历代黄、淮、海河泛滥沉积与湖沼相沉积而成。在冲积平原大地貌单元内，有河漫滩、背河洼地、风积沙丘、泛平地等多种中地貌单元。不同的中地貌单元受地形高低，母质沉积特性及地下水等因素影响程度不同，常分布着不同的土壤类型。黄河滩地主要分布石灰性新积土、砂质潮土、壤质潮土和黏质潮土；背河洼地分布着潮盐化土、潮碱化土、碱化盐土及灌淤潮土；泛滥平地有砂质潮土和壤质潮土等。

土壤微域性分布

土壤的微域性分布是指在中地貌单元内，由于微地貌的变化，土壤性状产生差异而形成的较小范围内的土壤分布规律，包括在不同微地貌上分布的土壤类型及其组合。河南省主要的土壤微域性分布有豫东冲积平原的微域性分布，淮河北部低平原的微域性分布，豫南垄岗的微域性分布，豫西黄土丘陵区的微域性分布，现分别加以说明。

豫东冲积平原土壤微域性分布

豫东冲积平原每一个中地貌单元内都有复杂的微地貌变化。如黄河滩地有新滩、老滩之分，洼地有中心与边缘之分，泛平地有高低不平的平洼之差等。由于复杂的微地貌变化，地形高低平洼不同，势必引起泛流沉积物质颗粒粗细、质地层次厚薄、土壤盐渍化程度轻重等差异。如黄河新滩经常为河水所淹没，距河流较近，沉积物质颗粒较粗，土壤质地较轻，一般多分布砂质潮土或新积土；老滩距河流较远，沉积物质颗粒较细，土壤质地较重，多分布壤质潮土和黏质潮土。冲积平原由于河流纵横交错，加之黄河多次泛滥沉积，使沉积物质和土壤类型的空间分布表现出复杂性和多样性。一般在地势较高部位，沉积物较粗，多分布砂质潮土；平坦部位多分布壤质潮土；地势低洼处沉积物质颗粒较细，往往分布黏质潮土。平原中的洼地往往因水和盐的汇聚而分布盐碱土，受盐分积聚规律“平中洼，洼中岗”的影响，洼地不同的微地貌部位常常盐碱化程度不同；黄河背河洼地，由于黄河侧渗水补给与地面积水，往往出现季节性积水现象，在洼地靠河内侧盐碱化程度较轻，洼地中心与远河外侧较重，而且盐分组成亦有所差别。

综上所述，豫东冲积平原具有复杂而明显的土壤微域分布规律。

淮河北部低平原土壤微域性分布

淮河北部低平原岗间洼地或河间洼地砂姜黑土的分布因微地貌部位不同表现出明显的微域性分布规律。从洼地边缘到洼地中心地势高低虽差异不大，但洼地边缘土壤表层多覆盖着一定厚度的洪冲积物或河流冲积物质而形成砂姜黑土，而洼地中心则会出现砂姜黑土和青黑土。

淮河南部垄岗区土壤微域性分布

淮河南部大别山以北地区有大面积的垄岗地貌，其地面高差不大，民间有“走岗不见岗”的说法，在垄岗中地貌单元内土壤组合以水稻土、黄褐土为主。其中各微地貌部位由于水分条件和利用方式不同，常分布着不同的土壤类型。现以潢川县谈店乡苏塘村附近的土壤微域分布为例，在冲沟的底部，由于经常滞水多分布黄褐土性潜育型水稻土；冲沟两侧的“塝田”，其下部多为黄褐土性潴育型水稻土；塝田的中上部由于水分条件较差，多分布黄褐土性淹育型水稻土；岗顶无灌溉条件，多垦为旱地，分布着黄土质黄褐土。上述土壤微域性分布规律在淮河南部垄岗区甚为普遍。

豫西黄土丘陵区土壤微域性分布

豫西黄土丘陵区有不同的中地貌单元，如黄土塬、墚、峁、沟谷等，而每一个中地貌单元内又有不同的微地貌。如黄土台塬、墚、峁的顶部与边坡，黄土沟谷的沟底与沟坡等。不同微地貌部位由于地形变化较大，成土条件不尽一致，往往分布着不同的土壤类型。如塬地中心地形平坦，多分布着普通褐土，而塬地边坡地形破碎，水土流失严重，多分布着石灰性褐土和褐土性土。

河南省土壤区域性分布

黄棕壤

河南省的黄棕壤主要分布在伏牛山南坡与大别山、桐柏山海拔 1300m 以下的山地，呈一狭长地带分布。黄棕壤地区的气候主要受季风影响，夏季温热多雨，冬季寒冷，年均温 15℃左右，年最高温度出现在 7 月，平均为 30℃左右，最低温度出现在 1 月，平均为 0℃左右，超过 10℃积温在 5000℃以上。年降水量 800～1300mm，多集中在 7～9 月，占全年降水量的 50%～60%，蒸发量为 1400～1600mm，干燥度>1。平均相对湿度在 70%左右，一年中无明显的干湿季节。早霜日出现在 11 月中旬，晚霜日终止于 4 月中旬，无霜期为 240 天左右。黄棕壤地区的植被类型为落叶阔叶林与针叶林的混交林，其下多灌丛与草本植物。主要的落叶阔叶林树种有：麻栎、栓皮栎、袍树、槲栎、茅栗等；针叶树种有：马尾松、黄山松、杉木等；常绿阔叶树种有：女贞、冬青、山胡椒、茶树等。林下灌丛与草本植物有：胡枝子、杜鹃、闹羊花、紫金牛、野蔷薇、拳菜、白茅、蒿类等；经济植物有：茶、油桐、漆树、乌桕、板栗、毛竹等。黄棕壤因分布地区的不同，植物类型也有所差异，如较高山地以天然次生林与栎类混交林为主，而在低山丘陵区则以人造马尾松、杉木及栎类为主。黄棕壤多分布在低山和丘陵地区，部分地区为中山，母质为各种岩石的残积物、坡积物，如花岗岩、片麻岩、安山岩、千枚岩、页岩、砂岩等。

黄棕壤的整个土体没有石灰反应，淋溶过程使土壤的酸性增加，pH 值为 5.0～6.5，盐基饱和度大致在 50%～80%。淋溶层质地较轻，土壤黏粒和铁锰氧化物产生剖面分异。化学分析结果表明，黄棕壤的全量铁锰、游离铁锰和活性铁锰均有明显的淋溶淀积现象，其含量有随深度的增加而增加的趋势。从土体来看，矿物风化释放出的铁锰，经过淋溶和淀积，形成游离的铁锰氧化物，不仅把黏淀层染成棕色，而且也形成了铁锰胶膜和结核等新生体，使黄棕壤具备了独特的剖面特征。但在较高山地的黄棕壤，由于土壤湿度大，土质疏松，淋溶性强，铁锰化合物可能随水淋洗，故在剖面中淀积现象不明显。

黄棕壤弱富铝化作用的特点是；土壤中碳酸盐淋失，交换性盐基中度淋失，原生铝硅酸盐矿物发生分解，部分二氧化硅淋溶，并形成 2∶1 型或 2∶1∶1 型及少量 1∶1 型黏土矿物。同时，铁已明显释放，形成相当数量的游离氧化铁，化学分析结果表明，黄棕壤 B 层的游离铁均大于 2%。

黄棕壤生物积累作用的特点：第一，林地有机质含量明显高于旱地；第二，活性腐殖酸相对含量较高；第三，腐殖质中的胡敏酸，林地大于旱耕地，显然林地的土壤肥力较高；第四，旱耕地中腐殖质的胡敏酸光密度值较大，表明胡敏酸的芳化度较高。

黄棕壤与黄褐土作为两个独立的土类，二者在土壤的酸碱性（pH 值）、盐基状况、铁的氧化物特性、土体和黏粒的化学组成等方面都有明显的差别（土壤的 pH 值、盐基饱和度和黏粒的硅铝率是三个诊断指标，并以土壤的剖面形态特征，游离碳酸盐含量和土体内游离铁与黏粒的比值以及钛锰率的剖面变化四项作为参考指标）。黄棕壤的 pH 值低于黄褐土，前者为 5.30±0.43，后者为 7.12±0.45。盐基饱和状况也是黄棕壤的盐基饱和度低于黄褐土，前者为（44.93±16.96）%，后者为（94.25±4.53）%。黄褐土含有一定量的游离碳酸盐，而黄棕壤不含游离碳酸盐。黄棕壤的 SiO_2 含量较黄褐土低，而 Al_2O_3 和 Fe_2O_3 的含量则高于黄褐土，说明黄棕壤的淋溶程度强于黄褐土。黄棕壤黏粒的 SiO_2 平均含量为（480.8±22.6）g/kg，而黄褐土的较高，为（505.6±21.2）g/kg；Al_2O_3 和 Fe_2O_3 的含量情况则相反。这说明二者的黏粒矿物类型有差异，前者 1∶1 型及铁铝氧化物含量较高，而后者 2∶1 型黏粒矿物较多，铁铝氧化物较少。因此，黄棕壤黏粒的硅铝率、硅铁铝率和硅铁率都显著小于黄褐土。这说明黄棕壤的发育程度强于黄褐土。黄棕壤的游离铁、活性铁及晶化度都较黄褐土高。黄棕壤的游离铁与黏粒的比值显著大于黄褐土。黄褐土的游离铁与黏粒的比值不仅小，而且全剖面比较一致。这种差异与成土母质密切相关，发育于花岗岩、片麻岩等酸性母岩上的黄棕壤，其酸性条件有利于矿物中氧化物的释放和土壤中的黏粒移动，进而促进了土壤中氧化物的转化和活动；而发育在下蜀黄土母质上的黄褐土，其碱性、中性条件阻滞了矿物中氧化物的释放和黏粒的移动以及氧化物的转化和活动。黄棕壤的富铝化作用稍强于黄褐土。一般认为土壤中钛的含量主要由母质决定，随土壤的发育过程变化不大，钛可作为相对稳定的指标元素，而锰在黄棕壤和黄褐土的土体内有一定的淋溶淀积，所以，以钛为标准计算钛锰率，则基本上能反映土体中锰的迁移情况。锰在土体中淋溶淀积，黄褐土明显大于黄棕壤。这显然是与成土母质有关，下蜀黄土母质黏重，易形成黏淀层，甚至黏盘层，造成锰在该土层的聚积。

根据河南的实际情况，我们将黄棕壤分为普通黄棕壤与黄棕壤性土两个亚类。普通黄棕壤主要分布于信阳和南阳地区，另外，驻马店地区也有少量分布。本亚类土壤面积为1883km^2，占本土类面积的 58.16%，其中耕地面积为 148km^2，占本土类耕地面积的 22.81%。成土母质多为花岗岩、片麻岩、安山岩和砂页岩风化物，腐殖质层以下土壤颜色多呈黄棕色，土壤的酸度较大，pH 值小于 6.5，盐基呈不饱和状态，全剖面无石灰反应，土体构型一般为 A-B-C 型，淋溶层之下有黏粒和铁锰淀积层出现，母质层为半风化的母岩。根据母质类型的不同，普通黄棕壤分为四个土属：硅铝质黄棕壤、硅铝钾质黄棕壤、硅镁铁质黄棕壤、砂泥质黄棕壤。

1. 硅铝质黄棕壤

硅铝质黄棕壤分布范围较广，主要分布在伏南、大别、桐柏山地酸性岩类风化的残积、坡积物上，如南阳市的西峡、南召、桐柏，信阳市的信阳、新县、商城、固始等地，土壤面积为 930km^2，占黄棕壤亚类的 49.42%，占本土类的 28.75%。土壤剖面一般发育较好，土体构型为 A-B-C 型，成土母质多为花岗岩或片麻岩风化物，土壤颜色以黄棕色为主，通体无石灰反应，pH 值为 5.6 左右。土壤的游离铁（Fed）含量为 19.4~37.8g/kg，诊断 B 层含量均>20.0g/kg；铁的游离度（Fed/Fet）在 24.80%~69.23%，B 层全部>30%；活性铁（Feo）含量较低，大体在 0.6~3.1g/kg，故活化度（Feo/Fed）也不高，为 2.93%~14.16%。铁的晶化度较高，为 85.84%~97.07%，这说明土壤中的游离铁绝大部分是晶质铁。SiO_2 有淋失趋势，Al_2O_3、Fe_2O_3 变化趋势一般是随深度增加而逐渐增大，土体中的 CaO、MgO 含量一般在 10g/kg 以下，说明土壤有淋溶作用但不算太强烈。黏粒部分 Fe_2O_3 和 Al_2O_3 含量均高于相应的土体部分，说明铁、铝元素有向细粒部分富集的现象，而 SiO_2、CaO、

Na_2O 含量一般低于土体部分，K_2O 含量较高，这与黏粒矿物类型有关。黏粒的硅铝率和硅铁铝率分别为 3.00~3.95 和 2.29~3.01。全剖面的硅铝率和硅铁铝率比较均一，这说明全剖面的黏土矿物类型比较一致。硅铝质普通黄棕壤的黏土矿物以伊利石、高岭石、蛭石为主，含有一定量的 1.4nm 过渡矿物及少量的绿泥石。硅铝质普通黄棕壤主要表现为林地，缓坡与坡麓多辟为农田，在侵蚀严重的岭坡地也有灌丛，是河南省丰产林木和高产茶园的重要基地。

2. 硅铝钾质黄棕壤

硅铝钾质黄棕壤主要分布在信阳市商城县等地，范围较小，占黄棕壤土类土壤面积的 2.64%，占本亚类土壤面积的 4.54%。该土属多分布在比较茂密的植被覆盖下，地表枯枝落叶层较厚，腐殖质含量较高，表层呈黑棕色，下部土体呈暗棕色，土壤结构性状良好，质地一般较重，为重壤至轻黏土，土壤 pH 值为 5.0 左右。该土属呈酸性反应，交换性盐基组成以钙为主，镁次之，钾和钠甚少，盐基饱和度在 51.95%以上。黏粒的硅铝率为 3.33~3.38，硅铁铝率在 2.54~2.72，较黄褐土稍低，具有一定的弱富铝化作用，K_2O 含量较高，这与黏土矿物组成中伊利石含量较多有关。该土属多分布于缓坡和沟谷，水土流失不严重，有机质含量高，养分丰富，适于松、杉、竹等林木生长，是河南省丰产林的主要基地之一。

3. 硅镁铁质黄棕壤

硅镁铁质黄棕壤分布范围不大，主要在信阳的商城等地，占本亚类土壤面积的 0.004%。发育在暗色基性结晶岩类的风化物上，土层较浅薄，约 40cm，表层灰棕色，下部为灰黄棕，并有铁锰新生体出现，质地多为中壤、重壤，土体 pH 值为 5.5 左右。

4. 砂泥质黄棕壤

砂泥质黄棕壤分布范围较广，南阳市的内乡、方城、西峡、桐柏，信阳市的罗山、新县、商城、光山以及驻马店市的泌阳、确山等地均有分布，占黄棕壤土类土壤面积的 26.49%，占本亚类土壤面积的 45.55%，发育于砂页岩和泥质岩的风化残、坡积物上，质地多为轻壤到中壤土，整个剖面无石灰反应，pH 值为 5.5 左右。

黄棕壤性土

黄棕壤性土主要分布在大别山、桐柏与伏南山地及山前洪积扇等地形部位上，多出现于黄棕壤带内遭受侵蚀、堆积明显的山麓、坡脚及山间谷地等地貌单元。占黄棕壤土类土壤面积的 41.84%，其中耕地占本土类耕地面积的 77.19%，其特点是剖面发育不明显，土体构型为 A-（B）-C 或 A-C 型，成土年龄较短，整个土体无石灰反应。根据成土母质的差异，黄棕壤性土亚类可分为硅铝质黄棕壤性土和沙泥质黄棕壤性土等。

1. 硅铝质黄棕壤性土

该土属分布范围很广，信阳市的罗山、新县、商城、光山，南阳市的南召、淅川、西峡、内乡，驻马店市的确山、泌阳等地均有分布，占黄棕壤土类面积的 32.97%，占本亚类土壤面积的 78.82%，剖面构型多为 A-（B）-C 型。由于所处的地形部位的不同，土层厚度不等，下部为半风化的母岩，土壤颜色随岩性不同而异，质地较粗，并含有一定的砾石，土壤侵蚀较为严重，是山区丘陵区较瘠薄的土壤类型。

2. 沙泥质黄棕壤性土

该土属主要分布在信阳市的商城、新县、罗山，南阳的桐柏、西峡、内乡等地。占黄棕壤土类土壤面积的 7.50%，占本亚类土壤面积的 17.94%。该类土壤发育在砂岩、泥岩类风化的残坡积物上，成土年龄较短，剖面发育不明显，土体构型为 A-C 型或 A-（B）-C 型，质地较轻，一般为砂壤或中壤土，表层多呈灰黄棕色和淡黄色，粒状至碎块状结构，通体无石灰反应。

黄褐土

黄褐土是我国北亚热带向暖温带过渡的地带性土壤。河南省主要分布在沙河干流以南伏牛山、桐柏山、大别山海拔 500m 以下的低丘、缓岗及阶地上。黄褐土土类的土壤面积占全省土壤面积的

11.83%，其中耕地面积13768km²，占全省耕地面积的15.38%。黄褐土是褐土向黄棕壤的过渡类型，它是河南省主要地带性土壤之一。河南省黄褐土主要分布在南阳、驻马店、信阳、平顶山，占全省黄褐土面积的96.97%。

黄褐土独特的剖面特征：表土层多为黄棕色或棕色，重壤土或轻黏土，碎屑状或粒状结构；心土层多为棕褐色或棕色，多为轻黏土，为黏化层或黏盘层、棱块状结构，结构面上常有红棕色铁锰胶膜，土体中有大小不一、数量不等的铁锰结核，孔隙壁上有厚薄不等的光性定向黏粒胶膜；底土层黄棕色，重壤土或轻黏土，有时有砂姜出现。pH 值为 6.5～7.5，黏粒部分的交换量为 30～40cmol（+）/kg，交换性氢、铝极少，盐基饱和度>80%，黏粒的硅铁铝率一般为 3.0，其矿物成分为水云母、蛭石，少量含高岭石。游离碳酸钙含量<6.0g/kg，通体无石灰反应，游离铁含量一般大于 18g/kg，铁游离度一般大于 30%。黄褐土处于北亚热带的北缘，温度和湿度低于铁铝土纲地区，但又高于半淋溶土纲的褐土区，属于北亚热带半湿润季风型气候。黏粒部分仅受轻微破坏，硅稍淋失而铁铝略有积聚，其黏粒的硅铁铝率一般在 3.0 左右。黄褐土区的气候主要受北亚热带东南季风的影响，黄褐土的成土母质因所处地形部位不同而差异甚大，在缓岗地形部位上，多为第四纪中、上更新统沉积物，色黄棕而质地黏重，称下蜀黄土，其厚度有数十米，在海拔 400～500m 的低山丘陵，主要是各种母岩，如片岩、砂页岩、石灰岩等。岩石与母质的矿物成分密切影响着黄褐土的形成过程及其理化性状。黄褐土区的地形多丘陵垄岗。由于亚类不同，分布的地形部位悬殊，黄褐土多分布在缓岗的上部和坡度稍大的地形部位上，侵蚀严重，或在缓岗的下部，有的分布在二级阶地上，侵蚀较轻。白浆化黄褐土分布在漫岗微倾斜的地形部位上。缓岗的相对高度为 10～70m 不等，坡度多在 5°～10°，岗顶宽阔，宽数百米至近千米，长达数十千米。这些缓岗，多呈长条状分布，有一定走向。在南阳多分布在盆地边缘，大多与唐、白河水系相平行；在信阳和驻马店，其走向大致与淮河支流流向平行。可见岗地的形成与河流的冲刷切割作用有关，而黄褐土性土则多分布在 100～500m 的低山丘陵，有些则分布在洪积岗地上。

黄褐土区的原始植被已荡然无存，均为人工林和次生林木所代替。由于其亚类不同，分布的地区和地形部位的差异，造成植被情况明显不同。黄褐土性土亚类以人工林和次生林为主，多为疏林地和疏林草地，系针、阔叶混交林，主要的落叶阔叶树种有麻栎、栓皮栎、槲栎、茅栗、合欢、刺槐等；针叶树种有马尾松等，林下则为草灌。在一些荒岗上，林木极其稀疏，主要为栎类，灌丛多酸枣及白草、茅草、黄背草等草本植物，黄褐土绝大多数被开垦为耕地，少数为人工林和疏林草地，村庄周围有椿树、榆树、杨树等树种。黄褐土整个土体仅有极少量的碳酸钙存在，即使在石灰结核四周的土体，也没有石灰反应，这是黄褐土区别于褐土的主要性状之一。在较强烈的淋溶作用下，铁、锰亦发生移动。黄褐土下层的铁锰结核多为软铁子，其大小如绿豆与小米粒，还有少量比较紧实的硬铁子，这与铁锰淀积时间长短有关。随水下渗的低价铁、锰化合物，多沿裂隙下移，失水形成凝胶，紧贴在结构面上，由于其不可逆性，年复一年的积累渐厚，而形成表面光滑的红褐色胶膜。铁、锰的淋淀过程与黏化过程是同时发生而且是密切相关的，故黏化层和铁锰淀积层往往同时出现，这就是群众常说的“马肝层”，成为黄褐土的主要形态特征之一。根据野外大量剖面观察，分布在坡度较大岗地上的黄褐土，铁锰新生体多以胶膜出现，结核较少，而分布在坡度平缓岗地上的黄褐土，铁锰结核及胶膜也明显，这显然与淋溶的强度有关。

黄褐土亚类主要分布在淮河两岸、沙汾河以南及南阳盆地周围垄岗地区。就行政区上看，主要分布在南阳、驻马店、信阳、平顶山等地。黄褐土亚类的剖面构型为 A-B-C 型，A 层多为浊橙色、灰黄色，一般为中壤土或重壤土，粒状结构；B 层为黏化层，一般为棕色或暗棕色，多为重壤土或轻黏土，有时有黏盘层出现，黏粒含量≥400g/kg，粉黏比一般为 1∶1，较紧实，棱块状或块状结构，结构面上有较多的铁锰胶膜，结构体内有数量不等的铁锰结核；C 层颜色稍淡，多呈黄棕色，质地稍轻，多为重壤土，结构呈块状，铁锰结核与胶膜稍少，有时有砂姜出现。全剖面，无石灰性反应，呈中性，pH 值为 6.5～7.5。黄褐土亚类根据母质类型和土体内砂姜含量多寡分为黄土质黄褐土、洪冲积性黄褐土、砂姜黄褐土和钙质黄褐土四个土属。

1. 黄土质黄褐土土属

黄土质黄褐土土属占本亚类土壤面积的44.59%，占本土类土壤面积的39.62%。主要分布在驻马店市的西平、遂平、汝南、正阳、确山、泌阳；南阳市的唐河、社旗、方城、内乡、镇平；信阳市的罗山、息县、潢川、光山；漯河市的舞阳、郾城；平顶山市的叶县、鲁山等地。黄土质黄褐土的剖面构型为A-B-C型，其典型特征是B层为棕色的黏化层或黏盘层，较紧实，多为重壤土或轻黏土，有大量的铁锰结核与胶膜，全剖面呈中性，pH值为6.5~7.5，通体无砂姜，无石灰反应。黄土质黄褐土有极少量的交换性酸，且以交换性铝为多，交换性盐基以Ca^{2+}、Mg^{2+}为主，Ca^{2+}的含量一般在10cmol（+）/kg以上，K^{+}、Na^{+}含量均低，一般在0.5cmol（+）/kg以下。黄土质黄褐土发育在下蜀黄土母质上，土层深厚，土质黏重，除个别表层为中壤外，一般为重壤土与黏土，铁锰游离度与活化度均较高，故剖面中B层有大量铁锰胶膜、斑块与铁锰结核积聚，土壤通体无石灰反应，pH值为6.5~7.4。

2. 洪冲积性黄褐土土属

洪冲积性黄褐土占本亚类土壤面积的52.73%，占本土类土壤面积的6.85%。驻马店市主要分布在西平、遂平、汝南、正阳、确山、泌阳；南阳市主要分布在社旗、方城、镇平、邓州、唐河、内乡；平顶山市主要分布在叶县；漯河市主要分布在舞阳、郾城等地，信阳、三门峡也有小面积分布。洪冲积性黄褐土表土层一般为灰黄色，质地为轻壤土或中壤土，粒状结构；心土层灰黄色或棕黄色，多为中壤土，有些为轻壤土，块状结构，有少量铁锰胶膜等新生体；底土层为中壤土或重壤土，块状结构，全剖面呈中性，pH值为6.5~7.5，通体无石灰反应。该土属上层质地多为轻壤或中壤土，下层稍重。

3. 砂姜黄褐土土属

砂姜黄褐土占本亚类土壤面积的2.46%，占本土类土壤面积的2.19%，其中耕地313km^2，占本亚类耕地面积的2.53%。南阳市主要分布在唐河、方城、社旗、内乡、镇平等地，驻马店市分布在泌阳和确山。A层为棕色或橙色，多为重壤土，少数为轻黏土，碎屑状结构。全铁含量表层略有积聚，游离铁各层均在20.0g/kg以上，铁游离度在37.41%以上，铁的活化度较黄土质黄褐土与洪冲积性黄褐土为低，但晶化度却稍高，表明铁的老化过程较强。砂姜黄褐土质地黏重，湿时黏结性强，黏着性大，湿耕易形成垡条，干时土壤板结，耕时往往成大坷垃，适耕期短，耕性极差，同时土体一定深度出现砂姜。

4. 钙质黄褐土性土土属

钙质黄褐土性土占本亚类土壤面积的8.74%，其中耕地占本亚类耕地面积的3.45%，主要分布在南阳市的西峡、唐河，方城、内乡、桐柏、淅川、镇平等地亦有小面积分布。钙质黄褐土性土母岩为石灰岩，母质为石灰岩风化物的坡积物。由于受母岩的影响，土层厚薄不一，颜色以红棕色为主，下层质地偏重，土体发育极弱，有不同程度的石灰反应，呈弱碱性。

黄褐土和褐土是河南省主要的土壤类型，二者分布上是相连的，黄褐土分布于北亚热带北缘，向北过渡到褐土。它们之间的分界线即为河南省土壤南北过渡带的界线，由于以往对土壤发生特性的定量指标研究不够，二者区别的具体指标模糊，不仅难以区分，而且分界线问题也长期得不到解决。专家进行专题研究后发现，黄褐土和褐土在一系列土壤基本属性上，如颗粒组成、酸性特征、铁锰氧化物特性、土体和黏粒的化学组成、黏土矿物以及微形态特征等方面都有显著的差异。黄褐土B层（诊断层）的黏粒含量，R值（B层与母质层粉黏比的比值）高于褐土；而粉黏比、黏化率（B层与A层黏粒含量的比值）则低于褐土。褐土的pH值稍高于黄褐土，前者全剖面加权平均值为7.74，后者为7.08。黄褐土有一定量的交换性酸，褐土则无交换性酸。褐土的游离碳酸盐含量高于黄褐土，褐土的游离碳酸盐含量全剖面加权平均值为10.6g/kg，黄褐土的游离碳酸盐含量都小于6.0g/kg。黄褐土剖面中铁锰氧化物分异明显，形成较多的胶膜、结核等铁、锰新生体，而褐土剖面中铁、锰新生体很少。

土壤微形态薄片观察，黄褐土的薄片中可见到各种铁锰凝团、凝块以及铁锰结核，褐土的微形态以各种形态的碳酸盐形成物为其重要特征。黄褐土的全铁锰、游离氧化铁锰、活性氧化铁锰的含量均高于褐土。黄褐土 B 层游离氧化铁、锰的含量分别为 17.1~27.0g/kg 和 0.70~1.20g/kg，褐土的则分别为 12.1~17.0g/kg 和 0.50~0.89g/kg。黄褐土铁的游离度为 30.65%~65.75%，明显高于褐土。黄褐土土体 B 层的 SiO_2 含量小于褐土，R_2O_3 含量大于褐土。以土壤的游离碳酸盐含量的全剖面加权平均值、R 值、ba 值、交换酸总量、黏粒部分的 Sa、土壤的游离铁含量或铁的游离度等六项作为划分黄褐土和褐土的综合诊断特性，并以土壤剖面形态和微形态特征作为参考指标。根据诊断特性对过渡带的黄褐土和褐土的分类归属进行判定，剖面形态的差异为黄褐土通体黏重，有较多的铁锰新生体；褐土剖面由黏粒分异所形成的黏化层明显，有较多的黏粒胶膜。微形态方面的差异主要在于土壤形成物的种类不同，黄褐土的微形态薄片中的形成物主要是铁、锰形成物，而褐土则主要是黏粒胶膜和碳酸盐形成物。黄褐土和褐土在土壤的颗粒组成、酸性特征、游离碳酸盐含量、铁锰氧化物特性、土体和胶体的化学组成方面均有显著的差异。另外，在黏土矿物方面也有差别，主要是黄褐土的黏土矿物中 1∶1 型的含量多，而褐土中则少。

棕壤与山地草甸土

棕壤与山地草甸土在河南省从垂直分布上而言，山地草甸土多在棕壤之上。随着地理位置的不同，各山区分布高度在 1500~2000m，但是在棕壤过渡到山地草甸土的过渡带中，又随着小地形的差异，使棕壤与山地草甸土可能错综分布。如果山顶平坦，山高风大，林木不能生长，林木即被草甸灌丛所替代，而且地面有暂时性积水，即可能形成山地草甸土。否则，山顶陡峭，山脊挡风，海拔虽高，仍能生长林木，坡度较大，降水多以径流很快排入沟谷，即可能形成棕壤。故从两个土类的分布上看，密切相连，有时可能成复区。另外从二者的性质上看也有很大的近似性，如两个土类的有机质积累、土壤酸度、代换性盐基与土壤盐基饱和度、黏粒 SiO_2/R_2O_3、黏土矿物类型等。

棕壤

河南省棕壤具备以下基本属性与形态特征。地表有数厘米厚的枯枝落叶层，下为有机质层，厚 10~20cm。表层结构多粒状或碎块状，心土层为核状或块状结构。全剖面以棕色或暗棕色为主，心土层颜色比较鲜艳，结构面上有明亮的铁锰胶膜，游离铁锰明显下移。淋溶层质地较轻，淀积层质地较重，结构面上有大量黏粒胶膜，有明显的黏化现象，以淋淀黏化为主。土体有一定的淋溶作用，通体无石灰反应，pH 值为 6.0 左右，土壤呈微酸性。盐基弱度不饱和，盐基饱和度一般 70%~90%。河南省棕壤广泛分布在 1000m 以上的中山垂直带谱中，从自然区域言，主要在豫西北部的太行山区与豫西伏牛山区，豫南大别山、桐柏山地上部也有零星分布。就行政区而言，主要分布在三门峡市，洛阳市南部，南阳市北部，安阳市西部，新乡、焦作市北部，郑州市、平顶山市西部，信阳市南部等地，总土壤面积为 4448km^2，占全省土壤面积的 3.23%，其中绝大部分为自然土壤，耕地面积很小。

从垂直带谱来看，伏牛山北与太行山下部与褐土相连，伏牛山南与大别桐柏山地下部与黄棕壤相连，其上部往往与山地草甸土相接。河南省棕壤是在温暖湿润的气候条件，落叶阔叶林为主的森林植被下，中山地形与各种母岩风化的残坡积母质上发育的，是在比较温暖湿润的气候条件下，经过一定的淋溶过程而形成的微酸性土壤，河南省棕壤多分布在海拔 1000m 以上的中山。豫西伏牛山北坡与太行山区，以落叶阔叶林为主，1000~1400m 为短柄枹林，1400~1800m 为锐齿槲栎林，含有少量华山松，1800m 以上为华山松林、云杉林、太白冷杉林等，灌木丛有榛子、照山白、六道木、杜鹃、胡枝子等，草本植物有羊胡子草、蒿类等；伏南山区有北亚热带常绿落叶阔叶林与针叶林，1100m 以下为栓皮栎林，麻栎林与油松林，灌丛有连翘、照山白、胡枝子等，1100~1500m 为短柄枹林，草本植物有羊胡子草、天门冬等，1500~1800m 为锐齿槲栎林，并含有少量华山松，灌丛草本植物有胡枝子、黄背草等；1800m 以上为华山松林，并有铁杉、冷杉、坚桦、红桦等，灌丛草本植物有小叶石榛子、绣线菊、秀雅杜鹃、羊胡子草等；桐柏大别山地，棕壤多分布在海拔 1200~1300m 的山地，主要植被有槲栎与黄山松组成的针阔叶混交林与黄山松纯林，灌丛有乌饭树、榛子、三亚乌药等，草本植物有黄背草、大油芒、白茅等。母岩与成土母质的矿物成分与化学组成密切地影响着棕壤的形成过程及其性质，河南省太行山地棕壤分布区的岩性主要是沉积岩中的石灰岩、砂页岩，间有少量的变质岩；豫西伏牛山地棕壤分布区岩浆岩、沉积岩与变质岩兼而有之，部分地区山体上有覆盖的黄土；桐柏大别山地棕壤分布区的岩性主要为岩浆岩中的花岗岩，个别山体为安山岩。河南省棕壤多分布在1000m 以上的中山地区，从地貌的成因分为褶皱构造、断块构造、褶皱断块构造、侵入体构造等，太行山与嵩山属断块构造，坡度较陡，悬崖峭壁较多。淋溶过程指土壤渗透水下渗时对土壤可溶性盐的溶移，对土壤胶粒的悬移以及对细小颗粒的推移。棕壤的淋溶过程较褐土强，但较黄棕壤、黄褐土弱，不仅可溶性钾钠淋洗，而且钙、镁也被淋失，这不同于褐土，但不像黄棕壤、黄褐土中游离铁锰在土体中大量移动与积聚。土壤呈微酸性，盐基弱度不饱和。棕壤的全量铁锰、游离铁锰和活性铁锰均有明显的淋溶淀积现象。发育好的棕壤剖面中下部结构面上，都可看到棕红色的铁锰胶膜和各种形态的铁锰新生体，如铁锰结核与铁锰斑块等。铁锰胶膜常与淀积黏粒胶膜同时存在。

棕壤、黄棕壤、淋溶褐土基本属性的差异：棕壤、黄棕壤及淋溶褐土是河南省主要的地带性土壤，棕壤多分布于伏牛、太行山区的山体上部，在桐柏、大别山地海拔 1200m 以上也有少量分布。黄棕壤主要分布在伏南、桐柏、大别山地及缓岗、丘陵地带。淋溶褐土主要分布于河南省伏北与太行山地海拔 800~1200m 的部位，向上则过渡为棕壤。从纬度地带看，棕壤、淋溶褐土分布于黄棕壤的北部。在垂直带上，棕壤分布于黄棕壤、淋溶褐土之上，这三种土壤类型，在空间分布上紧密相连，在基本属性上有一定的相似性。

棕壤、黄棕壤、淋溶褐土酸性特征的差异：棕壤、黄棕壤与淋溶褐土的 pH 值、交换酸、盐基饱和度与碳酸钙相当物含量均有明显区别。第一，棕壤的 pH 值为 6. 19，中心概念值为 5. 34~7. 04；黄棕壤的 pH 平均值为 5. 45，中心概念值为 5. 19~5. 71；淋溶褐土的 pH 平均值为 7. 32，中心概念值为 6. 70~7. 94，其顺序为淋溶褐土>棕壤>黄棕壤。第二，从交换酸含量来看，棕壤的平均值为 0. 75cmol（+）/kg，中心概念值为 0. 23~1. 27cmol（+）/kg；黄棕壤分别为 1. 37，0. 34~2. 40cmol（+）/kg；淋溶褐土无交换酸含量，其顺序为黄棕壤>棕壤>淋溶褐土。第三，盐基饱和度的差异也十分明显，棕壤的平均盐基饱和度为 83. 97%，中心概念值为 71. 86%~96. 08%；黄棕壤分别为 56. 12%及 51. 80%~60. 44%；淋溶褐土分别为 93. 94%及 87. 27%~90. 61%。其顺序为淋溶褐土>棕壤>黄棕壤。第四，碳酸钙相当物含量以淋溶褐土较高，平均值为 5. 20，中心概念值为 0. 71~9. 69g/kg。棕壤含量甚微，黄棕壤则不含游离碳酸钙。其顺序为淋溶褐土>棕壤>黄棕壤。

棕壤、黄棕壤与淋溶褐土铁氧化物特征的差异：棕壤的游离铁平均含量为 19. 70g/kg，中心概念值为 13. 80~25. 70g/kg；黄棕壤分别为 25. 40g/kg 及 19. 30~31. 60g/kg；淋溶褐土分别为 16. 70g/kg 及 13. 50~19. 90g/kg。其顺序为黄棕壤>棕壤>淋溶褐土。这三种土壤的铁游离度也有差异：棕壤的平均值为 31. 72%，黄棕壤与淋溶褐土分别为 40. 48%及 29. 60%，其顺序为黄棕壤>棕壤>淋溶褐土。

棕壤、黄棕壤、淋溶褐土土体及黏粒化学组成差异：不同土类土体中各种盐基的淋失状况是不同的。其风化淋洗程度以 ba 表示，即 K_2O、Na_2O 及 CaO 的分子数之和与 Al_2O_3 的分子数之比。在土壤的风化、淋溶过程中，Al_2O_3 是比较稳定而不易被淋失的成分，而 Na、K、Ca 的盐类则易受淋失，故 ba 值可反映土壤中盐基的变动状况及土壤的淋溶程度。棕壤的 ba 值平均为 0. 48，中心概念值为 0. 45~0. 50；黄棕壤分别为 0. 40 及 0. 32~0. 48；淋溶褐土分别为 0. 73 及 0. 62~0. 85，其顺序为淋溶褐土>棕壤>黄棕壤。黏粒的硅铁铝率是反映土壤发育程度的重要标志，其大小也能表明土壤的黏土矿物类型，棕壤的平均硅铁铝率（Saf）、硅铝率（Sa）及硅铁率（Sf）分别为 2. 93、3. 85 及 12. 55；黄棕壤分别为 2. 57、3. 24 及 11. 84；淋溶褐土分别为 3. 23、4. 27 及 13. 26。其顺序为淋溶褐土>棕壤>黄棕壤。这说明黄棕壤的脱硅富铁、铝化特征较明显，其发育强度也强于棕壤及淋溶褐土。由硅铁铝率还可以推测：淋溶褐土的黏土矿物类型以 2∶1 型的蒙脱石、伊利石为主，黄棕壤虽仍以 2∶1 型的黏土矿物蛭石、伊利石为主，但 1∶1 型高岭石的含量明显地较棕壤与淋溶褐土为高。

因此，棕壤、黄棕壤与淋溶褐土在一系列的基本属性上，如 pH 值、盐基饱和度、碳酸钙相当物、ba 值、铁的氧化物、黏粒的硅铝率等方面均有较明显的差异。

棕壤亚类

由于棕壤分布地区的自然条件极其复杂，影响了棕壤的发育程度，从而形成了棕壤的不同类型。根据棕壤的发育阶段及上层滞水形成的白浆化附加成土过程特点，河南省棕壤可分为普通棕壤、白浆化棕壤与棕壤性土三个亚类。其中普通棕壤具有棕壤的典型性状，发育程度较好，在形成过程中，有明显的腐殖质积累过程、黏化过程和淋溶过程。白浆化棕壤由于受上层滞水的影响，产生了附加的“白浆化”过程。棕壤性土由于侵蚀严重，土层较薄，石砾含量较多，发育程度较差，属于棕壤形成的初期阶段。

普通棕壤

普通棕壤是棕壤土类中的典型代表亚类，主要分布在河南省太行、伏牛山海拔 1000m 的区域，大别山地海拔 1200m 以上的中山坡度较缓地段，常与棕壤性土亚类呈复区分布。就行政区而言，主要分布在安阳市的林州市，新乡市的辉县市，焦作市的修武，济源市，三门峡市的卢氏、灵宝、陕州区，洛阳市的嵩县、栾川、汝阳，郑州市的登封、巩义，平顶山市的鲁山，南阳市的西峡、南召、内乡，信阳市的商城等县。普通棕壤面积为 1339km^2，占棕壤面积的 30.11%，其中耕地面积 20.6km^2，占普通棕壤亚类面积的 1.53%。普通棕壤由于植被覆盖度大，坡度较缓，故土层较厚，剖面中腐殖质积累过程、淋溶过程和黏化过程都比较明显，发育层次清楚，土体构型为 A-B-C 型。根据母质的类型及组成成分不同，普通棕壤可划分为黄土质棕壤、硅铝质棕壤、硅铝钾质棕壤、硅镁铁质棕壤、砂泥质棕壤、硅质棕壤、钙质棕壤等七个土属。

1. 黄土质棕壤

黄土质棕壤主要分布在嵩县、栾川、汝阳、卢氏等地，占普通棕壤的 8.88%，占棕壤土类面积的 2.67%，其中耕地面积 1.9km^2。黄土质棕壤发育在黄土母质上，一般土层较厚，厚者可达数米以上，但侵蚀严重者仅数十厘米，土体中不含石砾，质地中壤土至重壤土，表层灰黄色，心土层棕色，并有红棕色的黏土胶膜及棕褐色铁锰胶膜，表层粒状、下层核状块状结构，土壤呈微酸性反应，pH 值为 6.5 左右，表层有机质含量较高。

2. 硅铝质棕壤

硅铝质棕壤主要分布在灵宝、卢氏、栾川、宜阳、内乡、镇平、西峡、南召、济源、商城等市县，占普通棕壤的 52.21%，占棕壤土类的 15.72%。硅铝质棕壤发育在酸性结晶岩类及其变质岩类风化的残积或坡积物上，土体中石砾含量小于 100g/kg，土壤质地较粗，多为沙壤土至轻壤土，保水性能和透水性能尚好，土壤侵蚀较轻，土层较厚，植被覆盖度较大，地表有厚薄不等的枯枝落叶层，土壤表层多呈黑棕色或暗棕色，有机质含量高，粒状结构，心土层多呈棕色，并有黏粒胶膜和铁锰胶膜，块状或棱块状结构。土壤呈酸性反应，一般 pH 值为 6.0 左右，C 层为母岩风化物。

3. 硅铝钾质棕壤

硅铝钾质棕壤发育在中性结晶岩类风化的残积坡积物上，主要分布在洛阳市栾川县与信阳市商城县，占棕壤亚类面积的 13.65%，占棕壤土类面积的 4.11%，石砾含量小于 100g/kg；土层一般厚度为 50cm 左右，土体构型为 A-B-C 型。植被覆盖度较大，生物积累旺盛，有机质含量比较丰富，地表以上有 5cm 左右的枯枝落叶层，表层暗黄棕色或灰棕色，质地多为中壤，粒状结构，较疏松，B 层多棕色或黄棕色，质地多为重壤土，发育较好的土壤有黏粒与铁锰胶膜、斑块淀积，有机质含量明显减少，碎块状与块状结构，通体无石灰反应，pH 值为 6.5 左右，C 层为半风化的岩石碎块。

4. 硅镁铁质棕壤

硅镁铁质棕壤发育在基性与超基性岩类风化的残积、坡积物上，主要分布在洛阳市等地，面积 8km^2，占棕壤亚类的 0.60%，占棕壤土类的 0.18%。由于硅镁铁质棕壤母岩中 SiO_2 含量较少，铁、镁氧化物含量较高，形成的土壤颜色较深，土质较细，石砾较少，土层较厚，土体构型为 A-B-C 型。

植被覆盖度较大时，地表有 3~5cm 的枯枝落叶层，其下为 A 层，黑棕至暗棕色，粒状结构，疏松，质地多为中壤土或重壤土；B 层为淀积层，有黏化现象，质地较上层为重，块状结构，有铁锰与黏土胶膜呈暗棕或黑棕色；C 层颜色较淡，质地较轻，通体无石灰反应，呈微酸性，pH 值为 6.8 左右。通体无石灰反应，呈微酸性，pH 值为 6.8 左右。

5. 砂泥质棕壤

砂泥质棕壤是在砂岩、页岩、砾岩、千枚岩、片岩、板岩、泥岩等风化的残积坡积母质上发育的一种土壤，主要分布在洛阳市的栾川、三门峡市的卢氏，南阳市的西峡等地，面积为 144km²，占棕壤亚类的 10.74%，占棕壤土类面积的 3.23%。在砂岩或砾岩风化物上形成的土壤，质地较轻，通透性能较好，渗水性强，地表径流弱，土壤侵蚀较轻，千枚岩、片岩、板岩风化物形成的土壤，质地较重，通透性相对较差，易形成地表径流，土壤的颜色因母质成分的差异，可呈现出深浅不同的颜色。土体构型为 A-B-C 型，地表有枯枝落叶层，厚薄因植被覆盖度大小不同而异，一般为 3~5cm，其下即为 A 层，有机质含量通常均在 30g/kg 以上，黑棕色，质地因母质不同而有较大差异，一般母岩为砂砾岩时，土质较粗，若为页岩、千枚岩时土质较细，多为粒状或碎块状结构，B 层一般较上层质地为重，通常为棕色，核状或块状结构，有机质含量明显较上层减少，有黏土及铁锰胶膜淀积，C 层为半风化的母质层，全剖面无石灰反应。

6. 硅质棕壤

硅质棕壤是在石英岩、硅质砂砾岩风化的残积、坡积母质上发育的土壤，主要分布在崤山、熊耳山和嵩山等山区，面积为 126km²，占棕壤亚类面积的 9.43%，占棕壤土类面积的 2.84%，因母岩抗风化力较强，形成土层较薄，土体中粗砂粒较多，通透性良好，土体构型为 A-B-C 型，表层颜色较暗，有机质含量较多，质地较轻，粒状或碎块状结构，往往含有少量石砾，B 层颜色较淡，质地较上层稍重，黏粒与铁锰淀积现象不明显，碎块状或块状结构，C 层为半风化母质，通体无石灰反应，pH 值为 6.5 左右。

7. 钙质棕壤

钙质棕壤主要发育在石灰岩、大理岩、灰质砂页岩与砾岩风化的残积坡积母质上，主要分布在太行山区的林州、辉县、修武，豫西伏牛山区的卢氏、洛宁等市县，面积为 60km²，占普通棕壤亚类面积的 4.49%，占棕壤土类面积的 1.35%。钙质棕壤土层较薄，质地较重，多为中壤土与重壤土，土壤侵蚀较重，表层为暗棕色，粒状与碎块状结构，B 层为红棕色，有明显的黏土与铁锰胶膜，核状或棱块状结构，C 层为半风化母质，通体无石灰反应，尽管土体中有一定的淋溶作用，但因母质中富含碳酸钙，土壤酸性较弱，通常 pH 值为 6.5~7.5。

白浆化棕壤

白浆化棕壤系指在土壤表层以下具有白浆层的棕壤。在白浆层下部，形成黏粒和铁锰富集的淀积层。土体全量化学组成分异明显，而黏粒全量化学组成较为一致。白浆化棕壤主要分布在三门峡市卢氏县狮子坪、汤河、五里川、朱阳关等地，海拔 1500m 以上的中山阴坡，与普通棕壤、棕壤性土呈复区分布，面积为 65km²，占棕壤土类面积的 1.40%。河南省的白浆化棕壤，根据母质类型仅有一个硅铝质白浆化棕壤土属。硅铝质白浆化棕壤发育在酸性结晶岩类风化的残积坡积母质上，其分布区多在海拔 1500m 以上的背阴坡，坡度一般在 20°左右，气候冷湿，植被茂密，以华山松、锐齿槲栎、山杨、桦木、杜鹃为主，覆盖度大。表层质地多为砂壤土或轻壤土，白浆层以下多为中壤土至重壤土，通体呈微酸性，pH 值为 6.0 左右，无石灰反应。

棕壤性土

棕壤性土过去也叫粗骨棕壤，处于棕壤的初期发育阶段，是棕壤土类中一个发育较差的亚类，成土年龄短，土壤侵蚀严重，土层薄。河南省棕壤性土面积 3046km²，占棕壤土类面积的 68.49%，主要分布在三门峡市的卢氏、灵宝市、陕州区、渑池，洛阳市的栾川、嵩县、汝阳、宜阳、洛宁，焦作市的修武，济源市，新乡市的辉县市，安阳市的林州，郑州市的登封、巩义市等县（市）。棕壤性土由于主要分布在各种岩石组成的中山的山坡和山脊，坡度较陡，植被覆盖度小，母质多为基岩风化的残积物和坡积物，颜色随母岩的不同而有差别，质地粗，砾石含量100~300g/kg，土层较薄，一般在30~50cm，孔隙大，疏松，不抗旱，不保水，肥力低下，是山区瘠薄的土壤类型之一。多数B层发育不好，剖面构型A-（B）-C型。因地表坡度陡，土壤侵蚀严重，土层薄，植被覆盖度差，所以淋溶作用、黏化作用和生物积累作用都没有普通棕壤明显。根据母质的岩性不同，棕壤性土可分为黄土质棕壤性土、硅铝质棕壤性土、硅铝钾质棕壤性土、硅镁铁质棕壤性土、砂泥质棕壤性土、硅质棕壤性土、钙质棕壤性土等七个土属。

1. 黄土质棕壤性土

黄土质棕壤性土发育在黄土母质上，主要分布在太行山区的济源市与辉县市，面积9.2km^2，占棕壤性土亚类面积的0.30%，占棕壤土类面积的0.20%，黄土质棕壤性土土层较厚，厚的可达1m以上，但侵蚀严重者，仅30~50cm，土体中不含石砾，表层灰黄色，心土层棕色，核状、碎块状结构，土壤呈弱酸性，通体无石灰反应。

2. 硅铝质棕壤性土

硅铝质棕壤性土发育在酸性结晶岩类风化的残积、坡积物上。河南省硅铝质棕壤性土面积1920km^2，占棕壤性土亚类面积的63.4%，占棕壤土类面积的43.18%，主要分布在洛阳市的栾川、嵩县、汝阳、宜阳、洛宁，三门峡市的卢氏、陕州区及灵宝市，平顶山市的鲁山，南阳市的西峡、南召等县（市）。土壤质地较粗，石砾含量大于100g/kg，通透性良好，土体构型为A-（B）-C型，地表枯枝落叶层较薄，表层有机质含量较低，灰黄或灰棕色，B层以棕色为主，稍紧实，块状结构，含有较多的石砾与石块，无明显的黏粒与铁锰淀积，C层为半风化的母质层，通体无石灰反应，pH值为6.0左右，一般较相应棕壤稍低，代换量亦较低。

3. 硅铝钾质棕壤性土

硅铝钾质棕壤性土发育在中性结晶岩类风化的残积、坡积母质上。面积745km^2，占棕壤性土亚类面积的24.46%，占棕壤土类面积的16.76%，主要分布在济源市，洛阳市的栾川、嵩县、汝阳、洛宁，三门峡市的陕州区等县（市）。土壤发育不明显，土体构型为A-（B）-C型，地表枯枝落叶层因植被类型，覆盖度大小，坡度陡缓等条件不同而厚薄不一，A层多灰棕色，质地轻壤到中壤，有机质含量较高，粒状或碎块状结构，B层发育不明显，黏粒与铁锰在剖面中无明显分异现象，碎块状或块状结构，C层为半风化的母质，通体无石灰反应，pH值为6.0左右。

4. 硅镁铁质棕壤性土

硅镁铁质棕壤性土发育在基性、超基性岩类风化的残积坡积物上，土壤面积8.2km^2，占棕壤性土亚类面积的0.27%，占棕壤土类面积的0.18%，主要分布在洛阳市宜阳县等地。因母岩多由暗色矿物，如辉石、角闪石、橄榄石、斜长石等组成，抗风化力弱，较易风化，而且风化后土粒较细，颜色较深，铁、镁、钙、钾等元素含量高，植物养料相对较丰富。由于山地坡度陡，侵蚀重，土层薄，发育差，土体构型为A-（B）-C型，因处于长期淋溶状态，土壤无石灰反应，呈弱酸性。

5. 砂泥质棕壤性土

砂泥质棕壤性土发育在砂岩、页岩、千枚岩、片岩、板岩风化物的残积坡积母质上，土壤面积231km^2，占棕壤性土亚类面积的7.57%，占棕壤土类面积的5.18%，主要分布在辉县市，济源市，林州市，洛阳市的栾川、嵩县等县（市），砂泥质棕壤性土发育较差，土体构型A-（B）-C型，淋淀过程不明显，一般情况下土层较薄，石砾较多。

6. 钙质棕壤性土

钙质棕壤性土发育在石灰岩、大理岩、灰质砂岩、砾岩风化物的残积坡积母质上。主要分布在太行山区新乡市的辉县市、安阳市的林州市，一般土层较薄，但因分布的地形部位不同，厚薄也不尽一致，山顶较薄，山坡和山沟较厚，土壤侵蚀严重，土体构型为A-（B）-C型。表层多为灰棕色，质地中壤土到重壤土，心土层多为棕红色，质地较重，结构紧实，并有铁锰胶膜淀积，棱柱状或核状结构。通体无石灰反应，pH 值为 6.5～7.0。

7. 硅质棕壤性土

硅质棕壤性土发育在石英岩、硅质砂砾岩风化的残积坡积母质上，主要分布在郑州市的登封、巩义，三门峡市的卢氏、渑池，洛阳市的栾川、新安，许昌市的禹州市等县（市）。土壤面积 91km^2，占棕壤性土亚类面积的 2.97%，占棕壤土类面积的 2.03%。由于母岩抗风化力强，故在一般情况下，风化后形成的土壤土层薄，质地粗，石砾较多，土壤养分贫瘠。

山地草甸土

山地草甸土多分布在河南省 1500～2500m 的中山平缓山顶，位于棕壤之上，豫西山地灵宝市老鸦岔（2413.8m），栾川县老君山（2192m），嵩县的龙池墁（2080m），大别山地商城县的金刚台（1584m），太行山地四方垴（1680m）等山顶，均有小面积的零星分布，面积为 1835 亩，其中洛阳市 807 亩，三门峡市 225 亩，安阳市 246 亩，焦作市 120 亩，南阳地区 352 亩，信阳地区 85 亩，全部为自然土壤。山地草甸土的气候条件比较冷湿，夏秋多雨而冬春多积雪，一般 4～5 月还有残余积雪。从气温而言，总的趋势是随纬度与海拔的增加而降低，一般海拔 2000m 左右，年均温在 4.5℃左右。从垂直情况言，据对伏牛山地调查与推算，海拔 1300～1500m，年降水量最大；海拔再升高，年降水量反而降低。如到 1800m 左右，年降水量为 900～1000mm。山区蒸发量较低，故空气与土壤湿度均较大，特别是平缓山顶，杂草丛生，草毡层很厚，土体中有暂时滞水现象。植被以鹅冠草、早熟禾草甸，香青为主的杂草草甸为主，一般均分布在 1700m 以上，前者多在山顶与山坡，覆盖度 40%～50%，后者多在山谷，覆盖度可达 85%。建群植物均为中生低温植物，主要的有鹅冠草、早熟禾、马先蒿、柴胡、蓠蓄、岩败酱、龙胆、披叶苔、丝石竹、蛇莓、大车前、金丝桃、鬼灯擎、天葵、香青、野古草、糙苏、铁线莲等；此外还散生少量灌丛，常见的有秀雅杜鹃、小檗、箭竹、灰枸子等。这些草甸植物对山地草甸土的腐殖质积累有重要作用。地形多为平缓的山顶或山坡，风大，易积水，林木不能生长，但为草甸植物提供了适生条件，成土母质多为花岗岩、片麻岩、安山岩、石灰岩及白云岩等残积坡积物。山地草甸土因常年气温较低，湿度较高，矿化作用微弱，腐殖质化作用较强，为土壤腐殖质积累提供了良好的条件。土壤形成的生草化过程较强，使表土层形成了 10cm 左右的草根层，系山地草甸土的特征之一。山地草甸土根据盐基饱和度的大小分为山地草甸土与不饱和山地草甸土两个亚类，河南省均为山地草甸土亚类。黏粒中以 2：1 型矿物，特别是伊利石、蒙脱石、蛭石为多，说明其风化淋溶程度与棕壤近似。综观山地草甸土的剖面形态特征与理化性质，其主要特点有：第一，土层较薄，一般小于 50cm。第二，剖面上部具有盘根错节的草根层，松暄似毡，有机质含量特高，一般在 50g/kg 以上，高的可达 100g/kg 以上。第三，全剖面无石灰反应，pH 值为 6.0 左右。第四，交换性盐基以 Ca^{2+}、Mg^{2+} 为主，盐基饱和度>50%，呈弱度不饱和或饱和状态。第五，各层土体与黏粒中的化学组成间没有明显的分异，说明矿物分解不强烈。

褐土

褐土又称褐色森林土，主要指发育在较为干旱的森林向灌木草原过渡地带的一类土壤。河南省的褐土主要分布在伏牛山主脉与沙河、汾泉河一线以北、京广线以西的广大地区，包括三门峡、洛阳两市所辖各县市区，焦作市、许昌市的西北部，新乡市、平顶山市的北部，安阳市、郑州市、鹤壁市的西部。另外，漯河市与商丘市也有小面积分布。在垂直带谱上，褐土上接棕壤；在水平分布上，褐土南邻黄褐土，系华北褐土带的南缘。在部分地区，褐土有时与红黏土、粗骨土、石质土等土类镶嵌分布。

豫西褐土区属暖温带半干旱、半湿润季风气候，主要受东南季风控制。豫西褐土区地处我国黄土高原与黄淮海平原的结合部，系华北地区的南缘。地形地貌类型复杂，有石质或土质中山、低山、丘陵，还有河谷阶地、山前洪积扇、岗地、盆地等。三门峡以西和巩义市、荥阳一带，黄土地貌发育较好，较大的黄土塬有陕县的张村塬、张汴塬、东凡塬，灵宝的焦村塬、程村塬、阳店塬、苏村塬。著名的峁有陕州区西部的九朵莲花峁，还有黄土桥、黄土巷、黄土陷穴、黄土柱、黄土沟壑等，素有

“黄土喀斯特”之称。偃师、孟津一带多阶地、丘陵，郏县、许昌一带多缓岗，太行山前有洪积扇群。梯田连绵、沟壑纵横是褐土区自然景观的主要特色。

褐土的成土母质是多种多样的，在黄土丘陵区有马兰黄土、离石、午城黄土（红黄土）和黄土状物质（次生黄土）。在母岩上发育的褐土，其母质为各种岩类的残积坡积物：包括硅铝质、硅铝钾质、硅镁铁质、钙质、砂泥质、硅质等岩类风化物，还有洪积母质、堆垫母质等。褐土区地下水位多在10m以下，有的达数十米，一般不参加成土过程；只有在河谷的低阶地，山前倾斜平原的下部，地下水位较高，达4~5m，地下水参与成土过程，使褐土有一定的潮化作用，土体下部能见到锈纹锈斑。

褐土区的自然植被常见的有侧柏-荆条-酸枣-黄背草群落。此外，还有广泛分布的灌丛，有酸枣、胡枝子、荆条等。草本植物有白草、狗尾草、黄背草等。在路旁、沟谷或农田散生的乔木树种有刺槐、杨、榆、槐、泡桐、楸、椿等。果树有苹果、梨、山楂、核桃、柿、枣、杏等。

黏化过程是褐土主要的成土过程之一。褐土的黏化层中黏粒最高量出现于其上部，由此可以证明，褐土以残积黏化为主，但也有淋淀黏化作用。据在偏光显微镜下观察，褐土淀积层的微形态薄片，可观察到呈层理状的淀积黏粒胶膜，也有反映残积黏化特征的风化黏粒，仍保持长石颗粒的完整形状，表面已经铁质化、黏土化的风化黏粒，还可清晰地观察到扩散黏粒胶膜。钙化过程主要指碳酸盐在土体中淋溶、淀积的过程。碳酸盐包括碳酸钙和碳酸镁，以碳酸钙为主。土体中的碳酸钙向下移动，最后以碳酸钙的形式淀积于不同深度的土体中，并形成假菌丝体、粉末状石灰斑、石灰结核等各种形态的新生体，甚至形成钙积层。碳酸钙的存在及其形态是褐土的一种重要微形态特征，它是褐土成土条件和土壤发育特点的反映。在褐土的微形态薄片中，可观察到各种碳酸盐的形成物，如针状集合体，孔隙内的碳酸钙胶膜，以及已形成的次生方解石在孔隙内形成晶囊、晶管等。

豫西褐土划分为普通褐土、淋溶褐土、石灰性褐土、潮褐土和褐土性土五个亚类。石灰性褐土黏化层的黏化率在1.2以下，普通褐土和淋溶褐土黏化层的黏化率均在1.2以上，说明石灰性褐土黏化作用较弱，只具有黏化特征，而普通褐土和淋溶褐土黏化作用较强，已具有明显的黏化层。石灰性褐土碳酸盐含量最高，各层的加权平均值为74.60g/kg，普通褐土亚类次之，为37.70g/kg，淋溶褐土最低，为10.00g/kg。各层次碳酸盐含量以普通褐土亚类最大，石灰性褐土次之，淋溶褐土最小，这与土壤淋溶淀积程度相符。从碳酸盐组成看，碳酸钙可占77.00%~90.88%，石灰性褐土最大（90.88%），普通褐土次之（86.74%），淋溶褐土最小（77.00%）。而碳酸镁在碳酸盐中的比例，以淋溶褐土最大（23.00%），普通褐土次之（13.26%），石灰性褐土最小（9.12%）。各相应层次对比，石灰性褐土碳酸盐含量最高，普通褐土次之，淋溶褐土最低，与土壤的碳酸盐总量变化趋势相一致。经大量资料统计分析研究，1m内土体碳酸盐含量≥13g/kg是土壤具备石灰性的条件。普通褐土亚类既具有石灰性，又具有碳酸盐分异特征，淋溶褐土不具备石灰性，石灰性褐土只具有石灰性。黏粒化学组成方面，淋溶褐土的SiO_2含量较普通褐土和石灰性褐土为低，而R_2O_3含量则前者较后二者为高，这是由风化淋溶程度前者较后两者稍高所致；MgO与K_2O的含量淋溶褐土最低，平均值分别为28.70g/kg和34.20g/kg，而普通褐土与石灰性褐土稍高，分别为30.70g/kg、37.40g/kg与34.10g/kg、38.09g/kg，SiO_2/R_2O_3淋溶褐土最低，普通褐土次之，石灰性褐土最高，分别为2.74、2.94与3.07，这同样说明其风化淋溶程度有所不同，淋溶褐土最强，普通褐土次之，而石灰性褐土最弱。

普通褐土

普通褐土亚类主要分布在黄土塬、黄土丘陵区的平缓地带、山前倾斜平原、洪冲积扇、河谷阶地及河谷平原两侧的缓岗地区，在石灰岩、泥质岩地区也有小面积分布。成土母质为马兰黄土、红黄土、次生黄土、石灰质岩类和泥质岩类残积坡积物等。面积为5995km^2，占褐土类土壤面积的21.43%。主要分布在洛阳市、三门峡市、郑州市、许昌市、平顶山市、新乡市、鹤壁市和安阳市，耕地面积为7 710 309亩，占该亚类土壤面积的85.74%，占褐土类耕地面积的27.43%。在垂直带谱上，普通褐土亚类上接淋溶褐土亚类，常与石灰性褐土亚类呈复域分布。普通褐土又称典型褐土，其剖面构型为 A（A_p）-B（黏化、钙积层）-C 型，或 A-B_t（黏化层）-B_k（钙积层）-C 型。土壤颜色以黄橙色、淡棕色为主，土壤质地表土层多中壤土、重壤土，黏化层多重壤土、轻黏土。表土层多碎块状结构，黏化层多棱块状、棱柱状结构。发生层次明显，土体 40~80cm 具有明显的黏化层。石灰反应多为强-中（弱）-强，少部分为弱（中）-中-强。具有明显的菌丝状石灰新生体和黏土胶膜。普通褐土亚类根据母质及风化壳特征与砂姜的有无划分为 8 个土属，即黄土质褐土、砂姜黄土质褐土、洪积褐土、红黄土质褐土、砂姜红黄土质褐土、泥质褐土、钙质褐土及废墟褐土等，现将其主要土属分述于后。

1. 黄土质褐土

黄土质褐土土壤面积为 2195km^2，占普通褐土亚类土壤面积的 36.61%，主要分布在洛阳市的孟津、新安、宜阳、偃师和洛阳市郊区、吉利区，三门峡市的灵宝市、陕州区、渑池和湖滨区，许昌市的禹州市，新乡市的辉县市、卫辉市、北站区，郑州市的荥阳、巩义市、新密、新郑。耕地面积为 1916km^2，占该土属土壤面积的 87.27%，成土母质为黄土，所处地貌为黄土塬、岭平地、山前倾斜平原。黄土质褐土土体深厚、上虚下实，表土层质地多为中壤土，黏化层多为重壤土。土体 40~60cm 深处开始出现黏化层，其厚度 30~50cm。全剖面以黄橙色为主，黏化层以棕色为主。表土层多块状、粒状结构，黏化层多柱状、棱块状结构，黏化层有明显的假菌丝和黏土胶膜，有时出现小砂姜。全剖面石灰反应多呈强-中（弱）-强型。垂直节理发育，易发生湿陷或崩塌。坡度平缓。

2. 砂姜黄土质褐土

砂姜黄土质褐土土属面积为 340km^2，占普通褐土亚类土壤面积的 5.68%，主要分布在许昌市的禹州市，三门峡市的灵宝市和陕州区，洛阳市的孟津、偃师、新安、洛宁、宜阳县及洛阳市郊区。耕地面积为 283km^2，占该土属土壤面积的 83.09%，成土母质为马兰黄土，所处部位比黄土质褐土较高，坡度较大，水土流失较严重。与黄土质褐土的区别是该土属通体或某一层段砂姜含量在 100g/kg 以上，其他性状与黄土质褐土相近。

3. 洪积褐土

洪积褐土土壤面积为 1881km^2，占普通褐土亚类土壤面积的 31.38%，主要分布在许昌市的禹州、长葛、许昌市建安区，鹤壁市的鹤壁市郊区、淇县和浚县，洛阳市的偃师、孟津、新安、宜阳、栾川县和洛阳市郊区，三门峡市的灵宝市、渑池和陕州区、义马市，郑州市的巩义市、荥阳、新郑、登封和新密，平顶山市的郏县、宝丰和汝州市，安阳市郊区和林州。耕地面积为1789km^2，占该土属土壤面积的 95.13%，所处地貌为山前洪积扇、倾斜平原及黄土丘陵洼地。部位较低，坡度较小，水土流失较轻。

4. 红黄土质褐土

红黄土质褐土土壤面积为 1276km^2，占普通褐土亚类土壤面积的 21.29%，主要分布在三门峡市的卢氏、渑池、陕州区和义马市，洛阳市的孟津、新安、宜阳、洛宁、偃师、伊川、嵩县和洛阳市郊区，许昌市的禹州市，平顶山市的郏县、宝丰、汝州市和平顶山市郊区，安阳市的林州。所处地貌为红黄土质丘陵区的平缓地带。成土母质为红黄土。耕地面积为 893km^2，占该土属土壤面积的 70.0%。

5. 砂姜红黄土质褐土

砂姜红黄土质褐土土壤面积为 300km^2，占普通褐土亚类土壤面积的 4.98%，主要分布在许昌市的禹州市，三门峡市的渑池、陕州区，洛阳市的偃师、孟津、洛阳市郊区、新安、洛宁，耕地面积为 257km^2，占该土属土壤面积的 86.15%。所处地貌比红黄土质褐土土属部位稍高，水土流失较为严重。成土母质为红黄土。与红黄土质褐土的区别是该土属通体或某一层段砂姜含量在 100g/kg 以上。

6. 泥质褐土

泥质褐土零星分布于三门峡市卢氏县泥质岩山地。该土属土层厚度 40~50cm，通体棕色、棕红色，质地为重壤土，通体石灰反应弱，pH 值为 8.3 左右，所处地貌为低山区，成土母质为页岩等泥质岩类风化物。

淋溶褐土

淋溶褐土从水平分布看，多在褐土南缘，水、热条件较好，土层较厚，土质较重，发育程度较好。淋溶褐土亚类是棕壤与褐土、黄褐土与褐土的过渡类型，豫西北分布在海拔800~1200m的中低山地，豫中（禹州市）分布在海拔500m左右的低山，而在褐土土类的南缘则多分布在垄岗和海拔200m左右的丘陵地区。辉县市南村盆地地处豫西北，虽然海拔仅400~500m，但因降水量稍多，地形为盆地，也分布有淋溶褐土。淋溶褐土地区年均降水量800mm左右。成土母质有红黄土、马兰黄土、洪冲积物及钙质岩类、酸性岩类、中性岩类、砂泥质岩类、硅质岩类的残积-坡积物。淋溶褐土亚类的面积为1943km^2，占褐土类总土壤面积的6.95%，主要分布在三门峡市、洛阳市、安阳市、新乡市、焦作市、郑州市、许昌市、平顶山市、漯河市等地。耕地面积为344km^2，占该亚类土壤面积的17.68%，占褐土土类耕地面积的1.83%。在垂直带谱中，淋溶褐土亚类上接棕壤，下接普通褐土，在水平分布上南部与黄褐土相邻。

淋溶褐土亚类分布地区比普通褐土的降水量偏高，垂直带上热量较低，植被比棕壤差。植被覆盖度为50%~80%，长势较好，属落叶阔叶林，乔木有栎类、核桃、刺槐等，灌木有酸枣、荆条、黄栌材、连翘等，草本有白草、黄背草、蒿类等。一般通体无石灰反应，或底土层有微石灰反应。$CaCO_3$含量2~10g/kg，pH值为6.5~7.5。黏化层结构面上一般具有少量铁锰胶膜，向下逐渐过渡到半风化的母质层。

淋溶褐土与普通褐土的pH、$CaCO_3$含量有明显的差别：前者7.0左右，后者8.0左右，$CaCO_3$含量差异甚大，淋溶褐土含量低，且上下层一致，普通褐土含量高，剖面中部低而上下层均高。根据成土母质类型，淋溶褐土亚类划分为8个土属，即黄土质淋溶褐土、红黄土质淋溶褐土、洪积淋溶褐土、硅铝质淋溶褐土、硅铝钾质淋溶褐土、泥质淋溶褐土、钙质淋溶褐土和硅质淋溶褐土。

1. 黄土质淋溶褐土

黄土质淋溶褐土土属面积为71.4km^2，占淋溶褐土亚类土壤面积的3.67%。主要分布在新乡市的辉县市和卫辉市，许昌市的禹州市，三门峡市的渑池县等。耕地面积为12.6km^2，占该土属土壤面积的17.69%，成土母质为马兰黄土，所处地貌为800~1200m的中山和低山地区。SiO_2/R_2O_3分子比率较普通褐土为低，一般在3.0左右。

2. 洪积淋溶褐土

洪积淋溶褐土土壤面积为318km^2，占淋溶褐土亚类土壤面积的16.4%，主要分布在新乡市的辉县市和卫辉市，洛阳市的栾川、汝阳、嵩县，漯河市的郾城、舞阳县，平顶山市的鲁山县等。耕地面积为197km^2，占该土属土壤面积的61.79%，所处地貌有中低山区的山麓、山间盆地，还有水平带上褐土土类的南缘、位于沙河以北海拔100~200m的缓岗。成土母质为洪冲积物。

3. 红黄土质淋溶褐土

红黄土质淋溶褐土土属面积为807km^2，占淋溶褐土亚类土壤面积的41.51%。主要分布在三门峡市的卢氏和灵宝市，洛阳市的汝阳和宜阳县。耕地面积为81km^2，占该土属土壤面积的10.1%。所处地貌为中、低山地，成土母质为红黄土。红黄土质淋溶褐土土体深厚，表层和底土层多中壤土、重壤土，灰棕色、棕色，多块状结构；黏化层多重壤土、轻黏土，淡棕色、暗棕色，多棱块状结构。全剖面一般无石灰反应，有时下部有微石灰反应，pH值为6.9~7.5。碳酸盐总量为11.20~12.60g/kg，加权平均11.80g/kg；碳酸盐组成以$CaCO_3$为主，土体含量为7.60~9.40g/kg，加权平均为8.20g/kg，占碳酸盐总量的70.29%，比普通褐土、石灰性褐土亚类均低；$MgCO_3$含量为3.20~3.70g/kg，加权平均为3.60g/kg，占碳酸盐总量的29.71%，比普通褐土、石灰性褐土亚类均高；$CaCO_3/MgCO_3$加权平均为2.41，比普通褐土、石灰性褐土亚类均低。硅铁铝率平均为2.82，硅铝率平均为3.79，较普通褐土稍低。

4. 硅铝质淋溶褐土

硅铝质淋溶褐土土属面积为100km^2，占淋溶褐土亚类土壤面积的5.17%。主要分布在三门峡市的卢氏、陕州区，洛阳市的栾川、宜阳县，郑州市的登封市。耕地面积为 3.4km^2，占该土属土壤面积的 3.36%。成土母质为花岗岩、片麻岩等酸性岩类风化物。

5. 硅铝钾质淋溶褐土

硅铝钾质淋溶褐土面积为 136km^2，占淋溶褐土亚类土壤面积的 7.01%。主要分布在洛阳市的栾川县、三门峡市的陕州区、济源市等。耕地面积很少。成土母质为安山岩、安山玢岩等中性岩类风化物。

6. 钙质淋溶褐土

钙质淋溶褐土土属面积为 287km^2，占淋溶褐土亚类土壤面积的 14.76%，主要分布在卢氏、登封、栾川、济源、沁阳、鲁山、林州等。耕地面积 20km^2，占该土属土壤面积的 7.03%。成土母质为白云岩、白云质灰岩、石灰岩、大理岩等钙质岩类残积坡积物。所处地貌为中山区，海拔一般为 1000~1300m，是淋溶褐土亚类中分布较高的土属。

7. 硅质淋溶褐土

硅质淋溶褐土土属面积为 79km^2，占淋溶褐土亚类土壤面积的 4.05%。主要分布在郑州市的登封市，三门峡市的卢氏、渑池，洛阳市的新安、栾川。耕地面积为 7.8km^2，占该土属土壤面积的 9.80%，所处地貌为中、低山地，成土母质为石英岩、石英砂岩等硅质岩类残积坡积物。硅质淋溶褐土石砾含量较高，表层达 300g/kg 左右，故透水性能较好，土层厚薄不一，因所处地形部位不同而异。土壤质地一般较轻，多轻壤与中壤。

石灰性褐土

石灰性褐土亚类分布在黄土覆盖的低山、丘陵地带、黄土塬边缘、墚、峁及洪积扇的中上部，石灰岩、泥质岩山地上有小面积分布。成土母质为马兰黄土、红黄土、洪冲积物及石灰岩、泥质岩类风化物，常与普通褐土呈复域分布。其面积为 4978km^2，占褐土土类土壤面积的 17.80%。主要分布在三门峡市、洛阳市、郑州市、安阳市、焦作市、鹤壁市、平顶山市、新乡市、许昌市等地。耕地面积为 33km^2，占该亚类土壤面积的 66.43%，占褐土类耕地面积的 17.65%。

石灰性褐土所处地面坡度较大，平均为 9.45°。夏季降雨集中，易发生地面径流，土壤侵蚀较严重，成土时间比普通褐土较短，发育较弱，一般黏化层不明显，仅有弱黏化层。通体颜色以黄橙色、淡棕色为主，质地多中壤土、重壤土，表土层多碎块状、粒状结构；心土层和底土层多块状、棱块状结构。通体石灰反应强烈或中等反应，pH 值为 7.5~8.5。$CaCO_3$ 淀积一般在 30~80cm 深处出现，多呈菌丝状、粉末状，有时有石灰斑或小砂姜。自上而下碳酸钙含量基本一致。自然植被主要为耐旱喜钙的草灌，如酸枣、荆条，散生的乔木有侧柏、刺槐、榆、柿等。根据成土母质类型，石灰性褐土亚类划分为七个土属：黄土质石灰性褐土、砂姜黄土质石灰性褐土、红黄土质石灰性褐土、砂姜红黄土质石灰性褐土、洪冲积石灰性褐土、泥质石灰性褐土和钙质石灰性褐土。

潮褐土

潮褐土亚类分布在山前洪积扇的中下部、河川区的二级阶地和潮土区的缓岗及黄河故道高滩地等。丘陵与平原的过渡地带及平原中的高地，地形平坦，土壤不仅有褐土化发育，而且兼有潮化过程。成土母质为洪冲积物。占褐土类土壤面积的 25.20%。主要分布在许昌市的禹州市、长葛市，郑州市的新郑、荥阳、巩义市、登封及郑州市郊区，周口市的扶沟、西华、商水县，洛阳市的洛阳市郊区、栾川、孟津、宜阳、新安、偃师、嵩县、汝阳和伊川县，鹤壁市的淇县、浚县，新乡市的卫辉市、辉县市、新乡县和北站区，孟州市、修武县、沁阳市、博爱县和焦作市郊区，三门峡市的灵宝、卢氏、渑池县和义马市，平顶山市的宝丰、许昌县、郏县，平顶山市郊区，安阳市的安阳、汤阴、林州和安阳市郊区。耕地面积为 6649km^2，占该亚类土壤面积的 94.32%，占褐土类耕地面积的 35.48%。潮褐土亚类是褐土向潮土的过渡类型，地下水位一般 4~5m，剖面上部不受地下水影响，具有碳酸钙的淋淀和弱黏化作用。剖面下部，一般指 80~100cm 以下，微受地下水作用，有轻微的潮化过程。潮褐土亚类分为洪积潮褐土与冲积潮褐土两个土属。

褐土性土

褐土性土广泛分布于褐土区的中、低山地、丘陵地区土壤侵蚀较为严重的地带及堆积频繁的地区。成土母质有马兰黄土、红黄土、洪冲积物、堆垫物及各种岩类残积坡积物，面积为 8004km^2，占褐土类土壤面积的 28.62%。主要分布在洛阳市、三门峡市、焦作市、新乡市、鹤壁市、许昌市、郑州市、平顶山市、安阳市。耕地面积为 3300km^2，占该亚类土壤面积的 41.23%，占褐土类耕地面积的 17.61%。在垂直带谱上，常与淋溶褐土、石灰性褐土交错分布。

褐土性土亚类土层厚度一般为 30~50cm，黄土丘陵区可达数十米。植被覆盖较差，地形破碎，水土流失严重，所以土壤侵蚀较为强烈或堆积较为频繁，干扰了土壤发育过程，使土层处于不稳定状态，甚至破坏了原有的发生层段，缺少典型的黏化层次，只具有微弱的黏化特征，其剖面构型为 A-(B) -C 型，即黏化层不明显。土壤颜色、质地、酸碱度、$CaCO_3$ 含量随母岩、母质而异，但多呈微碱性，pH 值为 7.5~8.5。褐土性土亚类划分为 9 个土属，即黄土质褐土性土、红黄土质褐土性土、洪冲积褐土性土、堆垫褐土性土、硅铝质褐土性土、硅铝钾质褐土性土、砂泥质褐土性土、钙质褐土性土、硅质褐土性土。

潮土

潮土是河南省面积最大、分布最广的一个土类，其土壤面积为 35 727km^2，占全省土壤总面积的 25.97%，潮土耕地面积 33 270km^2，占全省耕地面积的 37.14%，在农业生产上具有极重要的地位。集中分布在河南省东部黄、淮、海冲积平原，西以京广线为界与褐土相连，南以淮河干流为界与水稻土相接，东部和北部均达省界，与安徽、山东、河北三省潮土接壤。另外，淮河干流以南，唐、白河，伊、洛河，沁、漭河诸河流沿岸及沙河、颍河上游亦有小面积分布。就行政区来看，主要分布在安阳、濮阳、新乡、焦作、鹤壁、开封、商丘、周口、许昌、郑州、驻马店、信阳等地。潮土区地形为黄淮海冲积平原，地形平坦，但由于黄河多次改道泛滥影响，形成几条较高的黄河故道滩地及故道两侧洼地，故平原区的微域地貌比较复杂。河流沉积物是形成潮土的主要母质，特别是占潮土面积百分之九十以上的豫东北大平原就是黄河历代泛滥沉积而形成的。由于河流泛滥时流速不同，所沉积的母质颗粒粗细亦不相同，流速快时沉积砂粒，流速慢时沉积黏粒，流速中等时沉积粉砂粒，这就是群众常说的“紧出砂，慢出淤，不紧不慢出两花（两合）”。黄河自孟津东流入华北大平原，河道突然变宽，水流速度骤减，泥沙淤积严重，河床淤高成为地上河，历史上经常决口改道。据历史记载，自公元前 602 年以来，决口泛滥达 1500 多次，大改道就有 7 次。潮土有其独特的形成过程。它是在流水沉积母质上，由地下水参与经过潮化过程与人为熟化过程的综合作用，在较短的时间内发育形成的。潮土主要是受地下水影响而形成的一种半水成土壤。潮土划分为普通潮土、灰潮土、湿潮土与灌淤潮土四个亚类。

盐碱土

河南盐碱土主要分布在东北部黄、淮、海冲积平原，特别是河流两岸的槽形洼地与碟形洼地，以黄河故道及现黄河道两侧的槽形洼地分布面积最大，盐、碱化程度较重，其他泛滥平原中的碟形洼地，盐、碱化土壤多以花斑状分散于其他土类之间。就行政区而言，集中分布于开封、商丘、新乡、濮阳、安阳等地。如开封市的开封、兰考，商丘市的民权、宁陵、虞城、夏邑，新乡市的原阳、延津、封丘、长垣、获嘉县，濮阳市的清丰、南乐、濮阳县、范县、台前县，安阳市的内黄、滑县等县。另外，郑州市、周口市也有零星分布。河南盐碱土是在季风气候条件下和黄河历次泛滥沉积形成的岗、坡、洼地形的基础上，在低矿化地下水、高地下水位和地表水双重作用下，经过长期的地表积盐和脱盐的过程而形成的。在一年中，随季节的变化，土壤积盐和脱盐交替进行。春季是强烈积盐期，夏季是集中降雨淋洗脱盐期，秋末是雨后干旱返盐期，冬季是结冻潜伏积盐期。但总的趋势是积盐过程大于脱盐过程，久而久之，致使土壤表层盐分逐渐积累，从而形成盐碱土。地形对水盐起着再分配的作用，易溶性盐类随地表水和地下水从高处向低处迁移集中。因此，从大地形来看，盐渍土多集中在排水不良的低洼地区，如槽形洼地、碟形洼地、背河洼地及交接洼地等。从小地形看，盐渍化程度较重的土壤多分布在洼地边缘的地带。河流对土壤盐渍化有很大影响，尤以黄河最为显著。黄河河水侧渗量大，从而抬高了地下水位，导致沿黄河两侧形成狭长的浸润盐渍区。通常砂壤土和轻壤土毛管作用强烈，在地下水位较高的情况下，土壤蒸发作用强，易引起土壤盐渍化。盐碱土分为盐土、碱土与盐碱土三个土类。

水稻土

河南省水稻土集中分布在淮河以南地区，豫西伏牛山区及豫北太行山区较大河流沿岸、峡谷、盆地及山前交接洼地，凡有水源可资灌溉者均有水稻土分布，但较零星。黄河两岸背河洼地，十多年来进行水旱轮作种植水稻，但尚未形成水稻土所特有的剖面特征，故目前尚不作为水稻土处理。就行政区而言，水稻土以信阳市最多，驻马店市、南阳市次之，新乡、平顶山、洛阳、焦作亦有一定的面积。其他如安阳、郑州亦有极零星分布。水稻土广泛分布于淮河以南丘陵垄岗、山间盆地与峡谷，豫西、豫北山区主要分布在河两岸较开阔的带状平地与山前交接洼地泉水出露处。地形与水稻土各亚类的分布关系尤为密切。一般丘陵垄岗地区有冲田、塝田与畈田之分。冲田的底部，常年积水，地下水位高，多分布着潜育型水稻土。地形开阔的畈田，冲沟的两侧较平坦处及塝田的下部，水分条件较好，主要分布着潴育型水稻土。塝田的中上部，水分条件较差，主要分布着淹育型水稻土。在开阔的冲田下部及畈田中的地形部位高起处，往往有漂洗型水稻土分布。在山间峡谷、泉水出露处，多有沼泽型水稻土分布。河南省水稻土的主要母质是下蜀黄土，淮河以南地区垄岗地形部位上的水稻土，均属这类母质。该母质土层深厚、质地黏重，通气透水性能较差，但保水性能较好，为形成水稻土提供了条件。在山间峡谷及山间盆地、山前交接洼地，多为各种母岩风化物受洪水或河流搬运的洪冲积物，质地粗细及土层的厚薄，受所在地形部位的影响。一般在洪积扇的上缘，层次薄，质地粗。在洪冲积扇的下部或接近盆地中心，层次厚，土质细。河流上游较窄的峡谷，层次薄，下层往往有较粗的砾石层。上游较开阔的峡谷，层次厚，土质较细。丘陵垄岗地区河流沿岸的带状平原多为河流冲积物，土层厚、质地细。河间、岗间洼地砂姜黑土上发育成的水稻土，其母质多为河湖相沉积物，质地很细，土层较厚，上部为黑土层，下部为黄土层，并夹杂有砂姜、铁子、胶膜，透水性差，保水性好，潜在肥力较高。淮南地区雨量充沛，地形起伏。在豫西、豫南低山丘陵区的诸多河流，如南阳市的唐、白、老灌河，洛阳市的伊、洛河，焦作市的沁、漭河，新乡市的卫河等，其河沿岸都有水稻土的形成。在山前交接洼地，由于山区裂隙水与溶洞水等地下水的出露，形成泉水，保证了种稻用水，也多有水稻土的形成。所以河南省各地只要有充足水源的地方，均有水稻土。水稻土划分亚类主要依据水型不同形成具有不同特征的层段。淹水时间较短，只具有淹育层与犁底层的称为淹育型水稻土。淹水与脱水过程交替进行，氧化还原过程周期性更替，使土壤具有大量铁、锰胶膜与铁子积聚的潴育层段，称为潴育型水稻土。土壤长期浸水，使土壤表层或下部处于还原状态，低价铁、锰及还原性物质使土壤出现蓝灰色或灰绿色的潜育层段，称为潜育型水稻土。大量而经常性的侧渗水流，使土体上部的黏粒及铁、锰等有色物质遭受淋洗，从而使土体上部出现以粉砂为主的灰白色层段，谓之漂洗型水稻土。经常处于泡水状态或经常有冷泉水涌出，土温低，上部多呈较深的烂泥层，称之为沼泽型水稻土。

淹育型水稻土

淹育型水稻土主要分布在豫南山间峡谷、盆地及丘陵垄岗的中上部，水源比较缺乏。豫北地区主要分布在诸大河流两岸带状平地与山前交接洼地。就行政区而言，主要分布在信阳、南阳、驻马店，新乡、平顶山、焦作、洛阳市亦有分布。淹育型水稻土发育程度较差，为幼年水稻土，具有淹育层与犁底层。淹育型水稻土根据母土类型不同，而划分不同的土属。

潴育型水稻土

潴育型水稻土主要分布在豫南山间盆地，丘陵垄岗的中下部开阔的畈田。长期种稻，水源充足。从行政区而言，集中分布在信阳市淮南诸县，淮北息县亦有分布。南阳市的桐柏，驻马店市的确山、正阳等，河南中北部仅有零星分布。面积为 $2953km^2$，占水稻土类面积的 42.52%。潴育型水稻土是水稻土中的典型亚类，也是经过较长时间的水耕熟化过程而形成的。具有淹育层的基本特征，有大量红棕色的铁锈斑纹，碎块状或块状结构，质地因母土不同而异。潴育型水稻土因母土类型不同，划分为黄棕壤性潴育型水稻土等四个土属。

潜育型水稻土

潜育型水稻土主要分布在豫南山区的山间峡谷与冲沟，丘陵垄岗的冲田下部，库塘下部田块。豫西山区河流两岸及峡谷亦有分布。从行政区而言，主要分布在信阳市的新县、商城、潢川、罗山、光山、固始等，南阳市的桐柏、南召，驻马店市的确山、泌阳，其他如平顶山市的鲁山，洛阳市汝阳、伊川等县亦有零星分布。面积为 844km^2，占水稻土类面积的 12.15%。潜育型水稻土经常受地面水与地下水的浸泡。若受地表水的长期浸泡，潜育层出现在表层，称为表潜型水稻土。若受较高地下水的长期浸泡，潜育层出现在剖面中下部。潜育层因长期泡水，呈蓝灰色或绿灰色，群众称之为“青泥层”，是潜育型水稻土的诊断层。潜育型水稻土因母土类型不同而分为不同的土属。

漂洗型水稻土

漂洗型水稻土亚类具有漂白层，主要分布在淮河两岸垄岗地形的半坡，在极低平的漫岗顶部也有出现。主要分布在信阳市的息县、淮滨、潢川、光山、罗山、固始，驻马店市的正阳、确山等地，面积为 1315km^2，占水稻土类面积 18.94%。漂洗型水稻土的母土多为黄褐土与砂姜黑土、土体构型一般为 A-E-W-C 型或为 E-W-C 型。漂白层可能出露于地表，也可能在耕层以下。漂白层系由于长期侧渗漂洗的结果，黏粒多被淋洗，而铁锰等易变价元素在干湿交替的情况下，漂洗一部分，另一部分在氧化条件下积聚而成结核，故土壤基质中以 SiO_2 为主，呈灰白色，同时有大量铁子，铁锰斑块与胶膜较少。

沼泽型水稻土

沼泽型水稻土主要分布在大别山、桐柏山区的山涧峡谷与山前交接洼地有泉水溢出的地段。就行政区而言，主要有信阳市的商城、新县、光山、罗山、固始，南阳市的桐柏等，面积为 8.3km^2，占水稻土土类面积的 0.12%。沼泽型水稻土的母土有黄棕壤与黄褐土，有冷浸田与烂泥田之分。冷浸田土质较轻，多分布于山涧峡谷，冷泉水经常溢出。沼泽型水稻土因母土类型不同，分为黄棕壤性沼泽型水稻土与黄褐土性沼泽型水稻土两个土属。

红黏土

红黏土主要分布在京广线以西，包括洛阳市、三门峡市、鹤壁市、新乡市、郑州市、平顶山市及南阳市、信阳市。红黏土面积为 2815km^2，占全省总土壤面积的 2.05%，其中洛阳、三门峡两市面积为 2410km^2，占红黏土总面积的 85.6%。因此红黏土主要分布在豫西。在豫西一般分布在 400~600m 的丘陵地区，豫南也多分布在丘陵垄岗地区，相对高差多在 10~20m。垄岗的方向与水系相平行。例如陕州区东部和渑池南部垄岗，均呈西北至东南方向，与洛河的支流方向一致。常县西北部垄岗多呈西南至东北走向，与伊河的支流相一致。红黏土系非地带性土壤，其与气候条件关系不明显，在豫西地处褐土带，豫南地处黄棕壤、黄褐土带，其红色与古代气候有关。红黏土成土母质为第三纪和第四纪红色黏土。其特征是 1m 深处土体有红色的铁锰胶膜，而心土层和底土层有不规则的黑色铁锰斑块，人们所称的“大黑门”“小黑门”，系指铁锰斑块大小之区别。土壤颜色呈暗红色或棕红色，可见到小铁子，有时也能见到大小不同的残余砂姜。所处微地貌为垄岗中上部，坡度较大，土壤侵蚀较严重。而第四纪红色黏土的特征是：1m 深处土体内只具有红色的铁锰胶膜，而没有黑色的铁锰斑块和小铁子，一般无砂姜。所处微地貌为垄岗之间沟平地，地面坡度较小，土壤侵蚀较轻。

乔木有刺槐，旱生草灌，如荆条、蒿类、马齿苋等。由于土壤侵蚀较严重，一般植被较稀疏。红黏土发育层次不明显，第三纪红色黏土上形成的红黏土，除了耕层和过渡层外，土体中下部分层不明显，其差别仅表现在铁锰斑块密度及大小，且分布无规律性。第四纪红色黏土上形成的红黏土，除耕层颜色较暗外，耕层以下层次不明显。第三纪后期和第四纪早期，该地区间冰期时高温多雨，年降水量相当多，气候条件与近代红壤地区相当，土体中易淋溶的一价、二价离子，如 Na^+、K^+、Ca^{2+}、

Mg^{2+}等已淋洗殆尽，高价铁、锰相对积聚，遂使土壤呈红色，在结构面上凝聚有暗棕色的铁锰胶膜及大小不等的黑棕色的铁锰斑块。红黏土土体碳酸钙含量无分异现象，全剖面无石灰反应，碳酸钙含量一般小于 3g/kg；有弱石灰反应的土壤碳酸钙含量一般为 4~16g/kg。黏粒含量在土体中的分布无规律性，差别很大，说明红黏土黏粒无淋淀现象。即使有的剖面有黏化现象，在红黏土的微形态薄片中，可观察到呈流质状的铁质-黏粒淀积胶膜，也是第三纪或第四纪初期形成的红黏土母质所固有的，因为在近代的成土条件下，不可能形成铁质-黏粒淀积胶膜这种类型的形成物，这也从微形态方面说明了红黏土应为古土壤。在近代的气候条件下，豫西地区较为干旱，土壤中干湿交替频繁，加上红黏土中黏粒含量较高，致使豫西的红黏土土体中扩散黏粒胶膜发育较好，有的裂隙面上由于土壤中的黏粒受干湿交替胀缩等外力作用，形成了应力黏粒胶膜。河南省红黏土有两个亚类，一个是普通红黏土，另一个是石灰性红黏土。

普通红黏土

普通红黏土亚类主要分布在豫西丘陵垄岗地区，土壤面积为 1893km^2，占红黏土类土壤面积的 67.23%。其中耕地面积为 1037km^2，占该亚类土壤面积的 54.79%。因此红黏土荒地面积甚大，是河南省有待开垦的重要土壤资源。主要分布在洛阳市的宜阳、嵩县、新安、洛宁、伊川、孟津、偃师、汝阳、栾川县及洛阳市郊区；三门峡市的陕州区、渑池、义马、卢氏和灵宝，另外新乡市的辉县市、卫辉市，鹤壁市的浚县，济源市，安阳市的林州，平顶山市的鲁山，郑州市的新密、巩义、登封，南阳市的淅川、内乡、西峡，信阳市的光山、潢川等地均有零星分布。红黏土土体颜色以红棕色、淡红棕色为主，质地多为重壤土和黏土，有铁锰胶膜，致密少孔，土体中下层极紧。黑色铁锰斑块出现部位平均距地表 25cm 以下，全剖面无石灰反应，pH 值为 7.0~8.5。交换性盐基以 Ca^{2+}、Mg^{2+}为主，特别是 Ca^{2+}含量高，一般均在 15cmol（+）/kg 以上，K^+含量甚少，一般各层均不足 0.50cmol（+）/kg，盐基饱和度均在 80%以上，豫南红黏土较低，而北部红黏土各层均在 85%以上，高的达 98.40%。红黏土的 SiO_2/R_2O_3 一般均在 3.0 以下，与黄褐土、黄棕壤近似，也说明风化淋溶作用较褐土为强。土壤代换量较高，一般在 20cmol（+）/kg 以上，保水肥性强，代换性盐基以 Ca^{2+}、Mg^{2+}为主，特别是 Ca^{2+}占 65%以上，这对土壤的结构形成有良好作用。土壤游离铁多在 20g/kg，铁游离度 35%以上，符合铁硅铝土的特性。从土体与黏粒的化学组成看，CaO 含量均较低，说明有一定的淋洗作用，而 K_2O 的含量较高，说明土壤的风化作用并不强烈，黏土矿物以水云母为主。

石灰性红黏土

石灰性红黏土亚类土壤面积为 923km^2，占红黏土类土壤面积的 32.77%，其中耕地面积为 465km^2，占该亚类土壤面积的 50.42%。因此石灰性红黏土约有二分之一为荒地，亟待开垦。石灰性红黏土主要分布在三门峡市的卢氏，洛阳市的伊川、新安、孟津、嵩县、栾川等，郑州市的巩义、登封、新密，平顶山市的鲁山，南阳市的淅川、内乡等亦有分布。石灰性红黏土的颜色、质地、结构状况等剖面形态均与普通红黏土相近，土体中也具有大量的铁锰胶膜、斑块与铁子，砂姜含量较多，但主要的差别是 20~50cm 剖面层段有石灰性，即碳酸钙含量>10g/kg，土壤 pH 相应较普通红黏土稍高，一般均在 8.0 左右。石灰性红黏土 B 层游离铁>20g/kg，而铁的游离度>40%，故符合硅铁铝土特征，与同地区褐土大不相同，铁晶化度各层均在 80%以上，晶化度较大。

紫色土

紫色土集中分布在伏牛山南侧的低山丘陵，呈狭长的带状，东西约 100 多千米。伏牛山北部及大别山区均有零星分布。就行政区言，主要分布在南阳市的西峡、淅川、内乡、镇平，洛阳市的伊川、新安、宜阳、嵩县、汝阳、栾川，三门峡市的卢氏，郑州市的巩义、登封、新密，平顶山市的鲁山及信阳市的固始、商城等，总面积为 696km^2，占全省土壤面积的 0.51%。紫色土是一种岩成土，属土壤发育的幼年阶段，气候条件对其影响轻微。河南省紫色土主要分布在伏南与大别山区，属北亚热带的北缘，年均温 15℃左右，年降水量 850~1000mm，而且雨热同步，对紫色砂页岩的风化作用较为强烈，但对土壤的侵蚀作用亦较剧烈；伏北山区属暖温带的南缘，气温稍低，一般年均温 13℃左右，年降水量有较大差异，如鲁山西部山区为河南省暴雨中心之一，年降水量多在800mm以上。但北部的低山丘陵区，如洛阳市伊川、新安，郑州市的巩义、登封等地年降水量仅有600~700mm。相对而言，对土壤的风化作用较差，对土壤的侵蚀作用亦较轻，所以不论河南省南部或北部，形成的紫色土的土层均较薄。这是与当地的气候条件分不开的。

母岩与母质是形成紫色土的决定因素。因为紫色土的母岩是不同地质年代的紫色砂页岩，有中生代侏罗纪、白垩纪的，有新生代第三纪的。由于沉积年代较近，岩石的固化作用较轻，故岩性比较松软，为岩石的风化破碎，提供了有利条件，但也为土壤的侵蚀与冲刷，造成了有利因素，紫色土土层较薄，与岩性疏松密切相关。紫色砂页岩的成分与紫色土的矿物质成分、土壤成分及土壤性质有明显的相关性，紫色砂岩为主时，风化后土壤质地为砂性；紫色页岩为主时，风化后土壤质地多黏性；砂页互层时，风化后的土壤质地为壤性。紫色砂岩风化形成的土壤矿物成分以原生矿物石英、长石为多，其化学组成以SiO_2为主；紫色页岩风化形成的土壤矿物成分以次生黏土矿物为主，其化学组成以Ca、Mg、Fe等氧化物为主。含有较多的方解石、白云石等矿物成分或以$CaCO_3$为胶结物的紫色砂页岩，其风化后形成的土壤均具有石灰性；若以石英、长石等矿物成分为主，其胶结成分为H_2SiO_3与$Fe(OH)_3$时，风化后形成的土壤不具石灰性，加之成土时间短、风化释放的各种成分淋洗较轻，故母岩与母质的成分与形成的紫色土密切相关。

河南省紫色土的地形均为低山丘陵，就海拔高度言，一般均在500~600m以下。就相对高度而言，通常在50~60m高处。而且坡度较缓，一般坡度小于25°。

普通紫色土

普通紫色土在距地表20~50cm内无石灰性，$CaCO_3$含量小于10g/kg，盐基饱和度大于或等于50%。普通紫色土又称中性紫色土，除具备上述两个条件外，pH为中性，一般在6.0~7.5。主要分布在南阳市的西峡、内乡、镇平、淅川，洛阳市的伊川、汝阳，信阳市的商城、固始，平顶山市的鲁山，郑州市的巩义、登封、新密等地，面积为356km²，占紫色土类面积的54.17%。普通紫色土因母岩类型不同，分为砂质普通紫色土与泥质普通紫色土两个土属。

1. 砂质普通紫色土

砂质普通紫色土发育在地表50cm以内以砂岩层为主的风化物上。主要分布在南阳市的西峡、内乡、淅川，洛阳市的伊川、新安、汝阳，信阳市的固始、商城等地。表土层为紫红色或紫色，质地多为砂壤、轻壤或中壤土，土壤结构多为碎块状与块状，页岩层多为片状。土体中因风化不彻底，且岩性较松，石砾含量较多，一般含量在100~300g/kg。

2. 泥质普通紫色土

泥质普通紫色土发育在地表以下50cm深处，以页岩层为主的风化物上。主要分布在南阳市的内乡、镇平、西峡、淅川，信阳市的商城、固始，平顶山市的鲁山，郑州市的登封、巩义。面积为39km²，占本亚类土壤面积的11.1%。土层较厚，土体构型以A-B-R或A-B-C型为主。土壤颜色为紫棕色与紫色，土壤质地较重，一般为重壤与黏土，土壤结构受页岩的影响，多为屑粒状或片状，岩性疏松，石砾含量亦较多，一般在100g/kg以上。

石灰性紫色土

石灰性紫色土亚类，距地表20~50cm深处有石灰性，$CaCO_3$含量≥10g/kg。土壤pH值为7.5~8.5。主要分布在三门峡市的卢氏南部，洛阳市的新安、孟津、伊川、栾川、宜阳，南阳市的西峡、内乡、淅川、镇平等，郑州市的巩义、登封、新密。因母岩类型不同而分为砂质石灰性紫色土、泥质石灰性紫色土两个属。

1. 砂质石灰性紫色土

砂质石灰性紫色土发育在地表50cm以内以砂岩层为主或砂岩风化物上。主要分布在三门峡市的卢氏，洛阳市的新安、孟津、伊川、栾川、宜阳，郑州市的登封，南阳市的西峡、内乡、淅川、镇平等地。

2. 泥质石灰性紫色土

泥质石灰性紫色土发育在地表50cm以内以页岩层为主或泥页岩风化物上，主要分布在三门峡市的卢氏，郑州市的登封，平顶山市的鲁山，南阳市的内乡、淅川、西峡等县。占本亚类土壤面积的23.36%，占紫色土类面积的10.70%。土壤颜色多为紫色或紫红色，土层较厚，土壤质地较细，多为重壤与黏土。

火山灰土

河南省火山灰土主要分布在豫西熊耳山与外方山的余脉、伏牛山北侧和太行山东侧余脉的低山丘陵地区，以丘陵缓岗为主。从行政区而言，主要是洛阳市的汝阳、伊川两县，鹤壁市郊区亦有零星分布，面积为37km^2，占全省土壤面积的0.027%，其中洛阳市为36km^2，占本土类面积的98.9%，鹤壁市仅有0.4km^2，仅占本土类面积的1.1%。火山灰土属初育土纲，土体中基本上没有发育，因此成土条件对土壤的影响不明显。故土壤表层往往有一定的侵蚀作用，这对土壤保持在幼年阶段、发育程度较差有一定的关系。母质为火山喷出岩玄武岩的风化物，岩浆喷出地表沿地面流动，冷凝而成暗色玄武岩。矿物成分以角闪石、辉石、橄榄石、斜长石等为主。从化学组成言，除硅、铝外，其还含有较多的钙、镁、铁等盐基成分。河南省火山灰土系更新世火山喷发而形成的基性熔岩流经地面冷却，而后经过风化作用与人为耕垦而形成的一种土壤。当熔岩喷出地表，骤然遇冷，熔岩中包含有大量气体，未及时排出，故火山灰土的母质为疏松多孔的玻璃质熔岩，容重较小，孔隙率较高，这种特点为母质的风化分解提供了有利条件。另外由于河南省火山灰土形成的熔岩，不是大量的空中喷发物坠落堆积于地面，而是熔岩喷出地面，即沿地面流动，故火山灰土中火山弹、火山渣等喷出物不多。但当其流经地面时，遇地面土壤，在相当高温的条件下，熔岩将接触土壤烧结，因而形成硬盘层，这对于母质的风化、土壤的渗水保水与通气性，作物根系的生长均有不良的影响。

河南省火山灰土因源于基性熔岩，母质风化后释放出来较多的盐基离子，如K^+、Ca^{2+}、Mg^{2+}、Fe^{2+}等，大大丰富了土壤中的植物营养元素，加之河南省火山灰土区地处暖温带半干旱的气候条件，气温较高而雨量较少，释放出来的盐基离子淋洗作用较弱，使土壤呈微碱性反应。火山灰土土类划分为普通火山灰土、暗火山灰土与基性熔岩火山灰土三个亚类，河南省只有基性熔岩火山灰土一个亚类。

基性熔岩火山灰土

基性熔岩火山灰土也可称为玻璃质火山灰土，系由基性熔岩喷出地表后沿地面流动，经急剧冷却而形成的。因骤然冷却，故多为隐晶质或玻璃质。质地中壤至重壤，多开垦为耕地，表层有石灰反应，下层不明显。土壤pH值为8.0左右，土壤呈棕色与紫棕色，发育层次不明显，熔岩与下层土壤接触处很坚硬，显然是熔岩流高温烧炽的结果。基性熔岩火山灰土只有一个硅镁铁质火山灰土土属。

风沙土

风沙土是在风积母质上经过风沙的搬运，耐旱草本植物的着生与繁衍，灌丛、乔木等植物的作用，土壤黏粒逐渐增加，土壤腐殖质初步积累，形成风沙土。形成过程分为流动、半固定与固定三个不同的阶段。风沙土主要分布在黄河历代变迁的故道滩地，由水流携带的沙质沉积物再经风力搬运而形成的，在豫北、豫东黄河故道均有分布。就行政区言，主要分布在安阳、鹤壁、濮阳、新乡、三门峡、郑州、开封、商丘等地，面积为832km^2，占全省土壤面积的0.60%。河南省风沙土的母质主要是河流沉积物，特别是黄河从黄土高原地区携带大量泥沙，在主流所经处沉积下来的较粗的颗粒。因为砂粒的主要矿物成分是石英，其化学成分是SiO_2，仅有少量长石中含有钾、钙等植物养分。主要的沙生植物有沙蓬、虫实、白茅、狗尾草、鸡眼草、一年蓬、马唐、地锦等，其共同特点是主根较深，侧根发达，地上部生长较矮，覆盖度差，茎、叶多披茸毛，耐沙压沙打，有时部分根部裸露地表仍能顽强生长。人工植被有刺槐、旱柳、毛白杨、加杨、沙兰杨、侧柏、紫穗槐、杞柳等。由于植被稀疏，且有机质分解强烈，故每年积累于土壤中的有机质量甚少。沙层厚度必须大于70cm，否则不能作为风沙土土类看待。河南省风沙土均属草甸风沙土亚类。

草甸风沙土

草甸风沙土为河流冲积物经风力搬运而形成的沙丘地貌，1m深土体或距地表70cm以内均为沙土。土体一般无石灰反应或仅有微石灰反应，土壤pH值为8.0左右。表层有机质含量一般为3~5g/kg。草甸风沙土分为流动草甸风沙土、半固定草甸风沙土与固定草甸风沙土3个土属。

1. 流动草甸风沙土

流动草甸风沙土分布范围不广，主要分布在郑州市的中牟、开封市的兰考、新乡市的延津等地，面积为19km^2，占全省风沙土类面积的2.29%。流动草甸风沙土风积母质沉积年代最近。

2. 半固定草甸风沙土

半固定草甸风沙土主要分布在安阳市的内黄、滑县，濮阳市的濮阳县、南乐，新乡市的延津、新乡县、原阳、封丘，郑州市的中牟、新郑，开封市的兰考、开封、杞县，商丘市的民权、宁陵等地。占全省风沙土类面积的30.1%。

3. 固定草甸风沙土

固定草甸风沙土主要分布在安阳市的内黄、滑县，濮阳市的清丰、南乐，鹤壁市的浚县，郑州市的中牟、新郑，开封市的开封、尉氏，商丘市的民权、宁陵地。占全省风沙土类土壤面积的67.6%。

固定草甸风沙土风蚀现象很轻微，地表形成一层结壳，大量耐旱耐瘠草本植被覆盖地面，覆盖度达70%以上。表层积累有一定的有机质，颜色呈现灰黄色，但厚度不大，通常为5cm左右。

新积土

新积土主要分布在河流两侧的新滩地上，经常被河流涨水时所淹没，土壤面积为209km^2，占全省总土壤面积的0.15%。新积土在任何气候条件下均可出现。从地形条件看，不论是山区稍宽的河流峡谷，或是从丘陵到平原的带状滩地，都有新积土的出现，出现的地形部位都是平地。从植被条件看，由于成土时间短暂，并经常受河水淹没，故以草本植物为主，有些甚至是裸地。一般在河流上游，多沉积石砾与粗砂，在河流中下游多沉积细砂与粉砂，同时由于河床中的流水经常侧渗而影响到河漫滩上新积土中水分的运行，从而对土体中的可溶性物质有所影响。河南省新积土土类可划分为普通新积土与石灰性新积土两个亚类。

普通新积土主要分布在卢氏县南部老灌河、淇河河滩以及河南省北部非石灰岩区河滩地，占新积土土类面积的5.07%。新积土的基本特征是在河流冲积物或洪冲积物上没有任何发育特征的幼年土壤，有明显的质地层次而没有发生学层次，土壤质地一般较粗，多为砂土或砂壤土，在河流上游沉积物中可能混有石砾或砾石层，土壤颜色较淡，多为淡黄色或灰黄色。石灰性新积土主要分布在黄土丘陵区与石灰岩区河流沿岸滩地上，如黄河、洛河、伊河、沁河、卫河、贾鲁河等，占新积土类面积的94.93%。

石质土

河南省石质土与粗骨土是在大别山、桐柏山，伏牛山、太行山等地区，可见到的无植被防护或仅生长稀疏植被的薄层山丘土壤。石质土多分布于母质坚实度大、山坡陡峻的花岗岩、板岩、硅质砂岩、石灰岩地区。分为普通石质土和石灰性石质土两个亚类。

普通石质土亚类占石质土面积的55.30%。分为硅铝质石质土、硅镁铁质石质土、砂泥质石质土和硅质石质土四个土属。pH≥5.5，盐基基本上呈饱和状态。

普通石质土

1. 硅铝质石质土

硅铝质石质土面积为1529km^2，占普通石质土亚类的48.49%，占石质土类面积的26.81%。分布于三门峡、郑州、平顶山、驻马店、信阳、南阳等地的石质山地，母质为酸性结晶岩类风化物。

2. 硅镁铁质石质土

硅镁铁质石质土面积较小，仅在信阳市光山一带分布，有5.9km^2，占普通石质土亚类面积的0.19%，占石质土土类面积的0.10%。发育于暗色硅镁铁质岩类风化的残积坡积物上。土层厚度

10cm 左右。

3. 砂泥质石质土

砂泥质石质土主要分布在三门峡、洛阳、平顶山、信阳的石质山地。面积为 508km^2，占本亚类面积的 16.09%，占石质土土类面积的 8.90%。母质为砂泥质岩类风化物。

4. 硅质石质土

主要分布在安阳、新乡、三门峡、洛阳、郑州、平顶山、许昌等中北部地市的石质山地。面积为 1110km^2，占本亚类土壤面积的 35.23%，占石质土土类面积的 19.48%。

石灰性石质土

石灰性石质土亚类面积 2549km^2，占全省石质土面积的 44.70%。主要分布在安阳、鹤壁、焦作、新乡、三门峡、郑州、平顶山、许昌、驻马店、信阳、南阳等地的石灰岩石质山地。pH 值大于 7.5，有石灰反应。该亚类仅有一个石灰性石质土土属，全为非耕地。石灰性石质土常和石灰性粗骨土镶嵌分布，石质土往往分布在山顶，而粗骨土分布在山腰和山脚下。

粗骨土

粗骨土占全省土壤总面积的 13.27%。主要分布在河南省低山及石质丘陵地区，植被覆盖差，土壤侵蚀严重，土层厚度一般小于 30cm，石砾含量为 300~700g/kg，粗骨土分为普通粗骨土和石灰性粗骨土两个亚类。

普通粗骨土

面积为 14938km^2，占粗骨土类面积的 81.82%，分为硅铝质粗骨土、硅镁铁质粗骨土、砂泥质粗骨土、硅质粗骨土四个土属。主要分布在安阳、鹤壁、新乡、三门峡、洛阳、郑州、平顶山、驻马店、信阳、南阳等地。

1. 硅铝质粗骨土

硅铝质粗骨土面积为 12235km^2，占本亚类土壤面积的 81.9l%，占粗骨土土类面积的 67.01%，分布范围包括鹤壁、三门峡、洛阳、郑州、平顶山、驻马店、信阳、南阳等地的低山及石质丘陵地区，土壤 pH≥5.5，无石灰反应。母质为酸性结晶岩类风化物。石砾含量较多。

2. 硅镁铁质粗骨土

硅镁铁质粗骨土面积为 118km^2，占粗骨土亚类面积的 0.79%，占粗骨土土类面积的 0.65%，主要分布在安阳、鹤壁、洛阳等地。母质为基性岩、超基性岩类的风化物。

3. 砂泥质粗骨土

砂泥质粗骨土面积 1234km^2，占本亚类面积的 8.27%，占粗骨土土类面积的 6.76%。主要分布在安阳、新乡、三门峡、洛阳、郑州、平顶山、驻马店、信阳、南阳等地。母质为砂泥质岩类风化物，土层厚度一般小于 30cm，石砾含量不等，质地从砂壤至重壤，土体无发育，呈 A-C 型，石灰反应有或无，主要决定于母质的类型。

4. 硅质粗骨土

硅质粗骨土面积为 1185km^2，占粗骨土亚类面积的 7.94%，占粗骨土土类面积的 6.49%，主要分布在焦作、新乡、三门峡、洛阳、郑州、平顶山、许昌等地。母质为硅质岩类风化物，植被覆盖率低，多与硅质石质土呈复区分布。

石灰性粗骨土

石灰性粗骨土亚类面积为 3319km^2，占粗骨土类面积的 18.18%，主要分布在鹤壁、焦作、新乡、三门峡、洛阳、郑州、平顶山、许昌、信阳、南阳等地。pH 值>7.5，有石灰反应，母质为石灰岩类风化物。该亚类只有一个土属，即钙质粗骨土。

河南省土壤地理分区

土壤地理分区主要是根据生物气候条件、地形地貌特点、水文及水文地质情况、母质类型等成土因素所形成的土壤类型及其组合。河南省土壤地理分区，共分为2个大区，6个地区，17个土区。

(一) 伏北、沙汾北棕壤、褐土大区

该区位于伏牛山主脊与沙河、汾河一线以北河南省的广大地区。从行政区而言，包括安阳市、濮阳市、鹤壁市、焦作市、新乡市、三门峡市、洛阳市、郑州市、开封市、许昌市、商丘市、平顶山市、漯河市、周口市。总土地面积为99054.16km^2，占全省土地总面积的59.31%。该区地形有山地、丘陵、平原与洼地，豫北与豫西有太行山地与秦岭东延诸支脉，一般习惯称其为伏牛山地，山前为丘陵，而后逐步过渡为黄淮海冲积平原。黄河自西向东穿行其间，由于黄河历年泥沙沉积，平原地区河床高出两岸4~10m，成为淮、海诸支流的天然分水岭，黄河故道沙丘与沙垄连绵不断。形成风成地貌，黄河故道与黄河现道母岩与母质类型比较复杂，豫北太行山地以沉积岩为主，豫西山地以岩浆岩与变质岩为主，伏北广泛分布着厚数十米的黄土，而豫东北平原则为第四纪全新世松散河流沉积物。母质类型山区多为残积坡积物，山前丘陵缓岗多为洪积物，豫西黄土丘陵与黄河故道沙丘为风积物，豫东北黄淮海冲积平原为河流冲积物。

植被类型：山区自然植被以落叶阔叶林为主，如栎类、山杨、槭科、榆科等杂木林，亦有针叶林分布，如油松、华山松等。灌丛有胡枝子、荆条、酸枣、连翘等，草本植物有黄背草、白羊草、艾蒿、山棉花等。丘陵与平原地区自然植被全部被破坏，人工林果树有核桃、柿树、苹果、梨、枣、葡萄、桃、李、杏等，用材林有杨、柳、泡桐、槐、椿、榆、刺槐、楝等，栽培作物主要有小麦、玉米、棉花、甘薯、谷子、水稻、高粱、花生、芝麻、油菜等，野生田间杂草有马唐、莎草、刺儿菜、马齿苋、米瓦罐等。本区土壤类型繁多，豫西豫北山区主要是棕壤与褐土，2000m以上较平坦的山顶有零星山地草甸土分布，坡度较陡，植被较差，水土流失严重地区有石质土与粗骨土，黄土丘陵与红土丘陵上广泛分布着褐土与红黏土；豫东黄淮海冲积平原广泛分布着潮土，黄河背河洼地分布有盐碱土，黄河故道沙丘多为风沙土。

豫北太行山地丘陵地区

该地区主要包括豫北太行山地，山间断陷盆地及山前丘陵缓岗，包括安阳市与鹤壁市西部，新乡市、焦作市北部。母岩多为石灰岩与砂页岩等沉积岩类。本地区包括以下几个土区：

1. 太行山地丘陵棕壤、褐土区

本土区包括太行山地及山前丘陵地区，主要分布在京广线以西，焦枝线以北，沿省境呈东北、西南向的狭长地带，北起林州、安阳，经鹤壁市、淇县西部，南止辉县市，折向西南经修武、博爱、沁阳市、孟州、济源等。土壤类型复杂，1000~1200m以上的中山，多为棕壤，海拔1000~1200m以下至500m左右处多为淋溶褐土，但若母岩为石灰岩类，风化程度较差，土层较薄时，往往有褐土性土出现。在石质低山丘陵区，因人为对植被破坏较重，故干旱与水土流失尤为严重，在陡坡与水土流失较重处，岩石风化程度较差，细土多被冲蚀，往往形成石质土与粗骨土。山间盆地多为淋溶褐土、普通褐土，盆地周围若有石灰岩层出露，则往往形成石灰性褐土，发育较差时即为褐土性土。

2. 太行山前低丘缓岗褐土区

本土区东部在京广沿线，北起安阳，经汤阴、浚县、淇县、卫辉西部，至新乡市折西经辉县市南部，修武县北部，焦作市越焦枝线南，西经博爱、沁阳市北，至济源市、孟州东部至黄河，呈东北、西南向带状分布。土壤类型主要为褐土，特别是潮褐土，普通褐土亦多，土层深厚。

豫西伏北、黄南地区

本地区主要包括伏牛山主脊以北，黄河以南，京广线以西，西达省境。从行政区而言，计有三门峡市、洛阳市、平顶山市、郑州市、许昌市诸市。地形地貌比较复杂，有褶皱构造与褶皱断块构造的山地，1000m以上的中山，集中分布于本地区南部山脉主脊一带，并有2000m以上的较高山峰，相对高度一般为500~800m。山势雄伟陡峻，中山外缘广泛分布着500~1000m的低山，山势较缓，黄河沿岸多为黄土覆盖的塬、墚、峁及黄土喀斯特地形，千姿百态，红土丘陵区多低丘与缓岗。石质山地多为各种母岩风化的残坡积物，石质丘陵区多为洪积物，黄土丘陵区分布着大面积的马兰黄土，黄土冲

蚀后多有离石、午城黄土出露，红土丘陵区多为第三纪、第四纪红土，河流沿岸的山间峡谷及带状平原分布着河流冲积物。自然植被因海拔不同而有明显的差异，海拔1800m以上为华山松林，并有小面积的太白冷杉林，最顶部出现灌丛草甸，海拔1400~1800m，主要分布着槲栎林与锐齿槲栎林，海拔1000~1400m主要为短柄枹林，海拔600~1000m处为栓皮栎林与油松林，海拔600m以下主要为酸枣、卫茅、黄背草、白羊草与山棉花等灌丛与草本植物。

本地区包括五个土区。

1. 伏北山地棕壤、褐土区

本土区包括伏牛山主脊以北海拔400~500m以上的中、低山区，包括三门峡市的灵宝、卢氏，洛阳市栾川、嵩县、汝阳，平顶山市的鲁山西部。土壤类型主要为棕壤与褐土，石质土与粗骨土在山脊，坡陡水土侵蚀严重处亦有大面积分布，土壤垂直带谱明显，山地草甸土大多分布在2000m以上的平缓山顶。海拔1000m以上，主要为棕壤与棕壤性土。海拔1500m以上的缓坡地形，有白浆化棕壤出现。海拔400~500m以上，直至1000m左右，主要土壤类型为淋溶褐土、褐土性土，粗骨土与石质土，淋溶褐土多分布在海拔1000m左右地段，岩性不同，可影响其分布部位的高低，如果母岩为碳酸盐类或黄土，其上限可达1200m左右，如果母岩为酸性结晶岩类，其上限可低至海拔800m。海拔500m左右的低山，人为干扰较重，林木多被破坏，在山脊与陡坡，水土流失尤重，故石质土与粗骨土有较大面积的分布。

2. 嵩箕山地丘陵棕壤、褐土区

本土区为一独立的自然地理单元，嵩、箕二山分布其中，大部分为低山丘陵，山脉主脊多在1000m以上，如嵩顶海拔1440m，玉寨山海拔1514m等，从行政区而言，包括登封、新密、巩义市与偃师县南部，禹州市西北部，汝州市东北部。地形地貌有巍峨的中山，也有较平缓的低山丘陵，海拔由200m至1500m，母岩在较高山体多为变质岩类石英岩，低山丘陵既有古老的变质岩类片麻岩、片岩等，也有沉积岩类石灰岩、砂页岩等。沟谷河流沿岸亦有黄土及黄土状物质。母质类型中残坡积物、洪积物分布范围较广，河流沿岸多为冲积物。自然植被乔木有栓皮栎、油松、山杨、枹树等。灌木有连翘、杭子梢、野蔷薇、荆条、酸枣等。草本植物有羊胡子草、黄背草、山棉花等。

土壤类型主要为棕壤、棕壤性土、褐土、褐土性土、石质土、粗骨土等，棕壤主要分布在800m以上，植被覆盖较好，坡度稍缓的山坡。褐土主要分布在碳酸盐岩类风化的或黄土覆盖的母质上，分布部位多在低山丘陵的平缓地段，发育程度较好。褐土性土多分布在坡积物与洪积物母质上，土层较褐土为薄，石砾含量较多。

3. 黄土丘陵塬地褐土区

本土区主要分布在豫西黄土丘陵地区，有广泛的塬、墚、峁等地貌出现，如焦村塬、程村塬等。从行政区而言，主要包括灵宝市西部。地形地貌特殊，为河南省典型的黄土丘陵区，有塬、墚、峁、阶地等多种地貌类型，素有“黄土喀斯特”之称，海拔多在300~600m。母质为黄土与黄土状物质，黄土因沉积年代不同，有午城、离石与马兰黄土之分，黄土状物质沉积年代较近，午城黄土为早更新世沉积物，颜色较红，质地较重；离石黄土为中更新世沉积物，质地介于两种黄土之间，有砂姜、假菌丝、斑块等碳酸盐新生体，马兰黄土为晚更新世沉积物，土质较轻，以粉粒为主，垂直节理发达，呈柱状，有大量的碳酸盐新生体，黄土状物质系黄土经洪水搬运而沉积，系全新世的沉积物；马兰黄土与黄土状物质分布面积比较广泛。自然林木多遭破坏，绝大部分土地被开垦为农田，灌丛有荆条、酸枣、连翘、胡枝子等。草本植物有黄背草、白茅、蒿类等，人工植被有刺槐林与侧柏林等。

本土区土壤类型有褐土、石灰性褐土、潮褐土、潮土等，褐土主要分布于塬地、阶地等地形较平坦、水土流失较轻的地形部位。石灰性褐土主要分布在梁、峁及塬边等地形部位，水土流失相对较褐土为重，发育程度较褐土为差，黏化现象较轻，碳酸钙淀积明显，土壤质地通体为轻壤土，土体石灰反应强烈。褐土性土主要分布在塬、梁、峁边坡及梁、峁顶部，土壤发育程度甚差，基本上看不到黏化现象，碳酸盐淀积不明显。潮土主要分布在河流沿岸滩地及一级阶地，地形平坦。

4. 红土低丘、缓岗红黏土区

本土区主要分布在洛河、伊河中下游山前丘陵、缓岗及焦枝铁路以西黄河以南的丘陵地区。从行政区而言，包括三门峡市属渑池县南部，义马市南部，洛阳市嵩县、汝阳的北部，宜阳、伊川、新安、孟津等地。土壤母质为第三与第四纪红土，土质黏重，土体中有铁锰和碳酸盐新生体，铁锰新生体系古代湿热条件下所形成，由于耕垦历史悠久，自然森林植被已不复存在，仅有野生灌丛杂草，如荆条、酸枣、白羊草、黄背草等。人工林木有刺槐、榆、毛白杨、旱柳、椿、槐等，经济林木有核桃、柿、杏、梨、苹果等。

本土区的土壤主要是红黏土，在不同的地形部位上有褐土与潮土的分布，褐土分布在低丘缓岗，多位于红黏土部位之下，这主要是因为该地区地形起伏，坡度大，原来覆于红黏土上的黄土经过长期的侵蚀及洪水搬运，多沉积于较低的地形部位，使原来下伏的红黏土裸露于丘陵的顶部所致。潮土主要分布于沿河两岸呈带状。

5. 黄土丘陵阶地缓岗褐土区

本土区主要分布在伊洛河以东、沙河以北、黄河以南、京广线以西的黄土丘陵地区。从行政区而言，主要包括洛阳、偃师，巩义、荥阳、新密东部，新郑、长葛、许昌西部，禹州市东南部，郏县等县市。地形为丘陵阶地与缓岗，是河南省典型黄土丘陵地区之一，特别是本土区的北部巩义市一带。其与三门峡一带黄土丘陵不同之处在于黄土塬地很少，海拔较西部黄土丘陵为低，西部黄土丘陵海拔高达 700m 左右，而东部黄土丘陵海拔仅 500m 许，西部黄土喀斯特地形比较典型，而东部黄土喀斯特典型性则较差。有较大范围的低丘缓岗及阶地发育。土壤母质主要是黄土及黄土状物质，黄土状物质分布面积较大。自然森林植被由于长期耕垦，已不复存在，自然灌丛与草本植物与西部黄土丘陵近似，人工林木有刺槐、毛白杨、旱柳、榆、椿、槐等，经济林木有苹果、梨、柿、核桃、山楂等。

本土区的主要土壤有褐土、石灰性褐土、褐土性土、潮褐土等。褐土主要分布在黄土丘陵中下部的阶地缓岗等较平坦的地形部位，土壤发育程度良好，有明显的发生层次。石灰性褐土在本土区分布部位较褐土为高，发育程度亦较好，碳酸盐新生体淀积明显，呈假菌丝与砂姜状，但黏化现象较轻，pH 值在 7.5 以上，石灰反应通体较强。褐土性土是本土区分布面积最广的土壤类型，广泛分布于黄土丘陵的中上部，土壤发育程度较差，无黏化现象。潮褐土主要分布在低丘缓岗，由褐土向潮土的过渡地区，地下水位稍高，一般为 5~8m。土壤发育程度较褐土为差，黏化现象与碳酸盐淀积均不如褐土明显，土体下部有时有铁锈斑纹出现。

豫东北冲积平原地区

本地区位于河南省东北部黄淮海冲积平原。南以沙、汾河为界，东、北均达省境，黄河以南以京广线为界，黄河以北止于太行山前丘陵缓岗。从行政区而言，包括焦作市南部、安阳市东南部、新乡市、濮阳市、鹤壁市与郑州市东部、开封市、商丘市、周口市、漯河市北部、许昌市东北部。土壤母质绝大部分为河流冲积物，风沙土母质则为经风力搬运而形成的风积物。由于人们长期耕垦，自然植被已全部消失，杂草有马唐、狗牙根、狗尾草、白茅、刺儿菜、苍耳、蒿、画眉、稗草等。在盐碱土区有猪毛菜、灰绿藜、苋菜等。人工林有毛白杨、旱柳、白榆、刺槐、槐、楝、椿、沙兰杨、侧柏、泡桐等。农田防护林与农田林网已初具规模，起到了防风固沙作用，经济林木有苹果、梨、葡萄、杏、桃、李、枣等，农作物有小麦、玉米、棉花、花生、芝麻、大豆、西瓜等。本地区包括四个土区。

1. 黄海冲积平原潮土区

本土区主要在黄河以北，太行山地丘陵东南的黄海冲积平原，北、东均达省境。从行政区而言，包括焦作市温县、武陟、沁阳、博爱、修武等市县。新乡市获嘉、新乡、卫辉、延津、长垣、封丘的北部，鹤壁市淇县、浚县东部，安阳市安阳、汤阴东部，滑县、内黄及濮阳市清丰、南乐、范县、台前等县市。地形平坦，属黄淮海冲积平原，黄河故道地形稍有起伏，母质为黄河及其支流与海河支流的冲积物。由于河流上游来自黄土地区，故冲积母质均具有石灰性。钙、钾含量比较丰富。本土区的主要土壤有潮土、潮褐土。潮土广泛分布于泛滥平原，是豫东北冲积平原分布面积最大的土壤类型。潮褐土分布面积不大，主要在黄河故道高滩地。

2. 黄海冲积平原风沙土、盐碱土区

本土区位于黄河以北、京广线以东，自邙山东端古黄河河床所形成的黄河故道及邙山以东黄河现道沿岸直至省境的槽形洼地。从行政区而言，包括新乡市原阳、延津、封丘、长垣、卫辉市东部，鹤壁市淇县、浚县东部，安阳市滑县、内黄，濮阳市属濮阳市、清丰、范县、台前等县市。地形地貌属黄河冲积平原，比较平坦。但中小地形往往起伏不平，沙丘与沙垅有时连续不断，高出地面数米到十数米不等，而丘、垄间即为洼地，沿黄河及故道两侧多为槽形洼地，较河床低 4~10m。土壤母质多为河流沉积物及为风力搬运而成的风积物，质地粗细因流水及风力的选择而不同。自然植被多为耐沙与耐盐碱的灌丛与杂草，如柽柳、杞柳、沙打旺、沙蓬、猪毛菜、罗布麻及多种藜科植物等，人工植被有毛白杨、沙兰杨、侧柏、泡桐、旱柳、小叶杨、刺槐、紫穗槐等。主要作物有小麦、大麦、棉花、高粱、碱谷、水稻、花生等。

本土区的主要土壤有风沙土、盐碱土、沙质潮土等，风沙土主要分布在黄河故道上沙丘沙垅出现的地区，均为草甸风沙土。砂质潮土多与风沙土成复区分布，比较开阔的丘间与垄间洼地及一些平沙地。盐碱土主要分布在黄河故道及现黄河道两侧的槽形洼地。河南省盐碱土有盐化土、盐土与碱化土、碱土之分，盐、碱化土与盐、碱土又往往成复区分布。近几年来河南省盐化土与盐土逐渐脱盐，有逐渐碱化的趋势。

3. 黄淮冲积平原潮土区

本土区位于黄河以南，沙、汾河以北的广大黄淮冲积平原，东到省境，西至京广铁路。从行政区而言，包括许昌市长葛、鄢陵，开封市尉氏县东部、通许、杞县，商丘市的睢县、宁陵东部、梁园区、虞城、夏邑南部、永城、柘城，周口市的西华、太康、扶沟、淮阳、鹿邑、郸城等地。地形平坦，为黄淮冲积平原，个别地区有碟形洼地与丘岗。母质为黄淮冲积物，多来源于黄土丘陵与石质山地，仅东南部有少量河湖沉积物。自然林木因长期耕垦而消失，田间杂草有荠菜、米瓦罐、野燕麦、马唐、刺儿菜、狗尾草、画眉草、苍耳、苦荬菜、蒿类等，人工林木有毛白杨、旱柳、刺槐、槐、泡桐、沙兰杨、椿、楝、侧柏等，经济林有苹果、梨、葡萄、桃、杏、李等。

本土区的土壤主要为潮土，东南部边缘有石灰质砂姜黑土。潮土中以壤质与黏质潮土为多。壤质潮土分布地区靠北部，黏质潮土分布地区靠南部，这与黄河历次泛滥时距主流远近有关。

4. 黄淮冲积平原、风沙土、盐碱土区

本土区位于黄河南侧黄河故道沙丘及其两侧低洼地区。从行政区而言，包括郑州市的中牟、新郑东部，开封市的尉氏、通许、兰考，商丘市的民权、宁陵、虞城、夏邑北部。大地形属黄淮冲积平原，但中小地形岗、洼不平，有黄河故道沙丘，也有平沙地，相对高差达十数米，有黄河故道及现黄河道两侧的槽形洼地，与黄河滩地相对高差达 4~10m 不等。成土母质主要是河流冲积物，故道沙质沉积物为风积物。自然植被多沙生与耐盐碱的草本与灌丛，如柽柳、杞柳、罗布麻、芦苇、灰绿藜、猪毛菜、碱蓬、苋、沙蓬、沙打旺等，人工林木有刺槐、泡桐、毛白杨、沙兰杨、旱柳、侧柏、紫穗槐、白蜡等，果树有苹果、梨、枣、葡萄等，主要作物有小麦、大麦、棉花、水稻、花生等。

本土区的主要土壤是风沙土与盐碱土，与黄海冲积平原的风沙土与盐碱土性质基本相同，所不同的是黄河以南的风沙土面积较大，沉积年代比较久，这主要是因为黄河决口泛滥次数较多，影响面广。

（二）伏南、沙汾南黄棕壤、黄褐土大区

该大区位于伏牛山主脊与沙汾河一线以南，包括南阳盆地、伏南山地、淮南地区及淮北平原等。从行政区而言，包括南阳、信阳、驻马店、周口及漯河市南部，总土地面积为 67945.86km^2，占全省土地总面积的 40.69%。地形有山地、丘陵、平原、盆地，西北部伏牛山脉，山体高大，绵延广阔，2000m 以上的高峰有多处，如老君山、玉皇顶、龙池漫、石人山等，南部的桐柏、大别山脉，为豫鄂

分界，海拔较低，大别山脉在河南省的最高峰金刚台仅1584m，桐柏山的最高峰太白顶1140m。山地外缘即为丘陵垄岗，广泛分布于南阳市、信阳市与驻马店市的南部，淮河干流以北为比较低洼的淮北平原，海拔一般为40~50m，河南省海拔最低的地方——三河尖，仅为23.2m。南阳盆地系外流盆地，北高而南低，是河南省面积最大的盆地。

母岩与母质类型比较复杂，伏南山区以岩浆岩与变质岩的风化残坡积物为主，但局部地区也有沉积岩的风化物，如西峡、淅川一带有砂页岩与石灰岩风化物。桐柏、大别山区以岩浆岩、变质岩风化物为主，山前丘陵垄岗，西起南阳市，东到信阳市，广泛分布洪积物，南阳盆地中心与淮北平原大面积分布着湖相沉积物，较大河流沿岸，呈带状分布着河流冲积物。

植被类型为含常绿阔叶树种的落叶阔叶林，在伏南山地主要树种有栓皮栎、麻栎、马尾松、乌桕、漆树、油桐等，灌丛有杜鹃、猕猴桃、胡枝子等，草本植物以禾本科与蒿类为主，桐柏、大别山地主要树种有马尾松、黄山松、麻栎、栓皮栎、杉木、化香、茶、油茶、油桐、乌桕、猕猴桃等，灌丛与草本植物有杜鹃、山胡椒、八角枫、白檀、光叶海桐、荩草、黄背草、白茅等。

本大区土壤类型繁多，淮北平原为黄褐土与砂姜黑土，淮南地区为水稻土与黄褐土，大别、桐柏山区多水稻土与黄棕壤，个别较高山峰为棕壤，山顶平缓处有山地草甸土。南阳盆地多砂姜黑土、黄褐土；伏南山区1200m以上区域为棕壤，300~400m以上至1200m左右为黄棕壤，300~400m以下低山丘陵为黄褐土。诸大河流沿岸灰潮土呈带状分布，一般无石灰反应。

伏南地区

本地区包括伏牛山主脊以南，西、南均达省境，东部止于桐柏山地。从行政区而言，基本上位于南阳，但驻马店的西部，平顶山市南部亦属此地区范围。本地区包括伏南山地棕壤、黄棕壤等三个土区，分述如下。

1. 伏南山地棕壤、黄棕壤土区

本土区位于伏牛山脊以南的中、低山区，南部界限为海拔400m以上的低山。从行政区而言，包括南阳市的西峡、淅川、南召、内乡与镇平县的北部，平顶山市鲁山县西部，三门峡市卢氏县南部。位于北亚热带的北部边缘，地形地貌与伏北山地一样，多为褶皱与褶皱断块山地，不少山峰海拔超过2000m。母岩为岩浆岩与变质岩，唯本土区的西部，西峡、淅川一带有沉积岩，母质以残坡积物为主。自然植被多为天然次生林，主要树种有栓皮栎、麻栎、马尾松、华山松等，灌丛有杜鹃、胡枝子、连翘、黄栌等，草本植物以禾本科与蒿类为主，经济植物有漆、油桐、辛夷、山茱萸、猕猴桃、板栗、苹果等，柞树为本区特种经济林之一，人工栽培树种有杨、柳、榆、槐、泡桐、刺槐等。

土壤类型主要为棕壤与黄棕壤，其分界线大致以海拔1200m为界，黄棕壤下限约为海拔400m，其下与黄褐土为界，棕壤多分布在1200m以上山地，因地形部位，坡度大小，植被覆盖率的高低不同而分布着不同的棕壤亚类，一般在坡度较平缓，植被覆盖度大，水土流失较轻微的地区，土壤发育为棕壤，海拔400~1200m为黄棕壤，在陡坡与植被较差处，分布有较大面积的石质土与粗骨土。

2. 伏南丘陵垄岗黄褐土区

本土区位于伏南山地的南缘，南阳盆地周围的垄岗，东部包括桐柏山地北缘的一部分丘陵垄岗，海拔一般在200~400m。从行政区而言，包括南阳市内乡县南部、淅川、镇平、方城与唐河县东部，桐柏县北部，驻马店市的泌阳、确山等县市。地形为丘陵垄岗，母质为洪积物，自然植被已遭破坏，本土区的土壤主要是黄褐土，土层深厚，沿河两岸有潮土分布。

3. 南阳盆地砂姜黑土区

本土区东、西、北三面被丘陵垄岗环绕，地形低平，由北向南倾斜，地面坡降1/3000~1/5000，呈簸箕状的外流盆地。从行政区而言，包括镇平、方城南部，社旗、唐河东部、新野、邓州等县市。地形平坦而稍低洼，多系河、岗间洼地，土壤母质为河湖相沉积物，自然植被已无残存，本地区的土壤主要是砂姜黑土与黄褐土，较大河流沿岸有潮土。砂姜黑土主要分布在河间与岗间低平洼地。黄褐土的分布部位有两种情况，一种是在垄岗的上部与半坡，因地形部位稍高，通体均为下蜀黄土母质，土壤质地稍黏重。另一种是在河流沿岸，出于河流沉积物的长期沉积覆盖，地形部位稍高，沉积物厚度超过 60cm，同时土体中有明显的铁锰新生体出现时，即成黄褐土。潮土多分布在近河流沿岸，土壤质地因距河流远近及所属河流的上、中、下游不同而有明显差异，一般在河流上游与近河流处多为沙质土，而河流中下游及远河流处多为壤质土，小部分为黏质土，因潮土多系新近河流沉积物上发育而成，属幼年土，发育程度较差。

淮北平原地区

本地区位于淮河干流以北，沙汾河以南，东部到省境，西部止于伏牛山地末端的丘陵前沿。包括驻马店市大部、周口市、漯河市、平顶山市南部、信阳市北部。地貌类型属淮河冲积平原，西部稍高而东部略低，地面坡降为 1/4000~1/6000。总的来看，地势低洼，是河南省最低洼的地区，加之淮河支强干弱，排水不畅，夏季往往形成涝灾。土壤母质低洼处多为河湖相沉积物，颜色暗灰，而地势稍高处多为洪积物及河流冲积物，颜色灰黄。自然植被早已破坏无遗。本地区只有一个土区。

淮北平原砂姜黑土、黄褐土区

本土区北以沙、汾河为界，南到淮河干流，西部大致以京广线为界，东到省境。从行政区而言，包括平顶山市沙河以南，漯河市的舞阳县，郾城县与漯河市南部，周口市的商水、项城与沈丘县南部，驻马店市的西平、遂平、上蔡、汝南、平舆、新蔡、正阳，信阳市的息县、淮滨等县。本土区的土壤类型及其分布规律与南阳盆地砂姜黑土区相似，较低洼的地形部位分布着砂姜黑土，缓岗部位分布着黄褐土，而河流两岸多为潮土。

淮南地区

本地区包括淮河干流以南的大别山、桐柏山地及山前丘陵垄岗，南、东均达省境，西达桐柏山地山前丘陵。从行政区而言，包括南阳市的桐柏县、信阳市淮河干流以南各县市，土地面积 15809. 79km^2，占本大区土地面积的 23. 27%，占全省土地面积的 9. 47%。

本地区位于北亚热带的北缘，气候条件比较暖湿，是河南省气温最高、雨量最多的地区。地形地貌南部多为侵蚀剥蚀低山，超过 1000m 以上山峰不多，山前为丘陵垄岗，愈北地面起伏愈小，直至淮河干流，就整个地势而言，南高北低。山地土壤母质多为变质岩与岩浆岩的残积坡积物，丘陵垄岗多为洪积物，河流沿岸多为冲积物。自然植被主要树种有马尾松、黄山松、杉木、麻栎、槲栎、栓皮栎等，灌丛有黄栌、连翘、杜鹃、山胡椒、乌饭树等，草本植物有黄背草、白茅等，人工栽培树种有油桐、油茶、茶树、乌桕、板栗等。本地区包括两个土区。

1. 大别山、桐柏山地黄棕壤、水稻土区

本土区位于河南省最南部的大别山、桐柏山地，南以大别山、桐柏山主脊与湖北分界，东以大别山脉的主脊金刚台等山峰与安徽接壤，西止于桐柏山地，北以低山地貌与淮南丘陵垄岗相邻。从行政区而言，包括南阳市桐柏县，信阳市平桥、光山、商城与固始县南部及新县等。本土区的主要土壤是黄棕壤、水稻土两个土类，潮土、石质土、粗骨土、棕壤亦有分布，黄棕壤分布面积最广，主要在山地，水稻土主要分布在山间峡谷与盆地，潮土分布于河流沿岸，石质土与粗骨土多分布在山坡较陡、水土流失严重处，棕壤仅分布在海拔 1200m 以上的较高山地，黄棕壤是本土区的地带性土壤，也是河南省用材林生产基地。

2. 丘陵垄岗黄褐土、水稻土区

本土区主要位于大别山与桐柏山的山前丘陵垄岗地形部位，北到淮河干流，东达省境，西止于桐柏山前丘陵。从行政区而言，包括南阳市桐柏县的北部，信阳市平桥、罗山、光山、商城、固始北部与潢川县。地形地貌系丘陵垄岗，海拔一般在 400m 以下，相对高差多在 100m 以下，北部垄岗地区又称波状平原，地面略有起伏，土壤母质为第四纪中、晚更新世洪积物，南部为中更新世洪积物，红棕色，北部晚更新世洪积物，黄棕色，质地均甚黏重，并有大量铁锰淀积物，河流沿岸有带状河流沉积物。自然植被已不复存在，人工栽培树种有马尾松、杉木、麻栎、栓皮栎、枫杨、旱柳、榆、槐、楝等，农作物有水稻、小麦、玉米、豆类、油菜、甘薯、红麻、棉花等。

土壤类型主要有水稻土、黄褐土、潮土等，水稻土类有潴育型、潜育型、漂洗型、淹育型等亚类。潴育型水稻土分布面积最广，主要分布在地形比较开阔的畈田、冲田的中部。

第十章　河南省以外我国部分省（自治区、直辖市）土壤分布

山东省土壤分布

山东省土壤分为十五个类型，分别为：棕壤、褐土、砂姜黑土、潮土、盐土、滨海盐土、碱土、红黏土、风沙土、火山灰土、粗骨土、石质土、山地草甸土、水稻土、沉积土。

（一）鲁东丘陵区

胶莱河、沭河以东地区占全省面积的 25%，地势起伏和缓，除昆仑山（文登）、牙山（栖霞）、大泽山（平度）、艾山（胶县）、崂山（青岛）等海拔在 700m 以上外，绝大多数是 300m 以下的广谷浅丘；岩石中面积较大的有前震旦纪的黑云母片麻岩、变粒岩、角闪岩、片岩、石英岩；中生代的花岗岩常穿插侵入变质岩区，构成较大山体的山岭和顶峰（如崂山）；也有沉积岩，包括砂岩、页岩、砾岩、粉砂岩；玄武岩在蓬莱一带有出露。这些母岩风化的残积物、坡积物是山丘土壤的主要母质；另外，第四纪松散的积物很多，如黄土及黄土状堆积物；沿海一带有宽窄不一的海洋沉积物。本区属暖温带湿润季风气候区，年降水量在 750～850mm，干燥度 1.1～1.2，年均温在 11.0～12.0℃，成土过程中化学风化和淋溶作用较强烈，土壤呈微酸性，沉积黏化明显。植被茂密，种属丰富，达 1800 余种，主要是赤松林和刺槐林。地带性土壤为棕壤，在黄土母质上有少量褐土。

在本区南部的临沭、莒南、日照等县（市）的低丘和剥蚀平原上，集中分布着白浆化棕壤，在低丘坡麓之上与酸性粗骨土、棕壤相连或成复区分布，在较平缓的地方，白浆化棕壤则与潮棕壤或河潮土相接。此外，在胶东半岛的南、东、北三面沿海的低丘和平地，也分布着零星的白浆化棕壤。

在本区北部蓬、黄、掖一带（即蓬莱、龙口、莱州），从丘陵坡麓到山前平原，呈现棕壤性土-棕壤-潮棕壤-非石灰性滨海潮土的土壤组合，局部有褐土或石灰性褐土零星分布。在本区北部靠近莱州湾一侧，从石灰岩低丘到平原，有钙质粗骨土-石灰性褐土-褐土-潮褐土的土壤组合，间或有淋溶褐土的分布。

在本区中部的莱阳盆地，土壤分布十分复杂，各种土壤组合成多种复域的分布类型。盆地中中生代砂页岩出露十分广泛，岩性差异很大，所以，可见到砂页岩风化物发育的各种土壤的分布。中生代中性火山岩、基性火山岩、火山角砾岩也较多，多发育为中性粗骨土或棕壤。在盆地的丘陵坡麓，主要分布着粗骨土、棕壤、褐土，在盆地中部低洼处或河谷，分布着潮褐土、潮棕壤、河潮土，盆地西北洼地分布着砂姜黑土，南部五龙河滩地分布有草甸风沙土。

在鲁东丘陵区与鲁中南山地丘陵区之间的胶莱河谷平原，主要分布着非石灰性砂姜黑土，其间也有河潮土分布。从河谷平原腹地向两侧砂姜黑土与潮棕壤、棕壤相接。河谷平原的中南部低缓丘陵，分布有小面积的棕壤性土和棕壤。

本区沿海滩地分布着滨海盐土，除在莱州湾和胶州湾滩涂较宽、滨海潮滩盐土面积较大外，其他沿海地区仅有滨海盐土的零星分布，向内陆与非石灰性滨海潮土或河潮土、潮棕壤相连。海积草甸风沙土在北部沿海集中分布，在东、南沿海仅有零星分布。本区中部宽阔河滩地分布有小面积的冲积草甸风沙土。

（二）鲁中南低山地丘陵区

本区位于胶莱河、沭河以西，小清河以南，京杭大运河以东，占全省面积的33.2%。地形起伏较大，以泰山为最高，主峰达1532m，属中山，海拔千米以上的还有鲁山（淄博）、沂山（沂源）、徂徕山（泰安）、蒙山（蒙阴），周围的丘陵海拔均400m左右，中山与山峰之间有连续分布的低山，海拔500~1000m，山麓和丘陵边缘为堆积的倾斜平原，另外，山与山之间为河谷平原；岩石以前震旦纪黑云母片麻岩、斜长角闪岩、混合岩为主，另有寒武纪页岩，厚层鳞状灰岩、奥陶纪石灰岩（济南），还有其他地质时期（二叠纪、石炭纪、侏罗纪、白垩纪）页岩、灰岩、煤层等，还有大面积的黄土堆积。除鲁南大部属湿润半湿润气候以外，本区主要属暖温带半湿润季风气候，年降水量800~900mm，干燥度1.1~1.5，年均温12~13℃，冬季温暖湿润，夏季炎热多雨，化学风化及淋溶作用也较强烈。由于土壤和气候的差异，植被类型及种属差异较大，有松栎、侧柏等。土壤主要为棕壤、褐土。

泰山、鲁山、沂山一线以北，除泰山、砻山、沂山的顶部为酸性岩外，其余均为富钙石灰岩风化物、黄土、钙质或非钙质的砂页岩风化物及小面积出露的残余红土。泰山、鲁山、沂山的中上部有酸性粗骨土、酸性棕壤和山地草甸土分布。在泰山、鲁山、沂山北部丘陵坡地，分布着钙质石质土、褐土性土，局部较高处的林下有小面积的淋溶褐土。自丘陵坡麓向下即为山前倾斜平原，向北伸延到小清河附近。土壤分布呈现出石灰性褐土-褐土和淋溶褐土复区-潮褐上-石灰性砂姜黑土-潮土的土壤组合。

鲁中南山地丘陵中部，地带性土壤褐土与棕壤复区分布的特点十分明显。泰山南麓有本省最大的山前洪积平原，自山麓至大汶河平原，形成棕壤-潮棕壤-砂姜黑土-潮褐上-河潮上的土链分布。汶泗河平原是山东省的粮仓，主要土壤类型是潮褐土和河湖土，平原低洼处分布有砂姜黑土。由于母质和复钙作用的影响，石灰性潮褐土和非石灰性潮褐土、石灰性河潮土与非石灰性河潮土呈无规律的组合分布。

在莲花山-孟良崮、蒙山等几条西北东南走向、以片麻岩为主构成的中低山山坡地，酸性粗骨土分布面积较大，在林木生长良好的地方则零星分布着酸性棕壤，山体向下依次出现酸性粗骨土、棕壤性土及棕壤。与酸性岩山体相间排列的石灰岩丘陵，上部分布着钙质粗骨土和褐土性土，下部厚层堆积物上分布着褐土或石灰性褐土。相邻山系之间的谷地或盆地上出现棕壤、潮棕壤复区及非石灰性潮褐土或潮褐土、淋浴褐土复区。

该区的南部（即泗河、枋河以南）处于低山丘陵上，酸性粗骨土与棕壤性土、棕壤性土与棕壤呈复区分布，山谷、山间盆地有潮棕壤分布；而在酸性岩低山丘陵周围镶边式分布的石灰岩丘陵上，则分布着钙质粗骨土与褐土性土，并间或有小面积褐土出现。在高阶地的厚层堆积物上，则分布着淋浴褐土，平（平邑）费（费县）谷地和枣庄市南部的山前平原上则大面积的分布着淋溶褐土、非石灰性潮褐土以及红黏土。从滕州市附近的土壤分布看出，东部丘陵上棕壤、褐土呈复区分布，山前平原由东部丘陵坡麓向西倾斜，上面大面积分布着淋浴褐土和非石灰性潮褐土，至南四湖附近有小面积砂姜黑土。

鲁中南山地丘陵东南部的沂河、沭河中下游平原，主要土壤类型为非石灰性河潮土。平原中的临、郯、苍洼地上分布有大面积的砂姜黑土，而在平原四周的高阶地北部分布着棕壤、潮棕壤和白浆化棕壤，南部则分布着非石灰性潮褐土和淋溶褐土。

（三）鲁西北黄河冲积平原区

包括聊城、德州、菏泽、东营地区、潍坊北部和济宁西部，系黄河北部冲积平原，占全省面积的41.8%。黄河发源于青藏高原，流经黄土高原时挟带大量泥沙，黄河水含泥沙平均为40kg/m^3，最大达490kg/m^3，黄河自河南孟津流向平原，流速顿减，泥沙淤积于河床，天长日久便形成地上悬河，一旦决口便将泥沙倾泻沉积在所流经地方，形成黄河冲积平原。黄河历年决口改道，沉积物交错分布，地形起伏变化很大（大平小不平），河床处为岗，岗下微斜平原称为坡。黄土母质有成层性，粗黏相间不太一致。黄土状母质的特点是：几乎没有大于 0.25mm 的颗粒，多数是直径为 0.01～0.05mm 的粗粉砂粒，毛管作用强，给水盐运动创造了条件。本区属暖温带半干旱季风气候，干燥度 1.3～1.7，年均气温 12～14℃，平均降雨量 600mm，主要分布在 6、7、8 三个月，蒸发量为 1800～2000mm。自然植被很少，主要为农田。土壤主要为潮土、盐土、碱土、滨海盐土。

鲁西北黄河冲积平原是华北大平原的一部分，分布土壤为由黄河冲积母质发育的潮土和盐渍土。从鲁西北平原的整体来看，土壤类型较单一，土壤高级分类单元的组合较简单，但微地貌类型及其组合形式多种多样，造成了土壤微域分布的复杂性。

鲁西北黄河冲积平原自西南至东北海拔高程由 68m 逐渐降低至海平面，土壤质地由粗变细，即由砂土、砂壤土所占比例较大逐渐过渡到重壤、黏土所占比例较大，盐化潮土由以硫酸盐盐化为主过渡到以氯化物盐化为主，盐化土和盐土面积逐渐增大，碱化土和碱土面积逐渐缩小。

鲁西北黄河冲积平原的微地貌类型一般分为河滩高地、决口扇形地、缓平坡地、背河槽状洼地、河间浅平洼地、海滩地、黄河三角洲等 7 种。土壤分布组合与微地貌类型有十分明显的规律性。

本区自西南向东北呈条带状，一般高出地面 3～5m，主要有两大条带，一条在德州、聊城的西部，自宁津县西部经德州东部、陵县两部、夏津、临清、冠县、莘县至阳谷；另一条在菏泽地区，从菏泽市向东南定陶、成武方向，向东北郓城方向两翼呈弧形延伸。在河滩高地和决口扇形地大面积分布着潮土、脱潮土和风沙土。质地较轻，多为沙土类和壤土类。风沙土多为半固定和固定草甸风沙土，流动草甸风沙土极少见。

鲁西北黄泛平原区的洼地，集中连片分布的主要有两片，一片是在东平湖南岸、京杭大运河以东、嘉祥北部为已退水的老湖底，分布为湿潮土，另一片在南四湖西岸，鱼台、金乡县东部，济宁市郊区西南部，其上分布有潜育水稻土。在沿黄的洼地上零星分布着小面积的湿潮土。洼地上除分布有湿潮土外，还分布有黏质潮土。

在高地与洼地之间的坡地上大面积分布着潮土和盐化湖土，在一个小的地貌组合单元中，潮土分布在坡地的上部，而坡地的下部与洼地的交界地带分布着盐化潮土。黄泛平原区由于多次交错的河水泛滥冲淤，致使小地貌单元组合中岗、坡、洼比比皆是，因而呈现大面积的潮土与盐化潮土斑状镶嵌分布的特点，盐化潮土中局部因受土体质地构型及地下潜水的影响，造成地表积盐加重，发育成草甸盐土，因此，草甸盐土与盐化潮土呈明显的复区分布，斑块状散布在大面积的潮土之中。

以下就本省主要土壤类型分别简要做一介绍。

棕壤

棕壤集中分布在山东省以酸性岩为主要母岩的胶东丘陵及沭东丘陵地区，包括烟台、威海、青岛等市及临沂地区的莒南、临沭、莒县及潍坊市的五莲、诸城等地。在鲁中南山地丘陵区，因酸性岩与钙质岩类、黄土交错存在，致使棕壤与褐土呈镶嵌状复合分布。

棕壤的亚类：

1. 棕壤（普通棕壤）是棕壤的代表性亚类，具有明显的红棕色黏粒淀积层；分布在缓坡丘陵中、下部，山麓、地形平缓处。

2. 白浆化棕壤分布在坡度较大的山坡地，剥蚀残丘。次要的成土过程为白浆化过程，是低产土壤之一。

3. 酸性棕壤分布在森林覆盖率较大、酸性岩的山地中上部，淋溶作用强，酸度高，生物积累十分明显，pH 值为 5.0 左右，B 层不发育，是山东的主要森林土壤之一。

4. 潮棕壤（草甸棕壤）分布在山前平原，地形平坦，地下水位高 3～4m；附加成土过程为潮化过程；受潜水及耕作影响最深，有明显的氧化还原特征，是主要的农业土壤，肥力较高。

5. 棕壤性土分布在低山丘岭的中上部、山脊处，母质为残积坡积物；成土时间短，粗骨，是低产土壤之一，仅适合林草。

褐土

集中分布于鲁中南低山丘陵及胶济、津浦铁路两线的山麓平原地带，褐土与棕壤土过渡地区的蓬莱、龙口、莱州也有分布。主要分布在鲁中南地区由沉积岩组成的山丘岭坡、钙质堆积物组成的山前平原与河谷阶地，以及黄土与红土的堆积地区。分布区内大致以泰山、鲁山、沂山为界，其西、北两侧褐土分布比较集中，主要有碳酸盐含量丰富的普通褐土、石灰性褐土，并间有淋溶褐土；而南侧广大地区则因沉积岩与变质岩相间并存，其褐土常与棕壤交错分布，褐土中以淋溶褐土为主。在鲁东地区的西北隅，以及莱阳、莱西等地有黄土和钙质砂页岩分布地区亦有零星的分布。胶济、津浦两线的山麓平原地带处于暖温带半湿润的山丘地区，受季风影响，夏季高温多雨，风化及成土作用多发生在夏季，降水量500~700mm。地形为低山丘岭，山麓平原，河谷阶地。

潮土

潮土是全省分布最广、面积最大的一种土壤，约有68189km^2，占土地总面积的44.1%。集中分布在鲁西北和鲁西南的黄泛平原，在山丘地区的河谷平原、滨海洼地也有分布。这类土壤质地适中，多含钙、磷、钾等矿质养分，是省内粮、棉重要生产区。广泛分布在鲁西、鲁北黄泛平原以及鲁东与鲁中南山地丘陵区的河谷平原、山丘间谷地与盆地内。分布区大致以津浦与胶济铁路线为界，以北以西广大的黄泛平原和汶河、泗河下游以及滨湖一带平原，集中分布着具有石灰反应、呈碱性的潮土。其间镶嵌有盐化与碱化潮土；津浦、胶济线以东以南广大地区的各大小河流的冲积平原、谷地则集中分布着无石灰反应、呈中性至微酸性的潮土。

砂姜黑土

山东有9970km^{2}砂姜黑土，占总面积的6.5%。主要分布于鲁中南山地丘陵区周围四大片平原低洼地之中，即莱阳、即墨盆地及胶莱平原低洼地，鲁中南山地丘陵北侧山前倾斜平原，小清河、黄河冲积平原交接的平原低洼地，以及鲁中南平原低洼地。pH值为6.0~8.2。质地多为重壤土或黏土，结构性差，黑土层僵硬裂隙多。具色泽灰暗但有机质含量仅1%左右的黑土层和含较多砂姜甚至成层砂姜的心底土层，中性至微碱性。

砂姜黑土具有强烈的石灰反应，碳酸钙含量高。

盐碱土

盐土、碱土以及各种盐化、碱化土壤统称盐碱土。全省共有盐碱土4760km^2，占土地总面积的3.1%，主要分布在鲁西北黄泛平原地势低平地段、河间洼地和滨海地带。土壤中可溶性盐较多，主要包括8种离子，其中有阳离子：Na^+、K^+、Ca^{2+}、Mg^{2+}；阴离子：Cl^-、SO_4^{2-}、CO_3^{2-}、HCO_3^-。

盐碱土形成条件：

（1）气候条件：干旱半干旱季风气候，雨水分布不匀，蒸发量远大于降水量，造成“盐随水来，水散盐存”的局面。

（2）水文地质条件（地下水条件）：地下水位高，含盐量高。

（3）地形地貌的影响：河间微斜平原和背河洼地是盐土分布的主要位置。

（4）母质的影响：一是含有盐分，二是粗粉砂质，很强的毛细作用为盐化过程提供了极大方便。

（5）人类活动的影响：引黄灌溉不当，抬高了地下水位等。

盐土

盐土指有大量可溶性盐的土壤，常以氯化钠、硫酸钠为主，不呈碱性反应。山东省的盐土多分布在鲁西、北平原中的洼地边缘及河间洼地、黄河沿岸；分布的地形部位主要是浅平洼地与微斜平地交接的二坡地上，以及沿黄河背河槽状洼地、河间洼地等。表层积盐，常形成盐结皮或附有盐霜；心土以下常因地下水作用形成锈斑、锈纹层。滨海盐土主要分布在渤海湾和莱州湾海岸地带，构成约20km的宽带，自胶莱河口向西，包括无棣、阳信、滨县、沾化、利津、垦利、广饶、寿光、寒亭、昌邑等地，此外还有烟台、威海、青岛的沿海地区，所含盐类以氯化钠为主，表层有很薄的较暗的生草层或较厚的盐结皮。

碱土

省内面积很少；曹县背河槽状洼地面积较大，鲁西北平原仅有零星分布。

风沙土

主要分布在德州、聊城、菏泽、惠民等地区的黄河决口扇形地与古河道上，以及烟台、威海等地的沿海地带。地貌多为砂质垄岗，地势较高，地下水埋深 3~4m，自然植被多为沙生植被，母质为沙质堆积物。

火山灰土

火山灰土仅见于临朐、昌乐境内早期火山喷发处及蓬莱迎口山，多零星分布于火山口附近或熔岩台地上部平顶处。火山灰土通体为火山喷出物，蓬松，土中多含火山砾，剖面基本无发育。颜色多暗棕灰色或灰黑色。质地多为砾质黏土，个别为壤质黏土，容重较小，一般在 1.0 左右。

水稻土

水稻土主要分布在日照滨海地区、临郯苍平原洼地、济宁地区的滨湖平原、济南与淄博小清河一带的洼地，临沂、章丘、历城等地，以及各地沿黄河两侧的盐碱涝洼地与黄河三角洲等地区。表层灰黄，质地较轻，有大量根际锈斑锈纹。

江苏省土壤分布

（一）低山丘陵土壤资源

江苏省低山丘陵土壤面积 1247.5 万亩，占全省土壤总面积的 13.5%，包括棕壤、褐土、黄褐土、棕红壤、石灰（岩）土、紫色土、暗色土和粗骨土九个类型。

棕壤

棕壤是在暖温带湿润半湿润气候条件影响下形成的，面积 241.3 万亩，占全省土壤总面积的 2.62%，主要分布在江西省东北部剥蚀低山丘陵一带，北连山东丘陵，东临滨海平原或直逼海岸，西南接徐淮平原，有三个亚类。

1. 酸性棕壤

江苏省酸性棕壤有面积 51.6 万亩，占该省棕壤面积的 21.4%。由花岗片麻岩的坡积残积物发育而成。主要特点是土层薄，有效土层为 50 厘米左右，心土层以下则为半风化的母质层，裸岩出露较多，砂砾含量高。多为林地。

2. 白浆化棕壤

江苏省白浆化棕壤面积 113.2 万亩，占该省棕壤面积的 46.9%。其特征是表层下具有“白浆层”，系白浆化作用所致。土层厚度为 1m 左右，白浆层厚约 10cm，土体上砂下黏，呈中性反应，pH 值为 6.8~7.1。现多种植小麦、玉米、花生等二年三熟或一年两熟作物，由于这种土壤在多雨时易包浆滞水，无雨时，地下水难以补给，易发生干旱，产量不高。

3. 潮棕壤

江苏省潮棕壤面积 76.4 万亩，占该省棕壤面积的 31.7%。分布于岭下和低岗地，洪积和坡积母质，受地下水影响，具有夜潮现象。土体厚度约 1m，呈微酸性至中性反应，表层有机质含量 10g/kg 左右。养分状况好于其他两个亚类。种植方式为甘薯—麦子一年两熟或玉米—小麦—甘薯两年三熟作物。

褐土

褐土系江苏淮北地区黄土及石灰岩残丘上发育的地带性土类。其发生、发育受制于暖温带的气候因素，处于脱钙阶段。土壤黏化作用明显，盐基饱和，呈中性或微碱性，含有少量的游离碳酸钙，但无钙积层，南端与黄褐土相接。面积共计 156.9 万亩，集中分布于铜山、泗洪一带，有两个亚类。

1. 淋溶褐土

本省共有淋溶褐土面积150万亩，占本省褐土面积的66.9%。一般分布于淮北西部丘岗上部。土层厚度约1m，盐基饱和，土体有少量游离碳酸钙，pH值为7.2~8.1，全钾含量高，耕层有机质含量10g/kg左右。土壤肥力中等偏下，一般种植山芋、玉米、小麦等旱作物。

2. 潮褐土

本省共有潮褐土面积51.9万亩，占本省褐土面积的33.1%。一般分布于石灰岩低山残丘坡脚和平原交接处，地形微有起伏，具有较强的淋溶作用，在成土过程中有潮化过程，潮褐土土层大于1m，中壤质，土壤有机质8~12g/kg，土壤肥力中等偏上，主要为麦、玉米，一年二熟或两年三熟。

黄棕壤

本省共有黄棕壤面积196万亩。中性或酸性基岩残积坡积母质发育，pH值为5.0~6.6，分布于淮河以南的镇江、南京、扬州、无锡、苏州、常州一带的低山上。土体厚度随岩石的风化难易度、总体坡度及其运积状态而异，厚度小于1m，有机质10~30g/kg。以林业利用为主，易栽种松、杉、栎等树种，土层厚的地方可发展茶叶和竹林。

黄褐土

本省共有黄褐土面积397.5万亩。黄褐土是在江苏北部亚热带湿润季风气候条件下，发育于低山外围黄土丘陵岗地上的土壤，主要分布于长江两岸、下蜀镇黄土岗地，可分为两个亚类。

棕红壤

本省棕红壤面积29.7万亩。棕红壤系江苏省中亚热带北缘发育于第四纪红色黏土及部分酸性基岩风化物上的富铝化土壤。集中分布于宜溧低山外围。植被为典型的常绿阔叶林。多种植针叶林、毛竹、茶叶、果树等，有部分呈半荒芜状态的稀树林灌丛草地，土体厚度一般大于1m。pH值为4.7~5.5，盐基饱和度低，表层平均饱和度53.34%，心土层饱和度24.68%。本土种适合种植茶叶。

紫色土

江苏省自南而北的低山丘陵土壤上，均零星分布着由紫色砂页岩风化物发育的土壤，面积14万亩，占低山丘陵土壤面积的1.1%，多数为林草地，少数开垦种植旱作物，土体厚度30~100cm不等，淮南土壤有机质含量较高，已垦地在20g/kg左右，全氮量1.5g/kg左右，林、草地则更高些，土壤养分含量水平较高；淮北土壤肥力较低。

暗色土

江苏省以盱眙、六合一带暗色土面积较大，共计84.1万亩。土体厚度30~100cm不等，土壤有机质含量15.25g/kg，全氮量1.2g/kg，土壤养分含量较高，土壤pH值为7左右。目前多为林、草地，已垦地约占四分之一，以种麦、豆、玉米为主。

石灰（岩）土

石灰（岩）土主要分布于淮南及江南石灰岩区，面积43.3万亩。土壤有机质含量大于30g/kg，全氮量大于2g/kg。土体中，特别是中下部土体，常含有游离碳酸钙1%~3%或更高，土壤pH值为7.5~8.5，土体厚薄不一，黏质。多为林、草地，植被覆盖良好。

粗骨土

本省粗骨土面积84.7万亩，主要分布于一些石质低山陡坡上。这些地方植被一旦破坏，极易使水土流失，造成土层变薄并含有大量砾石。砾石含量占土体的50%以上（容积），一般在50%~60%，形成粗骨土。

（二）平原旱耕土壤资源

江苏省平原旱耕土壤面积为4653.3万亩，占该省土壤总面积的50.45%，包括四个土类：一是徐淮、沿江、沿河平原旱作区的潮土；二是滨海平原区的滨海盐土；三是徐淮岗地与平原交接地带的砂姜黑土；四是沿湖低洼地区的沼泽土。

潮土

潮土是发育于近代河流冲积母质，受地下水活动影响，经长期旱作耕种熟化而形成的一类土壤，江苏省潮土面积3756.3万亩，占平原旱耕土壤面积的80.7%。分五个亚类：由沂沭河冲积母质发育的棕潮土；徐淮黄泛沉积母质发育的黄潮土；黄潮土区的盐化潮土；沿江及江南一带由江、河冲积母质发育的灰潮土；滨海盐土脱盐而形成的脱盐潮土。

1. 棕潮土

江苏省棕潮土面积为235.9万亩，占该省潮土面积的6.28%。棕潮土母质来源于沂蒙山区及沂沭河支流上游低山丘岗片麻岩等酸性变质岩和砂页岩风化物，经沂沭河搬运，成带状冲积和沉积于河流沿岸，无石灰反应，主要分布于徐、连、宿三市所辖新沂、邳州、沭阳、赣榆、东海等县（市）。

2. 黄潮土

江苏省黄潮土面积1763.5万亩，占该省潮土面积的46.9%。黄潮土是黄河南徙夺淮、泥沙多次泛滥、冲积、沉积在原母土上，经长期旱作发育的一类耕种土壤。土层深厚，石灰含量高，中性偏碱反应，pH值为8.5左右。

黄潮土面积：徐州市718.6万亩，淮安市844.4万亩，盐城市183.8万亩，扬州市7万亩，连云港市9.7万亩。

3. 灰潮土

江苏省灰潮土面积955.3万亩，占该省潮土面积的25.4%。灰潮土广泛分布于长江沿岸，尤以长江北岸分布较广。北抵通扬运河，西至京杭大运河，东部止于串场河口。南通、扬州二市所占面积较大，盐城、南京、镇江、常州、无锡、苏州等市也均有分布。

近江岸为长江新沉积物发育的灰潮土，多为淤土，一般面积较小，全省只有20.3万亩。在沿江河漫滩上，即外滩和江心洲外围，近代沉积物的颗粒很细，洲地内部分布的淤土多为成洲后期的淤积产物；离江岸较远处为古老沉积的沙岗，多分布沙土。

4. 脱盐潮土

江苏省脱盐潮土面积555.1万亩，占该省潮土面积的14.8%。脱盐潮土是滨海盐土经长期耕垦改良后，盐分逐渐减少，土体中盐分含量小于1g/kg（一般仅为0.6g/kg），已不再是对农作物有害的一类土壤，母质为江、淮、黄冲积海相沉积物。脱盐潮土的主要特点在于地下水矿化度仍然较高，大于1g/L，如耕作不当，或不加强洗盐措施，土壤仍有返盐的可能。脱盐潮土呈狭长带状分布于沿海地区，东侧为滨海盐土，西侧从北到南依次为黄潮土、水稻土（里下河）、灰潮土。由于受局部地形和水利等条件的影响，脱盐潮土区内仍夹有少部分没有脱盐的滨海盐土，脱盐潮土行政上分属于连云港、盐城、南通三市所辖的12个县（市），其中，连云港14万亩，盐城市353.1万亩，南通市188万亩。从长江口至废黄河口，土壤质地基本为沙-壤-黏-壤-沙分布。其中，沙性土265万亩，主要分布于盐城市，壤性土178万亩，黏性土112万亩，三市均有分布。土壤养分按质地呈现变化，砂、壤、黏土有机质含量分别为10g/kg、13g/kg、15g/kg，含氮分别为0.8g/kg、1g/kg、1.2g/kg，肥力较好的为壤性土。应坚持粮棉、绿肥轮作。

5. 盐化潮土

群众习惯将江苏省的盐化潮土称为花碱土，它不同于受海水影响形成的含盐潮土，形成于黄泛母质上，是微域地形变化和地下水的局部矿化，导致土体和潜水中盐碱积累和再分配的结果。该类土壤中的盐分以重碳酸盐为主，并含碳酸盐，有的盐化潮土含有较高的硫酸盐、氯盐类，它们同时并存，但盐渍性态截然不同。

全省盐化潮土246.6万亩，其中，盐性土223.3万亩，徐州市的面积最大，西北部丰县全部和沛县一部分，以大沙河为主体延向两侧；丰县以东、废黄河以南的铜、睢境内是碱化和盐化潮土之共存区域。碱性土多分布在淮阴区、涟水县；以硫酸盐为主的面碱土多分布在宿豫县、淮阴县和泗阳县等，海拔2.5~19.5m；以氯盐为主的盐性土主要分布在灌南、涟水、淮阴、宿豫等县，海拔2.7~

24.8m。

滨海盐土

江苏省滨海盐土面积有436.7万亩，占该省潮土面积的11.6%，在北起绣针河，南抵长江口，东临黄海，西至串场河这一范围内分布着含盐量不同的盐渍土壤。滨海盐土根据土壤发育阶段特征及附加成土作用，相应划分为四个亚类：

1. 潮滩盐土

潮滩盐土，是在海水作用下具有母质沉积与盐分积累的原始成土过程，处于滨海盐土最初始发育阶段。土壤全盐大于6g/kg，最高可超过10~20g/kg，潜水矿化度大于20g/L。土壤有机质含量一般低于5g/kg，全剖面没有发生层次的分化。现多辟为盐、渔区。

2. 草甸滨海盐土

草甸滨海盐土，是潮间带草滩生态下土壤脱盐与草甸化过程形成的产物，处于潮间带内滨海盐土发育的最高阶段。土壤全盐量为1~6g/kg，地下水矿化度4~12g/L。土壤有机质含量10g/kg左右，高的可达20~40g/kg，以生长多年生耐盐草本植物为主。

3. 沼泽滨海盐土

沼泽滨海盐土，是在潮间带沼泽生态下，土壤沼泽化过程与脱沼过程形成的产物。土壤全盐量2~8g/kg。表土有机质10g/kg以上，高者可达40g/kg，有机质在剖面中分布较深。

4. 潮盐土

潮盐土，是海涂土壤围垦后，经初期利用改良，并具有一定旱耕熟化和潮土化特征的土壤。土壤全盐量为1~4g/kg，地下水矿化度范围在4~10g/L，表土有机质在10g/kg左右，耕作层土壤结构、孔隙度、透水性能等较草甸滨海盐土有明显改善。

砂姜黑土

砂姜黑土是在低湿环境条件下经脱沼泽过程而形成的一类旱耕土壤，因其上部有黏重的暗黑色土层，中下部含有姜状钙结核的土壤而命名，江苏省面积348.1万亩，占平原旱耕土壤面积的7.5%。分布在淮河以北的淮安、连云港及徐州三地，淮安市有164.2万亩，占该市土壤面积的9.67%，其中，泗洪71.2万亩，沭阳50.9万亩，宿豫32.9万亩，泗阳8.7万亩，盱眙2.6万亩，金湖1.2万亩。连云港市108万亩，占该市土壤总面积的20.2%，其中耕地107.6万亩，赣榆县11.7万亩，东海县82.5万亩，灌云县12.4亩，郊区4.8万亩。徐州市84万亩，占该市土壤面积的6.78%，其中耕地面积81.1万亩，集中分布在新沂和邳州两市，新沂36.4万亩，邳州29万亩。此外，铜山有8.7万亩，睢宁和徐州市郊区也有零星分布。分两个亚类。

1. 普通砂姜黑土

普通砂姜黑土，江苏省共有337.3万亩，占砂姜黑土土类的96.9%，土壤pH值为7.2~8.3。其中，位于地势较高的称岗黑土，地势较低的称湖黑土。

2. 盐化砂姜黑土

盐化砂姜黑土，江苏省共有10.8万亩，仅占砂姜黑土面积的3.1%，主要分布于东海、赣榆，土体含盐量0.12%左右，地下水位70~80cm，地下水矿化度>1g/L。

沼泽土

江苏省沼泽土面积为112.2万亩，占平原旱耕土壤面积的2.4%。主要分布于射阳湖、高宝湖、大纵湖、石臼湖、固城湖、阳澄湖沿湖低滩。表土腐殖质层厚度可达30~50cm，土壤有机质含量在100g/kg，全氮量在5g/kg左右，速效磷在10mg/kg左右，速效钾在100mg/kg左右。土壤pH值为6~7，重壤到轻黏土。

渗育型水稻土

渗育型水稻土是一类在水耕状态下，以下渗淋溶（包括侧渗）作用为主，具有耕作层、犁底层和渗育层段，氧化状态占主导地位，为发育中度的水稻土。江苏省面积为980.7万亩，占水稻土面积的 29.5%。其主要土壤有板浆白土、潮灰土、潮黄土。

1. 板浆白土

江苏省板浆白土面积为 132 万亩，占渗育型水稻土面积的 13.5%，广泛分布于无锡、常州、镇江、南京、扬州各市低山丘陵附近，以下蜀黄土母质为主，受侧渗漂洗，形成白土渗育层。

2. 潮灰土

潮灰土是长江新老冲积母质及灰潮土母土上发育的一类水稻土，广泛分布于长江两岸狭长的冲积地带，土体中可出现小砂姜，分属苏、锡、常、镇、宁、通、扬七市，江苏省面积为 380.1 万亩，占渗育型水稻土 38.8%。表层土壤有机质含量 20.4g/kg，含氮 1.33g/kg，土壤 pH 值和游离碳酸钙含量略低于母土，土壤养分基本近似于母土。

3. 潮黄土

潮黄土为黄淮冲积母质发育而成，呈中性或偏碱性，质地黏重。分布在黄泛平原南端。江苏省潮黄土面积为 122.3 万亩，占渗育型水稻土面积的 12.5%，表层有机质含量 19.4g/kg，含氮 1.39g/kg。养分状况好于母土，土壤 pH 值和碳酸钙含量也比母土低。

4. 油泥土

油泥土分布于长江两岸的圩区、较大的江心洲和潮塘河两岸地势稍低的地带，江苏省油泥土面积为 139.7 万亩，占渗育型水稻土的 14.2%，以靖江、扬中、丹徒、太仓等地面积最大。该土母质为长江冲积物，表层有机质含量 22.1g/kg，含氮 1.36g/kg，土壤养分含量较高，稻麦皆宜，属上等土壤。

潴育型水稻土

江苏省潴育型水稻土面积为 1433.8 万亩，占水稻土的 43.1%，分布在苏州、无锡、常州、南京、镇江、扬州、南通、盐城、淮安九市，其起源母土主要是黄褐土、潮土、沼泽土、盐土、砂姜黑土。潴育型水稻土可进一步分为马肝土、黄泥土、红沙土、缠脚土、黏黄土等。

1. 马肝土

马肝土分布于宁、镇、扬以及宜溧丘岗地区的冲田下部，面积为 333.7 万亩，占潴育型水稻土面积的 23.3%，以六合、江宁面积最大。土壤 pH 值为 6.4~7.2，上部偏酸，下部中性，通体无石灰反应，土体深厚，潴水淀积现象显著，耕层有机质为 18g/kg，全氮为 0.8g/kg。

2. 黄泥土

黄泥土广泛分布于太湖平原，分布海拔 2~6m，多数分布于海拔 4m 的地段，遍及苏、锡、常、镇等市，以吴江、昆山、无锡、宜兴、江阴、武进等分布较广，江苏省面积为 483.7 万亩，占潴育型水稻土面积的 33.7%，该土发育于湖积母质，在长期水旱轮作条件下季节性淹水，周期性干湿交替，土壤氧化还原作用明显，潴育层发育良好，耕层有鳝血斑。

3. 红沙土

红沙土主要分布在串场河两岸，通扬运河以北的地区，里下河碟形地边缘的上框田分布更广泛。江苏省红沙土面积为 145.3 万亩，占潴育型水稻土面积的 10.3%。红沙土起源于江、淮冲积与湖相沉积母质，pH 值为 7.7~8.1，无石灰反应，具有较多的黄褐色锈斑。

4. 缠脚土

缠脚土主要分布在串场河以西、通扬运河以北的碟形洼地的上框田上，与红沙土等镶嵌排列。江苏省缠脚土面积为 128.7 万亩，占潴育型水稻土面积的 9%，以兴化、建湖、盐都等地面积较大。

5. 黏黄土

黏黄土主要分布在洪泽湖畔平缓岗地的平原上，江苏省黏黄土面积 108.2 为万亩，占潴育型水稻土面积的 7.5%，以金湖、洪泽等地面积较大。

漂洗型水稻土

漂洗型水稻土是在强度淋溶漂洗条件下形成的具有强度渗育漂洗层（或称“白土层”）的土壤，通称“白土”，是太湖流域水稻土中一类重要的土壤，多分布于太湖周围地势稍高的高平田地区，以及平原向丘陵过渡地区。在江苏省，其面积为229.1万亩，只占水稻土面积的6.9%。白土发生于上粉下黏的黄土性母质，耕层有机质20g/kg，含氮1.3g/kg。

脱潜型水稻土

脱潜型水稻土是江苏省里下河和太湖低洼圩区的潜育型水稻土，经过长期的开沟排水、客土垫高等措施，使得地下水位由原来的30~50cm降低到60~80cm，系由一熟水稻过渡到稻麦两熟而形成的土壤。主要分布于太湖、滆湖和里下河湖网地区，丘陵岗地的两岗夹一洼的岗地洼处，母质为下蜀黄土。江苏省脱潜型水稻土面积为542.2万亩，占水稻土面积的16.3%，可进一步分为有乌栅土、乌杂土、勤泥土、勤黏土。

1. 乌栅土

乌栅土主要分布于苏南圩区，面积74.2万亩，占脱潜型水稻土面积的13.7%。该土由湖积和长江冲积母质发育而成，质地黏重，土体缩胀系数大，脱水后易收缩、裂拆，形成垂直裂纹，容易崩塌。耕层有机质28.4g/kg，全氮1.65g/kg。

2. 乌杂土

乌杂土是里下河周边受黄淮或江淮冲积物影响的湖地土壤，面积66.2万亩，占脱潜型水稻土面积的12.2%，通体重壤或轻黏，pH值为7.9~8.0，游离碳酸钙含量3%~5%，耕层有机质含量26.5g/kg左右，全氮量1.6g/kg，土壤养分含量水平较高，但土壤通透性较差。

3. 勤泥土

勤泥土主要分布于苏北里下河东部串场河西侧沿线的中下框田，面积104.1万亩，占脱潜型水稻土面积的19.2%。土质偏黏，pH值为7.5左右，游离碳酸钙含量小于1%，耕层有机质含量21.1g/kg左右，全氮量1.26g/kg。

4. 勤黏土

勤黏土主要分布于里下河湖荡地区碟形洼地中，地势较低，面积217.1万亩，占脱潜型水稻土面积的40%。土壤质地黏重，弱或无石灰反应，耕层有机质29.7g/kg，全氮1.69g/kg。

潜育型水稻土

潜育型水稻土是一种滞水土壤，地下水位长期滞留在土体0~50cm范围内。剖面层次为耕作层-(犁底层)-潜育层，犁底层不明显，面积98.2万亩，仅占水稻土面积的3%。可进一步分为青泥条、青泥土、烘泥土。

1. 青泥条

青泥条分布于宁、镇、扬等市丘陵冲田的最下部，多位于塘坝下方，冲田两岗夹一洼的狭谷地带，是丘陵地区"锅低洼"，面积21.7万亩，占潜育水稻土面积的22.1%，在土体30cm的位置附近出现灰或青灰色的潜育层，地下水位常达40~50cm。耕层有机质21g/kg，全氮1.29g/kg。

2. 青泥土

青泥土分布于湖荡低洼处，面积33.7万亩，占潜育型水稻土面积的34.3%。青泥土发育于静水湖相沉积母质的沼泽土，质地黏重，耕层有机质27.7g/kg，全氮1.63g/kg。青泥土为沤田逐步脱沼泽演变而成。

3. 烘泥土

烘泥土分布于扬州、盐城、淮安三市里下河碟形洼地或新开垦的圩田，面积34.3万亩，占潜育型水稻土面积的34.9%。该土由于开垦时间较短，还没有完全脱离沼泽土的环境。耕层有机质41.8g/kg，全氮2.24g/kg。

安徽省土壤分布

（一）淮北平原及沿淮地区

本区属暖温带半湿润气候，干湿季节明显，地带性植被类型主要为由中生树种构成的落叶阔叶林，属黄淮海平原的南缘部分。母质包括以下几类：

1. 近代黄泛沉积物

主要分布于淮北平原北部与沿淮一带，由于沉积时间不长，未经强烈淋溶作用，具有强石灰反应，$CaCO_3$ 含量在5%~10%。

2. 黄土性古河流冲积物

主要分布在淮北中部与南部，沉积物质来源为富含碳酸钙的黄土性物质。但年代已久，至今碳酸钙被淋洗到下层形成砂姜，土体已无石灰反应，该沉积物颗粒变化不大，质地多为重壤和黏土。

3. 酸性冲积物（淮泛冲积物）

分布于阜南、颍上、霍邱等沿淮地区，无石灰性，呈微酸性至酸性反应，由长麻岩、花岗岩、千纹岩等近代冲积物构成（如桐柏山）。

砂姜黑土

安徽省砂姜黑土面积为2470.9万多亩，占全国砂姜黑土的41.45%，全省土壤总面积的15.91%，主要分布在淮北平原的中南部，及淮河以南洼地，包括阜阳、宿县两地，合肥、淮北、淮南、蚌埠市的市郊部分地区等。砂姜黑土都具有一个暗色土层，该层呈灰黑色或暗灰色，质地黏重，pH值为7.0~8.0，底层多砂。

安徽省砂姜黑土共划分为砂姜黑土、碱化砂姜黑土两个亚类。

1. 砂姜黑土亚类

安徽省砂姜黑土亚类面积为2459.4万亩，占本省砂姜黑土面积的99.60%。本亚类进一步划分土属如下：

黑姜土属：占砂姜黑土亚类面积的28.00%，一般分布在河间平原低洼处，土壤剖面的耕作层或在耕作层之下20~40cm有明显的黑土层，地形越低，黑土层越厚（群众称之为“湖黑土”“黑土洼”“黑粒土”。）

黄姜土属：分布地形部位略高于黑姜土土属，占其亚类的33.55%，剖面上的“黑土层”颜色已淡化，呈灰黄色（群众称为“黄土”“黄黑土”）。

白姜土土属：占其亚类的15.5%，是砂姜黑土中表层质地比较轻的土壤（群众称为“青白土”“白淌土”等）。

覆淤黑姜土土属：又称淤黑土土属，在砂姜黑土上覆盖黄泛物质，覆盖厚度小于50cm（大于50cm的属于潮土），占其亚类21.53%。

覆泥黑姜土土属：砂姜黑土剖面上，覆盖了小于50cm的异源母质，覆盖物质来自于石灰岩残丘的黄土阶地冲刷物和石灰岩风化物（群众称为“山淤黑土”），占其亚类1.07%。

2. 碱化砂姜黑土亚类

碱化砂姜黑土亚类即在砂姜黑土成土过程上，附加有碱化过程，形成了具有碱化层土壤，因碱化层呈浅灰白色，群众称其为" 白碱土"，占本省砂姜黑土面积的0.40%左右。

潮土

安徽省潮土主要分布于黄泛平原及颍河、涡河、北淝河、淮河（自颍河以东等河的沿岸地带，包括亳州、界首、萧县、砀山、淮北、濉溪、宿县、灵璧、泗县等，以及沿岸两侧的阜阳、太和、涡阳、蒙城、怀远、淮南、蚌埠、五河、凤阳、嘉山等地）。

1. 黄潮土

质地层次变化很大，沿河两岸向两侧伸展，依次出现砂土、石砂土、两合土、淤土（紧砂缓淤）。在微地形上。稍高处分布着砂土，低平处为淤土，界于二者之间的为两合土。大多数表层有机质含量为1%左右，全剖面具强石灰反应，pH 值在 8.0~8.5。

2. 碱化潮土与盐化潮土（花碱土）

碱化潮土与盐化潮土主要分布在萧县、砀山两地黄河故道两侧，呈条带状；其余分布在宿县、灵璧、泗县、亳州、濉溪等县（市），地形多为排水不良而又不致常年积水的浅洼平原，常与黄潮土呈斑状插花分布，在微域地形上，洼中稍高处盐碱化程度稍高。

3. 盐化潮土

土壤耕层与土体内可溶性盐含量达到 0.1%以上，盐分组成以氯化物与硫酸盐为主，土壤含盐量季节性变化幅度较大，一般在 0.1%~0.5%，直接危害植物生长。

4. 碱化潮土

碱化潮土常与盐化潮土插花分布，微域地形略高于盐化潮土，与盐化潮土不同之处在于：碱化潮土含盐量相对较低，土壤碱性强，pH 值大于 9.5。土粒高度分散，通透性差，有机质含量低，生产性能差。

（二）江淮丘陵平原区

本区为北亚热带湿润季风气候，梅雨天气明显，中部与东部称为江淮丘陵地区，实际上包括低山、丘陵、波状起伏地、湖滨与沿河冲积平原等。低山与丘陵多分布与江淮地区东部，波状平原岗、冲交替分布（相对高度在 5~50m，分岗、冲、磅），湖滨及沿河冲积平原，分布在巢湖四周、界河和滁河等中下游沿岸。母质以下蜀黄土分布比较广泛，主要分布在波状起伏地，其次有湖积物（巢湖、白湖、沿淮一带等）及低山丘陵的坡积物、残积物等。

黄棕壤

黄棕壤占全省土壤面积的 5.10%，分布在蚌埠、淮南、六安、巢湖、安庆、宣城、芜湖、合肥等地。黄棕壤剖面最显著特点是土层分异明显，淀积层（B）均有明显发育呈黄棕色，结构面上有明显的灰棕色胶膜，有时可见棕褐色铁锰斑及结核，可进一步分为普通黄棕壤、暗黄棕壤、黄棕壤性土。

1. 普通黄棕壤

普通黄棕壤分布在低山丘陵地区，海拔一般在 100~650m，地形一般比较平缓，下与黄褐土，上与暗黄棕攘相间分布，普通黄棕壤多与黄棕壤性土、石质土、粗骨土呈插花分布，具体分布在滁县、巢湖、六安、宣城、蚌埠、淮南、合肥、芜湖、马鞍山等地。

2. 暗黄棕壤

暗黄棕壤曾被称为山地黄棕壤，本省有 71.9 万亩，占整个土类 9%，主要分布在海拔高度 600~700m 以上的中山地区，黄山清凉峰等可在海拔 1000m 以上的稍缓地段，其下与黄红壤或黄棕壤相连，其上接酸性棕壤，主要分布于东至、贵池、泾县、宣城、金寨、霍山、岳西、潜山等地。暗黄棕壤表土层上有枯枝落叶层和深厚的腐殖质层。

3. 黄棕壤性土

本省有黄棕壤性土 342.1 万亩，所处地形为低山丘陵的上坡和石质岗丘顶部，坡度较陡，一般在 25°，分布在蚌埠、淮南、巢湖、六安、安庆、宣州等地。

黄褐土

本省共有黄褐土 1256.9 万亩，占全省土壤总面积的 8.0%，主要分布于本省中部的江淮丘陵岗地，在沿江低岗阶地，沿淮岗坡阶地以及淮北部分地区也有分布。黄褐土的母质均为晚更新世（Q3）黄土沉积物，由于受母质影响，本省黄褐土一般都有层、棱块状或棱块状结构的黏盘层，黏重厚实，导致土壤水分物理性质变差，成为农林业利用的主要障碍，表现为土壤通气、透水性能差，易旱易渍。本省的黄褐土只有黏盘黄褐土一个亚类。

（三）沿江地区

沿江地区是指沿长江两岸呈西南-东北走向的地区，主要土壤为灰潮土和水稻土，在沿江三级阶地上，还有下蜀黄土发育的黄褐土（以江北为主）及第四纪红土发育的棕红壤（江南）。

1. 冲积平原（水网纹区）

即长江及其支流的冲积平原，地势低平，海拔15m左右，最低处只有6m左右。

2. 河漫滩与江心洲

河漫滩分布于凸岸处，江心洲多沉积在江面较宽及支流江合之处，均由泥沙沉积而成。

3. 残丘与阶地

残丘一般为坡度平缓的馒头状低丘，海拔数十米至一二百米不等，半掩埋在冲积层中，残丘周围分布有小面积的阶地。

灰潮土

本省灰潮土面积400.9万亩，占潮土类23%左右，主要分布在长江两岸，河漫滩、江心洲、湖滨平原、山前畈区及山间谷地。灰潮土土体多较深厚，土色以棕灰色或灰棕色为主，质地差异较大，母质来源不同，土壤酸碱性也不同，山河冲积物与湖泊沉积物发育的灰潮土多呈微酸性或酸性，pH值为5.0~6.0，由长江冲积物发育的灰潮土具石灰反应，呈微碱性，pH值为7.6~8.5。

灰潮土土属划分，按母质来源与质地可划分6个土属，由山河和湖相沉积物发育的灰潮土划为麻砂土、砂泥土和泥骨土三个土属，由长江冲积物发育的灰潮土划分为石灰性砂土、石灰性砂泥土及石灰性泥土三个土属。

（四）皖南山地丘陵区

本区属中亚热带湿润季风气候，地带性植被为常绿阔叶林与落叶阔叶混交林，常绿树种较多。本区主要土壤类型如下：

红壤

安徽省红壤面积为2548.2万亩，占全省土壤总面积的16%左右，所处地形多为低山、丘陵和岗地，土壤垂直分布带中多分布在黄壤及暗黄棕壤之下，是本省亚热带地区的主要地带性土壤之一。

1. 黄红壤

黄红壤是本省红壤中最有代表性的红壤亚类，面积1767.1万亩，占红壤的69%左右，分布于皖西南山地丘陵的中下部和山麓地带及黄山、宣城、芜湖、铜陵、安庆、池州等地。黄红壤所处地形较为平缓，坡度小于25°，成土母质主要有花岗岩、千枚岩、石英岩、板岩、页岩、安山岩等风化物。黄红壤剖面分异明显，B层发育明显，常呈黄红色或黄橙色，比较黏重，块状结构，结构体表面有黏粒胶膜和铁锰结核。

2. 棕红壤

本省有棕红壤293.7万亩，占红壤的12%左右，属中亚热带北缘，北亚热带南缘的过渡土壤类型，成土母质为第四纪红色黏土，地形多为低丘岗地，海拔在100m以下，主要分布在皖南中北部的宣城、芜湖、铜陵、池州及皖西南的安庆市，黄山市也有零星分布。棕红壤土体厚度为一至数米，发生层分异明显，可划分为腐殖质层、淀积层、集斑层和网纹层，呈棕红或红棕色，土体上部为厚度不等的均质红土层，中部铁锰聚集层致密紧实，透水性能差，既易造成上层滞水，又易造成地表径流和水土流失。

棕红壤只有棕红土一个土属。

3. 红壤性土

红壤性土在山丘地区广泛分布，所处地形部位比较陡，坡度多大于25°，地表侵蚀严重，常与黄红壤、粗骨土呈斑状插花分布，在红土岗地区，常与棕红壤呈斑状分布。红壤性土成土母质复杂，在山丘地区为花岗岩、千枚岩、页岩、砂岩等残积坡积物，在红土岗地区为第四纪红色黏土，土体浅薄，部分分化不明显，无明显的淀积层，土壤呈酸性反应。

黄壤

安徽省黄壤主要在中亚热带山地垂直带上出现，上与暗黄棕壤相连，下与基带红壤相接，一般位于海拔200~1100m的地带，总面积167.4万亩，占全省土壤的总面积的1%左右，在黄山、宣城、宁国、旌德、绩溪及石台等地均有分布。成土母质为各种岩石风化物，主要有花岗岩、千枚岩、板岩、页岩、石英岩、凝灰岩等风化物。主要亚类有：

1. 黄壤

本省黄壤亚类共有123万亩，占黄壤土类面积的73%。分布在中山区，所处地形部位较缓，坡度小于25°地表侵蚀较轻，常与黄壤性土亚类呈镶嵌分布。黄壤剖面分异明显，具有发育良好的黄土淀积层（B层），土壤呈酸性至强酸性反应。

2. 黄壤性土

所处地形比黄壤亚类陡，坡度多大于25°，地表侵蚀较强，一般土体浅薄，剖面分异不明显，总厚度多小于30cm，砾石含量较多，淀积层（B）发育不明显，土壤呈酸性反应。

粗骨土

粗骨土是一种幼年性土壤，剖面多为A-C型，本省粗骨土共1814.9万亩，占全省土壤面积的12%左右，分布范围很广，全省14个地市均有分布，以徽州、安庆、六安、滁州等地分布面积较多，从分布地形部位看，多分布在坡度大于25°的陡坡地段和山脊部，以海拔200~600m的低山丘陵分布较为集中，植被覆盖度多低于30%。

由于粗骨土成土时间短，土体很大程度上保持了母岩特性，往往A层也有半风化的岩石碎屑，母岩本身的性状对粗骨土形成影响很大。

粗骨土在很大程度上保留了母岩特性，平均粗骨土A层盐基饱和度约为50%，而代换性氢、铝则占较高比例，土壤呈酸性或中性。

浙江省土壤分布

浙江省地理特征明显，从浙北地区水网密集的冲积平原到浙东地区的沿海丘陵，再到浙南地区的山区，以及舟山市的海岛地貌，本省可谓山河湖海无所不有。浙江地势自西南向东北呈阶梯状倾斜。西南多为1000m以上的群山盘结，位于龙泉市境内的黄茅尖（海拔1929m）为全省最高峰。

地形以丘陵、山地为主，占全省总面积的70.4%，主要山脉自北而南分别有：怀玉山、天目山脉、括苍山脉；平原面积占全省总面积的23.2%；沿海岛屿3000余个。浙江省内的成土母质为各种酸性和基性岩，并以第四纪红色黏土与砂岩等硅铁质和硅质富铝风化壳为主。

浙江省土壤类型十分丰富，主要有红壤、黄壤、水稻土、潮土和滨海盐土、紫色土、石灰土、粗骨土等。黄壤和红壤占全省面积70%以上，多分布在丘陵、山地、平原和河谷，多为水稻土，沿海有盐土和脱盐土分布。

浙江省土壤的类型与分布受地形、气候、母质、水文等自然条件和人类活动的影响，有着明显的区域分布的特征。其中面积较大与农业生产关系密切的土壤类型有红壤、水稻土、滨海盐土和潮土等四类。其中，红壤在全省分布面积最大，主要分布在浙南、浙东、浙西丘陵山地。水稻土分布面积居于其次，主要分布在浙北平原和浙东南滨海平原。滨海平原分布着滨海盐土，土壤性状的主要特征是土体中含盐量高。一般未脱盐的土壤以水产养殖为主，土壤脱盐后可种植棉麻、糖蔗、蔬菜、瓜类等作物。潮土类分布在江河两岸及杭嘉湖平原，是浙江省种植粮食、棉麻、蚕桑、蔬菜、瓜类等作物及栽种经济林果的重要生产基地。

福建省土壤分布

福建省山地面积占本省总面积的46%，丘陵约占43%，平原和岗台地约占10%，是我国多山的省份之一，山丘面积占85%以上，素有“八山、一水、一分田”之说。武夷山（主峰海拔为2158m）和戴云山（主峰海拔为1856m）两大山带构成本省山区的主体，而海拔200~500m的丘陵约占山地面积的一半。山区土壤类型有砖红壤性红壤、红壤、黄壤、山地草甸土、紫色土、石灰土和水稻土等，其中以红壤（包括砖红壤性红壤）分布最广，约占山地的79.3%，大都分布于海拔1000m以下的山地。两大山带自山麓到山顶，随着气温递减，降雨量递增，植被带递变，土壤呈明显的垂直地带性分布。

基带处于南亚热带的戴云山土壤垂直带谱为：砖红壤性红壤（海拔250m以下）—红壤（250~500m）—山地红壤（500~1000m）—山地黄红壤（1000~1250m）—山地黄壤（1250~1550m）—山地草甸土（1550~1856m）。

基带位于中亚热带的武夷山土壤垂直带谱为：红壤与山地红壤（700m以下）—山地黄红壤（700~1050m）—山地黄壤（1050~1900m）—山地草甸土（1900~2158m）。

上海市土壤分布

上海市位于长江三角洲的前缘，长江携带的大量泥沙形成江海相成土母质，在其上发育起石灰性冲积平原土壤。成为陆地后的农业利用方式以水稻田为主，在长期耕作、施肥和排灌的影响下，经历了频繁还原淋溶和氧化淀积等作用，一般都有耕作层、犁底层、渗渍层等，其剖面的中下部也可能有潜育层、淀积层和母质层。

黄棕壤属上海市的地带性土壤，其是在亚热带生物气候条件下，土壤处于脱铝脱硅的弱富铝化过程中所形成的，一般具有腐殖质层、铁锰淀积层和母质层。黄棕壤在上海市土壤中所占比例极小，只分布于冲积平原的剥落残丘，如佘山诸峰和金山三岛上。从上述上海市土壤形成特点可以看出：上海市的自然土壤和农业土壤多数呈中性偏碱，土壤有机质含量不高。

在全国第二次土壤普查中，我国将上海郊区的土壤归纳为水稻土、潮土、滨海盐土、黄棕壤4个土类、7个亚类、25个土属和95个土种，上海郊区土壤类型面积及分布见表10-1。

表10-1　上海郊区土壤类型面积及分布表

土类、亚类、土属	面积/公顷	占耕地面积/%	分布地域
一、水稻土	281600	81.57	上海郊区的大部分地区
（一）潜育水稻土	1960	0.57	青浦、金山、松江三区的湖荡洼地
1. 青泥土	1960	0.57	青浦、金山、松江三区的湖荡洼地
（二）脱潜水稻土	42940	12.44	淀泖洼地的低田和低平田
2. 青紫泥	34000	9.85	松江、青浦、金山三区及嘉定区望新乡
3. 青紫土	5893	1.71	松江、金山、青浦三区的湖沼平原
4. 青紫头	3047	0.88	淀泖洼地向碟缘延伸地带
（三）潴育水稻土	181919	52.72	上海郊区钦公塘以西地区
5. 青黄泥	26060	7.56	青浦、金山、松江三区及嘉定区望新乡
6. 青黄土	30107	8.72	青浦、松江、金山三区及其边缘
7. 黄潮泥	8093	2.34	青浦、松江、金山、宝山四区
8. 沟干泥	16215	4.70	奉贤、上海、嘉定、宝山四区
9. 沟干潮泥	10620	3.08	奉贤、上海、嘉定、宝山四区
10. 黄泥头	16300	4.72	松江、金山、奉贤、闵行、宝山五区

续表

土类、亚类、土属	面积/公顷	占耕地面积/%	分布地域
11. 黄泥	44933	13. 03	黄浦江以东、钦公塘以西及崇明岛
12. 潮砂泥	29593	8. 57	上海郊区大部分（除崇明区以外）
（四）渗育水稻土	54693	15. 84	钦公塘以东及长兴、横沙两岛
13. 黄夹砂	32187	9. 32	钦公塘以东及长兴、横沙两岛
14. 砂夹黄	17140	4. 97	人民塘内侧，长兴、横沙两岛，崇明岛东、西部
15. 小粉土	2700	0. 78	青浦、松江、泖河两侧及嘉定区朱桥镇
16. 并煞砂	2673	0. 77	浦东新区沿海、金山区漕泾镇、崇明、长兴、横沙 3 岛沙带
二、潮土	45507	11. 63	崇明区、浦东新区滨海及近郊菜区
17. 灰潮土	24893	7. 21	崇明区及浦东新区滨海
18. 菜园灰潮土	13000	3. 77	上海郊区
19. 园林灰潮土	2247		浦东新区
20. 挖垫灰潮土	5367		黄浦江沿岸吹泥地带及开挖河道两侧
三、滨海盐土	61000	6. 80	崇明、奉贤、浦东新区沿江沿海及松江区
21. 滨海盐土	28427		崇明岛北支岸段及芦潮港以西南侧
22. 盐化土	32547	6. 79	崇明、奉贤、浦东新区堤内已垦地区
23. 残余盐化土	25	0. 01	松江区泖港镇西部圩区
四、黄棕壤	438		上海郊区西部山丘等
24. 山黄泥	410		大小山丘
25. 堆山泥	28		山丘岩石裸露地带

广东省土壤分布

（一）平原地区的土壤组合

1. 河谷平原土壤组合

河谷平原系指高河漫滩或泛滥平原地区。受重力和沉积分选作用的影响，河流上游或近河岸处土壤质地较粗，而在河流下游或远离河岸质地较细。开垦后多形成潴育型水稻土的河谷冲积的砂泥田。此外，在靠近河床的河漫地区还有由河流冲积物形成的潮砂泥土和潮砂泥地。

2. 三角洲的土壤组合

三角洲系指从河口分叉开始至滨海的河口冲积、海积平原。受潮水和洪水泛滥影响，其组成物质主要为粉砂和黏粒的河海相沉积物，一般距河口愈远，黏粒含量增多，近海富含盐分，形成滨海盐土。

3. 滨海平原土壤组合

滨海平原是海积物在无河流注入的海湾或泻湖内堆积而成的，组成物质黏细而富含盐分，不少地区在高潮时仍被海水淹没，常有红树林生长，多已围垦种稻或海水养殖，其土壤发育类型主要有酸性硫酸盐土、滨海盐土、酸性盐渍型水稻土、盐渍型水稻土等。从滨海至丘陵坡脚的土壤分布规律为酸性硫酸盐土（或滨海盐土）—咸酸田（或咸田）—滨海泥田—滨海砂泥田—赤红壤或砖红壤。

4. 滨海砂质平原土壤组合

砂质平原系滨海沉积的砂质受海流、波浪及风的作用在海滨向内陆堆积而形成的区域，在本省粤东、粤西沿岸多呈宽窄不一的不连续的条状分布，其土壤分布从海滨向内陆依次是流动砂土—半固定砂土—固定砂土—滨海砂地。

（二）低丘台地的土壤组合

低丘台地广布于粤西、粤东、粤中、粤北等地。海拔多在250m以下，呈切割破碎的形态。台地是低平、完整的古剥蚀面，顶面齐平，呈起伏状。因组成岩石不同，土壤发育及分布亦异。

（三）山地丘陵的土壤组合

海拔300~1000m以上的山地、丘陵，占全省面积的57%。集中于本省北部和中部，山地和丘陵相连，并有谷地和盆地相间，因其岩石组成类型多样，各种岩石风化的坡积物、残积物及洪积物等形成的土壤组合也多种多样。

广西壮族自治区土壤分布

广西壮族自治区地带性土壤主要包括：

砖红壤

这类土壤是在特定生物气候条件下，以脱硅富铝化为主要成土过程。它是广西南部的主要土壤类型之一，分布在北海市和合浦、钦州、防城的南部，砖红壤的成土母质主要为花岗岩、砂页岩风化物、第四纪红土及浅海沉积物；原生矿物分解彻底，脱硅富铝化程度高；土体深厚，呈赤红色，土壤pH值为4.5~5.5，酸性强，适宜发展热带作物。

赤红壤

赤红壤是广西南亚热带地区的代表性土壤，大致分布在海拔350m以下的平原、低丘、台地地带。成土母质有花岗岩、砂页岩风化物及第四纪红土，土体呈红色，酸度高，pH值为4.0~5.5，盐基饱和度多在40%以下，有机质及全氮含量中等偏低，磷、钾养分含量不丰富。适宜南亚热带作物及部分热带作物生长。

红壤

红壤是中亚热带地带性土壤，有显著的脱硅富铝化成土特征，除钦州、北海、防城三地外，广西其他地区也有分布。成土母质有花岗岩、砂页岩风化物及第四纪红土，呈红色，酸性至强酸性反应，pH值为4.0~6.0，有机质含量随植被情况而异，但比赤红壤和砖红壤中的有机质含量都高。

黄壤

黄壤是在亚热带温暖湿润条件下形成的，广泛分布在桂西北、桂东北、桂中的山地中。成土母质为砂页岩及花岗岩风化物，黏粒的硅铝率一般为2.3~2.6，盐基饱和度在30%左右，土壤呈酸性，pH值为4.5~5.5。

黄棕壤

黄棕壤是中亚热带土壤垂直带谱的基本组成部分之一。成土母质有砂页岩及花岗岩，具有较弱的富铝化特征。土壤呈酸性反应，盐基不饱和。整个土体均以棕色为主。

海南省土壤分布

海南省地处热带，地势中部高，四周低，山地大都位于中部偏南地区，向四周逐渐过渡到丘陵台地和平原。

山地土壤垂直分布为：山地草甸土—黄壤—赤红壤—砖红壤。

山地草甸土

山地草甸土分布于山脊，一般在气温较低、湿度高、风大的气候条件下形成。植被群落矮化成为矮林甚至灌丛，地表和树上附生大量苔藓。

黄壤

黄壤分布于海拔 800m 或 1000m 以上水温条件较好的山地雨林或常绿阔叶林下，多为原始林所覆盖。

赤红壤

赤红壤分布在海拔 400~1000m 的低山地区。这些地区高温多雨，植被为常绿季雨林或热带低山雨林。水热条件大致相当于我国南亚热带。因成土环境的差异分为两个亚类：

（1）黄色赤红壤亚类。分布在东部低山地区，发育于水湿条件较好，具热带树种成分的常绿阔叶林下。

（2）赤红壤亚类。分布在中部和西部地区，发育于降雨量相对较少，具热带树种的常绿阔叶林下。

砖红壤

砖红壤是在热带雨林、季雨林环境下形成的地带性土壤，主要分布在海拔 20~400m 的阶地、台地和丘陵上。本地区砖红壤形成不同的亚类：

（1）北半部地区砖红壤亚类。

（2）东南部黄色砖红壤亚类。

（3）西部褐色砖红壤亚类。

燥红土

燥红土分布在本省西部沿海 10m 和 20m 的两级阶地上，降水量 1000mm 左右，年蒸发量 2443.5mm，干燥度 1.76，植被为热带稀树灌丛草原。在气温高、降雨量少、蒸发强烈、环境干燥的情况下形成了燥红土。

湖南省土壤分布

据统计，湖南省土壤共有 9 个土类，24 个亚类，111 个土属，418 个土种。地带性土壤主要是红壤、黄壤，大致以武陵源雪峰山东麓一线为界，此线以东以红壤为主，以西以黄壤为主。非地带性土壤主要有潮土、水稻土、石灰土和紫色土等。

红壤

红壤是本省的主要土壤，面积约占全省土地总面积的 36.3%，一般土层深厚，酸性强，含有机质少，富含铁、铝，养分缺乏，肥力较低，主要分布于武陵雪峰山以东的丘陵山麓及湘、资两水流域，宜于发展油茶、茶叶、柑橘等经济作物。

黄壤

黄壤面积占全省土地总面积的 15.4%，主要分布于雪峰山、南岭山区，土壤呈酸性反应，自然肥力比红壤高。

潮土

潮土是由江河、湖泊沉积物形成的，土层深厚，质地适中，养分丰富，适应性较广，大部分已发育为水稻土。潮土（优良旱土）只占全省土地总面积的 2.5%。

水稻土

水稻土是湖南省的主要农用土壤，占全省土地总面积的 19%，铁的活动性很强。水稻土和潮土分布于洞庭湖地区和湘、资、沅、澧四水流域沿岸，适宜发展水稻、棉花、麻类、油菜等农作物。

石灰土

石灰土面积占全省土地总面积的6.9%，主要分布于省境西北的武陵山地区，湘中和湘南的石灰岩地区，表土近中性，石灰含量丰富，适于油桐、乌桕、生漆和柏木等生长。

紫色土

紫色土面积约133.33万公顷，占全省土地面积的6.3%，主要分布于衡阳盆地和沅麻盆地，富含磷、钾，适于经济作物生长。

湖北省土壤分布

湖北省土壤类型较为复杂，主要有水稻土、潮土、黄棕壤、黄褐土、石灰（岩）土、红壤、黄壤及紫色土等，这8个土类占全省总耕地面积的98.65%。其中，水稻土占总耕地面积50.35%，潮土占19.03%，黄棕壤占14.54%，其他5个土类的面积占总耕地面积比均小于5%。

水稻土

水稻土是湖北省面积最大的耕作土壤，在该土壤上主要种植粮油作物。

潮土

潮土是湖北省重要的生产粮、棉、油的土壤。

黄棕壤

黄棕壤广泛分布于湖北省的鄂西南山区和鄂北地区，是小麦、玉米、棉花、豆类、茶叶、烟叶等粮经作物的重要产区。

红壤

湖北省红壤主要分布于鄂东南海拔800m以下的低山、丘陵或垅岗和鄂西南海拔500m以下的丘陵、丘陵台地或盆地中。

黄壤

湖北省黄壤分布于鄂西南（恩施自治州和宜昌地区）海拔500~1200m的中山区，居基带红壤之上，山地黄棕壤之下。

黄棕壤

黄棕壤在本省各地均有分布，其中，以郧阳、黄冈、宜昌、孝感、襄阳等地的面积较大。结构面上经常覆有铁、锰胶膜或结核。一般质地黏重，土体紧实。

黄褐土

黄褐土集中分布在襄阳、十堰及荆州北部，多在海拔800m以下的低山、丘岗、盆地及平坝阶地。该土壤的质地较为黏重，整个土体结构紧实。

砂姜黑土

砂姜黑土集中分布于鄂北岗地，向北与南阳盆地的砂姜黑土连成一体。土壤理化性状差，黏、板、瘦，易涝怕旱，肥力较差。

棕壤

本省棕壤主要分布于鄂西山地，包括鄂西自治州褐郧阳地区各县、市和神农架、长阳、五峰、秭归、兴山、保康等县（区）；零星分布于鄂东大别山主峰天堂一带。

暗棕壤

暗棕壤是本省山地土壤垂直带谱中分布最高的森林土壤，居棕壤之上，海拔下限为2200~2500m，上限至本省最高峰——神农顶，海拔3150.4m。其分布区域包括神农架林区，巴东县北部（神农架南坡）和竹溪县南部（神农架北坡）。

石灰土

石灰土分布广泛，遍及本省80%的县、市，以鄂西山地（焦枝铁路以西）面积最大，鄂东南幕阜山地和鄂中大洪山地次之，鄂东大别山地也有零星分布，保留了母质特征，富含碳酸盐，pH 值较高，一般在 6.5 以上，呈中性至微碱性，土质较黏，含砾石较多，石芽出露面积大，荒山荒坡较多，不便于耕作，低产土壤比重较大。

紫色土

湖北省紫色土除十堰以外，其他各地、市、州均有分布。其中以宜昌、鄂西、襄樊、郧阳、孝感、荆门和荆州的面积较大。土壤有机质含量较低，速效磷、钾含量的丰缺差异较大。土壤一般通气透水性能良好，具有一定的保肥蓄水能力。

山地草甸土

山地草甸土主要分布于神农架林区高山盆地，其次零星分布于鄂西南海拔 1600m 以上的高山顶平面的岩溶洼地，以及鄂东南海拔 1200m 以上的开阔山脊区洼地，可进一步划分为山地草甸土和岩溶洼地山地草甸土 2 个土属。

潮土

潮土广泛分布在长江和汉江沿岸的冲积平原、河流阶地、河漫滩地及滨湖地区广阔的底平地带。湖北省各地、市、州均有分布，以荆州、武汉、孝感、襄阳、黄冈及宜昌等地面积较大。

水稻土

水稻土广泛分布在湖北省各地（市、州），从海拔十几米的低潮地带到一千米左右的山沟谷地均有，但集中分布在素以“鱼米之乡”著称于世的江汉平原。

江西省土壤分布

江西省南部和中部山地海拔 400~500m 的区域是典型的红壤亚类，北部山地为棕红壤；400~800m 的区域，南北山地都是黄红壤亚类；800~1200m 的区域为黄壤；1200~1500m 的区域为暗黄棕壤；1500~2158m 的区域为山地草甸土，有的山地甚至在 1000m 左右的山顶即有山地草甸土。

红壤

江西省境内，从海拔 20m 左右的鄱阳湖滨至海拔 800m 的丘陵、低山地带，均有红壤分布，而以丘陵区域分布最广。分布在山地的红壤，通过黄红壤亚类与黄壤相接，南部山地分布上限较高，北部稍低。

黄壤

黄壤是山地垂直带谱中位于黄红壤之上、暗黄棕壤之下的土壤，分布在全省中低山区，一般处于海拔 800~1200m。黄壤的黏粒硅铝率（B 层，下同）为 2.19 左右，土体部分铁游离度为 56.1%左右，活化度为 28.5%左右，晶化度为 71.5%左右，铝游离度为 6.92%，活化度为 75.8%，晶化度为 24.2%，铁铝水合系数高达 8.16%，黏土矿物组成以水云母和蛭石为主，有少量埃洛石、高岭石和三水铝石等。

黄棕壤

黄棕壤是山地垂直带谱上部的土壤，一般位于黄壤之上，山地草甸土之下。分布在中山山腰或山顶，一般在海拔 1100~1800m。黄棕壤母质主要为酸性结晶岩类风化物，其次为石英岩及泥质岩类风化物。

山地草甸土

山地草甸土是山地垂直带谱上最高的山地土壤，一般出现在黄壤或黄棕壤之上。出现的高度因山地的不同而不同。山地草甸土由于地处山顶，气温低、湿度高、风大、云雾多，一般无高大乔木生长，植被以山地草甸为主，间有小灌木，如苔草、五节芒、高山杜鹃、箭竹等。母质以花岗岩类风化物为主，其次为石英岩和泥质岩类风化物。在上述生物气候条件影响下，山地草甸土的矿物风化作用很弱，主要进行生土的粗有机质化过程。

紫色土

紫色土广泛分布于全省的丘陵、岗地，常与红壤呈复区出现。以赣州面积较大，抚州、吉安、南昌、宜春地区也有分布。硅铝率较高，达3.35~4.36，紫色土的矿物组成有大量的长石、云母等原生矿物，次生黏土矿物以水云母为主，伴有高岭石，以及少量的蛭石、绿泥石、石英和氧化铁。紫色土的化学风化是微弱的，不具有脱硅富铝化特征。此外，紫色土大都含有一定量的碳酸盐。

石灰土

石灰土是指发育在含大量碳酸盐母质（石灰岩、白云岩、钙质页岩等风化物）上的岩成土，主要分布在九江市。另外，新余市、赣州市、景德镇市和萍乡市也有分布。石灰土主要分布在中、低丘陵地区。自然植被多为喜钙、耐钙性植物，如白茅、斑茅、五节芒、蕨类等，间有稀疏柏树、乌桕、油桐等。

黄褐土

黄褐土指由下蜀系黄土状物质发育的隐域性土壤。主要分布在九江市，位于北纬29°15′以北的黄土岗丘和阶地上，从永修的虬津开始有零星分布，九江县沙河至湖口县流芳以北地区集中连片，靠近长江的南岸分布最为集中。

火山灰土

火山灰土在江西省是以玄武岩为主的基性岩风化物上发育的一类幼年岩成土壤。其成土母质主要是紫红色的玄武岩风化物。火山灰土主要集中分布在上饶市的广丰、德兴等地，以广丰发育的火山灰土最有代表性，面积也最大。

天津市土壤分布

天津市北部的中低山、丘陵区，在成土因素综合作用下，形成地带性土壤褐土；广大平原区，地势低平，地下潜水位较浅，土体受地下水频繁作用，产生草甸化过程，形成了隐域性土壤浅色草甸土，即潮土。在低洼易涝、长期或季节积水洼地，因水渍作用产生沼泽化过程，形成了隐域性土壤沼泽土。在冲积平原及海积平原区的微地形较高处，地下水在强烈蒸发作用下，产生地表积盐，形成盐渍化土壤。在海积冲积平原区，由于地下水较浅且矿化度高，加之海潮的影响，形成了滨海盐土。非地带性土壤主要受地形和成土年龄的作用，随平原地势由西北向东南倾斜，成土年龄由长至短，土壤分布依次为：潮土—盐化潮土—沼泽土—盐化湿潮土—滨海盐土。

天津市的土壤在淋溶、淀积、黏化、草甸化、沼泽化、盐渍化、熟化等成土过程中，形成了多种土壤类型，共6个土类、17个亚类、55个土属、459个土种。

棕壤

棕壤分布在天津市蓟州区北部海拔700~900m的山地区域，面积7.98km^2，占全市总面积的0.07%。在暖温带半湿润气候的山地针阔叶混交林覆被下，适合苔藓、莎草生长。无石灰反应，黏化淀积作用明显，土体呈棕色，盐基不饱和。pH值为5.86~6.63，呈微酸性。但土层薄、坡陡，侵蚀比较严重。

褐土

褐土分布在蓟州区，面积785.91km^2，占全市总面积的6.74%。从海拔750m以下的广大山地、丘陵到山麓平原均有分布，垂直带谱出现于棕壤之下。土壤通体为褐色。由于淋溶作用不同，有的有石灰反应，有的没有，土壤呈中性或微碱性。由于山地高度、坡度的差异，褐土土类呈现不同的微域分布，形成不同的亚类：

（1）粗骨性褐土：分布在山地的上部和陡坡处。植被被破坏，土层仅20~30cm厚，土体内有石块、石渣，土壤受侵蚀严重，表土多流失。

（2）淋溶褐土：广泛分布于低山丘陵及洪积扇区域，占褐土总面积的60%。土体由于淋溶作用强烈，无石灰性反应。

(3) 石灰性褐土：分布在低山丘陵和山麓平原区域。含砾质10%左右，发育在石灰岩母质和洪积冲积母质上，全剖面呈强石灰性反应。

(4) 褐土性土：发育在洪积冲积物及人工堆垫土上。

(5) 复石灰性褐土：分布在低山丘陵区域。复被有具石灰反应的表上层，心土及底土无石灰反应，土体厚薄不一。

(6) 潮褐土：分布在洪积扇中下部，地下水位在2.5~3.5m的山麓平原和潮土交界处。既有褐土特征，又有潮土特点，有锈纹锈斑。

潮土

天津市冲积平原面积广阔，地势平缓，河流密布，水系纵横，泛滥沉积历史悠久，并有古黄河泛滥沉积地带，交接洼地、河间洼地星罗棋布，造成土壤的多样性。潮土是天津市面积最大的土类，面积8368.66km^2，约占天津市总面积的72%，多分布在宝坻、武清、宁河、静海及各郊区。潮土直接发育在河流沉积物上。在低平地区，由于排水不畅，地下水位高，矿化度也高，易盐渍化，形成盐化潮土。一些洼地，土壤质地偏黏，内、外排水条件差，地下水位高，受季节性积水作用，土壤在潮土的基础上具有明显的沼泽化过程，土色较灰暗，底部具有灰色的潜育层，往往夹有大量砂姜。湿度增大，可形成湿潮土。

沼泽土

天津市沼泽土面积约有30.89km^2，占全市总面积的2.6%。洼淀在淹水条件下经潜育化过程，形成了沼泽土。在积水和还原条件下，土壤中形成蓝灰色潜育层，嫌气条件有利于有机质积累，故有机质含量较高，沼泽土主要分布在一些大洼底部，如大黄堡、七里海。多数沼泽土产生脱水现象，并向潮土过渡。

滨海盐土

滨海盐土分布于塘沽、汉沽、大港等区，面积约813.56km^2，占全市总面积的6.97%。由于海水影响，地下咸水的浸渍，具明显的潜育层。地下水矿化度在10g/L以上，部分地区可高达30g/L以上。

山西省土壤分布

山西省地处沿海湿润森林气候向内陆荒漠干草原气候的过渡带，东西窄，南北长，由南而北，有暖温带和温带两个气候带。土壤地带性规律，表现为纬度地带性明显，相性规律不明显。中南部为半干旱半湿润森林草原的褐土地带；吕梁山以西是由森林草原向干旱草原过渡的半干旱灌丛草原栗褐土地带；北部为半干旱草原栗钙土地带。

恒山以南、吕梁山以东、芝水河的分水岭以南，广泛分布着褐土，为褐土区北缘，处于向钙层土过渡地带，仍具有褐土特征。褐土是山西省主要的地带土壤，主要分布于忻定、晋中、临汾、运城、长治、晋城各盆地的阶地和丘陵地带。在同一母质，黏化比值和残积黏化比率，由南向北逐渐减弱。

吕梁山以西、芝水河的分水岭以北，恒山以北、红涛山以西、桑干河以南广泛分布栗褐土，本区处于褐土向栗钙土的过渡地带，所处地形，丘陵起伏，沟壑切割，气候比较寒冷、干燥。南部侵蚀较轻，植被茂密的低山、丘陵、残垣、台坪及河谷阶地为栗褐土亚类分布区，有一定发育的黏化、钙积特征，质地一般为砂质壤土至壤土。北部缓坡丘陵为淡栗褐土亚类分布区，风多、风大，风蚀严重，土壤颗粒粗，孔隙大，土壤干燥，发育不良，结构性差，黏化、钙积较弱。纵观全区，由南面北，由栗褐土到淡栗褐土，土粒由细到粗，质地由壤土递变为砂土，土壤发育逐渐变弱，渐显母质特征。

桑干河以北的大同盆地，分布着温带半干旱草原栗钙土，属栗钙土区南缘。该区气候干燥、寒冷，昼夜温差大，风蚀、水蚀较严重。母岩物理崩解作用强烈，而化学分解作用较弱，致使土壤质地颗粒较粗，砂性大，结构性差。表层的好气细菌活动频繁，有机质迅速矿化而很少累积，剖面中、下部有明显的碳酸钙累积，呈糯状、斑状或块状。

黄土及黄土状物质

此类土壤在山西省分布面积最大，占山西省土壤总面积的49.92%。黄土为第四纪特殊沉积物，属灰黄色的疏松堆积体，固结程度差，孔隙度可达59%，颗粒多数为粉土，含少量壤土。黄土的矿物成分，粗颗粒多数是石英，含量在25%~90%，此外，还含有少量长石、云母等。黏土矿物为高岭石、伊利石和蒙脱石，含量极少。按性状，黄土可分为午城黄土、离石黄土和马兰黄土。

红黏土

红黏土形成于第三纪中晚期，一般出现于深切沟底部和侵蚀严重的黄土丘陵下部，质地黏重，呈块状结构，其结构面上有铁、锰胶膜，无石灰反应，土壤呈微酸性反应。主要分布于静乐、保德及晋东南的沁源、高平、长子、阳城和临汾等地。

棕壤

棕壤是山西省主要林业土壤，主要分布五台、太行、吕梁、太岳、中条等诸山中山地带的次生林或残存林区，是在针叶林或针阔叶林覆被下发育的土壤，海拔由南向北增高，广泛分布在1700~2400m中山阴坡或半阳坡，上接山地草甸土，下接淋溶褐土，主要植被有云杉、油松、落叶松、侧柏等乔木，灌木以连翘、丁香、枝子和黄刺玫等为主，还有苔草、莎草、地衣、苔藓等草本植物。地表有较厚的枯枝落叶层，因森林郁闭、光照不足以及夏季高温多雨、冬季冷冻的环境，土壤有机物分解缓慢，造成有机质大量积累，腐殖质层有机质含量7%~15%。土壤中长期积水，土体淋溶充分，土壤呈微酸性，pH值为6.5~7.0。

棕壤性土

棕壤性土分布在棕壤区内的阳坡或沟谷两侧，受一定侵蚀，土层薄，一种棕壤性土有零星针叶林或阔叶林，覆盖度较差；另一种棕壤性土由于原始森林在历史上遭受破坏后，被茂密的土次生草灌所代替，多出现在林区村庄附近，或林缘地带，剖面淀积层可见到树的腐根。该土剖面发育较差，棕壤化过程不明显。一般土体构型为草皮层-腐殖质层-黏化层（弱黏化）-半风化物层。

淋溶褐土

淋溶褐土分布于五台、太行、吕梁、太岳、中条等诸山的中山地带，为林灌覆盖下的垂直带上，是褐土中分布地形最高的亚类，植被以山杨、白桦、山桃、山楂、山栎等落叶阔叶乔木林，还有虎榛子、黄刺玫、绣线菊等草灌，覆盖度一般为70%~95%。成土母质以各类岩石风化残坡积物为主，在林灌草的生物气候条件下，土壤上部有腐殖质化，土体中进行着比较强烈的淋溶脱钙和淋溶黏化淀积褐土化过程。通体无石灰石反应，土壤呈中性，pH值在6.7~7.5。

褐土

褐土主要分布在山西省南部，地形平坦，成土条件稳定，土壤剖面中黏化、钙积明显，钙积层多出现黏化层下部，黏化层较厚，土体中碳酸钙分异明显。

石灰性褐土

石灰性褐土广泛分布在恒山以南、吕梁山以东各盆地的河流二级阶地和山前倾斜平原，丘陵缓坡和垣地，年均温8~14℃。土壤发育较好，层次过渡明显，但碳酸钙分异不很明显，土体中可见到丝状和霜状钙积，通体石灰反应较强烈，心土层有色泽较鲜艳的黏化层。该亚类所处水热条件较好，地势平坦，多为次生黄土母质，是山西省主要的农业土壤。

潮褐土

潮褐土分布在山麓平原二级阶地低洼处，底土层受地下水毛管作用的影响并参与成土过程，是褐土化向草甸化过渡的亚类。

褐土性土

褐土性土广泛分布在褐土区的山地、丘陵、残垣和沟坡中。由于所处地形切割破碎，水土流失较严重，成土过程不连续，褐土性土发育较差，母质特征较明显，通体石灰反应强烈。母质多为残积坡积物和黄土质，土体无明显的黏化层。

栗钙土

栗钙土为山西省的地带性土壤，主要分布于洪涛山以东的雁北地区，桑干河以北的大同盆地，御河二级阶地。

草甸栗钙土

草甸栗钙土分布在栗钙区内稍低处，除具有栗钙土特征外，又附加草甸化成土过程，土体下部隐约可见锈纹锈斑。

栗钙土性土

栗钙土性土分布在栗钙土区山地丘陵及沟壑地带。由于风蚀、水蚀较严重，成土过程不稳定，剖面发育较差，表层只有微弱腐殖质层，心土层以下往往出现白干土和料姜层。

栗褐土

栗褐土是褐土向栗钙土过渡性的土壤，分布于恒山以北、桑干河以南、吕梁山以西、晰水河与芝河分水岭以北地区。土层深厚，层次过渡较明显，A 层有弱腐殖化，B 层有弱黏化，剖面中下部有霜状、点状少量假菌丝状的弱钙积，通体强石灰反应。

潮土

潮土广泛分布于山西省各地河流阶地及沟谷，发育于冲积、洪冲积母质。土体沉积层次明显，成土为草甸化过程，剖面中下部可见到潴育化。

盐土

盐土零星分布在盆地一级阶地低洼处、交接洼地或封闭洼地带。生长耐盐强的植被，表土聚盐。

北京市土壤分布

北京市主要地貌类型有平原、台地、丘陵、山地四种类型。平原面积为 $6802km^2$，占北京市土地总面积的 41.45%，集中分布在中部和东南部，这些地区坡度在 3°～5°。台地面积 $128km^2$，占北京市土地总面积的 0.78%，面积不大，分布不广。丘陵面积 $279km^2$，占土地总面积的 1.7%，主要分布在台地和低山之间，相对高度在 200m 以下，但地面起伏较大，丘陵地大部分已被开发利用，其中坡度较缓的辟为梯地，种植小麦、玉米等旱作物，也有的栽植果树。山地面积 $9062km^2$，占土地面积的 55.22%，主要分布在北京市西部、北部。北京市地形起伏较大，垂直差异明显。

土壤类型可分为七大类：山地草甸土、山地棕壤、褐土、潮土、沼泽土、水稻上、风砂土。

宁夏回族自治区土壤分布

宁夏回族自治区土壤大都是在草原或荒漠草原生物气候条件下形成的，成土母质多属石灰性物质，以黄土或黄土状物质为主。宁夏水平地带性土壤有黑垆土、灰钙土及灰漠土，自南向北分布；山地土壤主要是灰褐土，在贺兰山与六盘山呈现垂直变化。土壤物理风化强，质地偏轻，多为砂质土及壤质土，黏土很少。一般来说，南部黄土丘陵地区，多为轻壤土或中壤土，中北部的缓坡丘陵及高阶地，多为沙壤土及沙土，黄河平原地区，多为轻壤土、中壤土及重壤土。宁夏绝大部分土壤属石灰性土壤，并含有一定的易溶性盐类。土壤化学风化弱，黏土矿物变化小。

黑垆土

黑垆土广泛分布于宁夏南部地区，主要分布于黄土高原的塬地、缓坡地和大部分川地，大部分已开垦为农地，是宁夏重要的旱作农业区。黑垆土层一般为灰棕色，块状结构，有大量的假菌丝体。

普通灰钙土

普通灰钙土主要分布于宁夏盐池中北部、同心及海原北部、宁夏黄河平原两侧高地。其成土母质以红土母质为主，红土母质含有较多的盐分。

淡灰钙土

淡灰钙土属于干旱土土纲灰钙土亚类。淡灰钙土分布偏北，如灵武西部、同心北部、中卫香山以北，以及黄河冲积平原两侧的高阶地和洪积扇。一般为放牧草场，部分已灌溉垦种。淡灰钙土的母质主要为第四纪冲积物，质地一般较粗，淡灰钙土南接黑垆土，北联灰漠土。

盐化灌淤土

灌淤土是长期耕作、施肥、灌溉淤积而形成的耕作土壤，灌淤土层经过耕作，沉积层次已消逝，含有人为施肥等活动带进的其他侵入体，其土层均含有一定的有机质和养分，并具有较好的土壤结构和较多的孔隙，比较疏松，灌淤物质主要来自于黄土，其黏土矿物与黄土相似，盐化灌淤土主要分布在引黄灌区南部的银川市郊区、贺兰、平罗，多位于地形低洼、排水不良的地区。盐化灌淤土是由潮灌淤土和表锈灌淤土产生较强的盐化作用演变而来，故地表有白色盐霜，部分有薄盐结皮。

龟裂碱土

龟裂碱土俗称白僵土，是荒漠草原和荒漠地区的特殊碱化土壤，在宁夏平罗西大滩有较大面积分布，主要分布在古湖洼地、洪积扇与老阶地的交接洼地。另外，在贺兰西部、贺兰山东部洪积扇边缘也有少量分布。龟裂碱土地面光秃，可见到蓝绿藻的丝状体。

山地灰褐土

山地灰褐土有森林植被，近期土壤侵蚀轻微，但因坡度较陡，一般土层较薄，潜在侵蚀性高，土壤的淋溶作用较强，全剖面石灰反应微弱，灰褐土剖面发育完整，主要分布在贺兰山和六盘山海拔2100~3200m 的坡地上。

石灰性灰褐土

石灰性灰褐土是森林植被土壤，由于土壤的淋溶作用较弱，全剖面呈强石灰反应，剖面下部有明显的碳酸钙淀积物，主要分布在六盘山、贺兰山、罗山等山地的阴坡、半阴坡，在南华山、西华山和月亮山也有小面积分布，全剖面呈棕色或灰棕色。

固定风沙土

风沙土广布于宁夏中北部的风沙风蚀区域，常与灰钙土交错分布，固定风沙土有机质已有积累，表土沙层的有机质及速效养分含量均高于流动风沙土和半固定风沙土，主要分布在盐池、灵武和同心境内。

流动风沙土

流动风沙土主要以新月形态存在，流动沙丘的丘间地多为干燥型的流动浮沙地，上长有稀疏的沙米、沙蒿、沙竹及花棒，覆盖度小于 10%。颗粒组成以细沙为主，约占 90%以上，主要分布在宁夏平罗东部，中卫北部腾格里沙漠边缘，灵武白芨滩、瓷窑堡一带，盐池高沙窝、苏步井及哈巴湖周围，红寺堡周边地区，黄河冲积平原内的芦草洼和洪广营也有分布。

黄绵土

黄绵土主要分布在宁夏境内的黄土高原，分布区北到盐池的麻黄山、同心的窑山、海原的高崖与徐套一线，与黑垆土及灰钙土插花分布。黄绵土色泽很浅，一般为浅棕色。

陕西省土壤分布

陕西省地势南北高，中间低，由西向东倾斜，南北长约 870km，东西最宽约 430km，自南向北跨越北亚热带、暖温带、中温带三个气候带及湿润、半湿润、半干旱三个水分区，以北山和秦岭为界，分为陕南、关中、陕北三个自然区。

陕西省土壤分为9个土纲，22个土类，49个亚类，134个土属，403个土种。从南向北依次为：黄棕壤，黄褐土，褐土，黑垆土，栗钙土，灰钙土带。陕西土壤地带性分布规律明显。

灰钙土

灰钙土是陕西省北部的地带性土壤，由于风蚀严重，残留不多，呈零星岛状分布，只有淡灰钙土一个亚类。淡灰钙土分布在陕西黄土高原最西北部，面积58.4万亩，其中耕地面积23.3万亩，集中分布在定边县安边堡以西，海拔1300~1700m。成土母质以沙黄土和黄土状物质为主，也有洪积-冲积物。淡灰钙土的主要特征为弱腐殖化和强钙化，pH值为8.0~8.5，全剖面呈强石灰反应。

栗钙土

栗钙土是陕西省北部的地带性土壤。淡栗钙土是栗钙土的一个亚类，是在干草原条件下形成的，具有栗色表土层，碳酸钙在B层中明显聚积，全剖面呈石灰反应。淡栗钙土的分布在榆林、神木、府谷等地的北部风沙区，地形多为波状起伏漫岗、平缓黄土梁地等。面积55.1万亩，其中耕地面积22.4万亩。成土母质有沙黄土，也有岩石风化产物。海拔1000~1500m，地下水埋藏深。淡栗钙土的形成具有弱腐殖质化与强钙化的特征。pH值为8.0~8.5。

黑垆土

黑垆土分布于北纬35°40′以北的陕北黄土高原地区，南连褐土，北接栗钙土、灰钙土。它主要分布在渭北高原侵蚀轻微的平坦塬面和河谷川台地上，长武、彬县、洛川、黄陵等地的塬面分布较多。延安以北的黄土丘陵沟壑区，由于土壤侵蚀强烈，梁峁丘陵坡地的黑垆土基本上已被冲蚀殆尽，仅在一些残塬、梁峁顶部、分水鞍及沟壑等地尚残留有黑垆土，零星分布；河谷川台地和盆谷高阶地亦有分布。一般海拔850~1500m，是渭北高原的一种主要旱作土壤，是陕西省重要的粮、油基地之一。成土母质主要为第四纪风成黄土。黑垆土的成土特征是以腐殖质积累为主，有一定的碳酸钙淋溶淀积和残积黏化，以及黄土的沉积覆盖。

褐土

褐土是陕西省主要地带性土壤之一，也是重要的耕种土壤，主要分布在关中平原与“北山”、秦岭北坡、黄龙山、乔山、陇山、千山等低山区以及秦岭南坡的凤县、丹凤、商县和洛南等地。面积共2645.49万亩，占全省总土壤面积8.85%，其中耕地面积为1382.5万亩。成土多为黄土，部分为石灰岩、页岩、砂砾岩、花岗片麻岩等基岩风化物。

黄棕壤

黄棕壤分布于陕西省秦岭南坡900~1400（1500）m、巴山北坡900~1800m的中、低山地，是陕西省南部的地带性土壤。面积3533.3万亩，占全省总土壤面积的11.82%。黄棕壤在本省处于北亚热带的北缘，是北亚热带的湿润区和暖温带的半湿润区的过渡地带，成土母质主要是花岗岩、片麻岩、页岩、砂砾岩的残积物，在山麓或沟谷两岸还有坡积冲积物。残积物的岩性比较一致，化学组成基本相同，常含风化形成的岩块，坡积冲积物的岩性和化学组成复杂。

黄褐土

黄褐土曾称为黏盘棕壤、残余碳酸盐黄棕壤、黏盘黄棕壤等，群众称其为黄泥巴，属淋溶土纲。黄褐土分布于陕西省秦岭以南海拔900m以下的河流阶地、丘陵和低山地区，主要在汉中、安康的汉江及其支流两岸的阶地和低山丘陵，约占黄褐土总面积的85%以上。商南、丹凤、山阳、镇安、柞水等地的东部和南部以及宝鸡市的太白、凤县境内也有一定面积的分布。面积有711.9万多亩，占全省总土壤面积的2.38%。黄褐土与黄棕壤同处与北亚热带，气候特点类似，但因黄褐土分布的海拔高度低，热量条件较黄棕壤更好，而降水量则较黄棕壤要低一些。地形主要是高阶地、丘陵和低山，海拔一般在900m以下。黄褐土在低山地区多分布于沟谷和坡麓处，呈不连续的岛状分布，常有不太厚的坡积物覆盖。成土母质为黄土状物质和黏黄土。

棕壤

棕壤是陕西省主要的森林土壤，也是秦岭、巴山、陇川等山地土壤垂直带谱中重要的建谱土壤。

主要分布在秦岭北坡海拔高度1300~2400m，秦岭南坡1400~2400m，巴山北坡1700m和陇山1300m以上的中山区，尤以宝鸡市的宝鸡、凤县、太白、眉县、陇县；西安市的周至、蓝田；汉中地区的宁强、勉县、留坝、镇巴；安康地区的宁陕、镇坪、岚皋和商洛地区的商县、柞水、镇安等县分布较广。全省面积共3126.57万多亩，占全省土壤总面积的10.5%。成土母质主要是酸性结晶岩风化物，其次是泥质岩、砂岩、碳酸盐岩类的风化物，在棕壤分布区的下面还有黄土沉积物。

暗棕壤

暗棕壤是陕西省主要的森林土壤，也是秦岭山地土壤垂直带的重要建谱土壤之一，主要分布在秦岭海拔2300~3100m的山地，下连棕壤，上接亚高山草甸土，秦岭南坡暗棕壤分布的上下限略高于北坡。分布区域主要是宝鸡市的太白、眉县，西安市的周至、长安、户县，汉中的勉县、留坝、城固、佛坪、洋县以及安康的宁陕县境内的高寒山地。全省面积共136.95万多亩，占总土壤面积的0.56%。成土母质主要是花岗岩、片麻岩、页岩、片岩、砂砾岩的残积物，并有少量碳酸盐岩类的风化物。

四川省土壤分布

四川省地势西高东低，西部为高原、山地，海拔多在4000m以上；东部为盆地、丘陵，海拔多在1000~3000m。四川省地带性土壤为亚热常绿阔叶林下形成的红壤和黄壤。但因四川省境东部是盆地，西南是山地河谷，西部是高山高原，这种地貌上的差异，使省内的水热状况发生重新分配，导致并影响着四川气候、植被和土壤的地域性分异；因而出现以下各种不同的土类：在盆地亚热带常绿阔叶林下主要为黄壤；在川西南山地河谷主要为红壤；在川西北（南）主要为暗棕壤、山地草甸土和高山草甸土。

紫色土

紫色土是发育于亚热带地区石灰性紫色砂页岩母质的土壤，全剖面呈均一的紫色或紫红色，层次不明显，主要分布在中国的亚热带地区，以四川盆地为主。紫色土是在频繁的风化作用和侵蚀作用下形成的。紫色土土层浅薄，通常不到50cm，超过1m者甚少。土层虽浅，但如稍加耕作，也能种植作物。一般含碳酸钙，呈中性或微碱性反应。有机质含量低，矿物含量丰富，土壤呈酸性，pH值小于5.5，盐基饱和度较低。中性紫色土主要分布成都市区、乐山及泸州一代。土层30~60cm，碳酸钙含量小于30g/kg，pH值约为7.5。石灰性紫色土主要分布绵阳、巴中、自贡等地。黏土矿物以水云母、蒙脱石、绿泥石为主，也有少量高岭石、针铁矿，未进行富铝化。

红壤

红壤主要分布在四川凉山、攀枝花、雅安、甘孜等地。黏土矿物以高岭石为主，土壤盐基饱和度低，呈酸性至微酸，红壤腐殖质以富里酸占优势，并以铁结合的腐殖质为主，红壤有机质以氮素含量较高，速效钾丰富，磷素缺乏。

黄壤

黄壤主要分布在四川东部盆地及其四周的中低山区，如盆边山地、川西南山地；盆周1500m以下的山地；盆地内各大、中、小河流两侧2~5级阶地；黄色石英砂岩丘陵地区。母质：盆周为三叠纪、震旦纪砂页岩、灰岩、变质岩（千枚岩、板岩）。盆内陆地为第四纪沉积物。

石灰土

石灰土主要分布于盆周山地和川西南山地的石灰岩地带，在川东平行岭谷区背斜轴部也有少量分布，多数分布于海拔600~1500m。除遂宁外，其余地、市、州均有分布，以万县、涪陵最多。

水稻土

水稻土集中分布在盆地底部的丘陵和平原；3%分布在川西南地区。

潮土

四川省潮土总面积为134.59万亩，占四川省总土壤面积的0.18%，其中，耕地122.33万亩，占旱耕地 1.25%，分布于四川省各大河流沿岸冲积平原或一级阶地。

云南省土壤分布

云南因气候、生物、地质、地形等相互作用，形成多种多样土壤类型，土壤垂直分布特点明显。经初步划分，全省有 16 个土壤类型，占全国的四分之一。其中，红壤面积占全省土地面积的 50%，是省内分布最广、最重要的土壤资源，故云南有“红土高原”“红土地”之称。云南稻田土壤细分有 50 多种，其中，大的类型有 10 多种。成土母质多为冲积物和湖积物，部分为红壤性和紫色性水稻土。大部分土壤呈中性或微酸性。山区旱地土壤约占全省的 64%，主要为红土和黄土。坝区旱地土壤约占 17%，主要为红土。旱地土壤分布比较分散，施肥水平不高，加之水土流失，土壤有机质普遍较水田低。

砖红壤

云南南部热带雨林区是砖红壤地带。西部海拔低于 750m，东部海拔低于 400m。云南南部热带季雨林下形成的砖红壤具有最广泛的分布，典型分布地区为西双版纳，向东分布至滇东南海拔 500~700m 的盆地或峡谷的暴露坡面；向西则分布到滇西南的南汀河下游以南的山地下部。在滇西南局部生态环境优越的地段，可沿沟谷分布至海拔 1000m 的高度，包括怒江、澜沧江、李仙江、藤条江下游河谷，坝区及元江中下游地区。

砖红壤的各个亚类主要分布于北纬 23°30′以南，海拔 800m 以下的盆地周围、丘陵或阶地上，砖红壤可分为黄色砖红壤、砖红壤、褐色砖红壤三个亚类。

砖红壤性红壤

砖红壤性红壤分布于云南南部，包括红河州哀牢山以南地区，思茅东部李仙江和澜沧江谷地，文山、德宏两州南部，共分两部分：①元江流域以西，从腾冲向西，经潞西（芒市）、临沧附近，思茅南至金平东北，然后与热带界线重合；②元江流域以东，从个旧南向东，经文山南、富宁北直至广西交界止。土壤具有过渡特征，富铝化作用强，淋溶过程介于砖红壤性土与红壤之间。

山地红壤或山原红壤

云南北部呈现典型的亚热带气候，年均温 14℃以上，海拔为 1600~1900m，植被属半湿性常绿阔叶林，但在组成成分上随着生境条件的变化而有所不同。土壤的基本特点是：母岩风化程度较砖红壤和砖红壤性红壤低。从形态结构上来看，它仍具有明显红色氧化层和黏化层，富铝化作用仍较明显，pH 值为 5.5 左右。

根据形态和性质，可将云南红壤分为三个亚类。

一是山原红壤，主要分布于滇东高原，是在古红土上发育的红壤类型，具有一些古代遗留特征，如铁子、铁盘及胶膜。二是山地红壤，主要分布于滇西横断山区，因地势的强烈隆起，原来的高原面保留极少，大多数土壤是从母岩上发育而成，土壤沙性比东部高原古红土上发育得重。三是山地黄红壤，主要分布于迎风坡面上或海拔稍高的地段，湿度较大，表层有黄化现象。

贵州省土壤分布

贵州地貌类型复杂多样，以山地为主，山地面积占土地总面积的 71.34%，丘陵占 20.97%。岩溶地貌分布广泛，发育较好。碳酸盐类岩层面积占全省总面积的 72%，全省 90%的县市都有面积较大、程度不同的岩溶发育。高原隆升显著，第四纪沉积物几乎不发育。

海拔 1800m 以上的西部地区，是贵州第一个大梯级面分布区，发育着黄棕壤；广大中部地区，海拔 800~1400m，是第二个大梯级面分布区，具有大面积的黄壤发育；东部和南部的高原边缘海拔 700m 以下地区属贵州第三级梯面，发育着红壤。

黄壤

贵州黄壤集中分布在黔北、黔东和黔中海拔500～1400m的山脉和高原地区，以及黔西南、黔西北海拔1000～1900m的山脉和高原地区。贵阳、遵义、安顺、黔南和黔东南等地区海拔800～1600m范围内，为贵州高原的基带土壤，占全省土壤总面积的46.51%。在垂直带谱上，黄壤带下为红壤，上为黄棕壤。

黄棕壤

黄棕壤占贵州省土壤总面积的6.21%。黄棕壤可细分为黄棕壤、暗黄棕壤、黄棕壤性土三个亚类，主要分布于黔西北海拔1800～2200m的高原山地和黔北、黔东海拔1400m以上的山地。

红壤

红壤占全省土地总面积的7.22%左右，主要分布于铜仁市和黔东南苗族侗族自治州海拔600m以下地区和黔南布依族苗族自治州、黔西南布依族苗族自治州南部海拔800m以下地区，以及西部1100m以下的河谷地区。

石灰土

石灰土在贵州岩溶区域分布广泛，类型众多，可分为黑色石灰土、黄色石灰土、红色石灰土和棕色石灰土4个亚类。贵州境内的石灰土面积占全省土壤总面积的17.55%。除黔东南轻变质岩、砂页岩地区外，省内凡有石灰岩的地方都有石灰土分布。石灰土具有强烈的化学溶蚀过程、碳酸盐淋溶与硅铁铝相对富集过程以及腐殖质的钙凝过程。

紫色土

紫色土主要发育于紫色砂页岩、紫色页岩、紫色砂砾岩等风化物上，是典型的岩性土。紫色土占全省土壤总面积的5.59%，主要分布在黔北的赤水、习水一带，桐梓、遵义、仁怀、金沙、黔西、七星关、乌当、花溪、惠水、施秉等县（市、区）也有零星分布。

重庆市土壤分布

重庆市土壤的分布，严格受成土因素的控制。重庆市位于中亚热带暖湿季风气候区，在海拔1500m以下分布着常绿阔叶林和次生针叶林，林下土壤发育成地带性土壤——黄壤。就地理位置而言，在现代生物气候条件下，重庆海拔1500m以下的地区，不同母质风化发育的土壤，其最后阶段都可能形成黄壤。例如，在石灰岩分布区，形成矿子黄泥；砂岩区形成冷沙黄泥和沙黄泥；冲积母质区形成老冲积黄泥、姜石黄泥，即使极其稳定的紫色土也有向酸化、黄化方向变化的趋势。在海拔1000m以上的山区，无论何种紫色岩产生的紫色土均有酸化趋势。重庆市土壤的水平分布除受地带性因素支配外，还显著受到非地带性因素和人为因素的影响，尤其是母质因素的影响最为深刻。

紫色土

紫色土是重庆市分布面积最广的土类，面积约为27400km^2，占全市土地面积的33.22%，主要分布在西部丘陵地区及中部的涪陵、南川、丰都，以及东部的云阳、忠县、万州、开县一带。在中低山处呈块状分布。紫色土是紫色砂、页、泥岩的风化物，在亚热带湿润气候条件下形成的幼年土壤。重庆市紫色土母岩除一部分为酸性黄沙岩外，其余绝大部分都具有不同程度的碳酸钙。多呈中性和碱性反应。因为碳酸钙的淋失，土壤中原生矿物的分解，黏粒逐渐增多。黏化过程十分明显。地貌对紫色土的形成影响也十分深刻。

不同地貌具有不同的水热分配和物质移动堆积的特点，因而紫色土的形成随地貌的不同，其组合分布也不一样。在海拔1000m以上的中山区，紫色土均有酸化趋势，海拔500m左右的的低山区，岩石和土壤产生酸性淋溶过程，土壤淋洗作用随高度的增加而增强，pH值随高度增加而降低，在海拔500m以下的丘陵区，紫色泥岩发育的土壤则为中性和石灰性紫色土。紫色土为初育岩性土，受生物气候带的影响较小，土壤的诊断层发育明显。亚类的划分，主要依据成土母质的基本类型和土壤的理化属性，以土壤的 pH 值和碳酸钙含量作为主要分异指标。紫色风化物母质和土壤的碳酸钙含量大于 3%，pH 值大于 7.5 的，划为石灰性紫色土亚类；碳酸钙含量 1%~3%，pH 值为 6.5~7.5 的，划为中性紫色土亚类；碳酸钙含量<1%，pH 值小于 6.5 的，划为酸性紫色土亚类。

红壤土

重庆市红壤土面积为 202km^2，占全市土地总面积的 0.24%，主要分布在秀山土家族苗族自治县中部、酉阳土家族苗族自治县西南部的海拔 300~500m 的坝区和槽谷区。红壤是由第四纪红色黏土母质发育而成，是古生物气候条件下的产物。这类红色黏土在近代生物气候和水文作用下，土壤向黄壤方向发育，属于红壤向黄壤过渡的土壤类型，性质介于红壤与黄壤之间，所以在分类上根据附加黄化成土过程，归入黄红壤亚类。重庆市红壤土除具有生物积累外，还在进行脱硅富铝化过程，所以它既具有古生物气候的残留特征，又承受近代富铝化过程的影响，在此过程中，硅酸盐类矿物强烈分解，硅和盐基遭受淋失，黏粒与次生矿物不断形成，铁铝氧化物明显聚积，主要黏土矿物为高岭石和水铝矿。

黄壤

黄壤是重庆市重要的土壤资源，其面积约为 23717km^2，占本市土地总面积的 28.78%。主要分布在海拔低于 1500m 的低、中山及丘陵地带，以及长江及其支流沿岸的二、三、四、五级阶地上。其中以海拔 400~1200m 的分布面积最大，占黄壤总面积的 75.22%。黄壤盐基饱和度低，土壤酸度大。绝大多数黄壤 pH 值小于 6.0。

黄棕壤

重庆市黄棕壤面积约为 6510km^2，占全市土地总面积的 7.90%。集中分布于海拔 1400~2100m 的中山上。黄棕壤在重庆市属山地垂直地带性土壤，它在温凉湿润的生物气候条件下发育而成，土壤具有弱度的脱硅富铝化作用，次生黏土矿物以蒙脱石为主，其次为伊利石和高岭石；黄棕壤还具有明显的淋溶作用，碳酸钙已经淋失，盐基饱和度低，土壤呈酸性反应，土体常见黏粒下移和累积，但铁锰的淀积在土壤中则少见。黄棕壤是重庆市的主要林业土壤，不常用于耕地。

棕壤

重庆市棕壤面积约为 1169km^2，占全市土地面积的 1.42%。棕壤在重庆的土壤垂直带中，一般为最上端的土壤类型，其下多与黄棕壤相接。棕壤分布的高程为海拔 2000~2700m，主要分布在城口、巫溪等地。腐殖化程度比黄棕壤低，未分解的腐殖质残体较高。腐殖质组成以富里酸为主，胡敏酸与富里酸的比值为 0.69，碳氮比值大于 10。棕壤的黏土矿物类型以蛭石、伊利石、绿泥石为主，其次为蒙脱石、高岭石。

黄褐土

重庆市黄褐土面积约为 815km^2，占全市土地面积的 0.99%。黄褐土处于黄壤和黄棕壤分布地带，只是由于富盐基的黄色黏土母质影响及局部地形的变化，导致水、热条件出现差异。其富铝化程度、酸碱度指标与黄壤明显不符，又有别于黄棕壤，接近于北亚热带的黄褐土，因而划分为黄褐土土类。黄褐土剖面中硅、铁、铝没有明显的移动现象，富铝化特征不明显，黏粒硅铝率都在 3.2 以上，铁在游离度一般只有 30%左右，远低于黄棕壤和棕壤（铁的游离度为 40%~70%），土壤盐基交换量较高，盐基饱和度在 90%以上，土壤呈中性至微酸性。黏土矿物组成以伊利石为主，蛭石、高岭石次之，绿泥石很少。这些都说明了土壤的弱富铝化、弱淋溶特征，表明土壤处于脱钙阶段。

水稻土

重庆市水稻土面积约为 12580km^2，占全市土地面积的 15.27%。重庆市的水稻土广泛分布于海拔 1500m 以下的河谷阶地、丘陵、平坝及溶蚀槽坝内，随着海拔的增高，水稻土的面积急剧减少。

黑龙江省土壤分布

黑龙江省从地貌上可分为松嫩平原、三江平原、大小兴安岭和东部山区四个大地区。这四个大地区因环境条件的差异，有着不同的土壤分布。

（一）松嫩平原地区的土壤分布

松嫩平原地形平坦，是全省温度最高、积温最多的地区，但降水量偏少。本区地带性土壤是黑土和黑钙土，靠近内蒙古自治区边界处有少量的暗栗钙土。黑土区位于在平原的边缘，呈马掌形，半包在平原的北部和东部，处于由山区向平原过渡的丘陵漫岗上。黑土区的最高处是暗棕壤，向下依次为黑土、草甸黑土、草甸土、沼泽土。如果不靠近山区，坡度较缓的漫岗地上则全部为黑土所占据，而没有暗棕壤出现。黑土区属侵蚀地貌，草甸土和沼泽土呈线状或枝杈状分布在岗间谷地内。广大松嫩平原的中间部分是黑钙土地区，地形低平，盐渍化草甸土占很大部分，并与盐碱斑呈复区分布，再低洼处为盐碱沼泽；稍高处为草甸黑钙土，再高处为黑钙土，而风沙土呈丘状也占据较高的位置。松嫩平原地区以草甸土和黑土为最多，分别占全区总土壤面积的28.7%和24.22%，其次为黑钙土和暗棕壤，占16.57%和16.90%。全省70.28%的黑土，50.1%的草甸土，以及全部的盐土、碱土、风沙土和栗钙土都分布在松嫩平原。

（二）三江平原地区土壤分布

三江平原地势低平并有大片沼泽，海拔在50~100m；从高到低分布着暗棕壤、草甸暗棕壤、白浆土、草甸白浆土、潜育白浆土、沼泽土。在草甸白浆土分布区间有白浆化草甸土分布，而在潜育白浆土区间有白浆化潜育草甸土分布。上述土壤分布顺序可以代表三江平原的多数情况，但土壤的形成还受其他条件的制约，如在集贤、友谊、富锦、宝清一带，土壤母质富含石灰，有大片黑土出现，分布从高到低依次为暗棕壤、黑土、草甸黑土、草甸土、潜育草甸土、沼泽土，呈现黑土区的土壤分布模式。在萝北、绥滨等地，由于母质质地偏轻，对区域土壤分布规律也有所影响，表现为砂质草甸暗棕壤明显增多，而草甸土腐殖质含量少，颜色变浅。该区在母质黏重的地方，仍发育白浆土。三江平原中面积较多的是暗棕壤和白浆土，其次是草甸土和沼泽土。

（三）大小兴安岭地区土壤分布

大小兴安岭山体浑圆而广阔，多为中低山或低山丘陵，山势和缓，河谷宽浅，气候冷凉湿润，森林土壤占绝大多数。随着海拔的增高，热量条件的变化，土壤分布呈现明显的垂直地带性规律。棕色针叶林土分布的下限最低海拔700m，最高为1200m。由此可见，海拔高度和土壤垂直分布的关系在不同地段是有差异的。据统计，在大小兴安岭地区，暗棕壤占全区土壤总面积的46.95%，棕色针叶林土占27.81%，草甸土和沼泽土各占9.34%和9.36%，其他土壤面积较小。

（四）东部山区的土壤分布

黑龙江省东部山区地貌类型复杂，气候温和湿润，山地和丘陵面积占81.7%，广泛分布着暗棕壤，其下为白浆土，在海拔900m以上的山上，有棕色针叶林土分布。本区土壤分布的垂直地带谱为：低于400m的区域分布着白浆土，400~900m的区域分布着暗棕壤，900~1450m的区域分布着棕色针叶林土，450~1600m的区域分布着山地草甸土，1600~1687m的区域分布着石灰土。山间谷地分布着草甸土和沼泽土。该区最多的是暗棕壤，占全区总土壤面积的72.82%，其次是白浆土和草甸土。

山地草甸土

山地草甸土主要分布在张广才岭顶峰，黑龙江省只有山地丛草甸土亚类。分布于森林线以上，总面积5871.5公顷，占全省总土壤面积的0.013%。该土壤是在森林线以上高寒地带，特殊的灌丛草甸植被下形成的。山地草甸土位于中山山顶局部水湿条件较好的平缓部位。

棕色针叶林土

棕色针叶林土主要在针叶林下发育的土壤，分布在大兴安岭的中山、低山和丘陵区，海拔500~

1000m，在黑龙江省主要分布在伊勒呼里山以北，呼玛以西，大兴安岭山地的中山、低山和丘陵区，占据漠河、塔河两县和新林、呼中两区的大部，呼玛县也有少部分分布。

暗棕壤

暗棕壤是黑龙江省山地的主要土壤。主要分布在小兴安岭和由完达山、张广才岭及老爷岭组成的东部山地，大兴安岭东坡亦有分布。暗棕壤是在温带湿润季风气候和针阔混交林下发育形成的，表层腐殖质积聚，全剖面呈中至微酸性反应，盐基饱和度60%~80%。暗棕壤分布广，向北（向上）过渡为棕色针叶林土，向南（向下）过渡为棕壤，其分布范围北起黑龙江东到乌苏里江，西起大兴安岭中部，南到辽宁省的铁岭、清源一带，是东北地区面积最大的森林土壤之一。暗棕壤的水平分布区多为低山和丘陵，山岭多为东北—西南走向，仅小兴安岭呈现西北向，并与大兴安岭联结。山岭的海拔高度多在500~1000m，只有少数高于1000m。最高峰白头山高达2744m。花岗岩分布最为广泛，另有变质岩和新生代玄武岩覆盖。小兴安岭北部有第三纪陆相沉积，长白山、张广才岭等分布最广的岩石为花岗岩，其次为玄武岩；小兴安岭主要为花岗岩和片麻岩，成土母质为这些岩石和坡积物以及一部分为第四纪湖积冲积物。暗棕壤的垂直分布区山峰多在2000m以上，山势险峻，多陡坡，一般坡度在25°以上，构成这些山岭的岩石种类繁多，包括岩浆岩、沉积岩和变质岩中的各种常见岩石，因而，暗棕壤的成土母质大多较粗松，仅玄武岩风化物的质地较黏重。

白浆土

本省白浆土主要分布在三江平原和东部山区，除齐齐哈尔、大庆、大兴安岭外其他地区均有分布，白浆土是黑龙江省的主要耕作土壤之一。白浆土的成土母质是第四纪河湖沉积物，质地黏重，透水性差。白浆土黏土矿物以水云母为主，伴有少量高岭石、蒙脱石和绿泥石。

黑土

黑土是黑龙江省的主要耕地土壤，全省大部分地区都有分布，主要分布在松嫩平原的东北部、大小兴安岭的山前波状起伏台地或漫岗地上。

黑钙土

黑钙土主要分布在松嫩平原，也是黑龙江省的主要耕作土壤。主要分布在黑龙江省的西部，常与盐土、碱土相间分布，北部、东部与黑土接壤。

栗钙土

栗钙土俗称白干土，主要分布在泰来县。

草甸土

草甸土是黑龙江省主要耕地土壤之一，全省各地均有分布。

沼泽土

全省各地沼泽土均有分布，从寒温带向温带、从东部湿润区向西部半干旱区呈现逐渐减少的趋势。

泥炭土

黑龙江省的泥炭土主要分布在黑龙江省东部和北部。

盐渍土

黑龙江省的盐渍土属内陆型盐渍土，包括盐土、碱土，主要分布在松嫩平原。

石质土

黑龙江省石质土主要分布于小兴安岭、张广才岭、老爷岭、完达山等山地丘陵区。

火山灰土

黑龙江省火山灰土主要分布在五大连池火山群、鸡西火山熔岩台地、镜泊湖火山口周围等地。

新积土

黑龙江省新积土主要分布在江、河水系的两岸。

风沙土

黑龙江省风沙土主要分布在嫩江及其支流、河湖、漫滩和低阶地，以富裕县塔哈镇至齐齐哈尔市区一线以南的广阔冲积平原分布最为集中，省内其他江河沿岸也有零星分布。

水稻土

全省各地均有分布。

吉林省土壤分布

吉林省幅员辽阔，全省土壤资源总面积为 186500km^2，境内土壤类型包括 19 个土类、44 个亚类、99 个土属、263 个土种。其中，暗棕壤分布面积最大，占全省土壤资源总面积的 41.4%，其次是黑钙土，占 13.34%，白浆土占 10.5%，草甸土占 9.64%，黑土占 5.9%，风沙土、新积土和盐碱土分别占 5.63%、4.83%、2.83%，以上 8 个土类的面积总和占全省土壤资源总面积的 93.79%，其余 11 个土类面积仅占 6.21%。

暗棕壤

暗棕壤是在东部山区、半山区的针阔混交林下发育的具有棕色层的酸性淋溶土壤，主要分布在白山市、通化市、延边州、吉林市和辽源市。土壤腐殖质层厚度为 20cm 左右，无或仅有不明显的浅色亚表层；淀积层多呈黄棕色；地表以下 50~100cm 深度内无锈斑特征。

黑钙土

黑钙土是草甸草原植被下有钙积层或石灰反应的土壤，有明显的腐殖质积累和碳酸盐的淋溶积聚过程，主要分布在白城市、松原市、四平市和长春市。有较深厚的暗腐殖质层；表层碳酸盐已被淋洗；土壤含盐量小于 0.1%，碱化度小于 5%，呈弱碱性反应；地表 50cm 深度内无基岩层。

白浆土

白浆土具有薄的黑土层和一个瘠薄的白浆层，且酸性强，母质黏重，水分物理性质不良，主要分布在白山市、吉林市、延边州和通化市，辽源、长春、四平也有少量分布。该土腐殖质层（A）呈灰色，厚度多为 10~20cm；白浆层（E）多灰白色，厚度 20~30cm，多呈片状结构；黏化层（Bt）棕褐色，厚度为 40~60cm，常见铁锰结核；盐基饱和度≥50%，地表以下 50cm 深度内无锈斑特征。

草甸土

草甸土是在低平地形、地下水位较高、土壤水分较多的草甸植被下，由沉积、腐殖质积累和氧化还原交替三个成土过程综合作用下形成的非地带性土壤。主要分布在白城市、松原市、四平市和长春市。该土有深厚的暗腐殖质层和整齐明显的小粒状结构；土壤属中性或微酸性，通层无石灰反应；0~50cm 深度内含盐量<0.1%，碱化度<5%。

黑土

黑土是有明显的腐殖质积累和淋溶过程，是森林草甸草原植被下具有深厚饱和暗腐殖质层的土壤，主要分布在长春市、四平市、松原市三个地区，吉林市、辽源市、延边州也有少部分分布。该土有深厚的、逐渐过渡的暗色腐殖质层（30~100cm 或更深），向下呈舌状延伸；腐殖质含量高，土壤呈粒状或团粒状结构；土壤呈中性或微酸性，通体无石灰性反应。

风沙土

风沙土是发育在风积沙丘上的非地带性且发育微弱的土壤，大多分布在风沙干旱区，是吉林省主要低产土壤之一，主要分布于白城市、松原市、四平市三个地区，长春市、吉林市和延边州也有少部分。该土有半干旱或干旱的土壤水分状况；风积母质厚度≥50cm。

盐碱土

盐碱土是盐分含量和碱化度分别达到一定程度的障碍性土壤，包括盐土和碱土，主要分布于白城市和松原市两地区，四平市的梨树县、双辽市和长春市农安县也有少部分。

新积土

新积土是受水、风和重力等动力的作用新堆积而成的非地带性的幼年土壤，多呈条带状分布于大小江河沿岸的河漫滩与低阶地或山丘漫岗坡脚平缓地带，吉林省各市（州）均有分布，其中，吉林市、延边州、长春市、四平市是主要分布区。该土土体中养分富集于表层，形成一定厚度的腐殖质层。

水稻土

水稻土是在水稻种植区域周期性淹水条件下，经人为活动和自然因素的影响，水耕熟化和氧化还原交替过程形成的非地带性土壤，吉林省各市（州）均有分布，主要分布于吉林市、通化市和延边州三个地区。该土土壤质地较黏，多为壤黏土或黏壤土。

辽宁省土壤分布

根据地貌和土壤组合特点，辽宁省的土壤分布可分为辽东山地丘陵区、辽西低山丘陵区、辽河平原区三个区域类型。

（一）辽东山地丘陵区

辽东山地丘陵位于长大铁路线以东，为长白山山脉的西南延续部分，包括大连、丹东、本溪、抚顺的全部和铁岭、辽阳、鞍山、营口的东部。全区可进一步分为东北部山地区和辽东半岛丘陵区两个区域。

1. 东北部山地区

本区山体较高，沟谷发育明显，水系多呈枝状伸展，沿水系自山顶至谷底发育的土壤多为枝状分布，土壤组合具有明显的规律性。山的中上部分布着酸性棕壤或棕壤性土，下部分布着棕壤，在坡脚或缓坡平地上，受侧流水和地下水的影响，形成了潮棕壤，呈窄条带状，面积较小。河流两岸分布着草甸土。河滩洼地和河谷洼地分布着沼泽土和泥炭土。部分耕地区域在长期水耕熟化条件下形成了水稻土。低山丘陵缓坡和平地上有白浆化棕壤分布。

2. 辽东半岛丘陵区

本区主要为低山丘陵，由于山体不高，丘陵上部无酸性棕壤发育。相反，受地质过程以及人为活动的影响，大部分丘陵的上部植被稀少，岩石裸露，土壤侵蚀严重，发育着大量的棕壤性土、粗骨土或石质土，由丘陵中部向下至谷底，发育的土壤与辽宁东北部山地区大体相同，依次为棕壤、潮棕壤、草甸土、沼泽土和水稻土。另外，在富钙的石灰岩风化物和部分黄土母质上还有褐土发育。

（二）辽西低山丘陵区

本区包括朝阳市全部、阜新市西部和锦州市西部，南部以松岭山脉为界，是棕壤与褐土的过渡地带，相互镶嵌分布，甚至犬牙交错，全区土壤组合有 3 种类型。

1. 努鲁儿虎山和松岭山西麓的低山丘陵区

由于本区成土母质主要为富钙的石灰岩、钙质砂页岩和黄土母质，所以土壤呈以褐土为主的枝状分布。除较高山地上部有棕壤或棕壤性土分布以外，一般的低山丘陵上部分布着褐土性土；下部为褐土、石灰性褐土；缓坡坡脚分布着潮褐土；河谷平原分布着潮土。

2. 医巫闾山和松岭山东麓的低山丘陵区

由于本区成土母质多为酸性结晶岩类和基性结晶岩类风化物及其黄土状母质，所以土壤呈以棕壤为主的枝头分布。低山丘陵上部分布着棕壤性土和粗骨土，下部分布着棕壤，坡脚平地分布窄条状潮棕壤，河流两岸河漫滩和河成阶地上分布着潮土。

3. 阜新、北票等山间盆地区

本区地貌类型为盆地，地形由四周向中心倾斜，随着成土条件、地形的变化，土壤类型也相应发生变化，由盆地中心而外依次出现沼泽土、潮土、潮褐土、褐土或石灰性褐土。

（三）辽河平原区

本区介于辽东、辽西山地丘陵区之间，属松辽平原南端，由辽河及其支流冲积而成，是辽宁的主要商品粮基地。全区可分为辽北低丘区、中部平原区和辽河三角洲三个区域。

1. 辽北低丘区

本区地形起伏不平，丘陵平地相间，沙丘沙地相间，坡度平缓，土壤类型比较复杂，风沙土、盐土、碱土、黑土等均有分布。土壤分布规律为：丘陵漫岗中上部分布着棕壤；下部分布着潮棕壤；平地分布着草甸土，低洼处分布着沼泽土，常与盐化、碱化草甸土呈复区分布。本区北部昌图县八面城一带的岗地上有黑土发育。

2. 中部平原区

本区位于铁岭、彰武以南至辽东湾沿岸，地势平坦，土层深厚，土壤类型以草甸土和滨海盐土为主。在近河床浅滩处为流水沉积物，形成无剖面发育的新积土；在远离河床的河漫滩外分布着砂质草甸土；超河漫的一级阶地上分布着壤质草甸土；二级阶地上分布着黏质草甸土。同时，有的冲积物含有碳酸盐，形成石灰性草甸土。土壤组合与河流呈平等的带状分布。

3. 辽河三角洲

辽河三角洲为退海之地，是由浑河、太子河水系（在辽河）、辽河及其支流绕阳河（双台子河）、大凌河入海口冲积而成。其成土母质为海相沉积物与河流冲积物。该地区是辽宁省滨海盐土和盐渍化土壤分布区。受海水和海潮的影响，土壤也有规律地分布。近海岸受海潮侵袭分布着滨海潮滩盐土（亚类）；远海岸带已脱离海潮影响的平地上分布着滨海盐土（亚类）；再向内陆，分布着盐化草甸土；低洼积水地区分布着滨海沼泽盐土和盐化草甸土。盐化草甸土、滨海盐土已有很大一部分由于受到人为活动的影响，并经水耕熟化和洗盐等过程，已发育成盐渍型水稻土。

附：国内几个土壤分析测试单位简介

1. 北京大学分析测试中心

北京大学分析测试中心成立于1983年，是北京大学最早通过国家计量认证、可以出具权威检测报告的分析测试机构。自成立以来，陆续装备了光谱、质谱、色谱、X射线衍射、能谱、透射电镜、激光共聚焦显微镜、核磁、元素分析、热分析等在学科领域均有广泛应用的仪器设备，总价值约5200万元的先进大中型分析测试仪器41台套，代表仪器包括：多功能成像电子能谱（XPS），傅里叶变换高分辨质谱等，在成分与结构分析方面的仪器设备已基本配套，部分仪器还通过国家计量认证资质认定。目前设有的实验室：核磁共振实验室1（Varian，300兆），核磁共振实验室2（Bruker，400和500兆），液质联用实验室（LC-MS），等离子体发射光谱、质谱实验室（ICP-AES，ICP-MS），X射线荧光光谱实验室（XRF），有机元素分析实验室（EA），激光光散射实验室，荧光光谱实验室，红外、拉曼光谱实验室，热重及差示扫描联合测定和差示扫描量热实验室，激光扫描共聚集显微镜实验室（LSCM），X射线粉末衍射实验室，高分辨质谱实验室（FTMS），X射线单晶衍射实验室，X射线光电子能谱实验室（XPS），高分辨透射电子显微镜室（TEM），核磁共振实验室3（Jeol，300兆），有机质谱实验室（EI源/低分辨），扫描电子显微镜室（SEM）。中心依托北京大学化学与分子工程学院雄厚的师资力量与技术力量，业务范围和服务能力稳步提升，是北京大学乃至周边单位重要的分析测试平台。

目前，中心主要业务范围包括无机物和有机物成份与结构分析、表面分析、热分析和物性测定分析等分析测试服务。

2. 北京市理化分析测试中心

本中心成立于1979年，隶属于北京市科学技术研究院，是公益性大型综合分析测试科学事业机构，围绕着食品药品安全、环境监测、材料分析、生物技术、国产科学仪器应用示范等主要领域开展分析测试科学研究和技术服务工作。

中心实验室及办公用房面积1万平方米，具备从宏观到微观、从成分到结构、从化学到物理、从生物到材料的综合分析能力。中心设有化学测试部、物理测试部、生物技术部、材料化学部、研究开发部暨国产科学仪器应用示范中心及行政管理部。仪器设备有：高分辨透射电子显微镜（FEI Tecnai G2 F30），高通量测序仪产品（Hiseq2500型），核磁共振波谱仪（Agilent NMR Magnet，600 MHz 54 mm ASC），TOF四极杆-飞行时间质谱（Synapt G2-Si MS），冷场发射扫描电子显微镜（S4800，SEM，EDS），在线SPE-液相色谱-质谱联用仪（Xevo TQ），基因测序仪（3730XL&3130XL），三重四级杆气相色谱质谱仪（TSQQuantumXLS），高效液相色谱/离子色谱-电感耦合等离子体质谱仪（HPLC/IC-ICP-MS），电感耦合等离子体质谱仪（7700X），热裂解-气相色谱质谱联用仪（EGA/PY-3030D，QP2010-Ultra），挥发性有机化合物（VOC）预处理及检测系统-吹扫捕集浓缩仪-气相色谱质谱仪（8100，7890A/5975C），超高效液相色谱-串联质谱仪（ACQUITY UPLC-Xevo TQ），高效毛细管电泳-串联质谱仪（MDQ型），傅里叶变换红外光谱仪，电子鼻气味指纹分析仪，X-射线衍射仪，差示扫描量热仪，凝胶渗透色谱仪，高速逆流色谱仪，蛋白质纯化系统，全波长多功能酶标仪，实时荧光定量PCR，荧光正置显微镜，化学发光成像仪，实时喷雾测量仪，纳米粒度及Zeta电位分析仪，激光粒度分析仪，全自动微孔分析仪，微孔分析仪，超高温同步热分析仪，激光闪射法导热系数测量仪，全自动微量落球黏度计，热流法导热系数测量仪，动态热机械分析仪。

3. 广东省测试分析研究所/中国广州分析测试中心

广东省测试分析研究所成立于1972年，其前身是成立于1960年的广东省中心实验站。1985年，经国家科委和广东省人民政府批准，在广东省测试分析研究所的基础上建立了国家级的分析测试中心——中国广州分析测试中心（简称中广测），作为以理化分析测试为重点的综合性研究和服务机构，已有50余年历史。

中广测于1990年通过省级计量认证，1991年通过国家级计量认证，2001年通过中国实验室国家认可。经过多年的发展，中广测目前已成为通过国家级资质认定（CMA）和国家认可（CNAS）的第三方检测、校准实验室和A类检查机构，可向社会提供具有证明作用的测试数据和结果。中广测的管理体系符合ISO/IEC 17025和ISO/IEC 17020的要求，因而也是依据ISO 9001运作的。根据中国合格评定国家认可委员会与美国、欧盟、日本等国家和地区的认可机构达成的互认协议，中广测出具的数据和结果可获得广泛的国际互认。中广测通过CNAS/CMA/CAL认可产品/产品类别1500多项，项目/参数8000余项，校准项目300余项，对所有类型样品的理化测试几乎都能承接检测。实验室规模、技术实力和能力在国内同类机构中名列前茅。

4. 广州中科检测技术服务有限公司

广州中科检测技术服务有限公司前身为中国科学院广州化学研究所分析测试中心（中心成立于1958年10月）。根据中科院、国科控股（CASH）和中科院广州化学有限公司的总体战略和布局调整，分析测试中心转制为独立法人的第三方检测公司，于2011年3月7日完成了工商注册，变更为中科院广州化学有限公司以全资入股的子公司。经过50多年的发展壮大，目前已成为广州地区大型的分析测试技术服务机构，具备广东省科技厅认可的科研成果检测资格，并已通过国家计量认证，承担科技部化学化工行业分析测试资源共享服务平台建设项目，得到国家创新基金的支持，是广东省危险化学品登记注册办公室指定测试单位。拥有多台（套）大型分析测试仪器和经验丰富的分析测试人员，为省内外的政府部门的监督检验，科研院所科研开发和技术创新，工厂企业的分析测试提供了有力的支撑，在测试行业内享有良好的声誉。

5. 中国科学院化学研究所分析测试中心

中国科学院化学研究所分析测试中心成立于1988年，为化学研究所及所外有关单位提供组成、结构、形态的分析表征，是我国综合实力较强的分析机构之一。分析测试中心集中了化学研究所公用大型分析仪器，主要从事各种检测与表征，以及有关的方法学研究和应用研究工作，包括组成分析、结构分析和形态分析，发挥了分析测试服务、分析方法研究和分析人员培训的中心作用，有力地支持了化学所、中科院及全国的有关领域的科研和生产工作。分析测试中心下设7个测试机组（核磁组、电镜组、光谱组、元素分析组、质谱组、光电子能谱组、X射线衍射组），其中国家级大型仪器中心——北京质谱中心和院三所共建600兆核磁共振实验室挂靠在化学所。

6. 中国科学院上海有机化学研究所分析测试中心

该中心成立于1959年，1994年通过了国家质量技术监督局的计量认证，2003年通过了CNAS实验室认可/计量认证。主要从事有机化合物定量、定性和结构分析，元素分析，材料测试与表征，化工产品及材料剖析等方面的分析工作。现已拥有比较先进和齐全的分析仪器设备和一支训练有素的分析测试专业队伍，并建立了有机元素微量分析，红外光谱分析，核磁共振分析和有机质谱分析等分析技术。

测试业务范围：①有机化合物定性和结构分析：红外光谱、紫外和可见吸收光谱、质谱、核磁共振波谱；②有机化合物定量分析：气相色谱、液相色谱；③无机阴离子定量分析：离子色谱；④元素分析；⑤材料测试与表征；⑥化工产品及材料剖析。

7. 中国科学院南京土壤与环境分析测试中心

该中心是一所综合性土壤科学研究机构，具备一流的科研条件和良好的科研氛围。土壤与环境分析测试中心是土壤研究所重要的技术支撑部门，是经中国合格评定国家认可委员会（CNAS）及中国国家认证认可监督管理委员会（CMA）评定合格的具有国家实验室认可和计量认证资质的综合性检验检测机构。中心主要从事土壤、水、植物和空气的理化分析，微量元素和重金属元素分析，有机物残留分析，水质、土壤等环境的质量检测以及土壤、水、植物和空气样品的碳、氮、氧稳定同位素质谱分析。

参考文献

[1] 周健民，沈仁芳．土壤学大辞典．北京：科学出版社，2013.
[2] 吴泰然，何国琦．普通地质学．北京：北京大学出版社，2003.
[3] 陈静生，汪晋三．地学基础．北京：高等教育出版社，2002.
[4] 黄昌勇，徐建明．土壤学．3 版．北京：中国农业出版社，2013.
[5] 熊毅，李庆逵．中国土壤．2 版．北京：科学出版社，1987.
[6] 冯玉红．现代仪器分析实用教程．北京：北京大学出版社，2008.
[7] 陆景陵，陈伦寿．植物营养失调症彩色图谱-诊断与施肥．北京：中国林业出版社，2009.
[8] 农业编辑委员会．中国大百科全书·农业卷 1. 北京：中国大百科全书出版社，1990.
[9] 农业编辑委员会．中国大百科全书·农业卷 2. 北京：中国大百科全书出版社，1990.
[10] 土壤卷编辑委员会．中国农业百科全书·土壤卷．北京：农业出版社，1996.
[11] 张凤荣．土壤地理学．北京：中国农业出版社，2002.
[12] 魏克循．河南土壤地理．郑州：河南科学技术出版社，1995.
[13] 张甘霖，龚子同．土壤调查实验室分析方法．北京：科学出版社，2012.
[14] 依艳丽．土壤物理研究法．北京：北京大学出版社，2009.
[15] 黄瑞采．土壤微形态学发展及应用．北京：高等教育出版社，1991.